# 北京大学中国古文献研究中心集刊

## 第二十三辑

北京大学中国古文献研究中心　编



北京大学出版社
PEKING UNIVERSITY PRESS

**图书在版编目 (CIP) 数据**

北京大学中国古文献研究中心集刊．第二十三辑 / 北京大学中国古文献研究中心编．—北京：北京大学出版社，2021.11

ISBN 978-7-301-32718-0

Ⅰ．①北… Ⅱ．①北… Ⅲ．①古文献学—研究—中国—丛刊 Ⅳ．①G256.1-55

中国版本图书馆 CIP 数据核字 (2021) 第 236605 号

| | |
|---|---|
| **书　　名** | 北京大学中国古文献研究中心集刊　第二十三辑<br>BEIJING DAXUE ZHONGGUO GUWENXIAN YANJIU ZHONGXIN JIKAN DI-ERSHISAN |
| **著作责任者** | 北京大学中国古文献研究中心　编 |
| **责任编辑** | 王　应 |
| **标准书号** | ISBN 978-7-301-32718-0 |
| **出版发行** | 北京大学出版社 |
| **地　　址** | 北京市海淀区成府路 205 号　100871 |
| **网　　址** | http://www.pup.cn　　新浪微博：@ 北京大学出版社 |
| **电子信箱** | dianjiwenhua@ 163.com |
| **电　　话** | 邮购部 010-62752015　发行部 010-62750672　编辑部 010-62756449 |
| **印 刷 者** | 北京虎彩文化传播有限公司 |
| **经 销 者** | 新华书店 |
| | 787 毫米 ×1092 毫米　16 开本　20.25 印张　370 千字 |
| | 2021 年 11 月第 1 版　2021 年 11 月第 1 次印刷 |
| **定　　价** | 60.00 元 |

# 目　录

# 秦简《归藏》所含篇目考
## ——兼论《归藏》非汲冢《易繇阴阳卦》

高新华*

**【内容提要】** 王家台秦简《易占》自部分内容公布以来，学界进行了较为充分、深入的研究，一般认为这就是失传已久的《归藏》，但也有学者认为后世流传的《归藏》不是西汉以前的原本，而是西晋汲冢出土的《易繇阴阳卦》。本文从六个方面论证了传世《归藏》不是《易繇阴阳卦》，且至少在战国秦汉之际就已流传于世，秦简《易占》就是当时流传之《归藏》的一种抄本。通过对《归藏》简的分类比较，并与辑本《归藏》相对照，本文推测，《归藏》简在内容上可能包含《郑母经》《启筮》《齐母经》三篇的部分内容。

**【关键词】** 《归藏》 《易繇阴阳卦》 王家台秦简

1993年3月，江陵王家台15号秦墓发现一批竹简，其中包括一种《易占》文献，与传世的《归藏》佚文相似，引起学界研究热潮，学界普遍认为这就是失传已久的《归藏》。秦简《易占》对于理解易类文献生成、流变等具有特殊意义。究竟它是否为《归藏》或《归藏》之《郑母经》等问题，实有澄清之必要，以作为进一步研究的基础。笔者不揣谫陋，愿在此问题上奉献一得之愚，不当之处，敬请方家指正。

## 一、秦简《易占》的概况及研究回顾

据整理者王明钦介绍："王家台秦简使用的文字分为三种。《归藏》形体最古，接近楚简文字，应为战国末年的抄本。……王家台秦简《归藏》编号者164支，未编号的残简230支，共计394支，总字数约4000余字。由于残缺过甚，至今尚未拼出一支整简，顺序也难以排定。在这批竹简中，共有70组卦画，其中16组相同，除去相同数，不同的卦画有54种。……卦名有76个，其中重复者23个，实际卦名53个。此外，卦辞也有一部分重复。竹简有两种，一种宽

---

* 本文作者为山东大学文学院副教授。

而薄，而另一种窄而厚。因此，我们推测，这批《归藏》有两种抄本。”[①]

1995 年《考古》第 1 期发表的《江陵王家台 15 号秦墓》介绍了其中的易占类竹简，公布了 3 条释文，学界很快做出反应：1996 年连劭名发文认为：“像《归藏郑母经》、《归藏启筮》等文献都是后人利用《归藏》筮法而重新编制的筮书，江陵王家台秦简所出易占竹简也当属于这一类的古籍。”[②]几乎同时，整理者王明钦也撰文，以更为肯定的语气指出：“通过与古籍引文的对比，可以充分肯定，王家台秦简《易占》就是《归藏本蓍篇》。”[③]1997 年，李家浩也提出了秦简《易占》即《归藏》的观点。[④] 虽然王明钦在其文章中又公布了 24 则（26 条）释文（含简报中的 2 条），但由于当时所能获知的资料仍嫌太少，一段时间里没有出现更为深入的研究。

转机发生在 2000 年。是年 8 月，由北京大学等单位主办，在北京达园宾馆召开的一场“新出简帛国际学术研讨会”上，王明钦发表《王家台秦墓竹简概述》一文，再次发布了 53 则 59 条（有的一则含 2 或 3 条释文，不同残简拼接为一条者以 1 条计）释文。[⑤] 据笔者统计，加上前面简报及《试论〈归藏〉的几个问题》，这三次公布之简文，除去重复，共计 75 条，字数达 1186 字（其中含卦画 50 个，无法辨识之字 101 个，重文 45 个，补字 2 个）。这些材料不仅在总字数上已超过全部《归藏》简字数的四分之一，而且含有卦画、卦名者差不多都在其中了，有理由相信，已经公布的《归藏》简释文应该是其中的精华部分。自是之后，学界对《归藏》的讨论更为深入，有对其性质、时代的讨论，有对其所涉及的易学史、易学流变的探讨，也有对卦名卦义进行校释疏解、研究其筮占方法的，还有研究其中所涉及的史实、神话传说的，可以说相关的研究真正全面展开了。

由于秦简《易占》在内容、格式上与传世的辑本《归藏》相同或相近，故学界在秦简《易占》即《归藏》的问题上看法基本是一致的，[⑥]有些学者进一步将其认定为《归藏·郑母经》。如王宁认为：“江陵王家台 15 号秦墓所出土的《易占》

---

① 王明钦《王家台秦墓竹简概述》，艾兰、邢文编《新出简帛研究》，北京：文物出版社，2004 年，第 28—30 页。

② 连劭名《江陵王家台秦简与〈归藏〉》，《江汉考古》1996 年第 4 期。

③ 王明钦《试论〈归藏〉的几个问题》，古方等编《一剑集》，北京：中国妇女出版社，1996 年，第 110 页。

④ 李家浩《王家台秦简“易占”为〈归藏〉考》，《传统文化与现代化》1997 年第 1 期。

⑤ 王明钦《王家台秦墓竹简概述》，艾兰、邢文编《新出简帛研究》，第 30—32 页。

⑥ 也有的学者并不承认秦简《易占》是《归藏》，更不认为《归藏》是殷《易》，而认为“王家台秦简《易》卦是一部道地的杂占类史书；或者更确切地说，这是一部带有神话色彩的卜筮史书”。（史善刚、董延寿《王家台秦简〈易〉卦非“殷易”亦非〈归藏〉》，《哲学研究》2010 年第 3 期。）

即是《归藏》之《郑母经》等篇所引据的易占类古书。”[①]廖名春更加肯定地认为："秦简《易占》不仅是《归藏》，更准确一点，应当是《归藏易》的《郑母经》。”[②]

学界在《归藏》的时代认定上是有分歧的，目前主要有两种意见。一种认为《归藏》较《周易》晚出，不是殷《易》，可能是春秋以后乃至战国晚期的作品。主要依据有二：一是《归藏》中出现了大量商代以后的人物，如周武王、周穆王、楚王乃至宋君、平公等，表明其时代不会太早；[③]二是《归藏》的语言特征，其占辞的韵文形式更接近《左传》中所载占辞，而且《归藏》包含了很多春秋战国的词汇、概念，加之其格式化的行文体例亦与《周易》卦爻辞的杂集式编撰体例大相径庭，[④]这些都成为《归藏》晚于《周易》的证据。

第二种意见，是认为《归藏》要早于《周易》，很可能就是殷《易》。此说的最早依据是东汉末郑玄《易赞》的说法："夏曰《连山》，殷曰《归藏》，周曰《周易》。”[⑤]郑玄之说成为此后易学界的主流观点，很少有人质疑。大概是基于此流传已久的观念，秦简《归藏》出土之后，学界持《归藏》为殷《易》、早于《周易》之论者不少。[⑥] 对于《归藏》出现商以后之人、事，持此说者多以古书流传中所增益为解，清人马国翰在《归藏》辑本中即已表达出这样的意见；[⑦]并以卦名、占辞与《周易》对比，认为《归藏》较《周易》更原始、质朴，从而得出《归藏》早于《周易》的结论。这是此派意见大体遵从的论证思路。

值得注意的是，持《归藏》晚出说的学者中，有相当一部分是深受郭沫若《归藏》即汲冢竹书《易繇阴阳卦》之说的影响。由于《汉书·艺文志》并未著录《连山》《归藏》，至《隋书·经籍志》(下简称《隋志》)始有《归藏》十三篇，且说：

---

① 王宁《秦墓〈易占〉与〈归藏〉之关系》，《考古与文物》2000年第1期。

② 廖名春《王家台秦简〈归藏〉管窥》，《周易研究》2001年第2期。

③ 王明钦《试论〈归藏〉的几个问题》，《一剑集》，107页；连劭名《江陵王家台秦简与〈归藏〉》；李零《跳出〈周易〉看〈周易〉——“数字卦”的再认识》，《传统文化与现代化》1997年第6期；王辉《王家台秦简〈归藏〉校释(28则)》，《江汉考古》2003年第1期；李学勤《王家台简〈归藏〉小记》，《周易溯源》，成都：巴蜀书社，2006年，第289—296页。

④ 朱兴国《三易通义》，济南：齐鲁书社，2006年，第335页；程二行、彭公璞《〈归藏〉非殷人之易考》，《中国哲学史》2004年第2期。

⑤ 《礼记·祭义》孔疏引郑玄《易赞》，见〔清〕阮元校勘《十三经注疏·礼记》，台北：艺文印书馆，2007年，第826页。

⑥ 邢文《秦简〈归藏〉与〈周易〉用商》，《文物》2000年第2期；王葆玹《从秦简〈归藏〉看易象说与卦德说的起源》，见艾兰、邢文编《新出简帛研究》，第146、147页；林忠军《王家台秦简〈归藏〉出土的易学价值》，《周易研究》2001年第2期；梁韦弦《王家台秦简“易占”与殷易〈归藏〉》，《周易研究》2002年第3期；倪晋波《王家台秦简〈归藏〉与先秦文学——兼证其年代早于〈易经〉》，《晋阳学刊》2007年第2期；肖从礼《〈周易〉卦名用商〈易〉略考》，《丝绸之路》2010年第6期；廖群《先秦两汉文学考古研究》，北京：学习出版社，2007年，第66、67页。

⑦ 〔清〕马国翰："殷《易》而载武王枚占、穆王筮卦，盖周太卜掌其法者推记占验之事，附入篇中。”见《玉函山房辑佚书》，扬州：广陵书社，2004年，第33页。

“《归藏》汉初已亡，案晋《中经》有之，唯载卜筮，不似圣人之旨。”于是郭沫若有汲冢竹书《易繇阴阳卦》即传本《归藏》的论断，理由是《晋书·荀勖传》说：“得汲郡冢中古文竹书，诏勖撰次之，以为《中经》，列在秘书。”郭氏认为：“据此可以知道所谓《归藏易》不外是由荀勖对于《易繇阴阳卦》所赋予的拟名。……荀勖得到了《易繇阴阳卦》，便任意把它拟定为《归藏》罢了。”[①]王宁在此基础上更认为《归藏》是汲冢竹书《易繇阴阳卦》《卦下易经》和《公孙段》三书的合编，[②]任俊华、梁敢雄及蔡运章、李尚信对郭氏之说也深信不疑。[③]

那么，我们今天所称为《归藏》的文字到底是秦汉以前流传的原本《归藏》，还是经西晋荀勖改头换面的《易繇阴阳卦》？这是关系到《归藏》的性质、给秦简《易占》定名的问题。而秦简《易占》都是《归藏·郑母经》呢，还是可能分属于不同的篇目？这是关系到《归藏》的原貌、秦简整理分类的问题。下面我们首先解决今传本《归藏》究竟是不是秦汉以前原本《归藏》的问题，然后再来分析秦简的分类、分篇问题。

## 二、《归藏》非汲冢《易繇阴阳卦》

《归藏》之称最早见于《周礼·春官·大卜》及《筮人》两篇。《大卜》曰：“(大卜)掌三易之法，一曰《连山》，二曰《归藏》，三曰《周易》。其经卦皆八，其别皆六十有四。”《筮人》曰：“筮人掌三易，以辨九筮之名，一曰《连山》，二曰《归藏》，三曰《周易》。”这里并未讲三易的联系与区别，而三易在历史上歧说极多，翟奎凤对此有很好的总结，[④]此不赘。

正由于《连山》《归藏》之说见于文献较晚，且历来歧说纷纭，所以郭沫若怀疑《连山》《归藏》“是和《周礼》一样乃刘歆所伪托的东西，不过那伪托品没有流传便化为了乌有”，并进而有今本《归藏》即汲冢《易繇阴阳卦》之论。此说之证据并不坚实，在此提出以下质疑：

(一)此说可能受到王隐《晋书》的影响。《艺文类聚》卷四〇引王隐《晋书》曰：“太康元年，汲县民盗发魏安釐王冢，得竹书漆字古书，有《易卦》，似《连山》《归藏》文。”[⑤]汲冢所出，与《易》有关者有多种，据《晋书·束皙传》，包括《易经》

---

① 郭沫若《青铜时代》，北京：中国人民大学出版社，2005年，第59页。

② 王宁《秦墓〈易占〉与〈归藏〉之关系》，《考古与文物》2000年第1期。

③ 任俊华、梁敢雄《〈归藏〉、〈坤乾〉源流考——兼论秦简〈归藏〉两种摘抄本的由来与命名》，《周易研究》2002年第6期；蔡运章《秦简〈寡〉、〈天〉、〈鲞〉诸卦解诂——兼论〈归藏易〉的若干问题》，《中原文物》2005年第1期；李尚信《读王家台秦墓竹简“易占”札记》，《周易研究》2008年第2期。

④ 翟奎凤《易学史上的三易说》，《中国典籍与文化》2009年第2期。

⑤ 〔唐〕欧阳询撰，汪绍楹校《艺文类聚》，上海：上海古籍出版社，1998年，第732页。

二篇（与《周易》上下经同）、《易繇阴阳卦》二篇（与《周易》略同，繇辞则异）、《卦下易经》一篇（似《说卦》而异）、《公孙段》二篇（公孙段与邵陟论《易》）、《师春》一篇（书《左传》诸卜筮，“师春”似是造书者姓名也）。[1] 大概郭沫若并不相信关于《归藏》的传说，且诸家所引《归藏》之文，基本上都在西晋之后，王隐《晋书》既有《易卦》似《连山》《归藏》之说，而《束皙传》所载汲冢《易》类文献惟《易繇阴阳卦》可能与之相符，故有荀勖以之为《归藏》的猜测。但王隐为东晋人，距荀勖并不远，其所说的《易卦》并未指明即是《易繇阴阳卦》，且既言“似《连山》《归藏》文”，就应是通过与《连山》《归藏》比较方有此结论，就如《晋书·束皙传》所列各书与《周易》《说卦》的比较一样。因此，退一步讲，即便王隐说的《易卦》是《易繇阴阳卦》，也只是“似”《连山》《归藏》，但似而不是，二者并非一书。

（二）从篇数讲，《易繇阴阳卦》与《归藏》也是不同的。《晋书·束皙传》记载《易繇阴阳卦》只有二篇，而《隋志》载录的《归藏》有十三卷（盖即十三篇）。即便如王宁所说，《归藏》是《易繇阴阳卦》《卦下易经》和《公孙段》三书的合编，三种相加也不过五篇，与十三之数亦有较大差距。王宁还认为，《归藏》的主要内容是《公孙段》，但无论辑本还是简本，都不见“公孙段与邵陟论《易》”的蛛丝马迹，或者说根本没有任何讨论的语气。

（三）《中经》将汲冢书附在丁部之后，与《归藏》之在经部不同。《荀勖传》所谓“以为《中经》，列在秘书”，是将汲冢书列为皇家藏书，但晋之《中经》并非仅录汲冢古文，而是如刘歆《七略》一样，是皇家藏书的总目。《隋志》对《中经》四部的分类有较为清晰的记载：“秘书监荀勖，又因《中经》，更著《新簿》，分为四部，总括群书。一曰甲部，纪六艺及小学等书；二曰乙部，有古诸子家、近世子家、兵书、兵家、术数；三曰丙部，有史记、旧事、皇览簿、杂事；四曰丁部，有诗赋、图赞、汲冢书，大凡四部合二万九千九百四十五卷。”[2]《归藏》十三卷于《隋志》在经部，想必《中经》之《归藏》亦当在经部，而《中经》著录汲冢书篇目似应与《束皙传》相同，不太可能任意拟定。

（四）假如西汉的《归藏》为刘歆伪造，何以不著录于《汉志》呢？说刘歆伪造《周礼》尚有助莽改制之嫌，而伪造《归藏》《连山》实在看不出目的何在。

（五）《启筮》篇名，在《山海经》郭璞注中有 3 处引作《开筮》，虽亦有 5 处引作《启筮》，但引作《开筮》显然是避汉景帝之讳。郭璞晋人，他本人是没必要避汉讳的，故“启”避为“开”当是汉人所为，这是《启筮》篇在汉代流传留下的痕迹。郭璞在《山海经》注中除了《归藏》，也常引用《汲郡竹书》，二者并列，可知其有不同。如《海外东经》郭注在引用“《归藏·郑母经》云：昔者羿善射，毕十

① 《晋书》，北京：中华书局，1974 年，第 1432、1433 页。

② 《广弘明集》卷三引《古今书最》作“四部书一千八百八十五部，二万九百三十五卷”。

日，果毕之”之后，接着引《汲郡竹书》曰：“胤甲即位，居西河，有妖孽，十日并出。”[①]这也说明在郭璞看来，《归藏》并非《汲郡竹书》之一种。

（六）两汉之际的桓谭应见过《归藏》。《新论·正经》曰：“《易》一曰《连山》，二曰《归藏》，三曰《周易》。《连山》八万言，《归藏》四千三百言。夏《易》烦而殷《易》简，《连山》藏于兰台，《归藏》藏于太卜。古文《尚书》旧有四十五卷，为十八篇。古帙《礼记》有五十六卷。古《论语》二十一卷，与齐、鲁文异音四百余字。古《孝经》一卷二十章，千八百七十二字，今异者四百余字。”[②]三《易》之外，其余各经的记载是大致准确的。《汉志》载古文《尚书》四十六卷、五十七篇，其中有序一篇，本经正是四十五卷，此处的“十八篇”应为“五十八篇”，当是传写之误，建武年间亡《武成》一篇，故《汉志》有五十七篇。古帙《礼记》有五十六卷，与《汉志》相同，此《礼记》指《仪礼》，非后世所谓《小戴礼记》，“礼记”是汉人对《仪礼》的习称，晋以后乃称“仪礼”，由此正可见这是桓谭原著。古《论语》二十一卷，《汉志》作二十一篇，相合。古《孝经》一卷二十章，《汉志》作二十二章。由以上分析看，桓谭所说当皆由亲见，绝非虚妄。梁韦弦说：“即便如有学者所言，桓谭见到所谓《归藏》当于新莽之世，然毕竟在汲冢书面世之前。《新论》所谓‘正经’之意，本在澄清有关经书的一些问题。桓谭向称通博洽闻之士，湛静自守，无所希于世，是个有见识、有操守之人，岂能以无据之传闻以妄正妄，或竟出于个人标新立异之愿望故意将别的两种杂占之书尊为《归藏》以补全‘三易’之数，其糊涂无聊乃至如此？而且，联系关于三易以下《古文尚书》、《古帙礼记》、《古论语》、《古孝经》之篇卷及字数的详明记述来看，可知其关于‘三易’之记述肯定不是随便说的。也就是说，严可均据桓谭之说以为西汉末已有《归藏》存在的推断当为可信。”[③]程二行、彭公璞也说：“桓谭于《连山》、《归藏》言之凿凿，则《汉志》不录，不可谓汉代无其书。”[④]这些应是符合史实的。

既然《周礼》一书我们现在一般不再怀疑为刘歆伪造，而自两汉之时桓谭、杜林、王充、郑玄皆讨论过《归藏》，且王家台秦简《易占》与传世辑本《归藏》多相吻合，我们应该相信，《归藏》不是汲冢《易繇阴阳卦》，且至少在战国秦汉之际是流传于世的。

## 三、《归藏》简的分类

廖名春已提出秦简《易占》实际上是《归藏·郑母经》，王传龙更进一步“从

① 袁珂校注《山海经校注》（增补修订本），成都：巴蜀书社，1993年，第309页。

② 〔汉〕桓谭撰，朱谦之校辑《新辑本桓谭新论》，北京：中华书局，2009年，第38页。

③ 梁韦弦《秦简〈归藏〉与汲冢书》，《齐鲁学刊》2003年第6期。

④ 程二行、彭公璞《〈归藏〉非殷人之易考》，《中国哲学史》2004年第2期。

音韵和筮人演变的角度入手，结合文献线索，证明王家台秦简并非《归藏》本经，而是若干次利用《归藏》进行占卜的记录，故属于《归藏》的传文《郑母经》而非经文本身”。[①] 这给人以很大启发，因为《归藏》大多为如下格式：

213 荅曰：昔者殷王贞卜其邦，尚毋有咎？而枚占巫咸，巫咸占之，曰：不吉。荅其席，投之谿（溪），荅在北，为犯□▨[②]

这正是王明钦所说的第一种安排，即在卦画与卦名之后，“以‘曰’字连接下文，接着是‘昔者某某（请求贞问人）贞卜某某（事）而枚占某某（筮人），某某（筮人）占之，曰：吉（或不吉）’。其后便是喻断辞或第二类断事辞，对这次占筮的结果进行解释或补充”。

但《归藏》并非仅此一种格式，还有一种格式，即王明钦所说的第二种安排，其特点是“不用第一类断事辞，而直接以第二类断事辞或喻断辞来承接卦名。其间，有的用‘曰’字来作为提起下文的标志。这种安排的数量比前一种要少得多”。如：

471 毋亡　出入汤汤，室安处而埜（野）安藏，毋亡▨

563 ▨比　曰：比之䇦䇦，比之苍苍，生子二人，或司阴司阳▨[③]

王明钦所谓的两类断事辞和喻断辞，第一类断事辞如前简 213 中“不吉”是也，即直接判断事情吉凶之辞；第二类断事辞即吉凶判断之后进一步解释说明的文字，如果以比喻的形式，王氏称之为喻断辞。

实际上，这第二类断事辞或喻断辞即王传龙文中所说的用韵的繇辞，第一类断事辞之前的部分则是王传龙所说的对占卜事件的记述。也就是说，结合王明钦和王传龙两位的研究，我们可以看到，从内容上可以把《归藏》简分为两类，一类是有占卜记述的，具体格式王传龙总结为“卦画＋卦名＋曰＋昔者某人卜某事而支占某筮人＋筮人占之曰吉或不吉＋繇辞”，此类就是学界一般所说的《郑母经》，因为它只是占卜过程的记述，并非本经，所以王传龙认为简文是《归藏》的传文，是与汲冢竹书的《师春》类似的、运用或假托运用《归藏》进行占卜的几十次记录。而此类占卜记录最后部分的繇辞，才是《归藏》的本经。

---

① 王传龙《“〈归藏〉”用韵、筮人及成书年代考》，《儒家典籍与思想研究》（第六辑），北京：北京大学出版社，2014 年，第 11—12 页。

② “枚”，简文中皆作“支”，为“枚”之省文。其，简文中作“亓”。又按：本文所引秦简《归藏》文字，皆出王明钦《试论〈归藏〉的几个问题》、《王家台秦墓竹简概述》（载艾兰、邢文编《新出简帛研究》），每条前之数字为秦简编号，有的条目无简号，为便行文，则缀以王氏《王家台秦墓竹简概述》文中之汉字编号。

③ 王明钦《试论〈归藏〉的几个问题》，古方等编：《一剑集》，第 110、111 页。

同样的，王明钦所说的第二类安排实际上就是“卦画＋卦名＋曰＋繇辞”的格式，也就是纯粹的《归藏》本经。这是王传龙所忽略的。李学勤注意到了二者的不同，但仅指出了二者文例上的区别及王明钦所说第一种为卜例的性质，亦未有过多的讨论。① 第二类简文虽不占多数，但亦非个例，除王明钦所举简 471、563 之外，还有：

216 比　曰：比之茉茉，比之苍苍，生子二人，或司阴司阳，不□姓□⧄

181 天　曰：朝＝不利，为草木赞＝，偁下□⧄

334 ⧄兑　曰：兑＝黄衣以生金，日月并出，兽□⧄

207 介　曰：北＝黄鸟，杂彼秀虚，有蕔者□□有□□人民⧄

463 遂　曰：遂亘以入为羽，不高不下，即利初事，有利□⧄

537 筮　曰：筮□之□，筮盍之□□⧄

317 中絕　曰：啻□卜⧄②

这样，加上简 471、563，就有 9 条简文是《归藏》本经了。其中，简 563 与简 216 是重复的。

在全部已发表的 75 条释文中还有 12 条是无法判断属于占卜记述还是本经的，包括：

二一临　曰⧄③

三〇□　□⧄

三一损　曰⧄

三二□　曰⧄

⧄咸　曰⧄

482 ⧄□下，以求不得，以田伤马。……⧄

215 ⧄□父，夕为母，朝卜及日中吉，日中及夕凶。……⧄

473 ⧄……不利开事，唯利伏匿。

① 李学勤《王家台〈归藏〉小记》，《周易溯源》，成都：巴蜀书社，2005 年，第 293—295 页。

② 见王明钦《王家台秦墓竹简概述》，第 30—32 页。标点为笔者所加。另，简 181“曰”原作“目”，此据廖名春说改。

③ 凡无简号者，标以王明钦《王家台秦墓竹简概述》所公布的汉字编号，其中“三二”含两条；其他各条见王明钦《试论〈归藏〉的几个问题》。

455 ⧄既成其陈(阵),困其士女。

259 ⧄陈,众龙之嚣,群神伏匿,大臣不朝。

204 ⧄淮,伐之折戈。

538 ⧄□于溥,唯花作作,不初而利后之,亡羊得牛。

以上前5条是有卦画或卦名者,但"曰"字以下残断,故无法判断属哪类;后7条则是前面的内容残缺,只剩繇辞部分,亦无从判断归属哪类。

剩余54条多属占卜记述类,但其中有重复者,包括:

二三□ 曰:昔者□卜出云而枚占⧄

305 ⧄卒 曰:昔者佱卜出云而枚占囷=京=占之曰:不吉。卒⧄

333 ⧄ 曰:昔者禹卜食散食而枚占大明,占之曰:不吉。散其⧄

二七散 曰:昔者⧄⧄□卜□散实而枚占大=⧄

四三䔫 曰:昔者⧄⧄卜鴋帝䔫之虚,作为□⧄

336 ⧄䔫 曰:昔者夏后启卜鴋帝䔫⧄

343 亦 曰:昔者北□⧄

四八夜 曰:昔者北□夫=卜逆女⧄[①]

408 大□ 曰:昔者⧄

⧄隆卜将云雨而枚占囷京,=占之曰:吉。大山之云偹⧄(196)[②]

320 壮 曰:昔者丰隆⧄[③]

以上5组10条是重复的。

前已言之,王明钦介绍,这批《归藏》简有两种形制,当是两种抄本,这样,这些重复条目就不足为怪了。而从本经类简文和占卜记述类简文皆有重复来看,似乎两种抄本都是本经与占卜记述两类并存。如果有这些竹简的图版,问题可能会更清楚些。

从简文的对比来看,不同的卦所用的占卜记述在内容上似乎也有重复,如:

① 此条在王明钦《王家台秦墓竹简概述》中与简343为一则,并与简404(□曰:昔者北敢夫=逆女过而枚占□⧄)相似,但卦画不同;而在王明钦《试论〈归藏〉的几个问题》中此条无卦画,作:"夜曰:昔者北敢夫人卜逆女⧄。"可能是作者一时疏忽所致。

② 此处简408与简196应拼为一条。

③ 此条卦画缺一阳爻,卦名当为"大壮"。

二二灌　曰：昔[者]夏后启卜鬺☒

四三普　曰：昔者☒☒卜鬺帝普之虚，作为□☒

这两条因后半残缺，是否重复尚难断言。也许这与其他近似的条目一样，只是部分重复，在占断辞、繇辞上有差别。这样的例子还是不少的，特别是记载某些君主"贞卜其邦，尚毋有咎"的，如简 206、302、208、二六、335、213 等皆是。这种情况可能与君王的身份有关，早期君王所卜之最大最常见的事物，当然是其国的吉凶休咎。

对比两类简文，我们可能会想到，占卜记述类的格式与本经类格式是有重叠的，只是中间有无占卜记述的内容之别；若去掉占卜记述部分，前一类就会变成后一类，如此，我们就能获得更多《归藏》本经的内容。例如：

214 鼒　曰：昔者宋君卜封□而枚占巫苍，＝占之曰：吉。鼒之芒＝，鼒之轶＝，初有吝，后果述。

文末的符号是章句结束的标志，这是发表的简文中唯一一条比较完整的，只有"封"后一字模糊不清，但基本不影响阅读。一条占卜记述类简文的长度我们可以大概推知，从已发表的较完整的简文来看，可能在 30～40 字左右。但一条《归藏》本经的内容通常会有多少字，我们是不清楚的，从前面的 9 条此类简文看，可能较占卜记述类简文短，不过占卜记述类简文最后的繇辞是否就是一条本经的全部内容，我们还不敢断言。

另外，在上述两类简文之外是否还可能有其他情况？因竹简残损严重，就公布的简文来看，一时尚难下定论。但结合辑本《归藏》的情况来看，本文认为简本《归藏》中是可能会有两类之外的类型的。关于此，留待下文分析。

## 四、《归藏》简所属篇目推测

《隋志》著录《归藏》十三卷，但至宋仅存《初经》《齐母经》《本蓍》三篇，且"文多缺乱，不可训释"(《中兴书目》)。据马国翰所辑，则可知《归藏》还有《郑母经》《启筮》两篇，故《归藏》十三篇，今知篇名者有 5 篇。那么，《归藏》简是否如有的学者所说，属《郑母经》呢？

对比秦简与辑本《归藏》，可知辑本《郑母经》的内容大都能在简本中找到对应的简文，而辑本《启筮》及马氏所辑的逸文也有数条与简本相对应，今一并列表对比如下：

| 序号 | 辑本《归藏·郑母经》 | 秦简《归藏》 |
| --- | --- | --- |
| 1 | 明夷曰：昔夏后启筮乘飞龙而登于天，而枚占于皋陶，陶曰：吉。① | 明夷曰：昔者夏后启卜乘飞龙以登于天，而枚占□□⧄（四四） |
| 2 | 武王伐纣枚占耆老，耆老曰：吉。 | 节曰：昔者武王卜伐殷而枚占老⿱耂生，老⿱耂生占曰：吉。□（194） |
| 3 | 昔鲧筮注洪水而枚占大明，曰：不吉。有初无后。 | ⧄大明，大明占之曰：不吉。有初而无后……（550） |
| 4 | 昔者桀筮伐唐而枚占荧惑，曰：不吉。不利出征，惟利安处；彼为狸，我为鼠；勿用作事，恐伤其父。 | □桀卜伐唐而枚占荧惑，荧惑占之曰：不吉。⧄（339） |
| 5 | 昔者羿善射，毕十日，果毕之。 | □曰：昔者羿卜毕十日，羿果毕之。思十日并出，以⧄（470） |
| 序号 | 辑本《归藏·启筮》 | 秦简《归藏》 |
| 6 | 昔者夏后享神于晋之墟，作为璿台，于水之阳。 | ䷢普曰：昔者夏后启卜鴋帝普之虚，作为□⧄（四三、336） |
| 序号 | 辑本《归藏》逸文 | 秦简《归藏》 |
| 7 | 昔黄帝与炎神争斗涿鹿之野，将战，筮于巫咸，曰：果哉而有咎。 | 同人曰：昔者黄帝与炎帝战⧄（182）⧄（巫）咸，巫咸占之曰：果哉而有吝□⧄（189） |
| 8 | 昔嫦娥以不死之药奔月。② | 归妹曰：昔者恒我窃毋死之□⧄（307）⧄□□奔月，而枚占□□□⧄（201） |
| 9 | 昔穆天子出师西征，而筮于禺强，禺强占之曰：不吉。龙降于天，而道里修远，飞而冲天，苍苍其羽。③ | 师曰：昔者穆天子卜出师而枚占□□□⧄（439）⧄龙降于天而□⧄⧄远飞而中天苍⧄ |

① 按：此条马国翰辑自《山海经》郭璞注、张华《博物志》卷九、《太平御览》卷九二九，而《太平御览》卷八二引作："《史记》曰：昔夏后启筮乘龙以登于天，枚占于皋陶，皋陶曰：吉而必同，与神交通，以身为帝，以王四乡。"此条紧接在《归藏》引文之下，可能是《太平御览》编者误为《史记》。

② 严可均辑本用《续汉天文志上》注引张衡《灵宪》作："羿请无死之药于西王母，姮娥窃之以奔月。将往，枚筮之于有黄，有黄占之曰：吉。翩翩归妹，独将西行，逢天晦芒，毋惊毋恐，后其大昌。"可与此及简文相参看。

③ 此条马氏辑本为两条，今据李家浩、王明钦说合为一条而略有修改。

续表

| 序号 | 辑本《归藏》遗爻 | 秦简《归藏》 |
|---|---|---|
| 10 | 节:殷王其国,常毋若谷。① | 曜曰:昔者殷王贞卜其□,尚毋有咎◩(二六)<br>渐曰:昔者殷王贞卜其邦,尚毋有咎,而枚占巫咸,咸占之曰:吉。不渐於◩(335)<br>沯曰:昔者殷王贞卜其邦,尚毋有咎?而枚占巫咸,巫咸占之,曰:不吉。沯其席,投之谿(溪),沯在北,为犯◩(213) |

由上表可见,简本《归藏》大部分与辑本《郑母经》相近,包括逸文、遗爻,可能原本都属《郑母经》,马国翰在辑佚时或不知所属,或误以为爻辞。可见确如廖名春、王传龙等学者所说,简本内容是以《郑母经》为主的。此类皆记述占卜事例,尤多神话传说,《隋志》所谓"唯载卜筮,不似圣人之旨",《文心雕龙·诸子》说:"按《归藏》之经,大明迂怪,乃称羿弊十日,嫦娥奔月。殷汤如兹,况诸子乎!"应该都是针对这些而言的。

从上表还可以看到,辑本《归藏·启筮》有一条与简文相对应,而辑本《启筮》中还有一条,与占卜记述类简文的格式也是一样的:

昔夏后启筮享神于大陵而上钧台,枚占皋陶,曰:不吉。

这两条或许是因记夏启卜筮之事而被误以为《启筮》篇,从格式上看,当同样属《郑母经》。

然则《启筮》篇有何特点呢?辑本《启筮》的其他条目皆与上述两条不同,虽可能是摘引,但都是直接记载"迂怪"之事,没有占卜记述类简文格式的特征,马国翰辑本共11条,列之如下:

1. 瞻彼上天,一明一晦,有夫羲和之子,出于阳谷。
2. 空桑之苍苍,八极之既张,乃有夫羲和,是主日月出入,以为晦明。
3. 共工人面蛇身朱发。
4. 丽山之子,青羽人面马身。
5. 羽民之状,鸟喙赤目而白首。
6. 金水之子,其名曰羽蒙,乃之羽民,是生百鸟。
7. 滔滔洪水,无所止极,伯鲧乃以息石息壤以填洪水。
8. 鲧去三岁不腐,剖之以吴刃,化为黄熊。②

① 本条原文显然有误,王明钦认为应是"殷王筮其邦,尚毋有吝"。

② 通行本作:"鲧死三岁不腐,剖之以吴刀,化为黄龙。"

9. 大副之吴刀，是用生禹。

10. 昔彼《九冥》，是与帝《辩》同宫之序，是为《九歌》。①

11. 不得窃《辩》与《九歌》以国于下。

又，严可均辑本有3条在上述11条之外，亦列于下：

12. 太昊之盛，有白云出自苍梧，入于大梁。

13. 蚩尤出自羊水，八肱八趾疏首，登九淖以伐空桑，黄帝杀之于青丘。

14. 帝尧降二女为舜妃。

在第4条下，严可均有案曰："《西山经》又云'钟山其子曰鼓，其状如人面而龙身'，注云：'其类皆见《归藏·启筮》。'"

综合以上十数条辑佚《启筮》的内容，可以推想，《启筮》虽以"启筮"为名，而所记尤多神怪之事物，这与《郑母经》多为传说中的帝王名臣、并采用筮例之记述方式还是有区别的。简本《归藏》中也有少量几条可能属于此类，未知是否，今列之于下：

501 [illegible] 曰：不仁。昔者夏后启是以登天，啻（帝）弗良而投之渊，[illegible]共工以□江□⧄

461 履 曰：昔者羿射陼比庄石上，羿果射之，曰履。□⧄

212 罷 曰：昔者赤乌止木之遽，初鸣曰"鹊"，后鸣曰"乌"，有夫取妻，存归其家。⧄②

503 陵 曰：昔者赤乌卜浴水通而见神，为木出焉，是啻（帝）⧄

以上4条与简文的其他各条不类，而所述多神怪，或与《山海经》中的神话相关，似与辑本《启筮》相似，笔者推测可能属《启筮》篇。考虑到《归藏》原有十三篇，还有不少篇名及内容我们是不知道的，而且，上述4条简文皆有残缺，也许这里的推测是错的。但此4条简文仍有其特点值得注意，即各条皆以卦画、卦名开头，然后是"曰＋昔者"，只是不同于《郑母经》的格式，后面不是占卜记述。从简461看，似乎是讲《履》卦的源起，"昔者羿……羿果……"，似谓本欲做某事，后来果然做成，故曰"履"，践履之义。但各卦是否皆可如此解释尚难论证，姑存此疑。若果是讲各卦源起，则具有强烈的自神其教意味了。

---

① 马氏辑本此条及下条"辩"皆误为"辨"。

② 连劭名释"乌"为"鳥"，引《说文》曰："鳥，鵲也，象形。""赤鳥"指日中之乌，"木"指扶桑之木，又名"扶木"，"遽"指传车，《尔雅·释训》云："遽，传也。"意谓十日运行，如赤鳥乘传，其事多见《山海经》。见连劭名《江陵王家台秦简〈归藏〉筮书考》，《中国哲学史》2001年第3期。

前文已指出，占卜记述类简文之外，本经类简有9条，那么这9条当属《归藏》的哪一篇呢？我们知道，《隋志》及新、旧《唐志》皆著录《归藏》十三卷，而至宋仅存《初经》《齐母经》《本蓍》三篇，陈骙《中兴馆阁书目》："《归藏》隋世有十三篇，今但存《初经》《齐母》《本蓍》三篇，文多阙乱，不可训释。"而李过《西溪易说》成书于庆元戊午(1198)，《四库总目》说"谓几二十年而成"，则开始写作时《中兴书目》甫成书(淳熙四年，1177)，李过应该也是见到了这残存的三篇《归藏》的。李过《西溪易说》载录《归藏·初经》之后，并未如马国翰辑本那样接着六十卦，而是与《归藏·初经》一样单行标以《归藏·齐母经》标题，另行记："曰：旧言之择，新言之念。"接着另行起详列六十卦名。这似乎表明李过看到的《归藏》六十卦是属于《齐母经》的，而马氏辑本《齐母经》仅一条：

> 瞿：有瞿有觚，宵粱为酒，尊于两壶，两羭饮之，三日然后苏。士有泽，我取其鱼。

这条辑自邢昺的《尔雅疏》。邢昺是北宋人，是以所见《归藏》原文补充郭璞注之不足，所以这条属《齐母经》应是可信的。联想到李过将六十卦置于《齐母经》之下的做法，可以推想《齐母经》中至少有六十卦都是如瞿卦(今本《周易》之睽卦)一样，卦名之下是一段韵文卦辞。而这种情况恰与简本《归藏》之本经类9条简文相符。因此，笔者推测此9条简文可能是《归藏·齐母经》之文。

## 五、结论

综上所述，笔者认为，《归藏》确曾流传于战国秦汉之际，今传世辑本《归藏》并非如有的学者所说是汲冢书中的《易繇阴阳卦》，王家台秦简《易占》应该就是当时流传的两种《归藏》抄本。

按照王明钦的介绍，《归藏》简共394枚，4000余字，包含两种抄本。这样看来，则至少有一种抄本要超过2000字，而据桓谭之说，《归藏》凡4300字，然则至少有一种抄本在篇幅上达到了全本《归藏》的一半左右。全本《归藏》共十三篇，而据上文分析，只能推测出已发表的简文可能分属于《齐母经》《郑母经》《启筮》三篇。由于出土秦简残缺过甚，而且传世《归藏》仅有只言片语，因此，本文的推测固然有其合理性，但绝不敢说必然如此，要想获得更多更准确的认知，只能期待更多出土发现了。

# 王与之《周礼订义》引文作者辩证三题

谢继帅*

**【内容提要】** 王与之《周礼订义》八十卷，共征引超过七十位学者的上万条经说，尤以宋代《周礼》诠释成果为主，具有极高的史料价值。但是，受各种主客观因素的影响，书中引文的作者归属并非完全清晰和准确。以《订义》卷首《编类姓氏世次》为出发点，从史源学角度对引文的作者和出处进行核查，可以将相关问题粗略总结为自违其例、名实不符及别有本源三个类型。这便提醒我们，利用《订义》辑佚和研究宋代《周礼》学佚著时，要特别注意引文的复核工作。

**【关键词】** 《周礼订义》 引文作者 史源

在经学史上，每间隔一个较长的时段，便会有学者通过编撰集解的形式，对先儒经典诠释的成果加以总结。截至南宋理宗年间，宋代学者的《周礼》相关论著积累了近百种之多，以本朝为主，上探汉唐，重新编撰一部集解的条件已经成熟。八十卷篇幅的王与之《周礼订义》，正是这一背景下的产物。全书共征引超过七十位学者的上万条经说，尤以宋代学者的《周礼》诠释为主，具有极高的史料价值。宋元革鼎之后，随着原始文献的渐次散亡，《订义》成为后人引用、辑佚和研究宋代《周礼》学佚著的宝贵中介。在这种情况下，如果《订义》中引文的作者归属不够准确，就难免会给后人造成一些误导。那么，《订义》引文条目总数上万，其作者归属都是明晰且可靠的吗？在回答这个问题之前，我们有必要先来介绍一下《订义》卷首《编类姓氏世次》。

《编类姓氏世次》是一篇引用书目，以汉、唐、宋时代先后为序，依次介绍了《订义》所引五十一位作者的姓氏、著述和题名，是核查《订义》引文的最重要凭借。[①] 举例言之，《编类姓氏世次》首条“杜氏子春，见本经注，今作杜氏”，意指《订义》引杜子春说出自郑玄《周礼注》，书中题作“杜氏”。又如，第七条“刘氏敞，字原父，立说见《七经小传》，今作刘氏”，意指《订义》引刘敞说出自《七经小传》，书中题作“刘氏”。在正常情况下，《订义》中引文的作者归属应该与《编类

---

* 本文作者为聊城大学历史文化与旅游学院讲师。

① 另有二十余位作者，《订义》征引了他们的经说，但没有把姓名列入《编类姓氏世次》。

姓氏世次》的说明相符,但实际却并非完全如此。早在清康熙年间,张云章校勘影宋钞本《订义》时,就已经敏锐地发现书中"有立说人姓氏错误者",[①]富有启发意义。近年,夏微在《〈周礼订义〉研究》一书中也曾指出,《订义》引用郑兴、郑众说,有与郑玄说相同者;引用程颐、张载、吕祖谦、叶适等人之说,有来源不明者。[②] 笔者在此基础上,从史源学角度入手,进一步扩大核查范围,逐渐注意到更多类似的问题。下面,本文通过三组例证,具体探讨《订义》引文作者的疑误情形,以及背后可能的原因,就正于方家。[③]

## 一、自违其例:从郑玄说"误题"郑兴之名谈起

《编类姓氏世次》云:"郑氏兴,字少赣,河南人,见本经注,今作郑氏","郑氏众,字仲师,见本经注,今作郑司农","郑氏玄,字康成,见本经注,今作郑康成"。据此,《订义》引郑兴、郑众和郑玄说均出自郑玄《周礼注》,分别题作"郑氏""郑司农"和"郑康成"。今检《订义》引文题作"郑氏"者四十条,但核对郑玄《周礼注》,其中三十七条实为郑玄说。[④]

郑玄《周礼注》原本俱在,可以覆案,故《订义》引郑玄说而题郑兴之名,乃误题无疑。那么,这种误题是如何产生的呢?众所周知,郑玄注《周礼》,常常先引杜子春、郑兴、郑众之说,再以"玄谓"形式做补充和辩证,读者如果分辨不仔细,忽略"玄谓"二字,即有可能将郑玄说误属杜子春等人名下。《订义》中就有这样的例子。《夏官·大司马》云"大兽公之,小禽私之,获者取左耳",郑玄《周礼注》云:

> 郑司农云:"大兽公之,输之于公。小禽私之,以自畀也。《诗》云:'言私其豵,献肩于公。'一岁为从,二岁为豝,三岁为特,四岁为肩,五岁为慎。此明其献大者于公,自取其小者。"【玄谓:"慎读为麎。《尔雅》曰:'豕生三曰豵,豕牝曰豝,麋牝曰麎。'】获,得也。得禽兽者取左耳,当以计功。"[⑤]

郑玄先引郑众说,再附以己见,区分原本清楚,但《订义》(48—19a)引用此注,

---

① 〔清〕张云章《朴村文集》卷二三《上徐总宪书》,《四库禁毁书丛刊》影印清康熙刻本,北京:北京出版社,1997年,第168册,第102页。

② 夏微《〈周礼订义〉研究》,长春:吉林人民出版社,2011年,第76、84、126、131、170、198页。

③ 需要说明,本文所用《周礼订义》版本为《通志堂经解》本,为方便核对,笔者已将引文所在卷、叶标于正文或脚注中。例如,"《春官·大宗伯》(29—4a)"表示这条引文在《春官·大宗伯》,具体位置为《周礼订义》卷二九、叶4a。

④ 夏微在《〈周礼订义〉研究》中已用表格将这些引文列出,但条目与笔者统计有所出入。

⑤ 《周礼注疏》卷二九,影印清嘉庆阮元校刻《十三经注疏》本,北京:中华书局,2009年,第2册,第1811页。

省略了【】中的郑玄注，误将【】外前后两部分视作一条，统归于郑众名下。此类引用错误，当因郑众、郑玄经说相连，王与之未曾细辨而致。但与此不同，《订义》中误题郑兴之名的三十七条郑玄说，在《周礼注》中都不存在郑兴、郑玄观点同时出现的情况。例如，《天官·寺人》云“掌王之内人及女宫之戒令，相道其出入之事而纠之”，郑玄注云：“内人，女御也。女宫，刑女之在宫中者。纠犹割察也。”①此注中仅有郑玄一人之说，而《订义》(12—16a)节引“纠犹割察也”数字，题作“郑氏曰”，归入郑兴名下，显然不是因两人经说相连而致误。再者，《周礼注》中保存的郑兴说总计不过十三条，王与之在编撰《订义》时不可能对此毫无察觉，而将多达三倍的郑玄说误认为郑兴说。因此，笔者认为，这些误题并非王与之主观上将郑玄说错判为郑兴说所致，而是因为《订义》征引郑玄说本身就混用了“郑康成”和“郑氏”两个题名。

实际上，《编类姓氏世次》所拟定的引文作者题名，在《订义》正文中往往未能得到严格的贯彻执行。例如，根据《编类姓氏世次》，《订义》引郑伯谦说应题“郑节卿”，而书中有题“郑伯谦”者；引林之奇说应题“林氏”，而书中有题“林之奇”者。可见，本属同一作者的引文，在《订义》中常有不同题名，若胶执《编类姓氏世次》所拟题名，统计引文时难免会有遗漏。更进一步说，如果两个及以上的同姓作者，如郑兴、郑众和郑玄，引文题名不严格遵守《编类姓氏世次》的区分，就很容易导致张冠李戴。分析至此，前述《订义》引郑玄说而误题郑兴之名的问题就不难理解了。简言之，《订义》引用郑玄说，绝大部分皆题“郑康成”，同《编类姓氏世次》所拟题名吻合，而偶有自违其例，随意题作“郑氏”者，因此客观上造成与书中引郑兴说相互混淆。

为更好地说明这一问题，不妨再举一例。《编类姓氏世次》云：“明道程氏颢，字伯淳，有数说，见《语录》，今作程氏”，“伊川程氏颐，字正叔，间有数说，见《语录》，今作程伊川”。据此，《订义》引二程说应分别题作“程氏”和“程伊川”。《春官·大宗伯》(29—4a)先引“程氏曰：《孝经》云：‘郊祀后稷以配天，宗祀文王于明堂以配上帝。’天与帝一也，天言其体也，帝言其主也”云云，间隔数行又有王与之按语云“愚按天之与帝，其实则一，如伊川之说无疑”。前后互参，则此处引文中的“程氏”为程颐而非程颢，王与之原本很清楚，而题名却与《编类姓氏世次》不合，正是自违其例的现象。上文所举《订义》引郑玄、郑兴说题名混同问题，恰与此例差相仿佛。

其实，寻此思路，或许还能解释更多《订义》引文作者疑误问题。《编类姓氏世次》云：“南城李氏觏，字泰伯，有《周礼致太平论》，今作李氏。”今检《订义》

① 《周礼注疏》卷七，第2册，第1478页。

引文题“李氏”者共二十四条，其中八条不见于今本《周礼致太平论》。[①]《周礼致太平论》共五十一篇，最初单行，后收入李觏文集，流传至今并无散佚。因此，笔者怀疑这些引文本非出自李觏《周礼致太平论》，而有可能是《订义》引用其他李姓学者之说。列入《编类姓氏世次》的李姓学者有三位，即李觏、李叔宝（字景齐）和李嘉会，而王与之所拟引文题名分别为“李氏”“李景齐”和“李嘉会”。假若《订义》引李叔宝、李嘉会说，因自违其例而题作“李氏”，就不可避免会与李觏说相混淆。如果此推论属实，则上述引文作者当为李叔宝或李嘉会。

又如，《编类姓氏世次》云：“横渠张氏载，字子厚，秦人，有数说，见《语录》，今作张氏。”据此，《订义》引文题“张氏”者应为张载说。夷考其实，《天官・内宰》（12－8a）和《春官・冢人》（37－8b）两条引文，作者虽然题作“张氏”，但分别见于张栻《南轩集》卷八《经筵讲义》和卷一三《思终堂记》。再检《订义》卷首《序周礼废兴》和《春官・大宗伯》（29－6a）各引“张南轩”说一条，分别出自张栻《孟子说》卷四和《南轩集》卷一〇《尧山漓江二坛记》。由此可知，尽管《编类姓氏世次》未列张栻之名，但《订义》中实有引用其说，或题“张南轩”，或题“张氏”，非但体例不一，而且极易与张载说相混淆。再如，《编类姓氏世次》云：“山阴黄氏度，字文叔，有《五官解》，刊在浙东仓司，今作黄氏。”但《订义》引文题“黄氏”者，并非均属黄度之说，而是有少量出自黄裳《演山集》。[②] 黄裳之名同样未列入《编类姓氏世次》，这些引文很容易被误认为是黄度之说，清人陈金鉴辑《宋黄宣献公周礼说》就曾误收。[③] 诸如此类，皆因《订义》体例不严所致，需要细加别白。

## 二、名实不符：陆佃说多见于陈祥道《礼书》

尽管异姓作者的引文题名，不容易出现因自违其例而相互混淆的问题，但并非毫无疑问。《编类姓氏世次》云：“陆氏佃，字农师，采之《礼记解》中，今作陆氏。”据此，《订义》引陆佃说出自《礼记解》，题作“陆氏”，但实际情形却远为复杂。今检《订义》引文题“陆氏”者二十二条，另有题“陆佃”者九条，题“陆氏《表记解》”者两条，题“陆氏《礼运解》”者一条，共计三十四条，题名颇不统一。至于这些引文的真实来源，则更有值得怀疑之处。

---

① 分别见于《天官・大府》（10－5b、10a）、《地官・大司徒》（16－4b）、《地官・遂人》（25－6a）、《春官・典命》（35－14a）、《夏官・撢人》（57－15a）、《秋官・大司寇》（58－5b）和《秋官・小司寇》（59－2a）。

② 分别见于《天官・职币》（11－11b）、《春官・乐师》（39－6a）、《夏官・大司马》（48－2b）、《秋官・大行人》（67－3a）和《秋官・司仪》（68－15b）。

③ 〔宋〕黄度撰，〔清〕陈金鉴辑《宋黄宣献公周礼说》，收入《续修四库全书》，上海：上海古籍出版社，2002年，第78册，第1—92页。

陆佃《礼记解》共四十卷，原书已经亡佚，幸赖卫湜《礼记集说》引用八百余条，借此尚可窥其梗概。[①] 以《礼记集说》引文为参照，《订义》引陆佃说可以确定出自《礼记解》者，仅《春官·载师》(21—4b)一条而已。另有三条引文，王与之既已举出《表记解》和《礼运解》的篇名，[②]虽然没有直接的比对材料，其出处亦当可信。除以上四条外，《订义》其余三十条引文中的绝大部分，[③]皆同见于陈祥道《礼书》。试举《天官·小宰》(4—15a)引文为例：

> 陆氏曰：商人尊神，交于明，故先乐而求诸阳；周人尊礼，求诸幽，故先祼而求诸阴。郑氏谓王酌郁鬯以献尸，尸受之、啐之、奠之。然尸神象也，初受而自祼，非礼意也。郑氏又谓宗庙有祼，天地大神尊不祼。考之礼，于《典瑞》、《玉人》、《鬯人》则祼先王、宾客、社稷、宗庙、山川、四方而已，是祼不施于天地。然《大宗伯》："凡祀大神、享大鬼、祭大示，莅玉鬯。"《表记》曰："亲耕，粢盛秬鬯，以事上帝。"盖祀天有鬯者，陈之而已，非祼也。

这条引文讨论祭祀祼礼问题，近似表述同见于陈祥道《礼书》卷八五：

> 商人尊神而交神于明，故先乐而求诸阳；周人尊礼而辨神于幽，故先祼而求诸阴。《书》曰"王入太室祼"，《祭统》曰"君执圭瓒祼尸"，则尸入太室，以圭瓒酌郁鬯祼之，后又以璋瓒酌郁鬯亚祼。其祼尸也，如祼宾客，则王与后自灌之矣。郑氏释《小宰》，谓王酌郁鬯以献尸，尸受，祭之、啐之、奠之。然尸神象也，神受而自灌，非礼意也。郑氏又谓宗庙有祼，天地大神至尊不祼。考之于礼，《典瑞》"祼圭有瓒，以肆先王，以祼宾客"，《玉人》"祼圭尺有二寸，有瓒，以祀庙"，又《鬯人》秬鬯之所用，则社、庙、山川、四方而已，是祼不施于天地也。然《大宗伯》："凡祀大神、享大鬼、祭大示，莅玉鬯。"《表记》曰："亲耕，粢盛秬鬯，以事上帝。"盖祀天有鬯者，陈之而已，非必祼也。[④]

比较可知，《订义》引文稍略而《礼书》原文稍详，两者存在明显的同源关系，其他条目亦大体如此。那么，《订义》中这些题有陆佃之名的引文，真如《编类姓氏世次》所言出自《礼记解》吗？

---

① 《礼记集说》卷首《集说名氏》云："山阴陆氏佃，字农师，《解》四十卷，又《新说》四卷。"今按：《解》即《礼记解》，《新说》指陆佃另一部著述《述礼新说》，《宋史·艺文志》有著录。据统计，《礼记集说》引陆佃说共 892 条，其中九条引自《述礼新说》，亦有引自《陶山集》者，其余应皆引自《礼记解》。参桂枭《卫湜〈礼记集说〉引人引书考》，北京大学硕士学位论文，2013 年，第 48—49 页。

② 分别见于《春官·鬯人》(33—14a、15a)和《夏官·司士》(51—5b)。

③ 如《天官·小宰》(4—15a)、《天官·宰夫》(5—1b)、《天官·膳夫》(6—3a)、《天官·甸师》(7—2b)、《地官·党正》(19—7a)等。

④ 〔宋〕陈祥道《礼书》卷八五，《北京图书馆古籍珍本丛刊》影印至正七年(1347)福州路儒学刊明修本，北京：书目文献出版社，1990 年，第 3 册，第 334 页。

陈祥道与陆佃生活年代大体同时，并且均为王安石后学。[①] 陈氏《礼书》的撰写自熙宁二年(1069)即已开始，至元祐四年(1089)完成，前后历时二十年，其后进呈御览、写付太常，以钞本形式在学者中流传，至南宋初方付梓刊行。[②] 陆氏《礼记解》具体成书时间不详，但应与《礼书》相去不远。单纯从成书时间、流传脉络等外缘因素，很难直接说明《礼记解》与《礼书》之关系。为探明《订义》引文的原始作者，只能求助于其他证据。

首先，卫湜《礼记集说》引陆佃《礼记解》八百余条，数量已经较为可观。王与之明言《订义》引陆佃说取自《礼记解》，但书中三十四条引文，仅有一条同见于《礼记集说》，其余绝大部分反而同见于陈祥道《礼书》，不能不令人生疑。其次，《礼记解》是随文释义的经解体，而《礼书》是分门别类的条目体。前述引文讨论祼礼，遍考《三礼》《尚书》，并不限于《礼记》一经，与《礼书》体例显然更为符合。再次，《订义》中题有陆佃之名的引文，有与别处所见陆佃说相违戾者。如《春官·司尊彝》(34—5a)引陆佃云"鸡、鸟、虎、蜼之彝，取诸物也；斝耳、黄目，取诸身也"，同见于陈祥道《礼书》卷九五，[③]反而与陆佃《礼象》云"旧图黄目尊画人目而黄之，人目不黄，作而黄之，理无有也。……黄目宜画龟目"不合。[④] 如果暂且不考虑陆佃立说前后存在变化的可能，则这条引文为陆佃之说的概率恐怕很小。

分析至此，似可下一断语，即《订义》引陆佃说而同见于《礼书》者，原始作者应当不是陆佃，而是陈祥道。造成这种现象，是因为王与之从《礼书》中摘录部分条目而误题陆佃之名，抑或另有更为复杂的背景，目前笔者暂时难以给出圆满的解释。

附带一提，陈祥道《礼书》在南宋影响颇大，或明或暗引用其说者甚多。例如，《编类姓氏世次》云："永嘉薛氏季宣，字士隆，有《释疑》，今作薛氏。"今检《订义》引文题"薛氏"者，有二十余条同见于陈祥道《礼书》，[⑤]其中有的大体照录原文，有的做了较多改写。又如，《编类姓氏世次》云："三山林氏，之奇，字少颖，有《全解》，祖荆公、昭禹所说，今作林氏。"今检《订义》引文题"林氏"者，有五条同见于《礼书》。[⑥] 不难推论，这应是薛、林二人注《周礼》时曾经参考《礼

① 《宋元学案》卷九八《荆公新学略》同列陆佃、陈祥道为王安石门人。

② 参李玉长《礼学康成后——陈祥道〈礼书〉研究》，北京大学硕士学位论文，2016年，第27—39页。

③ 〔宋〕陈祥道《礼书》卷九五，第370页。

④ 陆佃《礼象》原书已佚，本条经说转引自章如愚《山堂考索》卷四五《前集·礼器门》(《中华再造善本》影印元延祐七年(1320)圆沙书院刻本，北京：北京图书馆出版社，2006年，第17册，叶1b)。又，《山堂考索》没有注明引文出处，《永乐大典》卷三五八四引《山堂考索》有《礼象》二字，今据之补。

⑤ 如《天官·太宰》(3—2b)、《天官·膳夫》(6—3b)、《天官·浆人》(8—20a)等。

⑥ 分别见于《春官·大宗伯》(30—9a，31—1b)、《春官·典瑞》(35—3b—4a、6b、7b—8a、10b)。

书》，其后又被《周礼订义》吸纳的结果，与前文所讨论问题的性质不同。

## 三、别有本源：陈傅良“一《集》”的特殊性

《编类姓氏世次》云：“永嘉陈氏傅良，字君举，其说有一《集》及经进四篇，今作陈君举。”今考陈傅良有《周礼说》三卷，分“格君心”“正朝纲”“均国势”三目，每目各四篇，另有序文一篇，合计十三篇，借《周礼》阐发修齐治平之道，绍熙三年（1192）进呈光宗御览。[①]《编类姓氏世次》所谓“经进四篇”即指《周礼说》，只是篇数偶误。《周礼说》原书已经亡佚，仅“格君心”四篇仍保存在真德秀《西山读书记》卷二四《礼要指》中。[②]

《订义》引陈傅良说共一百二十五条，与《西山读书记》对勘，可以确定出自《周礼说》者，仅《天官·内宰》（12－10b）一条，则其余多数应为“一《集》”中的内容。[③] 但是，此“一《集》”在其他史料中别无所见，究指何书，向无定说。清儒孙诒让云：

> 《中兴艺文志》谓《周礼说》十二篇，专论纲领。今以《订义》所引核之，其说于名物度数、琐屑繁碎者，亦多考核，似不止论纲领。考《订义·序目》云：陈说有一《集》，及《经进》四篇；丘氏《全书》则云：“有《讲义》《集说》。”疑止斋《进说》外，尚有《讲义》之一集，故如释《考工记》车制，综贯群经，释名辨物，最为详审。而于原目所谓“格君心、正朝纲、均国势”者，则无可附丽，其为别有一集，殆无疑义。惟丘书讹舛难据，止斋《讲义》别无所见，故此未据补录。[④]

孙氏根据《周礼说》“专论纲领”的特点，将《订义》引陈傅良说中考证名物度数的条目归入“一《集》”中，确属卓见。所谓“丘氏《全书》”指丘葵《周礼全书》，又名《周礼补亡》。该书卷首有《治〈周礼〉姓氏》一篇，罗列了东汉至南宋治《周礼》者凡五十家，其中有云：“陈氏傅良，字君举，永嘉人，有《讲义》《集说》。”孙氏“疑止斋《进说》外，尚有《讲义》之一集”，似以“讲义集说”四字连读。但是，如果我们对《治〈周礼〉姓氏》的史源稍加考察，就会发现它实际是由《编类姓氏

① 〔宋〕王应麟撰，武秀成、赵庶洋校证《玉海艺文校证》卷五《三礼·绍熙周礼说》，南京：凤凰出版社，2013 年，第 225 页。

② 〔宋〕真德秀《西山读书记》卷二四，影印《文渊阁四库全书》本，台北：台湾商务印书馆，1986 年，第 705 册，第 727—729 页。

③ 王宇把《西山读书记》中保存的“格君心”四篇辑为“经进《周礼说》”，把《周礼订义》引陈傅良说辑为“讲义《周礼说》”。参王宇《永嘉学派与温州区域文化》，北京：社会科学文献出版社，2007 年，第 295—340 页。

④ 〔清〕孙诒让著，潘猛补点校《温州经籍志》卷三，北京：中华书局，2011 年，第 124 页。

世次》删改而成，不具备独立的史料价值，[①]因此孙氏亦谓其“讹舛难据”。笔者认为，《治〈周礼〉姓氏》所言《讲义》《集说》，应即分指《编类姓氏世次》中的《周礼说》和“一《集》”。

陈傅良此书既然以“集”为名，自有集解体之可能。集解体的一般特点为博采前人旧说，同时附以己意，书中内容不完全是作者的原创。顺着这一思路，笔者逐条寻索《订义》引陈傅良说的源头，现将部分考察结果列表统计如下，以清眉目：

| 《订义》引文所在位置 | 引文相关著作篇目 | |
|---|---|---|
| 《论六官次叙先后》(卷首一6b) | 贾公彦《周礼注疏》 | 《天官·序官》 |
| 《春官·小宗伯》(32—10b) | | 《春官·小宗伯》 |
| 《春官·典命》(35—14a—b) | | 《天官·序官》 |
| 《天官·太宰》(2—6a—b) | 李觏《周礼致太平论》 | 《国用》第三 |
| 《天官·玉府》(10—6b) | | 《国用》第二 |
| 《天官·九嫔》(13—1b) | | 《内治》第二 |
| 《地官·小司徒》(17—6a) | | 《军卫》第一 |
| 《地官·党正》(19—7b) | | 《教导》第三 |
| 《地官·司市》(23—15b) | | 《国用》第十二 |
| 《地官·泉府》(24—10a) | | 《国用》第十一 |
| 《春官·内宗》(37—3b) | | 《内治》第六 |
| 《春官·墓大夫》(37—9b) | 王安石《周官新义》 | 《春官·墓大夫》 |
| 《秋官·掌客》(69—18b) | | 《秋官·司仪》 |
| 《地官·载师》(21—5a) | 胡宏《皇王大纪》 | 《三王记·康王》 |
| 《地官·大司徒》(16—11a) | 吕祖谦《丽泽论说集录》 | 《门人集录周礼说》 |
| 《地官·大司徒》(16—11b) | | |
| 《地官·师氏》(22—6a—b) | | |

如上表所示，《订义》引陈傅良说中有十七条同见于《周礼注疏》《周礼致太平论》等五部著作。这些著作的作者，贾公彦、李觏、王安石、胡宏生活时代皆早于陈傅良；吕祖谦与陈傅良生年相同，而卒年则早二十余年。根据时代差异，前述引文的原始作者自然不难判定。下面就引文具体内容试做比较，以

① 关于此问题，笔者另有《〈周礼订义〉卷首〈编类姓氏世次〉的创立、衍生与变异》(未刊)一文详细讨论。

《天官·九嫔》条为例：

> 陈君举曰：妇人女子常与至尊幽居九重，人弗得见，骄蹇自恣，无所不至。故使之分职于六宫，附属于冢宰，而天官内宰、春官世妇又得以参检其事，与夫妇妾贱人自相使令而无畏忌者不同矣。汉高欲立戚夫人子，留侯曰"骨肉之间，虽臣等百人何益"；袁盎却慎夫人坐，文帝怒，说以人彘乃从。使大臣得与内事，其如是乎？后世一女专恣，而公卿附离之不暇，尚何冢宰之能率。

这条引文同见于李觏《周礼致太平论·内治第二》，今摘引如下：

> 彼妇人女子而当于至尊，幽居九重，人弗得见，则骄蹇自恣，无所不至也。是故使之分职于内而附属于外，有职则当奉其法，有属则必考其功。奉法则不敢不谨，考功则不敢不慎，举宫中之人而知所劝勉者，官有其长之效也。而况内宰亦用大夫、士，春官世妇每宫卿二人，盖皆分命贤臣，以参检内事，与夫婢妾贱人自相使令而无畏忌者，不同年而语矣。天子所御，而服官政，从官长，是天子无私人。天子无私人，则群臣焉得不公？庶事焉得不平？"无偏无党，王道荡荡"，此之谓也。汉高帝欲废太子，立戚夫人子赵王如意。留侯曰："骨肉之间，虽臣等百人何益。"此大臣不得与内事之敝也。爰盎引却慎夫人坐，谓妾主岂可以同坐，文帝怒，说以人彘，乃说。如使盎辈得制宫中之事，则尊卑有不序、上下有不和者乎？官失其守，一女颛恣，则公卿附离之不暇，其何冢宰之帅也？悲夫！[①]

比较可知，《订义》引文显然是改编自李觏《周礼致太平论》，不是陈傅良的原创内容。但需要注意，我们现在看到的《订义》引文，可能是已被王与之删节过后的形态，陈傅良"《集》"中原文是否如此，则难以确知。其他相关引文大体类此，无需再一一举证。

综上所述，《订义》引陈傅良说至少有十七条本非陈傅良原创，[②]这就为"一《集》"的集解体性质提供了较为直接的证据。不过，仍需存疑的是，这些引文的原始作者姓名在"一《集》"中已经被隐没，还是王与之引用时未加分辨，径题陈傅良之名所致？因为史料限制，如今无法详细讨论。但不管是哪一种情况，即使我们将陈傅良引用或化用前人经说的行为，视为他对这些观点的认同，在利用《订义》辑佚和研究陈傅良《周礼》学著述时，都不能不先做一番甄别工作。

---

① 〔宋〕李觏著，王国轩点校《李觏集》卷五，北京：中华书局，2011年，第72—73页。

② 如果考虑到陈傅良当时可利用的文献远多于今日，本文所统计出的条目，可能只是其中很小的一部分。

## 结　语

保存资料是集解体著述的最重要价值之一，但普遍存在的引文来源不明确、作者张冠李戴等问题，往往给读者造成极大障碍。王与之在《订义》卷首设置《编类姓氏世次》，对引文来源和作者做了较为详细的交代，有助于规避上述问题，同时也为后人核查史源提供了便利。以上，笔者即从《编类姓氏世次》出发，通过三组具体的例证，对《订义》引文的作者疑误做了初步的史源学考察。

首先，王与之在《编类姓氏世次》中拟定的引文作者题名，常常与正文实际使用情况脱节，因而造成很多自违其例的现象。如果偏信《编类姓氏世次》，就很可能对《订义》引文作者形成误判。前人或不明于此，利用《订义》辑佚宋代《周礼》学佚著时，有时便会误辑他人佚文。如前所述，清人陈金鉴辑黄度《周礼说》，便曾将《订义》引文题"黄氏"者尽数辑出，而不知其中混杂有少量黄裳说。因此，我们使用这类辑本时需特别留心。

其次，《编类姓氏世次》对《订义》引文来源的说明不够明晰，甚至不完全可靠。例如，《订义》引陆佃、陈傅良说的原始出处、作者归属，均颇有可疑之处。这就提醒我们，无论是研究《订义》本身，还是通过《订义》辑佚和研究其他《周礼》学佚著，事先要做一番辨别。《订义》的学术水平和价值，也理应得到更为客观的评价。

当然，本文对《订义》引文作者的考察还存在诸多局限。今存《订义》最早版本为南宋淳祐本，但因条件限制，目前无法查看全书，[①]退而求其次，则当用《通志堂经解》本。《通志堂经解》本源出明代李开先旧藏影宋钞本，文字讹误颇多，总体质量欠佳。[②] 因此，本文所考《订义》引文作者问题，其中有一部分很可能是在传钞、传刻过程中造成，并非王与之本人的失误。此外，由于古书散亡，笔者所能用于复核《订义》引文的文献捉襟见肘，不仅考察的范围仍然较为有限，而且无力为已经发现的问题全部给出圆满的解释。凡此诸多遗憾，皆有待新资料的发掘、开放与利用。

---

① 淳祐本《订义》存世仅一部，收藏于国家图书馆，但已经制作的缩微胶卷仅有卷首十余叶的内容。

② 前引张云章《朴村文集》卷二三《上徐总宪书》云："且如《周礼订义》一书，此影宋本抄成者。其中文义，有因一二字句相同，遂传写致大段谬乖者；有两段中行墨相比，因而纠缠不可辨者；有立说人姓氏错误者；有诸家之说义本相承，不当提行而提行者；分文立解，当提行而不提行者。大抵此书之成，迫于诏征，在当时亦未暇详核，今无所考正者，不敢遽定。"

# 从语言角度看《越绝书》成书年代

王路宁*

**【内容提要】** 《越绝书》的成书年代和作者一直众说纷纭，前人利用文献中史料的年代来推测该书的成书年代，但结论不断被推翻。故而我们尝试从语言的角度来推测《越绝书》的成书年代，发现其中“善”通“献”，“属”即“钃(斸)”，“内”通“衲”，“纷纷”表示中性色彩的“众多貌”，“何当”表示“什么时候(才)”，“方来”表示“将来”义，“其”可作主语等现象，都是魏晋南北朝时期的语言特点。总而言之，我们认为从语言系统的角度出发，该书语料所属的年代应该在魏晋南北朝时期。

**【关键词】** 《越绝书》 词汇史 成书年代 语料特点

《越绝书》中记载了吴越两国国都，及附近山川形势、城池道路、宫殿陵墓、农田水利、工场矿山等，还介绍了太湖流域和会稽山的地理特征，开启了地方志编纂的先例，被方志学者奉为地方志鼻祖。但至今该书的年代及作者还无法完全确定，究根结底在于该书的语料所属年代尚未弄清，故很有必要对书中语料存疑之处进行商榷，做出正确诠释。

譬如“日昭昭，侵以施”中，前人对“侵”的解释有误，[①]而在类似的注解中又没有明确诠释，我们考察后认为“侵”与“浸”“寖”相通，而后两者在两汉文献中多作副词表示“逐渐”。又如“与子期甫芦之碕”中，“甫”一般被认为应该通指示代词“夫”，[②]但先秦至魏晋的文献中不见地点宾语在未加介词“于”或“乎”的情况下单独加指示代词的情况(以代词单独作地点宾语的情况除外)，故而我们更倾向于认为这是方音的“乎”。《越绝书·荆平王内传》中还可见“渔者渡

---

* 本文作者为武汉大学文学院博士生。

① 见张宗祥《越绝书校注》(北京：商务印书馆，1956年)，张仲清《越绝书校注》(北京：国家图书馆出版社，2009年)。其中张宗祥认为：“施，读曰移。见《荀子·儒效篇》注。又驰，施也。见《文选·神女赋》注。《吴越春秋》正作‘侵已驰’……此歌若曰：日太明，待其没，相期于芦之曲岸也。”张仲清认为“侵”表示“渐近，指太阳下山时分”，“以，而，连词；施(yí 夷)，通‘迤’，斜行”。

② 清人黄生所著《义府》卷下载：“《吴越春秋》渔父歌：日月昭昭乎，寖已驰，与子期乎芦之漪。按，《越绝书》‘驰’作‘施’，音弋移切，下‘乎’作‘甫’，‘漪’作‘碕’。施，日斜也，碕，曲岸也，二字义较确。甫当读夫，音扶。”孙诒让《札迻·越绝书·荆平王内传》曰：“甫，与‘夫’音近字通。”

于于斧之津”一句，其中“于斧”当为于湖（即今安徽当涂），古县名，也是唇音和牙喉音相通，“斧”当为“湖”。于湖为晋武帝太康二年(281)所置，分丹阳县为二，置丹阳县和于湖县，东晋侨置淮南郡于此，隋代郡县并废。值得注意的是“于湖”这一地名存在时间极短，当在晋代至隋之间。

下面我们对该书语料进行细致分析，以便从语言角度对该书进行断代。

## 一、两个方音俗字

### （一）善一献

> 夏启献牺于益。启者，禹之子。益与禹臣于舜，舜传之禹，荐益而封之百里。禹崩，启立，晓知王事，达于君臣之义。益死之后，启岁善牺牲以祠之。经曰：夏启善牺于益。此之谓也。(《越绝书·吴内传》)

段首作“夏启献牺于益”，而段尾作“夏启善牺于益”，“献”“善”二者相异。钱培名《札记》认为“此误”，“善”当为“献”。李步嘉《越绝书校释》则援引《北堂书钞》卷八九《礼仪部·祭祀门》引《越绝书》文作：

> 益死之后，夏启善献牺牲以祠。

认为此处的“善”当为“善献”之误。

《吴内传》很多段都依照段首几句为经，其后是类似于《春秋》三传中解经的文字的传，故而段首和段末总有些文字是重复的，譬如：

> 尧有不慈之名。尧太子丹朱倨骄，怀禽兽之心，尧知不可用，退丹朱而以天下传舜。此之谓尧有不慈之名。

因此，说这一段的“夏启善牺于益”中“善”可能为“献”之误，是有一定依据的。

至于《吴内传》的这句“益死之后，启岁善牺牲以祠之”，以及《礼仪部·祭祀门》的异文“夏启善献牺牲以祠”一句，李步嘉先生说“善”作“善献”，还有商榷的余地。若作“善献”，则“善”和“献”要么是同义复现，要么是“善＋VP”的结构，表示“擅长、善于”，譬如“羿，古之善射者也(《管子·形势解》)”，或者“善”作副词，表示“妥善地，好好地”，如“无德以及远方，莫如惠恤其民而善用之(《左传·成公二年》)”。

但“善献”若是“善＋VP”的结构，则可以理解为“擅长做……”或者“认为做……是对的”，又或者“善”作副词，表示“好好地做……”，无论采用哪种解释，都令人费解。

那么，“善”和“献”含义相近吗？单从古汉语中“善”的用法，二者是不能等同的。

"善"与"膳"乃同源字。[①] 西周时只有"善"字，东周才加上形旁"肉"，汉代又可作"饍"。《集韵》："庖人和味必嘉善，故膳从善。"《周礼·天官冢宰》："膳夫上士二人。"郑玄注："膳之言善也，今时美物曰珍膳。"西周小克鼎："王命善夫舍令于成周。""善夫"即"膳夫"。《别雅》卷四曰："善，膳也。《庄子·至乐篇》'具太牢以为善'，善与膳通。"

《说文》："膳，具食也。从肉善声。""具食"含"进献"之事，故"膳"有进献食物之义。[②] "献"和"膳"同属一个语义场，都有"将……送给……"的义素。比之将接受赠与的对象限定于尊者，且"献"的东西没有过多限制的"献"，"膳"更多的则是强调把食物做成美味来送人，至于是进献给尊者，还是分送给亲友，"膳"也没有限定。

《仪礼·公食大夫礼》："宰夫膳稻于粱西。"郑玄注："膳，犹进也。"此例的主语是"宰夫"，煮食物和进食物是其职责所在，且不是在祭祀场合，而是觥筹交错的宴席。《礼记·玉藻》曰："凡献于君，大夫使宰，士亲，皆再拜稽首送之。膳于君，有荤、桃、茢。于大夫去茢，于士去荤。"此例中可以明显看出"献"和"膳"的不同，"献"的对象就只有"君"，而"膳"的对象有"君"，有"大夫"，还有"士"。《礼记·少仪》曰："为己祭而致膳于君子曰'膳'。"意思是"为自己祭祀而把所余的祭肉送给君子说'送美味'"，[③]从"君子"一词也可以看出"膳"的对象比"献"要宽泛得多。

《吕氏春秋·上德》"太子祠而膳于公"，意思是"太子祭祀姜氏，并把食品奉献给献公"，[④]可以看出，此处是"太子"奉送食物给"献公"，下位者对上位者，明明可以用"献"，此处却用了"膳"。一者是因为"祭物"常被认为是"尽善尽美"的"美味"，二者因为这一动作还可以由尊者发出，可以是上位者对下位者的分赐。孙钦善在《论语本解》中提到："天子、诸侯祭祀，当天清早宰杀牲畜，然后举行祭典。第二天还要祭祀一次，叫做'绎祭'。绎祭之后，助祭之臣可以把助祭之肉带回，同时可以分到天子、国君的祭肉。这些祭肉还得向下分赐，以均深惠。"[⑤]根据祭祀的规矩，"祭肉"是可以向下分赐的。

"膳(善)"和"献"最重要的区别是"膳(善)"的对象都是活着的人，而"献"的对象则是神灵或已故之人。因此，即便"善"通"膳"，可以表示"进献美食"的含义，在用法上也和"献"有明显的区别，不是同义复现。

---

① 王力《同源字典》，北京：商务印书馆，1982年，第573页。

② 李学勤主编《字源》，天津：天津古籍出版社，2013年，第364页。

③ 杨天宇《礼记译注》，上海：上海古籍出版社，2004，第454页。

④ 张双棣《吕氏春秋译注》，长春：吉林文史出版社，1987年，第668页。

⑤ 孙钦善《论语本解》，上海：三联书店，2013年，第134页。

但我们可以看到这一段中“益死之后,启岁善牺牲以祠之。经曰:夏启善牺于益”,“善”出现了两次,是这两处都有讹误吗?我们认为有可能《北堂书钞》所引的《越绝书》该句,其中的“善献”,“献”为衍文,应为后人的注解,“善”通“献”,为方音俗字。

出土战国文献中已有禅母、晓母相通的例子,如“氏”通“兮”:

其仪一氏(兮),心如结也,吾信之。(上博战国楚简《孔子诗论·鸤鸠》)

魏晋亦有二者混用的例子,且是吴越一地的特点。郭璞注《方言》曰:“今江东通呼勺为櫼,音羲。”“勺”为《广韵》禅母药韵开口三等字,“羲”为《广韵》晓母支韵开口三等字,是禅母晓母不分的情况。又《方言》曰:“榻前几,江沔之间曰桯。”郭璞注曰:“今江东呼为承,桯音刑。”以“桯”为“承”,“桯”为晓(匣)母梗摄字,“承”为禅母曾摄字,也是以晓母字为禅母字。

从声母看,“善”为禅母齿音,“献”为晓母牙喉音,二者并不相近。但禅母字多与心母字相通,同属齿音。如“善”与“仙”通,郭店楚简《老子》甲:“古之善为士者,必非(微)溺(妙)玄达,深不可志(识),是以为之颂(容)。”马王堆汉墓帛书乙本“善”作“仙”。“𧶜”与“鲜”通,《性自》:“闻笑声,则鲜如也斯喜。”郭店简“鲜”作“𧶜”。[①]而至少在唐末以前,心母和晓母就已经可以相谐了。敦煌唐写本《守温韵学残卷》将“心邪晓”列为喉音,《开蒙要训》也有以晓母字注心母字的例子,罗常培先生认为这类现象“未尝不可以当作心晓两母的四等已然同样腭化成[ɕ]的暗示”。[②] 心母和牙喉音相通的例子,早在晋代就可见,如郭璞注《方言》曰:“今江东人呼快为愃,相缘反。”“愃”为《广韵》心母仙韵字,“快”为溪母夬韵字,这是牙喉音作齿音的例子。

值得注意的是,“献”又读作 suō,《广韵》:“素何切,平声歌韵,心母。”是指古代的一种滤酒方法,也指刻缕纹饰。从这个角度来说,心、晓二母的关系也是匪浅的。

从韵部来看,虽然同属元部,但是“献”是元韵,“善”是仙韵,二者混同,这是符合汉末魏晋至唐初的吴语中元部诸韵容易混用的语音特点的。

如山仙不分,《颜氏家训·书证篇》云:

或问曰:《东宫旧事》何以呼鸱尾为祠尾?答曰:张敞者,吴人,不甚稽古,随宜记注,逐乡俗讹谬,造作书字耳。吴人呼祠祀为鸱祀,故以祠代鸱字;呼绀为禁,故以糸傍作禁代绀字;呼盏为竹简反,故以木傍作展代盏

---

① 白于蓝《简牍帛书通假字字典》,福州:福建人民出版社,2008 年,第 311—319 页。

② 罗常培《唐五代西北方音》,北京:科学出版社,1961 年,第 83 页。

字……诸如此类，专辄不少。

东汉张敞为吴人，操吴语。以祠为鸱，之脂不分。以禁为绀，覃侵不分。以棂为盏，棂为《广韵》知母仙韵字，盏为《广韵》庄母山韵字，二者混同，则是山仙不分。

如齐仙不分，《尔雅·释言》云：

> 剂、剪，齐也。

晋郭璞注："南方人呼剪刀为剂刀。"何大安先生认为这里的南方通指江东、荆楚，包括吴地。呼"剪"为"剂"，是齐韵、仙韵不分。①

如监元不分，《晋书·五行志》云：

> 义熙二年，小儿相逢于道，辄举其两手曰"卢健健"，次曰"斗叹斗叹"，末曰"翁年老翁年老"。当时莫知所谓。其后卢龙内逼，舟舰盖川，"健健"之谓也。

以"健"为"舰"，健为《广韵》群母元韵三等字，舰是见母监韵二等字，二者混同，监元不分。

何大安先生还指出，"齐仙不分"及"监元不分"反映的最主要的语音现象，应该是元系韵的鼻音韵尾丢失了。不仅如此，元系韵的主元音间细微的差别也在消除，可能是汉末的动乱迁徙以及民族融合造成的变化。周保定四年(564)至隋仁寿四年(604)之间，阇那崛多、阇那耶舍、耶舍崛多、达摩笈多四位经师的梵汉对音，月韵(元系)的主元音[a]和薛韵(仙系)的主元音[ɑ]很接近，隋人的用韵中亦有不少元、仙同用的例子，初唐颜师古《汉书音义》、李善《文选音义》、司马贞《史记索隐》、张守节《史记正义》、何超《晋书音义》中元韵、仙韵也有相通的现象。至少从后周至于唐，仙元二韵已非常接近以至于合流。②

陈寅恪(1936)曾指出魏晋六朝之吴语应当是多层次并存的情况，"东晋南朝疆域之内其士大夫无论属于北籍，抑属于吴籍，大抵操西晋末年洛阳近傍之方言，而吴之寒人既作典雅之韵语，亦必依仿胜流，同用北音，以冒充士族，因此今日东晋南朝士大夫以及寒人所遗传之诗文虽篇什颇众，却不能据以研究东晋南朝吴音与北音异同及韵部分合诸问题也"。③ 因此，我们不排除是该书的作者，作为通晓越语的庶民，却在行文过程中采用了与"雅音"相近的字眼。因为"心晓二母"若在此时已然腭化，那么齿音禅母的发音部位与其相近了。因此，说"善"通"献"是符合汉末魏晋时期吴地此时的方言特点的。

---

① 何大安《六朝吴语的层次》，《历史语言研究所集刊》第六十四本，第四分册。

② 徐朝东《从异常音切看 S.2071 中的语音层次》，《南京师范大学文学院学报》2003 年第 2 期。

③ 陈寅恪《东晋南朝之吴语》，《历史语言研究所集刊》第七本第一分，北京：商务印书馆，1936 年。

## (二)属一钃/斸

句践何当属莝养马？遭逢变乱，权以自存，不亦贤乎？(《越绝书·篇叙外传》)

其中“属”被张仲清先生意译为“替人家”，[①]在《外传本事》篇中有“越王句践属刍莝养马，诸侯从之，若果中之李”一句，“属刍莝养马”又被释为“属于”，[②]刘建国先生则释为“跟随”。[③]

“莝”有名词用法也有动词用法，但“刍莝”一词，此外仅见于东汉许慎《说文·牛部》，“犓，以刍莝养圈牛也”，[④]处于“以 N＋VP”的结构中，这里的“刍莝”显然也是作为义近之词并列使用作名词词组。“刍莝”作名词使用含义为“嫩草及干草”或“马草料”，那么很明显“属”与“刍莝”有直接的动作施受关系，和“属莝”同构。从《汉语大词典》来看，念 shǔ 时，可表示“归属，隶属”或“系，是”，念 zhú 时，可表示“连接”“撰写”“聚集”“佩戴”“跟随”等义，“属”的诸多义项并不适合这一语境。

我们认为这里的“属(屬)”当读作“钃”或“斸(斸)”。

文献中多见“钃”“斸”写作“属”。如《左传·哀公十一年》：“王闻之，使赐之(子胥)属镂以死。”《史记·吴太伯世家》及《吴越春秋·夫差内传》皆作“属镂”，《昭明文选》“盖知伍子胥之属镂于吴”一句，袁本、茶陵本“属”作“钃”。《六臣注文选》引“属镂”作“钃镂”。《洪武正韵》曰：“钃镂，剑名。亦作属。”

又《墨子·备城门》“七尺一居属”，清孙诒让《墨子间诂》载：

> 毕(沅)云：“疑‘锯欘’。”案：毕据《管子·小匡篇》文，尹知章注云：“锯欘，钁类也。”《说文·金部》云：“锯，枪唐也。”非此义。《斤部》云：“斸，斫也。”又《木部》云：“欘，斫也。”《广雅·释器》云：“锯，钼也。”《集韵》引《埤仓》云：“钃，钼也。”《尔雅·释器》云“斪斸谓之定”，郭(璞)注云：“锄也。”《考工记·车人》郑(玄)注引尔雅作“句欘”，又云：“斫斤柄。”是斸有两义。此“居属”，与“筑”“藸”类列，则当为锄。窃疑“居”“锯”即“倨”之假字，斪

---

① 张仲清《〈越绝书〉校注》，第 309 页。

② 同上书，第 14 页。

③ 刘建国《新译〈越绝书〉》，上海：三民书局，1997 年，第 8 页。

④ 虽然《说文》大徐本多作“刍茎”而非“刍莝”，但《集韵》引《说文》时多作“刍莝”而非“刍茎”。清代《说文》研究者们多赞同“刍莝”一说，如桂馥、严可均、朱骏声、沈涛等。经郭万青(2012)《说“刍莝”》论证，“刍”指不做加工的嫩草，“莝”指“切成段状的干草”，若作“刍茎”并用则独指“嫩草的茎秆”，“就食草而言，茎叶都在牲畜的食用对象之内，而就食用秸秆类饲料而言，则牲畜只食其叶而不食其茎干，只要是干饲料，就必须‘莝’而食之”，“刍莝”更为符合古今饲养牲畜的实际情况。(《华夏文化论坛》第八辑，第 164 页)

> 与句同。斤柄箸刃，其形句，故谓之句劚。锄柄箸金，其形倨，故谓之倨劚，名与义各相应也。《尔雅》"斪劚"当为斤，郭注说失之。

《墨子》中的"居属"则对应"倨劚"或"倨钃""锯欘"。盖以锄柄材质的不同各有区分，但属于同一种"锄"具。

"钃"用作动词则意为"斫"。《荀子·荣辱篇》："是人也，所谓以狐父之戈钃牛矢也。"王先谦《集解》注曰："杨倞曰：钃，刺也，之欲反。故良剑谓之属镂，亦取其利也。或读劚为斫。郝懿行曰：劚、斫音读不同，劚虽训斫，而不读为斫也。《玉篇》'斸'或作'钃'。"又《玉篇》："钃，钼也。"

无论是《篇叙外传》中的"属莝"还是《外传本事》"属刍莝"，都不应释为"属于"或"跟随"，"钃刍莝"即相当于"斫刍莝"或"斩刍莝"，"钃莝"可理解为"斫莝"，而"斫莝"和"斩刍"这类说法本身就常见于东汉魏晋时期，如"豪强有论罪，输掌畜官，使斫莝，责以员程，不得取代"（《汉书·尹翁归列传》），"虽为二千石，躬自斩刍养马，妻执炊爨"（《后汉书·第五伦列传》）。

如今江浙吴语中仍旧保留了此类说法。吴语中表示"割""砍"等动作也常用"劚"，如江苏苏州[tsoʔ$^{55}$]、无锡薛典[tsoʔ$^{55}$]，"割稻"仍说"劚稻"。民国宁波鄞县人应钟所著《甬言稽古》记录宁波方言志，其中《释货》篇云："俗称伐薪为劚柴，市肉必为劚肉，皆取斩、砍义。"又"买药曰劚药。盖古卖药者必有药圃，就圃劚予……古市药必用刀，如市肉必持斧，故市药亦称劚药"。[①] 江淮官话，如江苏如皋等地，说"锄地"还说"劚田"；[②]吴语中浙江定海等地动词"拾"也用"钃"，且工具为"小钼"，如民国《定海县志》所载"今谓以小钼拾狗粪曰钼狗屎"。[③]

## 二、一份汉越语材料——《维甲令》

> 越王勾践反国六年，皆得士民之众，而欲伐吴。于是乃使之维甲。维甲者，治甲系断。修内矛，赤鸡稽繇者也，越人谓"人铩"也。方舟航，买仪尘者，越人往如江也。治须虑者，越人谓船为"须虑"。亟怒纷纷者，怒貌也，怒至。士击高文者，跃勇士也。习之于夷。夷，海也。宿之于莱。莱，野也。致之于单。单者，堵也。（《越绝书·吴内传》）

《越绝书》中的"维甲令"是一份珍贵的越语材料，各注家都有所意识。正如陈桥驿先生所说，"由于于越部族的最后流散及与他族的融合，于越的语言

---

① 李荣主编《现代汉语方言大词典》，苏州：江苏教育出版社，2012年，7301页。

② 同上书，第6963页。

③ 同上书，第7346页。

早已泯灭，却赖此书为我们留下了这方面的宝贵资料”。[①]《维甲令》是继刘向《说苑》中所载的《越人歌》后唯一成句成篇的越语材料，此外《越绝书》中还记载了一些越语词汇，如“铜姑渎”，“姑中山者，越铜官之山也，越人谓之铜姑渎”（《地传》）；“朱余”，“朱余者，越盐官也。越人谓盐曰余”（《地传》）。

古越语毕竟离我们已经很遥远了，要推测其具体含义，一是依靠文中自带的注解，譬如钱培明、张宗祥、李步嘉、张仲清诸位先生都是采用传统训诂方法，结合字面的含义来推敲。譬如说“赤鸡稽繇”中的“繇”，张宗祥按：繇，茂也。见《书·禹贡》“厥草惟繇”传。“繇”在《禹贡》中可译为“茂”，不代表“繇”即“茂”，若译为“盛”，是否说“繇”即“盛”？这也从侧面说明了这种注解方法并不可行。其次是依靠前人记录的方言材料进行推测，譬如“越人谓船为须虑”，而《方言》卷九曰：“江淮家居簰中谓之荐，方舟谓之㶁。”最后便是通过对音材料进行拟测了。对音的方法，是指从民族语的角度进行校读，这种方法的前提是承认汉越同源的假说，即汉语同如今的侗台语族诸语言是同源关系。一般而言，具有同源关系的方言或亲属语言中，语义上相同、相近或相关的词汇，在语音上存在完整的或系统的对应关系，这也是历史比较法中寻找语音对应规律并借此构拟原始形式的原则。在确保两种语言同源，词汇在语音上存在一定的对应关系的情况下，承认这类“关系词”的语义相同或相似。郑张尚芳先生便是采用后一种方法。但郑张先生将“维甲令”定性为上古越语，将越语词拟以上古音，再与泰语中音相近的词语进行对应，用考察两种语言的“关系词”的方法来诠释这份越语材料。这样做的前提是，他认为“维甲令”中所说的时间（“勾践反国六年”）说明了《内经》《内传》部分应该是先秦的材料。[②] 但单从“维甲令”本身来看，不足以铁定其为先秦语料。“维甲令”非但穿插着汉语翻译，其本身就有诸多典型的汉语词汇。

（一）维甲。原文中的“维甲”被著者解释为“治甲系断”，并未注明乃越人语。从这种解释来看，“甲”就是“古代军人所穿的甲衣”。[③] 但为什么要“维甲”而不是“被甲”直接上阵呢？

《字源》：“维，本义是系物的大绳。引申为维系、维持。”《康熙字典》曰：“《博雅》：系也。《诗·小雅》：系之维之。《毛传》：维，系也。《公羊传·昭二十四年》：且夫牛马维娄。注曰：系马曰维，系牛曰娄。《后汉书·贾谊传》：是犹度江河亡维楫。注曰：维，所以系船。”“维”意即“用绳子系好……”的意思。

之所以要“维甲”，也是和这一时期的“甲胄”形制有关。春秋战国时期的

---

① 陈桥驿《点校本越绝书序》，见乐祖谋《越绝书》点校本，上海：上海古籍出版社，1985 年。

② 郑张尚芳《句践“维甲”令中之古越语的解读》，《民族语文》1999 年第 4 期。

③ 王力主编《王力古汉语字典》，北京：中华书局，2002 年，第 740 页。

甲胄，是以长方形甲片为主，因该类甲片形似书札，又叫“甲札”，这样的甲胄又称为“札甲”。① 从已经出土的曾侯乙墓甲、燕下都胄、秦陵石甲、秦俑甲、西安北郊汉墓甲、南越王墓甲、齐王陪葬坑甲等都可以了解到，组编甲片的连接物除石甲用铜丝外，一般都用绳索或丝带。②

《诗经·秦风·无衣》曰：“王于兴师，修我甲兵，与子偕行。”“修”即“修缮整治”，兵器的整治一般以“厉兵”（磨砺兵器）为主，而甲胄则应该是以修缮为主，那么将脱落的系甲绳索重新系好就是其中关键了。这一“系甲”的行为是战前的动员，是士兵上战场前的准备工作。

（二）修内矛。关于“修内矛”，原文以古越语“赤鸡稽繇”相注，“越人”谓“人鍒”为“赤鸡稽繇”。

“鍒”也是典型的汉语词，张宗祥注曰：《说文》云：“铍有镡也。”贾谊《过秦论》：“非铦于句戟长鍒也。”又《方言九》“锬谓之铍”，郭璞注：今江东呼大矛为铍。是鍒为长大之矛。“人”字疑“大”字之讹。③ 又《方言》卷九云：“矛，吴扬江淮南楚五湖之间谓之鍦。”“鍦”“鍒”同属审母，“鍒”即“长矛”无疑。但“人”不当为“大”字之讹，正如郑张尚芳先生所说，“大矛”“长矛”“长鍒”有之，却不见“大鍒”之言，他认为“人”字恐为“入”字之讹，《墨子·小取》“船，木也；人船，非人木也”中“人”便为“入”之讹，“入”又为“内、纳”的本字。“入鍒”当为“内鍒”，“内/纳”表“献纳”义，“赤鸡稽繇”意为“修矛纳鍒”。④

我们赞同“人”为“入”之讹，“入”为“内”“纳”之本字，但我们认为这里的“纳”不当作“献纳”解。首先，“维甲”篇描述的是战前的准备，战士们“维甲”“厉兵”，紧张备战，“纳矛”要“纳”到哪里去？郑张先生所引的殷墟妇好墓玉戈铭文一句“卢方皆入戈五”，意思是“卢方国”的首领卢方伯“皆”，向王纳贡，贡品即五件大玉“戈”。如果说越王一边备战一边还要向吴王“献纳”矛戟，就实在令人费解了。

我们认为这里的“纳”当通“衲”，《广雅·释诂四》：“缮、致、衲……补也。”王念孙《疏证》曰：“《释言》云‘紩，纳也’，纳与衲通，亦作内。今俗语犹谓破布相连处为衲头。”“衲”意即“补缀”也。魏晋南北朝文献多见“补纳（衲）”连用，《华阳国志》曰：“文立广休，少治《毛诗》《三礼》，兼通群书。……事皆施行。转散骑常侍，献可替否，多所补纳。”《三国志》裴松之注引《魏书》曰：“（操）雅性节俭，不好华丽，后宫衣不锦绣，侍御履不二采，帷帐屏风，坏则补纳，茵蓐取温，无有缘饰。”“纳”通“衲”表“补缀”义虽为后起义，但不仅可用来“补纳”衣物等

① 赵雄伟《先秦至西汉札甲形制的继承与演变》，《文物鉴定与鉴赏》2010年第4期。

② 张卫星《先秦至西汉出土甲胄研究》，郑州大学2005年博士学位论文，第80页。

③ 张宗祥《〈越绝书〉校注》，北京：商务印书馆，1956年。

④ 郑张尚芳《句践“维甲”令中之古越语的解读》。

需丝线织缝的东西，还可以宽泛地表示“修补”。而春秋战国时期的“矛”都是有丝线缠绕的，如1971年湖南长沙浏城桥楚墓出土的7件矛柄，均髹黑漆，完整的一件可以看到棒身缠18根青竹篾，再以丝线紧缠；[①]1973年湖北江陵藤店一号墓出土的积竹柄，也是棒身为细木棒，缠以14～21根细竹片，以丝线缠缚；[②]1978年湖北随县曾侯乙墓出土矛杆分Ⅰ、Ⅱ式，均有丝线密密缠绕。[③] 且有时为防止拔矛时矛头脱落，有的矛稍两边铸有环状钮，可用绳穿过把矛头牢牢绑缚在柄上。因此，矛的“修缮”工作也与“丝绳”有关，用“纳/衲”一词也顺理成章。

（三）方舟航买仪尘。韦庆稳先生在《试论百越民族的语言》一文中记录此句时作“方舟买航仪尘”，通过与壮语对比后，将其解释为“并船不是老连在石头上不能移动”。且不论“方舟买航仪尘”并未在其他任何版本中见过，这一解释也与原文的“越人往如江”相去甚远，因而我们不赞同这样的点断。

张宗祥、李步嘉、张仲清、郑张尚芳等皆赞同在“航”与“买”之间点断，认为“买仪尘”是“方舟航”的越语注解。比较上文的“修内矛，赤鸡稽繇者也”，我们赞同“方舟航”一句的点断，但不认为“买仪尘”是解释“方舟航”，若“买仪尘”用来解释“方舟航”，则其句末应作“者也”，不该用“者”，因为“者”用在复句的前一分句末尾，起提顿作用，引出后面的解释说明。要么“方舟航”并无越语解释，它本身就是用汉语，或者汉越语穿插，要么就是“方舟航买仪尘”无须断开，“越人往如江也”一句便是对此的诠释。

张宗祥引郭璞《尔雅·释水》“天子造舟，诸侯维舟，大夫方舟，士特舟”，认为并两船曰“方”；郑张先生认为“方”在这里作动词，指“航行”。同于《诗经·周南·汉广》“汉之广矣，不可泳思；江之永矣，不可方思”中的“方”，读如去声“舫”，同于汉桓谭《新论》中“水戏则舫龙舟”的动词“舫”。张仲清先生也认为“方”通“舫”，船也，两船相并为“舫”，“舟航”即“连船而成浮桥”，《淮南子·泛论训》有“乃为窬木方版以为舟航”一句，高诱注：“舟相连为航也。”观以上说法，还是不甚清楚“方舟航”中是“方”还是“航”作动词，有模棱两可之嫌。

我们考察先秦文献仅见“杭”，意即“渡也”，而无“航”。如“一苇杭之”（《诗经·卫风·河广》）的“杭”同“航”；东汉许慎的《说文》无“航”而有“斻”，认为其本字即“斻”，从方，亢声，方，方舟也，“航”的本义即“方舟”。西汉扬雄《方言》曰“舟，自关而东或谓之舟，或谓之航”，西汉刘向《楚辞·九叹》曰“横舟航而济湘兮，耳聊啾而憔慌”，《淮南子·泛论训》曰“乃为窬木方版以为舟航”，都可以

---

① 湖南省博物馆《长沙浏城桥一号墓》，《考古学报》，1972年第1期。

② 荆州地区博物馆《湖北江陵藤店一号墓发掘简报》，《文物》，1973年第9期。

③ 湖北省博物馆《曾侯乙墓》上册，北京：文物出版社，1989年，第287—293页。

说明传世的西汉文献中已有“航”字，且泛指“船”，“舟航”可连用指“船只”。两汉文献中凡“舟航”连用五次，全部用来指“船只”，多见于《淮南子》，如“大者以为舟航柱梁，小者以为楫楔”(《淮南子·主术训》)，“有游数，虽羸必遂。又况托于舟航之上乎”(《淮南子·诠言训》)，又如“舍舟航而济乎渎者，末矣”(扬雄《法言》)。则从上可知，《越绝书》“维甲令”中的“舟航”必是汉以后的用法，且“舟航”连用泛指“船只。”

而先秦两汉文献中的“方”作名词时，可表示“并船”或“竹木编成的筏”，[①]《说文·方部》曰：“方，并船也，象两舟省总头形。凡方之属皆从方。”当名词动用时，表示“以舟、筏渡水”，如《诗经·邶风·谷风》：“就其深矣，方之舟之；就其浅矣，泳之游之。”高亨注：“方，以筏渡；舟，以船渡。”从“并船”义引申而来的动词性义项“并”，亦常见于先秦两汉文献，如《仪礼·乡射礼》：“不方足。”郑玄注曰：“方，犹并也。”又如《汉书·扬雄传上》：“敦万骑于中营兮，方玉车之千乘。”颜师古注曰：“方，并也。”

从上可知，作动词的“方”，当表示“以舟、筏渡水”时，一般后接指示代词“之”，而接名词时，如“并足”“并玉车”，则当理解为“并”义，正如“西征攘白狄之地，至于西河，方舟设泭，乘桴济河，至于石枕”(《国语·齐语》)一例，“方舟”和“设泭”同构，皆为“动＋名”的结构，“方舟”即“并舟”，意即“将二船并置”，此句所记载的也是战事中舟船的设置情况。作此解的“方”与“舫”为古今字，王先谦《诗三家义集疏》：“《鲁(诗)》，方作舫。”“方”常见于《诗经》，“舫”字最早形体见于石鼓文：“舫舟西逮。”郭沫若《石鼓文研究》解“舫舟”为并船。[②] 今人刘星、刘牧在《石鼓诗文复原译释》一文中认为石鼓文产生于始皇二十八年至始皇三十四年焚书令下三十日之内的一段时间。

因此，“方舟航”显然应该理解为“将舟船两两并在一处”，而非郑张尚芳先生所说的“方”指“航行”。我们也就此知道“越人往如江”与“方舟航”并无直接关联，显然是来解释“买仪尘”一句，而非“方舟航”。

“越人往如江”一句用以解释越语“买仪尘”，而“如”即“往”也，[③]“往”“如”同义连用，这一现象仅在西汉以后出现，最早的一例可见《史记·屈原贾生列传》：“张仪闻，乃曰：‘以一仪而当汉中地，臣请往如楚。’”

“买仪尘”一句郑张尚芳先生将其与泰语对应，“买”对应的是泰语的 hmaai“打算、决意”一词，亦可与壮语的 mai³“必须、要”一词对应；“仪”对应的是泰语的 ŋɤɤi“昂首、扬眉吐气”一词；“尘”对应的是泰语的 ʔdɤɤn“行、行进”一词。其

① 见《王力古汉语字典》第 419 页。

② 见《字源》第 754 页。

③ 见《王力古汉语字典》第 187 页。

中让人疑惑的地方主要是古越语作为侗台语的原始语，其特征之一便是修饰语后置，假若“仪”是“尘”的状语，则应该后置。若此句按郑张尚芳先生的理解，则意思和“士击高文”有些许重复，而明明文中对两句的诠释截然不同。但因笔者在民族语言比较方面知识的浅薄，无法更深入探讨。

（四）治须虑。“治”显然是汉语词，可表示“治理、管理”，也引申为“惩处、医治、研究、制造、修缮”等义，上文的“维甲”被诠释为“治甲系断”，那么“治甲”“治须虑”在这里应该取何义呢？

我们考察先秦两汉文献中的“治”，“治”一般指“治理、管理”，也可引申指“处理其他事情”，[①]总的说来“治”的核心义应是“使某物经过处理，从无序变为有序，从坏变为好”，譬如后接“国家、天下”，那么就当作“治理、管理”来理解，这个是最常见的用法，如“使之治国，上且钩乎君，下且逆乎民”（《庄子·徐无鬼》）；当它作形容词时与“乱”相对，表示“政治清明、社会安定”“心绪平和”等，如“君子安而不忘危，存而不忘亡，治而不忘乱”（《易·系辞下》），“疾病则乱，吾从其治也”（《左传·宣公十五年》）；譬如后接人，可表示“惩处”，如“赵高治斯，榜掠千余”（《史记·李斯列传》）；后接疾病的名称时，指“医治”，如“子岂治其痔邪？”（《庄子·列御寇》）而当“治”后接手工品、楼、船等，就表示“建造、制造”义，如“有物于此，生于山阜，处于室堂。无知无巧，善治衣裳”（《荀子·赋篇》），“城郭沟池不可守，而治宫室，一患也”（《墨子·七患》），“国被边，匈奴数入，晋阳去塞远，请治马邑”（《史记·韩信卢绾列传》），“治楼船，高十余丈，旗织加其上，甚壮”（《汉书·食货志》），“今寿昌欲近籴漕关内之谷，筑仓治船，费直二万万余，有动众之功，恐生旱气，民被其灾”（《汉书·食货志》）。

因此，我们认为“治”在“治甲”和“治须虑”中应该理解为“制造、建造”。

“须虑”应该是典型的越语词，同上文的“买仪尘”一样。《方言》卷九曰：“江淮家居簰中谓之荐，方舟谓之潢。”郑张尚芳认为“须”为古越语词头，对应今泰语的词头 saʔ/sraʔ/su，“虑”对应今泰语的 rɯa 船（或武鸣话 $ru^2$）。韦庆稳先生也持相似看法。[②]

（五）亟怒纷纷，士击高文。“亟怒纷纷”是典型的汉语。《说文》曰：“亟，敏疾也。从人从口，从又从二。二，天地也。”如果单从“怒至（发怒到了极点）”的解释来看，这里的“亟”应该是程度副词，表示“极为、非常”。但实际上“亟”并无这种用法。

---

① 见《王力古汉语字典》第 580 页。

② 韦庆稳在《试论百越民族的语言》一文中也采用对音材料来解释了“须虑”，并认为“须”是作为复辅音的一部分而存在的，“须虑”共同构成 zlɣwag“船”。值得注意的是，韦先生分析《越绝书》中的古越语词汇时采用的是中古音来比较，而郑张尚芳先生一般全部采用上古音。（见百越民族史研究会《百越民族史论集》，北京：中国社会科学出版社，1982 年，第 303 页。）

“亟”在先秦文献中的用法，一般有两种，一种表示“急切”，纪力切，形容词词性，在句中作谓语，如“经始勿亟，庶民子来”(《诗经·大雅·灵台》)，“亟则黩，黩则不敬”(《春秋公羊传·桓公七年》)，引申出副词用法，置于动词前，表示“急切地”，如“亟其乘屋，其始播百谷”(《诗经·豳风·七月》)，“凡而器用财贿，无置于许，我死，乃亟去之”(《春秋左传·隐公十一年》)；一种表示“多次、屡次”，去吏切，置于动词前作副词，如“楚小位下，而亟暴于二王，能无咎乎”(《春秋左传·昭公十一年》)，“徐子曰：‘仲尼亟称于水曰：“水哉！水哉！”何取于水也？’”(《孟子·离娄章句下》)先秦的副词“亟”多置于行为动词前，或表示动作发出者急切地想要做某事，或者表示动作的发出者将某种行为重复了很多次，置于类似于“怒”的心理动词前的只有一例，见《管子·大匡》：“臣闻齐君惕而亟骄，虽得贤，庸必能用之乎？”观上下文，这里的“亟”或表示“屡次”，“亟骄”即为“屡骄”，有容易骄傲的意思。[①] 若“亟怒”去“屡次”义，也不符合上下文语境，“多次”强调的是频率高但是程度低，且维持的时间短，而“维甲令”作为描述战士们备战场景的动员辞令，应当不会用“多次发怒”来描述。

“極”(简写即“极”)与“亟”字形相近，且“極”可以作程度副词表示“非常”义。虽然一般字典、辞书中认为“極”通“亟”，只取“亟”的“急”义。但“亟”通“極”的情况虽不为一般词典所录，却也是有的，如王念孙的《读书杂志·管子第六》书“亟”字条：

> “则人君日退，亟则溪陵山谷之神之祭更，应国之称号亦更矣”。念孙案：“亟”字下属为句。“亟”与“極”同，上文“其亟而反”亦以“亟”为“極”。言世之乱也。妇人为政而人君日退，其乱之極，则“溪陵山谷之神之祭更，应国之称号亦更”也。

又《周易·说卦》曰：“坎为水，……其于马也，为美脊，为亟心，为下首，为薄蹄，为曳。”陆德明《经典释文》言曰：“亟，荀作極，云：中也。”《礼记·少仪》篇曰“国家靡敝”，东汉郑玄注曰：“靡敝，赋税亟也。”《释文》曰：“亟，本又作極。”但也是取“極”的名词义或动词义，表示“极点”或“到达极点”。

“亟怒”一词虽不见于其他文献，但“亟”可训为“急、疾”，“急怒”“疾怒”便是“亟怒”。

“疾怒”虽不见于传世文献，但屈原《离骚》载“荃不察余之忠情兮，反信谗而齐怒”一句，东汉王逸注曰：“齐，疾也。言怀王不徐察我忠信之情，反信谗言而疾怒。”“齐”可通“疾”，表示“敏捷、迅捷”，实际上“齐怒”即“疾怒”。“齐”通

① 李山、轩新丽译注《管子》(中华经典名著全本全注全译丛书)，北京：中华书局，2019年，第895页。

“疾”可见于《商君书 ·弱民》中“齐疾”并用之例，曰：“楚国之民，齐疾而均，速若飘风。”高亨注：“‘齐’与‘疾’都是行动敏捷之意。”

“急怒”常见于东汉以后的文献，如“令凡人共惟思其意，俱一觉悉出之，然后悦乐气至，急怒气去也”（《太平经·乐怒吉凶诀》），“晋惠帝元康九年三月，有声若牛……其说曰：‘声如此，怒象也。将有急怒之谋，以生兵甲之祸。’”（《宋书·五行志》）又见东汉王逸注《楚辞·招隐士》“虎豹斗兮熊罴咆”一句，注曰：“虎豹，残贼之兽，忽急怒也。熊罴，贪杀之兽，跳梁吼也。”“急怒”在近代汉语中也是常见的词语，如“原来黛玉因今日听得宝玉、宝钗的事情，这本是他数年的心痛，一时急怒，所以迷惑了本性”（《红楼梦》第九十七回）。我们今天常用的“暴怒”一词，也含有“骤怒”之义。“暴”本身就有“急、猛”之义，做形容词时可作谓语或修饰语，如《诗经·邶风·终风》曰“终风且暴”，毛传曰：“暴，疾也。”又如“行夏令而国多暴风，方冬不寒”（《吕氏春秋·孟冬》）。又引申为副词，表示“突然”，如“景公使圉人养所爱马，暴死”（《晏子春秋·内篇谏上》），“太子病血气不时，交错而不得泄，暴发于外，则为中害”（《史记·扁鹊仓公列传》）。“暴怒”中的“暴”即“疾、急、骤”也。“亟怒”与“急怒”“齐怒”“暴怒”可相通，我们认为“维甲令”中的“亟怒”即“急怒”“暴怒”之义。

关于“纷纷”，《广雅 ·释诂三》：“纷，乱也。”“纷纷”在上古汉语中就已经十分常见，但先秦文献中的“纷纷”应理解为“乱貌”，如“纷纷乎若乱丝，遗遗乎若有从治”（《管子 ·枢言》），“何为纷纷然与百工交易？”（《孟子 ·滕文公上》），“灾纷纷不解，为民大害，为凡物大疾病，为是独积久矣，非独今下古人过所致也”（《太平经·三合相通诀》）。到魏晋时期，文献中“纷纷”开始引申出“众多貌”的含义，可以带中性色彩乃至偏褒义来修饰名词，如“白雪纷纷何所似”（《世说新语·德行第一》），“纷纷士女，趋时竞逐；桑妇宵兴，农夫野宿”（晋陶潜《劝农》）。而“亟怒纷纷”一句中的“纷纷”是来形容众将士的，在此种语境下更偏重强调“众人”“众多貌”。

“士击高文”后有针对性解释，曰：“跃勇士也。”“士”很明显也是汉语词，指“将士”“勇士”。钱培名《札记》认为“士击高文”乃“士击高丈”之误，但与“跃勇士”的解释含义相去甚远。郑张尚芳先生则认为“士”为汉越同源词，“击”可对应今泰语 guk“振奋的，激昂的”一词，“高”对应今泰语 kaawx“脚步”“迈步”之意，“文”对应今泰语 manh“坚定的，稳固的”一词，“高文”意即“稳步前进”。针对“高文”的诠释我们别无异议，而“士击”合称为“勇士”，古越语最为明显的特征之一是“定语后置于名词”，受此影响，今汉语方言温州话的“鱼生”“饭焦”“菜咸”也保留了这一特征，所以我们认为“士击”一词也是如此，“击”应该对应的是“勇敢的”一词，中古时期“击”的拟音为 kiek，正可对应 กล้าหาญ 泰语 klahann 一词，表示“勇敢的”。

（六）习之于夷，宿之于莱，致之于单。“习之于……”“宿之于……”“致之于……”也是典型的汉语词句，而“夷”“莱”“单”则是越语，“夷，海也”，“莱，野也”，“单者，堵也”。

张仲清先生在《越绝书译注》中对“习”的注解是“练习，操练”，而郑张尚芳先生则认为“习”是“习水”之义，刚好与“夷”解作“海”相合。然凡“习”表示“熟悉、通晓”之义时，一般其后直接加名词或者用“习于……”的结构，如“子徒习秦阿房之造天，而不知京洛之有制也”（班固《东都赋》），“昔臣习于知伯，是以佐之，非能贤也”（《左传·襄公十三年》），“赵，四达之国也，其民皆习于兵，不可与战”（《战国策·燕策三》），而先秦两汉文献中凡“习”后加代词“之”的结构，都是表示“练习、训练”，这里应该是指操练。且我们说“习水”，或者说“习水战”而非“习江”“习河”“习海”，都是因为“习水”从上古时期已经成为固定结构，谓人“熟习水性”，而“水”本身就可作动词，表示“游水”，《荀子·劝学》曰：“假舟楫者，非能水也，而绝江河。”因而“习水”其实就是“熟悉游水”，而非熟悉“水”，故而想用“江”“河”“海”替换是不符合其构词规律的。所以我们赞同这里的“习之于夷”就是“在海上操练”的意思。

“宿”在这里是指“军队的停留与驻扎”，“宿之于莱”的意思是军队夜晚在野地驻扎过夜。郑张尚芳先生认为“莱”对应的是泰语的 raih“旱地、坡地、园地”，而古汉语中“莱”本身就有“休耕之田”的意思。其实，至今在浙江南部地区的许多方言中，如温州话，就以“簕”ruɔ 指代田野，应该也是保留了古越语的影响。广东南雄市东部有村名为“簕过村”，簕过村最大的家族为欧阳氏，据族谱记载欧阳氏乃越王勾践的后裔。其中“簕过”令人费解，有人认为是因周遭多簕竹故得名。我们认为“簕过”应当是古越语词，“簕”指田野，而“过”作为修饰语后置，应当表示的是“广阔的”含义，刚好对应布依语的 gvaangs“宽广”一词，[①]或泰语的 kwang“广阔的”，“簕过”意即“广阔的田野”。

郑张尚芳先生认为“致”有“取敌制胜”之义，张仲清先生则认为“致之于单”是指“演练结束后回到屯驻的地方”。《说文·夂部》曰：“致，送诣也。从夂，从至。”“致”的本义为“献出、送到”，围绕本义引申出了“到达”“使到达、招致”“获取、获得”“归还”等义。郑张尚芳先生所说的“致胜”之义其实就是“获取”，但这个“致”往往有具体的对象，如“遽伯玉为相，未可以加兵，固塞险阻，何足以致之”（《淮南子·主术训》），这里的“致”后的“之”指代的是前文的“固塞”，拿下这座要塞，当然也可以理解为“胜利”，故高诱注曰：“致，犹胜也。”郑张尚芳先生还引《汉书·赵充国列传》中“饬兵马，练战士，以须其至，坐得致敌之术；以逸击劳，取胜之道也”一句为例，以“致敌”为“胜敌”之意，“致敌”不见

① 王伟、周国炎编《布依语基础教程》，北京：中央民族大学出版社，2005 年，第 352 页。

于先秦文献，东汉以后才开始出现，《汉语大词典》解释为“制服敌人”。然《汉书·赵充国列传》有“臣闻兵法‘攻不足者守有余’，又曰‘善战者致人，不致于人’”一句，师古注曰：“皆兵法之辞也。致人，引致而取之也。致于人，为人所引也。”那么实际上“致敌”也是取“获”义，意思是牵制敌人，让敌人落入自己的圈套，而以“获得敌人”来表示该义的词还有“取敌”“得敌”，如“故杀敌者怒也，取敌之利者货也”（《孙子·作战》），“子胥相气取敌大数，其法如是”（《越绝书·内经九术》），“主将有阴符：有大胜得敌之符，长一尺；有破军擒敌之符，长九寸”（《太平御览·叙兵下》），“六三，得敌，或鼓或罢，或泣或歌。象曰：或鼓或罢，位不当也”（《周易·中孚》）。而“致之于单”，“单者，堵也”，《说文》曰：“堵，垣也，五版为一堵。”“堵”即“墙”也。这里实际上还有一个问题，为什么用“致之于……”而不用“至于……”？用“习之于……”而不用“习于……”？用“宿之于……”而不用“宿于……”？我们看到，针对“士击高文”的解释是“跃勇士也”，而非“勇士跃”，为使役用法，因为虽然动作的发出者是“士”，但发出命令者是越王勾践，这里的“习之”“宿之”“致之”中的“之”皆指代将士。“单”指的是墙垣，“致之于单”是说把将士送到敌方的城墙下，也就是大军压境，“兵临城下”，已经对敌方造成了围困之势，能够打对方一个措手不及。“致之于单”就相当于“兵临城下”，这里的“城”采用的就是本义：城墙，都邑四周用作防守的墙垣。[①]《春秋谷梁传·文公十四年》曰：“过宋、郑、滕、薛，敻入千乘之国，欲变人之主；至城下然后知，何知之晚也！”《春秋左传·襄公七年》曰：“知武子使行人子员对之曰：君有楚命，亦不使一介行李告于寡君，而即安于楚，君之所欲也，谁敢违君？寡君将帅诸侯以见于城下，唯君图之！”往往“兵临城下”时也暗示着首先出兵的一方是占据着绝对优势的。据史实，勾践入吴三年，于周敬王二十九年（公元前 491 年）归国，卧薪尝胆六年，亲与民同耕，重获民心，遂厉兵秣马，“维甲令”应该就发布在此时。经三年，“（夫差）十四年春（公元前 482 年），吴王北会诸侯于黄池，欲霸中国以全周室”（《史记·吴太伯世家》），趁吴王北上之时，勾践发动了第一次伐吴之战，“六月戊子，越王句践伐吴。乙酉，越五千人与吴战。丙戌，虏吴太子友。丁亥，入吴”（《史记·吴太伯世家》），这段伐吴的描述的确可以看出越军是长驱直入，兵临城下，在对战中占据着绝对优势。

与《维甲令》相比，《说苑》中通篇越语的《越人歌》无法用汉音直接对译，须由懂越语的楚人进行翻译方能理解。从这个角度来说，我们认为《越绝书》中所记录的必不可能是上古越语，这种汉越语夹杂的情况恰与六朝吴越此地的语言情况相合。

---

① 李学勤主编《字源》，第 1188 页。

陈寅恪先生《魏书司马睿传江东民族条释证及推论》一文中，解释其中的“越”族时曾说：

> 伯起所谓越者，即陈承祚书之山越。凡《吴志》中山寇、山贼、山民及山帅等名词，亦俱指此民族及其酋长而言。……东晋南朝史乘，虽极罕见此民之名，然其为潜伏混同于江左民族之中，仍为一有力之分子，则无疑也。

陈寅恪认为，“越之民族，分布于丹阳、吴郡、会稽、新都、鄱阳诸郡之地。且为善战之民族，可充精兵之选者”。这正是六朝史籍习称为“吴”的地区。这个地区有“越”族，且保有自己的语言。《吴志》多次记载汉人政权对山越的征伐，纳俘虏为部曲，编民为甿，必造成部分山越汉化，而且他们因此所操的汉语，未免地会带有越语底层的色彩。而这份汉越相杂的语料正好符合双语社会所需的环境设定，一种语言有书面形式，可用于正式场合，而另一种语言没有文字，只能用于口头交际，发展到一定阶段时，双语或多语会造成语码转换(code switching)，据 Poplack 所说，语码转换是指连续讲话中出现了不同的语言的句子和句子片段的现象，而且这些句子片段，必须在内部结构上，符合本语言的句法和词法规则。[①] 正如“维甲令”中所包含的采用了汉语词汇和古越语语法特点的情况一样，如“治须虑”中“虑”为古越语的“船”一词，“须”被认为是古越语特有的词头，而“治”是汉语词汇。

## 三、若干词语最早出现年代

(一)款塞、请臣　“诸侯和亲，四夷乐德，款塞贡珍，屈膝请臣，子胥何由乃困于楚?”(《越绝书·篇叙外传》)中“款塞”一词，指“叩塞门，谓外族前来通好”。[②] 未见于先秦文献，最早可见于《史记·太史公自序》“泽流罔极，海外殊俗，重译款塞”。先秦文献也不见“请臣”的用法，类似的概念可以表述为“(臣)请当其臣”(《公羊传·庄公十三年》)，“请臣”这一更为精练的说法最早见于《史记·西南夷列传》“南粤破后，及汉诛且兰、邛君，并杀筰侯，冉駹皆振恐，请臣置吏”。

(二)事类　“维子胥之述吴越也，因事类以晓后世”(《越绝书·篇叙外

① Poplack, S. (1993). “Variation theory and language contact: Concepts, methods, and data”. In Preston, D. (Ed.), *American dialect research: An anthology celebrating the 100th anniversary of the American Dialect Society* (pp. 251—286). Amsterdam: Benjamins.

② 见《汉语大词典》第 9431 页。

传》),其中的"事类"表示"文章中引用古事故实以类比事理",[①]而这个含义的"事类"一词最早见于东汉,如"人不博览者,不闻古今,不见事类,不知然否,犹目盲、耳聋、鼻痈者也"(《论衡·效力篇》),"众贤共集议,思之旷然如其意,以其事类考问之,则得之矣"(《太平经·来善集三道文书诀》),"古诗之赋,以情义为主,以事类为佐"(晋挚虞《文章流别论》)。

(三)自与　《越绝外传记范伯》曰:"此时冯同相与共戒之,伍子胥在,自与不能关其辞。"其中"自与"即"自余",表示"以外的……"。"自余"的此类用例多见于魏晋文献,如"其杀人、掠卖人、群强盗首,及虽非首而杀伤财主、曾经再犯、公断道路劫夺行人者,依法行决,自余恕死"(《魏书·世宗宣武帝纪》)。

(四)笼稻　《越绝外传记吴王占梦》载:"(吴王及兵士)据地饮水,持笼稻而餐之。顾谓左右曰:'此何名?'群臣对曰:'是笼稻也。'"这里的"笼稻",应指"野生稻"。《吴越春秋》同一事件记作"腹馁口饥,顾得生稻而食之,伏地而饮水。顾左右曰:'此何名也?'对曰:'是生稻也。'"游修龄先生即认为"笼稻""生稻"皆指"野生稻",而"笼"当为"穞"(即"秜",音吕)之音转[②],"穞"(秜)为来母语韵三等字,"笼"为来母钟韵三等字,二者为阴阳对转。"穞"(秜)这一"野生植物"的称名最早可见于魏晋文献,如"群僚饥乏,尚书郎以下自出采秜"(《后汉书·孝献帝纪》),又以"秜"泛指表示"野生的",如"六月连雨时,穞生者亦寻满地,省耕种之劳"(《齐民要术·种胡荽》)。"秜"又可写作"旅",《汉书·天文志》颜师古注引西晋晋灼曰:"禾野生曰旅,今之饥民采旅也。"

(五)许　"巫山者,越魑,神巫之官也,死葬其上,去县十三里许"(《越绝书·外传记地传》),"许"作概数助词表示大约的数量。"许"的这种含义与用法是后起义,《汉语大词典》[③]《古代汉语虚词词典》[④]以及《王力古汉语字典》[⑤]中所举的最早的此类用法的例子,都是《后汉书》中的例子,如"斩梁,获首三万级,赴河死者五万许人"(《后汉书·皇甫嵩列传》)。张言军认为"许"表示概数的最早的用例可追溯至东汉末年的荀悦《前汉纪》,"及笋虡铜人,皆生毛,长二寸许"(《前汉纪·孝宣皇帝纪》),[⑥]"许"的此类用法最早只能溯至东汉末年。

(六)方来　"(公孙圣)博闻强识,通于方来之事,可占大王所梦"(《越绝书·外传记吴王占梦》),"方来"表示"将来"之义,《汉语大词典》中"方来"此义

① 见《汉语大词典》第554页。

② 游修龄《稻作史论集》,北京:中国农业科技出版社,1993年,第193页。

③ 见《汉语大词典》第15427页。

④ 中国社会科学院语言研究所古汉语研究室编《古代汉语虚词词典》,北京:商务印书馆,1999年,第668页。

⑤ 见《王力古汉语字典》第1265页。

⑥ 张言军、唐贤清《概数助词"许"的历时发展及其衰落动因考察》,《古汉语研究》2017年第1期。

所举的最早的用例除《越绝书》中此例外，还有《后汉书·皇后纪序》中一例，“向使因设外戚之禁，编著《甲令》，改正后妃之制，贻厥方来，岂不休哉”。“方来”不见于两汉文献，多见于魏晋以后文献，如北朝北齐人魏收所著的《魏书》，“测水旱于未然，占方来之安危”（《魏书·张渊传》），“皆拯群生于汤炭，盛武功于方来”（《魏书·田益宗传》）。

## 四、第三人称代词“其”

先秦时期，“其”一般只用作定语，不能作其他句子成分，只有在判断句的递系句中才能作兼语，兼为前一动词的宾语、后一名词谓语的主语，汉以后扩大应用范围进而可以替代部分“之”的用法，但还是作为兼语时才能算作主宾语。[①] 直到魏晋南北朝时期，“其”在语法功能上才有了极大的突破，可以充任独立句的主宾语，如“曹公众弱，其得我必喜”（《三国志·魏书·贾诩传》），“人所应有，其不必有，人所应无，己不必无”（《世说新语·赏誉》）。

我们在《越绝书》中找到两例“其”作独立句的主语的例子，如：

> 句践将降，西至浙江，待诏入吴，故有鸡鸣墟。其入辞曰：“亡臣孤句践，故将士众，入为臣虏。民可得使，地可得有。”（《越绝书·外传记地传》）
>
> 计倪官卑年少，其居在后，举首而起。（《越绝书·外传计倪》）

这两例中的“其”皆在独立句中位于谓语动词之前，只能判定为主语，分别指代前文中的“句践”和“计倪”。可以看出《越绝书》中的“其”是符合魏晋时期的特点的。

## 五、总结

从我们目前考察的《吴内传》《荆平王内传》《篇叙外传》《外传本事》《外传计倪》《外传记地传》《外传记吴王占梦》诸篇中的情况来看，存在两例方音俗字“善”“属”，一份汉越语夹杂的“维甲令”材料，第三人称代词“其”作主语的用法，以及诸多两汉以后乃至魏晋才出现的词语。无论是前人所说的成书于先秦时期还是东汉时期的说法，都无法解释书中语料存在的魏晋才有的词汇及用法，虽然这些现象并不存在于所有篇目，如“许”这样表示概数的用法只见一例，的确有后人羼入的可能，且《越绝书》中的部分史料的确可以从《国语》《春

---

① 郭锡良《汉语史论集》，北京：商务印书馆，2005年，第8—11页。

秋》等书中找到重合之处，但如“方来”“篼稻”这样的实词，作为句中重要成分，缺其中任何一个语素都与原意不符，因后人传抄造成讹误羼入的可能性较低。“其”作独立句的主语的用法存在于两章篇目之中而非独立的某篇，《吴内传》中大段的汉越语夹杂的《维甲令》，都说明这些材料的年代不可能存在于先秦两汉。

而书中提及的作者如孔子、子胥乃至隐语“记陈厥说，略其有人。以去为生，得衣乃成。厥名有米，覆之以庚。禹来东征，死葬其疆。不直自斥，托类自明。写精露愚，略以事类，俟告后人。文属辞定，自于邦贤。邦贤以口为姓，丞之以天。楚相屈原，与之同名”中所暗示的袁康及吴平四人，从“属”为“钃(斸)”之吴语俗字，“维甲令”为汉越语夹杂的材料这些特点来看，即便无法确定该书的《内经》还是《外经》成于一人之手还是多人，但可能都是同一时期的人使之“文属辞定”的，且极大可能为魏晋时期的吴人。

# 东京大学东洋文化研究所藏《陆状元通鉴》残本丛札

林 嵩*

【内容提要】 东京大学东洋文化研究所藏有元刻《增修陆状元集百家注资治通鉴节》(残六卷)一种。此书作者陆唐老,浙江诸暨人,经考系南宋绍熙(1190)元年两优释褐状元。这部残本《陆状元通鉴》原系清宫"天禄继鉴"藏书,从宫中流出后,经昌平闪氏家族收藏,后由文禄堂书店贩售。

【关键词】 陆唐老 通鉴 天禄继鉴 海外汉籍

司马光曾说:"自吾为《资治通鉴》,人多欲求观读,未终一纸,已欠伸思睡。能阅之终篇者,惟王胜之耳。"[①]由于《通鉴》卷帙浩繁,对一般士子而言,无论是购置还是通读全书,都存在实际的困难。从南宋开始,坊间出现了多种附简要注释的节本《通鉴》,陆唐老的《陆状元集百家注资治通鉴节》是其中流传最广、影响最大的一种。[②]

## 一

陆唐老,浙江诸暨人,其人生平资料较为缺乏。《四库全书总目》谓陆唐老"淳熙中进士第一",[③]但宋代状元名录中不见其名。由于宋时进士前三名皆可称状元,故钱大昕曾疑心唐老或为进士第二三名。[④] 程羽黑《十驾斋养新录笺注》云:

---

* 本文作者为北京大学中国语言文学系、中国古文献研究中心副教授。

① 《宋史》卷二八六《王曙传附子益柔传》,北京:中华书局,1977年,册28,第9635—9636页。

② 王重民《中国善本书提要》云:"宋、元之交,通鉴节注本之见于著录者可十余家,惟此书为最盛。"(上海:上海古籍出版社,1983年,第92页)又,该书变异书名极多:或称《陆唐老集百家音注资治通鉴》,或称《陆状元增节音注精议资治通鉴》,或称《陆状元集百家注资治通鉴详节》,或省称《陆状元通鉴详节》——下文通称为《陆状元通鉴》。

③ 《四库全书总目》卷四八,北京:中华书局,1965年,第432页。

④ 钱大昕《十驾斋养新录》卷一〇"状元榜眼"条,《嘉定钱大昕全集》柒,南京:江苏古籍出版社,1997,第281页。

> 《竹州集》附录有陆伯寿《书墨说后》，署名“陆唐老伯寿”，则唐老即伯寿。《龙川集》卷十九有《复陆伯寿》书云：“舍试揭榜，伏承遂释褐于崇化堂前，众望所归，此选增重。凡在友朋之列者，意气为之光鲜。寿皇在位二十七年，与此选者六人，自明夭折，纯叟中废，何以强人意！新天子龙飞而兄首膺此选，遂使新政有光，甚盛甚盛！”……则唐老为释褐状元，非科举状元，故史不载，非谓其名次在二三也。[①]

宋制，太学生经考试，可由“外舍”升补“内舍”，“内舍”升补“上舍”，其上舍生积校已优而舍试又入优等者，行释褐礼，此谓“两优释褐”[②]。上舍舍试中分数最高者，亦称状元，陆唐老即为两优释褐状元。至于其释褐之年，旧志向有二说：《咸淳临安志》称其“淳熙十六年(1189)两优释褐”，《绍兴府志》则将其隶于“光宗绍熙元年(1190)余复榜”。[③]陈亮《复陆伯寿》言“寿皇在位二十七年，与此选者六人”，“寿皇”乃孝宗尊号“至尊寿皇圣皇帝”之省称，下文又言“新天子龙飞”云云，可知唐老释褐之年当在光宗即位后之绍熙元年。据陈亮所言，孝宗一朝，由“三舍法”之途而释褐者，仅六人而已，故释褐状元之声望，不在科举状元之下。[④] 诸暨县有“登仕桥”“状元坊”等地名，皆因陆唐老。[⑤] 坊刻《陆状元集百家注资治通鉴节》之所以冠名“陆状元”者，亦借重其文名也。上舍生释褐之后可径直授官，但陆唐老未及仕而卒，[⑥]故后世只知有“陆状元”而不详其仕履，史籍亦鲜见其名。

## 二

《增修陆状元集百家注资治通鉴节》全书当为一百二十卷、目录三卷、卷首一卷：正文节抄司马光《通鉴》与刘恕《通鉴外纪》之史文，涵盖从上古至五代时期之历史；卷首依次为《神宗皇帝御制序》《奖谕诏书》《上资治通鉴表》《温公亲节通鉴序》《刘秘丞外纪序》《温公外纪序》《通鉴释文序》等内容。东京大学东洋文化研究所藏的这部《增修陆状元集百家注资治通鉴节》正文与卷首皆已佚失，目前残存一至六卷：卷一为《看通鉴法》，卷二为《通鉴释例图谱》，卷三至卷

---

① 程羽黑《十驾斋养新录笺注》，上海：上海书店出版社，2015 年，第 341—342 页。

② 〔宋〕李心传《建炎以来朝野杂记》上册甲集卷十三《取士》之“释褐状元”条，上海：商务印书馆，1936，第 183 页。

③ 《咸淳临安志》卷六一《国朝进士表》，清道光十年刻本；《(万历)绍兴府志》卷三三《选举志》，万历刻本。

④ 《朝野类要》卷二“释褐”条：“上舍试中优等者释褐，以分数多者为状元，其名望重于科举状元。”北京：中华书局，2007 年，第 54 页。

⑤ 《(光绪)诸暨县志》卷八《山水志》、卷四一《坊宅志》，宣统二年刻本。

⑥ “不及仕而卒”的说法，见《万姓统谱》卷一一一，文渊阁《四库全书》本。

五为《举要历》，卷六起为《通鉴君臣事要总纪》。这残存的六卷内容，除一些实用性的图谱与年表之外，最有价值者，当属卷一的《看通鉴法》与卷二的《通鉴释例图谱》，这里略作说明。

卷一的《看通鉴法》一文（含《论看通鉴法》与《看通鉴大要数条》两小节），不题撰人，实出吕祖谦之手。该文又见于吕祖俭编录之《东莱吕太史文集》，[①]《宋名臣言行录》中亦援引该文之前半部分：

> 史说曰：史有二体，编年之体始于左氏；纪传之体始于司马迁，其后如班、范、陈寿之徒，纪传之体，常不绝。至于编年之体，无有能续之者。温公作《通鉴》，正欲续左氏。左氏之传终云："智伯贪而愎，故韩魏起而亡之。"左氏终于此，故《通鉴》始于此。然编年与纪传互有得失：论一时之事，纪传不如编年；论一人之终始，编年不如纪传。要之，二者皆不可废。韩魏之事，温公论之详矣。今当论看《通鉴》之法。昔陈莹中尝谓："《通鉴》如药山，随取随得。"然虽有是药山，又须会采；若不能采，则不过博闻强记而已。[②]（着重号系引者所加，下同。）

将《言行录》与《陆状元通鉴》《东莱集》中的引文相较，可以看出，三种书的编者各取所需，将原文进行了整合与删削：《言行录》只截取了论述纪传、编年二体优劣的部分；《陆状元通鉴》截取了"今当论看《通鉴》之法"之后的部分，定名为《看通鉴法》；《东莱集》则把与《通鉴》有关的文句（包括讨论纪传、编年二体优劣的内容）尽行删去，易名《读史纲目》。今将这三者合观，庶几可知吕氏旧稿之原貌。

《看通鉴大要数条》中论"刑法"的一段文字，末句为："……及诸囚之数亦斟酌其关治体者抄之。统体、机括，其详已见《看通鉴条例》，遇有所见，抄出。"其中"统体、机括"以下十九字，《东莱集·读史纲目》中刊落。除此处之外，"抄出""类出""写出"等字样在文中常见，如：

> 君德：如《汉纪》高祖宽仁大度之类，凡志传中所说德处，可类出。
>
> 政事：谓政事之大者……并止写出大纲；谓如财赋止书某年榷盐铁，因某人建议，有何大利害，至于制度曲折则不遍；又如用兵止书某年遣某将伐某处，孰胜孰败，所得者几郡，所失者几军，其计谋曲折并不书。
>
> 相业：前"政事"门只说任相，止是书用某人为相，几年除，几年罢；至于此门则编为相事业，如萧曹为相，大体如何，规摹如何，措置如何……

---

① 《东莱吕太史文集》别集卷一四《读史纲目》，民国《续金华丛书》本。

② 〔宋〕李幼武《宋名臣言行录　外集》卷一三，明刻修补本。

可见这节文字的本来用途，当是吕祖谦指导门人如何分门别类地摘抄史文；摘抄的范围，既包括《通鉴》，也包括纪传体的史书，故此篇文字原先并不专为《通鉴》节本而作。据书目记载，吕祖谦著有《吕氏家塾通鉴节要》二十四卷与《新唐书略》三十五卷，[①]后者据《直斋书录解题》著录，乃"吕祖谦授徒，患《新史》难阅，摘要抹出，而门人钞之，盖节本之有伦理者也"。[②]《看通鉴大要数条》中的这部分文字恰可与《直斋书录解题》中的记述相印证。

卷二的《通鉴释例图谱》包含《通鉴释例》《温公与范内翰论修书帖》《通鉴帝王传授世系（上、下）》《历代国都地理图》《五代诸国僭据图》等内容。《通鉴释例》是司马光的曾孙司马伋于孝宗乾道二年（1166）时，整编司马光遗稿所得。由于体量不足以独立成册，此书以往较少单行，多附丽于他书或收入丛书。据《直斋书录解题》，此书在南宋时的情况为：

> 《通鉴前例》一卷、修书帖一卷、三十六条、四图共一卷：
>
> 司马光记集修书凡例，诸帖则与书局官属刘恕、范祖禹往来书简也。其曾孙侍郎伋季思哀为一编，又以前例分为三十六例而考其离合，稽其授受，推其甲子，括其卷帙，列为四图。[③]

与《四库全书》所收的《通鉴释例》相比，南宋时《通鉴释例》的内容较今本丰富。其一，凡例部分，今本仅十二条，旧本为三十六条；其二，修书帖部分，今本仅有《与范内翰论修书帖》，旧本另有与刘恕的往来书简；其三，旧本有四幅图谱，今本无。

二十世纪九十年代，邬国义在元初张氏晦明轩所刻的《增节入注附音司马温公资治通鉴》卷前发现了相对完整的三十六例《通鉴释例》的全文。[④] 此本卷前有元好问之《集诸家通鉴节要序》：

> 汝下弋唐佐集诸家《通鉴》成一书，以东莱吕氏《节要》为断，增入《外纪》《甲子谱年》《目录》《考异》《举要历法》及《与道原史事问答》《古舆地图》《帝王世系》《释音》；温公以后诸儒论辨，若《事类》若《史传终始括要》又皆科举家附益之者。

可见卷前增入《举要历法》《君臣事要总纪》《纪传始终要括》《通鉴释例》

---

① 《宋史》卷二〇三《艺文二》，第 15 册，第 5092 页。

② 〔宋〕陈振孙撰，徐小蛮、顾美华点校《直斋书录解题》卷四，上海：上海古籍出版社，1987 年，第 110 页。

③ 《直斋书录解题》卷四，第 115 页。

④ 详邬国义《〈通鉴释例〉三十六例的新发现》，《史林》1995 年第 4 期，第 1—19 页。按：元初张氏晦明轩刻本《增节入注附音司马温公资治通鉴》一百二十卷五十册，署题"东阳吕祖谦伯恭"，书后有牌记："时泰和甲子下乙卯岁季秋朔日工毕，尧都张宅晦明轩谨记。"今藏中国国家图书馆。

《历代帝王传授世系》与《地理图》等内容，是此类坊刻节注本之通例。《陆状元通鉴》卷二既然题为《通鉴释例图谱》，我们认为，“释例—修书帖—图谱”这三者当时应是作为整体被纳入书中的。如果这一推论成立的话，那么目前此类节本卷前的《通鉴帝王传授世系（上、下）》《历代国都地理图》《五代诸国僭据图》等四幅图，应当就是《直斋书录解题》里提到的“考其离合，稽其授受，推其甲子，括其卷帙”的“四图”。虽然今本《通鉴释例》中已无图谱，但图谱并未完全失传，至少在张氏晦明轩《增节入注附音司马温公资治通鉴》与《陆状元通鉴》等书的卷前，都可觅得“四图”的遗踪。

再看修书帖的部分，将东洋文化研究所藏的这部《陆状元通鉴》卷前保留的《温公与范内翰论修书帖》与目前较常见的文渊阁《四库全书》本《通鉴释例》以及文渊阁本《传家集》卷六三《答范梦得》中的文字对校，可以发现《陆状元通鉴》与集本《答范梦得》中的文字接近，而四库本《通鉴释例》的文字讹夺较多，且有窜行跳脱之处，以下列举较明显的几处：

卷二第二叶后半叶第十二行夹行小字：“假如实录贞观二十三年”，“实录”二字，今《释例》本脱。

卷二第三叶前半叶第二、三行：“稍干时事者，皆须依年月注出篇卷于逐事之下，实录所无者亦须依年月日添附。无日者附于其月之下，称是月；无月者附于其年之下，称是岁；无年者附于其事之首尾”，“注出……年月”等十九字，今《释例》本中因涉前后二“年月”字样而跳脱。

卷二第三叶前半叶第八行小字：“必无的实年月也”，“的实”（即“确实”之意）二字，今《释例》本讹作“的日”。

卷二第三叶后半叶第一行：“中间空一行许素纸，以备翦开粘缀故也”，“以备翦开粘缀故也”八字原为双行小字，今《释例》本中小注误作大字而入正文。

卷二第三叶后半叶第四行：“请据事目下所该新旧纪志传及杂史小说文集尽检出一阅”之“该”字，今《释例》本讹作“纪”。

卷二第三叶后半叶第十一行小字：“在高鉴择之”，今《释例》本作“在高明鉴择之”。

卷二第三叶后半叶第十三行：“武德元年更不称隋义宁二年”，“二年”，今《释例》本作“三年”。按：唐高祖武德元年，即隋义宁二年，为公元六一八年，“义宁”年号仅维持二年，今《释例》本讹。

卷二第四叶前半叶第九、十行小字：“此即据长编录出者，其长编已寄还道原”十六字，今《释例》本脱。

故总起来看，这部《陆状元通鉴》残本虽然出自坊刻，但其中的《看通鉴法》与《通鉴释例图谱》仍具史料与文献价值。

## 三

《陆状元通鉴》最初有南宋宁宗时（1195—1200）蔡建侯家塾本，其行格为每半叶十四行，行二十三字，朗、殷、匡、贞、恒、桓、慎、构皆缺避；后有麻沙坊翻本，卷十六以前每半叶十二行，行二十三字，卷十七以后每半叶十三行，行二十二字，缺避不严。《举要历》末句，"家塾本"作"宋兴亿万斯年"，麻沙本作"圣宋亿万斯年"。[①]

东洋文化研究所收藏的这部六卷的残本每半叶十四行，行二十三字，宋讳或避或不避（就此六卷而言，贞、桓缺笔而殷、项不缺），多用俗字、简字，乃元代翻刻之麻沙本。这部《陆状元通鉴》原系清宫旧物，卷一首叶钤"天禄继鉴""乾隆御览之宝"二印，卷六末叶钤"天禄琳琅""乾隆御览之宝"二印——清嘉庆二年（1797），由于乾清宫及配殿失火，原"天禄琳琅"之藏书付之煨烬；次年，重建乾清宫及昭仁殿，并调集善本书入藏其中，称"天禄继鉴"。据《天禄琳琅书目后编》：

> 《增修陆状元集百家注资治通鉴详节》四函，三十二册
>
> 宋陆唐老撰。唐老，会稽人。淳熙中进士第一。书百二十卷。前有元好问序，次《总例》，次《撰史撰注姓氏》，次宋神宗序、诏、《进表》、《节要序》、《外纪序》、冯时行《释文序》，次《目录》，次《纲目》。其书第一《看通鉴法》，第二《通鉴总例图谱》，第三以下《举要历》，第六以下《君臣事实分纪》，第十三以下《外纪》，第十七以下自周威烈王至五代，纪其君臣事实。《分纪》列九十八门，皆以两字标题，撮其事略以备科举引用。虽托于涑水，实则建阳书肆兔园册耳。
>
> 据元好问序，称中州百年，《通鉴》之学未盛，好事家藏不过三五本。历亭州将张侯晋亨取陆氏《详节》，以《外纪》及诸儒精义附益之，锓以木传。是晋侯有所附益，非尽唐老之旧矣。其序署岁乙卯，乃元宪宗之五年。此书乃元初与宋分治时旧本。序载《遗山集》第三十六卷。
>
> 阙补卷十五、四之七。卷十六、全。卷十七、一之四。卷二十五、二十六、全。卷九十六之百一、全。卷百十二、百十三。全。[②]

从著录的情况看，当时"天禄继鉴"入藏的是相对完整的四函三十二册。除清宫藏印之外，是书卷一右下角有"芹城闪氏丛桂书屋收藏书画之印"、卷六

---

① 参陆心源《皕宋楼藏书志》卷二〇、《续志》卷三，《仪顾堂题跋》续跋卷六，清同治、光绪《潜园总集》本。

② 《天禄琳琅书目后编》卷九，上海：上海古籍出版社，2007年，第593—594页。

左下角有"璞先居士闪国勋曾经读过"朱文印。芹城即今北京昌平，闪氏为昌平回民大族，其先人闪殿魁，行伍出身，同治十三年(1874)为松江府左营游击，光绪九年(1883)以军功署任参将，光绪十四年升任镇守凉州总兵官。[①] 闪国勋(？—1916)系闪殿魁长子。[②] 从这两枚藏印钤盖的位置看，闪家得到的只是这六卷的残帙。琉璃厂书贾王文进(1894—1960)《文禄堂访书记》亦著录此书：

> 《陆状元集百家注资治通鉴详节》一百二十卷
>
> 又元建刻本。题冠"增修"。半叶十四行，行二十三字，注双行。线口。左栏外刊小题。有"乾隆御览之宝""天禄继鉴""天禄琳琅""闪国勋曾读""芹城闪氏丛桂书屋""璞先居士"各印。[③]

则此书从宫中流出后，先经闪氏收藏，后由文禄堂贩卖。历经时代变迁，旧时王谢而为寻常百姓，由此书亦可见一斑。

---

① 《(光绪)松江府续志》卷二〇，光绪九年刊本；《(民国)宝山县续志》卷一二，民国十年铅印本；《(光绪)甘肃新通志》卷五三，宣统元年刊本。

② 详闪世昌《闪殿魁和"闪家大院"的兴衰》，《昌平文史资料》第四辑，北京：中国文史出版社，2006年，第339—347页。在查考闪氏藏印与闪国勋生平过程中，得北京大学《儒藏》编纂与研究中心沙志利先生帮助，特致谢忱。

③ 《文禄堂访书记》，上海：上海古籍出版社，2007年，第82页。按："闪国勋曾读"与"璞先居士"非二印，当为"璞先居士闪国勋曾经读过"，此正。

# 《御史钱府君墓表》《讨钱岱檄》与晚明江南乡绅之横*

李金松**

**【内容提要】** 钱谦益在《御史钱府君墓表》中称道其族兄钱岱精明强干，德行可风。但是，与之同时的顾大韶撰有《讨钱岱檄》，将钱岱描述为一个作恶多端的“众弃之罪人”，给我们提供了钱岱另一个形象。而钱岱的后一个形象，较为集中地呈现了晚明时期江南乡绅的横暴不法，具有重要的历史意义。揆诸史事，顾大韶在《讨钱岱檄》中所描述的钱岱形象更为真实。

**【关键词】** 钱岱　顾大韶　《御史钱府君墓表》　《讨钱岱檄》　江南乡绅

## 一

钱谦益(1582—1664)的《御史钱府君墓表》，全名是《文林郎湖广道监察御史钱府君墓表》，见于其《牧斋初学集》卷七六。这篇墓表，是为其堂兄钱岱所作，全文如下：

> 钱氏之先，自吴越有国，至文僖公惟演，传七世，而千一公玄孙始渡江居常熟。又四世曰镛，其小宗曰珍，公与余自是始分。公讳岱，字汝瞻，镛之第八世孙也。公抱淳禀和，钟美丰物。具既醉之五福，极生死之荣哀。登进士高第，授广州府推官。秩满，召为侍御史。入践台阁，出按齐、楚，子孙趾美，再世制科，服诗书义府之训，袭青油暘毂之盛，是其贵也。壮岁服官，强仕解组。不试故艺，推以治生。高台曲池，丹青错迕；琳宫仙馆，黝垩弥望，榱桷焕乎先庙，甃石被乎水涯，是其富也。享年八十有二，坚悍不衰，度曲饮酒，移日分夜。天启壬戌五月廿二日，其弥留之夕也，犹与客燕笑对奕，饰巾就寝，形神已离。康宁考终，夫又何愧。惟公明允沉塞，弘亮端庄。其在闺门也，正容率物，动有恒常，而必以岂弟为德；其在

---

* 本文受河南省高校哲社研究优秀学者项目(2016－yxxz－03)资助。

** 本文作者为河南大学文学院、国学研究所教授。

公门也，斧劈刃解，举无秕政，而必以求生为仁。自同气以至于九族，无弗恤焉；自旧故以迄于茕嫠，无弗收焉。贵势熏灼，而户堂不绝夫饥寒；年齿笃老，而礼貌不衰于寡稚。五福之本，曰攸好德。所谓惟其有之者与？

鸣呼！公长才伟节，骋足仕涂，中年牵累，一斥不复，以座主江陵公之故也。公为御史八年，未尝有不次迁拜。其在山东，岁所决囚不满额，江陵恚之，顾亦以此知公。江陵故急才，得公所上封事，辄反复称善。江陵未为不知公，公故未尝附江陵也。夫不附江陵者，公之义也；江陵之能知公者，公之材也，江陵之察也。江陵功在社稷，久而著明矣。以江陵牵累者，虽不获伸于生前，亦可以白于身后矣。蔡中郎之叹卓也，柳子厚之附叔文也，君子犹深原之，而况于江陵乎？而况于公乎？公闲与余言，江陵默然终日，能一言徐定是非，如昔人所以称王魏公者。一日朝会，中都留守司官不候引奏，御史欲纠之。江陵曰："留守不引奏也。"视朝仪果然。都门木中出火。台臣欲上闻，江陵曰："朽木能生火也。"言者遽止。公酒闲与余语万历初事，娓娓不休，以此知公有心于当世者也。繇此言之，谓公附江陵，不知公者也。讳公为江陵所知，又岂知公意哉！公之子湖广副使时俊卜葬公于湖桥之新阡，既食，属为石表之辞。余谨书其大略，而三致意于仕止之际，辞繁而不杀焉。不惟以信于后世，亦公之志也。[①]

这篇墓表在钱谦益的文章中是非常特别的，前半以俪体骈文为主，后半则是以散体古文为主。在文章前半部分，钱谦益称颂族兄钱岱之富贵与其道德，譬如笃于故旧，礼遇寡稚，恤济贫寒等；在文章后半部分，辩白钱岱并非依附张居正，并以蔡邕同情董卓、柳宗元依附王叔文作比，为钱岱开脱。文中称颂多用骈体，辩白则多用散体，可谓深得文章体制之用。但是，钱谦益在《御史钱府君墓表》中云云，多非历史真实。

与钱谦益约略同时，且年纪稍长于他的顾大韶（1567—？），著有一篇檄文《讨钱岱檄》，所叙之钱岱与钱谦益《御史钱府君墓表》云云，大相径庭。其文云：

原任削籍御史钱岱者，山川钟戾，宇宙穷凶。筮仕节推，而佯败奕棋，作吴太守之门客；躐等侍御，而号呼狗窦，附张相国之义男。敬大臣命题，士林讪笑；《八丑记》成曲，里巷喧传。既失江陵之鹰犬，而垂首以归；旋为虞邑之豺狼，而张吻以噬。丞簿佐贰，悉供颐指气使之人；门皂吏胥，尽结爪牙腹心之党。瞿起吾以刀笔入幕，素著阁老之称；王寿舍以筹算登堂，兼擅国舅之宠。署曹完为发丘校尉，赵王坟之白骨夜零；授叶凤为横

① 〔清〕钱谦益著，钱仲联标校《牧斋初学集》卷七六，上海：上海古籍出版社，2009年，第1657—1658页。

海将军，扬子江之赤波昼沸。用文则高良、朱文臣之徒逞其诈，用武则陆胜、侯文学之属耀其威。立分管四十九区，处处生波造衅；准手本数千百纸，日日传板投文。极势力之可吞，大不厌乎万贯；苟搏攫之所及，细不遗乎百文。其可以柔取者，则饵之以酒食，钓之以女优，不惜捐廉丧耻；其可以强取者，则逼之以私牢，劫之以官法，奚惮极惨穷刑？金玉满堂，尽是御人之货；田园半邑，孰非悖入之财？……毁文学书院为中堂，而荷亭之卧榻难稳；截蕉尾琴川为西沼，而辋川之疆界日恢。局哄族叔君平，立罟钱三山百年之产；奸诱妾姊郑氏，潜移顾豫川半万之资。杀夫大逆也，贪其色而掩其好，则有若萧文煌之嫂；强盗重辟也，赖其赃而收其党，则有若王玉川之儿。父子相争，则助子以杀父，骨肉之焚尸暴矣；主仆成讼，则佐仆以殴主，李翁之托孤痛哉！陈尚书敕谕犹新，松楸之斩伐殆尽；赵少宰骨肉未冷，田庐之攘夺靡遗。翁都谏二姓姻盟，爱女几葬于幽阱；陆职方两榜年谊，亲弟垂毙于老拳。捏假命以诈乡绅，则先太常忍耻唾面；纵群优以辱甲榜，则王进士饮恨垂涕。龚孝廉发忿以成名，半因挞之朝市；浦举人抚膺而立死，正缘辱及妻孥。认奴子为孙行，裔昌之登谱牒，不可解也；压宗女为奴配，钱梗之投书揭，岂能已乎？总之，作恶似惟日不足，行凶真罄竹难书。计罢官以来，历三纪于兹，日管一事，则所破不下百万馀家；月杀一人，则所毙何止三百馀命。若斯人者，鲸鳄不足喻其贪，虺蝎不足比其毒，蛆蝇不足喻其秽，鬼蜮不足比其奸。上自衣冠缙绅，下至行乞负贩，方百里之内，五万户之民，闻者无不痛心，言之莫不切齿。以故龙桥羞为之父，焚封诰以绝恩；陈氏恨为之妻，借托钵以表怨。张大尹丑诋于公案，秦直指榜示于通衢。乃至甘、邓二案台，耿、杨两父母，屡欲伸威国法，迄今漏网天诛。岂意众弃之罪人，突踞上元之宾席？老生利其微贿，攘臂公然具呈；学师畏其积威，给解先行谢事。将使千年庠序，转为盗贼饮博之区；五百须眉，尽成儿女唾骂之物。高皇之《大诰》何在？列圣之申饬荡如。匪直一邑之羞，实重三吴之耻！且岱八旬安富，三世豪奢。再输重宝于天合家，业已腰缠金带；预拜房师于相国寺，亦遂名荐贤书。兼之贻厥孙谋，直足绳其祖父。杀婢仆如草芥，缚良善如鸡豚……虽岱势堪摇岳，钱可通神，触之必焦，犯之必碎。姚志禹微讦之而身殒于毒饼，孙弘道隐讽之而祸悬于伏机……①

据钱谦益墓表，钱岱拥有的财富，是由于善于“治生”所得。顾大韶檄文所云，钱岱的这些财富，基本上是通过不法手段巧取豪夺所得：“极势力之可吞，大不

---

① 引自虫天子(张延华)辑《香艳丛书》二集卷一，北京：人民文学出版社，1992年，第331—334页。

厌乎万贯；苟搏攫之所及，细不遗乎百文。”“金玉满堂，尽是御人之货；田园半邑，孰非悖入之财？”而且，依仗自己的财富，钱岱不断地荼毒残害乡宦与普通百姓。即使服一品、曾官山东布政使、南京太常寺卿的顾云程（顾大韶之父），也遭到钱岱的侮辱，更何况一般乡宦与平民百姓呢？因此，在顾大韶看来，钱岱是一位“山川钟戾，宇宙穷凶”道德极其败坏、国人皆曰可杀的众弃之罪人。顾大韶行文或许有夸大之处，但文中控诉钱岱的诸多事实，有些是可以考证的。如“姚志禹微讦之而身殒于毒饼”，《（康熙）常熟县志》卷二一《耆硕》有记载：“姚志禹居河阳里，择古忠、孝、节、义各一人肖像供奉，伏腊祭享，洽比其邻，必作规励语。万历丙申（1598），忽诣直指秦公，检举故御史某，累数千言。直指曰：‘汝与若何雠？’志禹曰：‘公恶难泯，岂有雠耶？’又问：‘汝不顾身耶？’加以严刑，神色不变。”[①]《（康熙）常熟县志》是由钱岱的族孙钱陆灿所纂。钱陆灿在县志中虽未明确交代姚志禹检举故御史某为何人，但联系到顾大韶此檄，不难推知是钱岱了。至于姚志禹“身殒于毒饼”，是否系钱岱所为，则难以考证。不过，据《（康熙）常熟县志》，钱岱在当时确实是有“公恶”的，只是钱谦益、钱陆灿为尊者讳、为亲者讳不曾指明罢了。关于顾大韶檄讨钱岱一事，生活于康、雍时期的王应奎在《柳南随笔》中有所记载：“明万历丁巳（1617）岁，吾邑举御史某公（邑中举钱侍御岱）为乡饮大宾，一国哗然，而顾大韶仲恭檄之，有‘通学云翔而不救，则国学亦可儳言；壮夫林立而莫前，则病夫亦可仗义。敢持正论，责备诸儒。若不能抗步扬声，举觥而法郅恽；亦便当卷堂削迹，蹈海以追仲连’等语，诸生（王宇春）从而和之。御史既命驾矣，仲恭要于中途，以檄致之，御史遂不敢往。”[②]在顾大韶此檄的声讨下，钱岱自知自己的恶行触犯了众怒，因而未曾出席乡饮大宾礼，半途而返。钱岱之依附于张居正，在当时已是人们共识，所以，顾大韶在檄文中大加丑化。正因如此，钱谦益在为钱岱所作的墓表中为之辩白不已。然而，无论是官修、私修的明史，对钱岱此事都或多或少有提及。如明人吴亮所编《万历疏钞》钞录高桂一疏，云：“彼居正初坏科场，每以意授人，忤者立见显祸。能先意承志者，则以美官酬之……陆檄、钱岱、嵇应科甘心鹰犬。”[③]陈鹤《明纪》卷四一载：“钱岱监湖广乡试，先期请张居正少子还就试。会居正卒，不果，遂私中篆子之衡。”[④]傅维麟《明书·张居正传》载：“傅作舟、王蔚、秦舜翰、李选、朱琏、钱岱、顾尔行为之（引者按：即张居正）牙爪，而作舟、琏尤恣肆巽鄙无耻。”[⑤]张廷玉等所撰《明史·曾同享传》载：“九年，京察

---

① 〔清〕钱陆灿纂《（康熙）常熟县志》卷二一，康熙二十六年刻本。

② 〔清〕王应奎《柳南随笔 续笔》，北京：中华书局，1983年，第53页。

③ 〔明〕吴亮编《万历疏钞》卷三四，明万历三十七年刻本。

④ 〔清〕陈鹤《明纪》卷四一，清同治十年江苏书局刻本。

⑤ 〔清〕傅维鳞《明书》卷一五〇，清畿辅丛书本。

拾遗，给事中秦耀、御史钱岱等复希居正指，列同亨名。勒休致。”[①]在这些斑斑史籍面前，钱谦益再怎么为之辩白，无疑也是徒劳的。顾大韶死后，钱谦益曾为之作传（《初学集》卷七二《顾仲恭传》），表彰其学术与文学创作；如果顾大韶《讨钱岱檄》云云纯属捏造，钱谦益胸襟再宽广，大概也是不齿其人的，更不会有作传之举了。由此看来，《讨钱岱檄》所云虽然有所夸张，但基本属实。

## 二

墓志碑表与檄文是两种不同的文体。墓志碑表的书写原则是“惟书其学行大节；小善寸长，则皆弗录”；[②]而檄文按刘勰的说法则是“或述此休明，或叙彼苛虐”。[③] 针对同一对象，墓志铭与檄文在书写上往往会呈现不同的态度，前者称颂赞美，后者则多是揭露批判。因此，对于顾大韶在《讨钱岱檄》中所列举的钱岱种种恶行劣迹，钱谦益自然不会在墓志铭中予以叙述。而顾大韶在《讨钱岱檄》中声讨的钱岱这一乡绅，其实是晚明时期江南乡绅横暴的一个典型。明代中晚期，类似钱岱这样的乡绅颇为不少。如徐阶，据伍袁萃《贻安堂稿·金集·翼史篇》记载：“华亭（引者按——指徐阶）在政府久，富于分宜（指严嵩），有田二十四万，子弟家奴，横暴闾里，一方病之，如坐水火之中。”[④]而李贽在《续藏书》卷二三《海忠介公传》中记载：“（公）近抚应天……是时吴中富人，无逾华亭相国。公案问其家，曾无少贷。其弟侍郎陟，武断残民，公亦逮治如律，尽夺其所侵民田。士大夫之以贪虐名者，多窜迹他郡，小民始忻忻然，有更生之望矣。”[⑤]徐阶作为朝廷重臣，是比较贤能的；而当其作为乡绅，则是一乡之害。据《续藏书·海忠介公传》中“士大夫之以贪虐名者，多窜迹他郡”两语，可知当时近于徐阶、徐陟的这类乡绅不在少数。另如钱贷，据谈修《避暑漫笔》卷上记载：“松江钱尚书贷，治第时多役乡人，而砖瓦取给于他处……吾乡显要，造坟多役乡民。”[⑥]而江南这类乡绅最著名者为董其昌，其横暴竟引发民变。关于这一民变事件的诸多文件，汇编在无名氏《民抄董宦事实》一书中。是书中，有一文件对董其昌及其子董祖常进行了深刻的揭露，云：

吾松豪宦董其昌，海内但闻其虚名之赫弈，而不知其心术之奸邪；交

---

① 《明史》卷二二〇，北京：中华书局，1974年，第5796页。

② 〔明〕吴讷、徐师曾《文章辨体序说　文体明辨序说》，北京：人民文学出版社，1962年，第53页。

③ 〔南朝〕刘勰著，范文澜注《文心雕龙注》，北京：人民文学出版社，1958年，第378页。

④ 转引自陈登原《国史旧闻》第三分册，北京：中华书局，2000年，第136页。

⑤ 〔明〕李贽《续藏书》卷二三，《续修四库全书》第303册，上海：上海古籍出版社，1995年，第564页。

⑥ 转引自谢国桢《明代社会经济史料选编》下，福州：福建人民出版社，2004年，第356页。

结奄竖，已屡摈于朝绅；广纳苞苴，复见逐于楚士。殷鉴不远，不思改辙前人；欲壑滋深，惟图积金后嗣。丹青薄技，辄思垄断利津；点画微长，谓足雄视当路。故折柬日用数十张，无非关说公事；迎宾馆月进八九次，要皆渔猎民膏。恃座主之尊，而干渎不休，罔顾旁观之清议；因门生之厚，而属托无已，坐侵当局之大权。谋胡宪副之孙女为妾，因其姊而奸其妹；扩长生桥之第宅以居，朝逼契而暮逼迁。淫童女而采阴，干宇宙之大忌；造唱院以觅利，坏青浦之风声。膏腴万顷，输税不过三分；游船百艘，投靠居其大半。收纳叛主之奴，而世业遭其籍没；克减三仓之额，而军士几至脱巾……

兼以恶孽董祖常，一丁不识，滥窃儒巾；万恶难书，谋充德行。倚藉父势，玩藐官常。用刺贼陈明等为爪牙，托帮棍施心旭(即代董文出官者)、夏尚文(即诬执陆兆芳者)等为耳目，打听消息，包揽居间。或亵服而入后堂，或更馀而进书帖；或供招已出而覆审，或罪名已定而潜移。又且招集打行，肆行诈害，温饱之家，则揑债而盘折其田房；膏粱之子，则纠赌而席卷其囊橐。囹圄怨气冲霄，阛阓怨声载道。他不具论，止论其凌虐同袍者，即如青浦生员洪道泰，以杯酒不从，灌马粪于府门(有卷在府)；金山卫生员陆调阳，以游园闭门，毁家资于白昼(成讼被寝)。去岁九月间，复诱淫生员陆兆芳家使女绿英，臧获耸计，遣奴二百馀人，二更时分，打进兆芳之内室，惊散其家人，掳掠其什物。以致合郡闻之不平，造为《黑白传》诸书。

在其昌父子，只宜自咎，以息谤端，何乃信谗，而疑内戚？掠生员范昶于庭，喝奴詈骂，逼与说书钱二同跪赌誓，羞忿成疾，不旬日而身死。昶之母妻，恃托姻亲，造门哭诉，揆之情理，岂曰非理？况止随三四妇女，宁有他图？其昌父子不思自反，辄肆凭陵，毁轿于河，闭门毒打；将州守公之命妻，推委于沟壑(即昶母冯宜人)；将给谏公之孙女，裂去其缞裳(即昶妻龚氏，与其昌妻为姊妹)。惨辱随从之妇女，更不可言状，大都剥裤捣阴，四字约而该矣。打后大开重门，祖常南坐，对众呼为榜样；复将诸妇，舁入坐化庵中。泥涂满面，上无蔽体之衣；血流至足，下乏掩羞之布。观者摩肩，人人指发：咸谓董氏之恶，至此极矣。嗟此诸生，谁无罔极之爱，谁无狐兔之悲？以缙绅辱缙绅之妻，固乡评所不齿；以生员辱生员之母，亦黉序所不容。桀纣之恶，至于炮烙，未至辱及仕门；官府之刑，非犯奸淫，原无概褫裩服。况龚氏实祖常母姨，而可淫刑以逞者乎？[①]（文中句读，经引者校正）

① 〔明〕佚名《民抄董宦事实》，中国历史研究社编：《明武宗外纪》，上海：上海书店出版社，1982年，第248—250页。

董其昌与其子董祖常之行径，与《讨钱岱序》中之钱岱相比，何其相似乃尔！而且其行径更为恶劣，令人发指。《民抄董宦事实》卷末有藏书者识语，云："此本得于奉贤陈礼园家。董文敏居乡颇不理于人口，盖亦是时吴下乡绅习气，即徐文贞不免云。戊子正月十七日。"[①]据藏书者识语，可知徐阶、董其昌以及钱岱的横暴是当时"吴下乡绅习气"。对于明代中叶以后江南乡绅的横暴，时人多有描述，如焦竑《国朝献征录·兵部尚书王公宪传》中云："……(宪)入为监察御史，巡按苏、松诸郡。时有豪贵怙势，暴横乡里，家置水牢。有负其债者，禁滞于中。"[②]赵南星《敬寻职掌剖露良心疏》云："……四曰乡官之害。夫吏于土者不过守、令，而乡官之中多大于守令者，是以乡官往往凌虐平民，肆行吞噬。有司稍稍禁戢，则明辱暗害，无所不至。"[③]赵南星疏中所云的"乡官"，即乡绅，自然包含了江南乡绅。清初松江人叶梦珠在《阅世编》卷四《宦迹》中亦云："时松江缙绅大僚最众，子弟僮仆，假势横行，兼并小民，侵渔百姓，撄其锋者，中人之产，无不立破。"[④]从这些描述中，我们不难想见当时的江南乡绅已成为社会的公害。正是因为这些乡绅普遍横暴不法，所以，吕坤在《呻吟语》卷二中愤怒地指出：

> 古者乡有缙绅，家邦受其庇荫，士民视为准绳。今也乡有缙绅，增家邦陵夺劳费之忧，开士民奢靡浮薄之俗。然则乡有缙绅，乡之殃也，风教之蠹也。[⑤]

吕坤怒斥乡绅为"乡之殃""风教之蠹"，足见他对乡绅的憎恶之情。而顾大韶在《讨钱岱檄》中对乡绅钱岱的指斥、声讨，则是以文学的形式生动地展现了以钱岱为代表的江南乡绅的种种恶行劣迹，反映了晚明时期江南社会的历史现实，与焦竑、叶梦珠等人的历史记述桴鼓相应，若合符契。可见，顾大韶的《讨钱岱檄》不但具有重要的文学价值，同时也具有重要的史学价值，是研究晚明时期江南乡绅极为珍贵的历史文献。

## 三

然而，对于《讨钱岱檄》中钱岱这样一个道德极其败坏、国人皆曰可杀的众

---

① 〔明〕佚名《民抄董宦事实》，中国历史研究社编：《明武宗外纪》，第254—255页。

② 〔明〕焦竑《国朝献征录》卷三九，《续修四库全书》第527册，上海：上海古籍出版社，1995年，第86页。

③ 〔明〕赵南星《赵忠毅公诗文集》卷一九，《四库禁毁书丛刊》集部第68册，北京：北京出版社，1997年，第569页。

④ 〔清〕叶梦珠《阅世编》，北京：中华书局，2007年，第89页。

⑤ 〔明〕吕坤著，王秀梅、王国轩译注《呻吟语译注》卷二，北京：北京燕山出版社，1996年，第138页。

弃之罪人，钱谦益却在《御史钱府君墓表》里大加称颂赞美，虽然说是遵循了墓志碑版这类文体的书写原则，但与他一再标榜的自己的这类作品“取信来世”[①]“取信天下”[②]是相违背的。钱谦益曾在《辽东王府君墓志铭》中针对当时墓志碑版的信实问题提出了批评：“今之为辞者，缘饰名行，铺陈盛美，欺生谀死，贷口借面，虽其大书深刻，碑板照曜，而其中固枵然无所有也，则亦何怪其速朽哉！”[③]反对碑版墓志书写“缘饰名行，铺陈盛美”的不良风气，主张碑版墓志的书写应该保持信实，以传久远。而他撰写的这篇《御史钱府君墓表》，正好属于自己所批评的存在信实问题的碑版墓志。换言之，其碑版墓志的书写实践与其理论主张之间有相当的距离。

其实，墓志碑版的信实问题早在唐代即已被关注，韩愈所作墓志，被时人刘叉视为谀墓。而宋代曾巩在《寄欧阳舍人书》中，对墓志碑版的信实问题作了非常深入的讨论，他说：

> 夫铭志之著于世，义近于史，而亦有与史异者。盖史之于善恶无所不书，而铭者，盖古之人有功德材行志义之美者，惧后世之不知，则必铭而见之。或纳于庙，或存于墓，一也。苟其人之恶，则于铭乎何有？此其所以与史异也……及世之衰，为人子孙者，一欲褒扬其亲而不本乎理。故虽恶人，皆务勒铭以夸后世。立言者既莫之拒而不为，又以其子孙之所请也，书其恶焉，则人情之所不得，于是乎铭始不实。后之作铭者，常观其人。苟托之非人，则书之非公与是，则不足以行世而传后。[④]

曾巩指出：墓志碑版这类文体与史传作品是不同的：“史之于善恶无所不书”，而墓志碑版，则是称述“功德材行志义之美”。利用墓志碑版文体的这一特点，“故虽恶人，皆务勒铭以夸后世”，而“立言者既莫之拒而不为”，因而“书之非公与是”，从而导致墓志碑版这类文体“不实”，即存在信实问题。唐宋时期墓志碑版这类文体存在的信实问题，即使到了明代，也没有得到解决。明人崔铣在《松窗寤言》中对明代墓志碑版这类文章的书写曾发出这样的感慨：“碑志盛而史赝矣！”[⑤]指斥墓志碑版这类文章的繁盛导致史传的失真。清初黄宗羲亦云：

---

① 钱谦益在《秀才孙鉿妻王氏墓志铭》中述墓主丈夫语云：“吾门人唯钱氏为铭文取信来世，汝以属之其可。”《初学集》卷五九，上海：上海古籍出版社，2009年，第1433页。

② 钱谦益在《湖广行都司断事蒋君墓志铭》中述蒋妻陈氏论其墓碑文之语云：“汝父贤而未有闻也，吾闻钱先生为铭辞取信天下。”《初学集》卷六一，第1466页。

③ 〔清〕钱谦益《有学集》卷三〇《辽东王府君墓志铭》，上海：上海古籍出版社，1996年，第1119页。

④ 〔宋〕曾巩撰，陈杏珍、晁继周点校《曾巩集》卷一六，北京：中华书局，1984年，第253页。

⑤ 〔明〕崔铣《松窗寤言》，《丛书集成初编》第373册，北京：中华书局，1985年，第2页。

“今之为碑版者,其有能信者乎？而不信先自其子孙始。”[①]可见,墓志碑版这类文章因信实存在问题自两宋以来一直受到诟病。因此,对于唐宋以来墓志碑版这类作品提供的历史信息与人物评价,不可不信,但不能完全相信,应采取审慎的态度,甄别其中的“缘饰名行,铺陈盛美”,剔除其虚饰部分,尽可能地获得真实客观的历史信息。

针对同一对象,由于文体承担的功能不同,呈现出的历史人物形象也是不同的。钱谦益在《御史钱府君墓表》中给我们塑造了一个精明强干、人品可风的钱岱形象,而顾大韶在《讨钱岱檄》中给我们描述了一个“众弃之罪人”的钱岱形象。钱岱这两个形象差别之大,简直是判若云泥。无疑,钱岱的这两个形象都有事实根据,但联系晚明诸多文献中记载的江南乡绅之横暴,顾大韶《讨钱岱檄》所描述的钱岱形象似乎更真实,也更具有历史意义。

① 〔清〕黄宗羲《论文管见》,《南雷文定》(三集),上海:商务印书馆,1937年,第59页。

# 清何焯年谱稿略

顾一凡*

**【内容提要】** 何焯开清代校勘学之风，其点勘之勤勉、涉猎之广泛、校本之精审，卓然于世。且于诗文辞赋评点、制艺佳作编选、碑版法帖品鉴，皆有可观。然何焯身陷清初政坛风波，著述几近散失，既无旧谱，当下研究亦不充分，亟待爬梳何焯所作题跋、诗文、书札，旁及史籍笔记、时人著述，为之编制年谱，以廓清其人生所历与治学途径。

**【关键词】** 何焯　年谱　《义门先生集》　题跋

何焯(1661—1722)，是清康熙朝杰出的校勘学家，张之洞《书目答问》将其置于清代“校勘之学家”之首[①]，梁启超称其为清代校勘学“创始的人”[②]，益见其对清代校勘学的贡献与影响。此外，何焯在诗文评点、时文编选、书法品鉴等领域亦颇有建树。然而，何焯曾为皇八子胤禩侍读，雍正帝视之为胤禩党羽，指斥其行为不端，[③]以故时人对何焯的记述鲜有留存，何焯弟子、子侄亦未能及时为之编制年谱。鉴于何焯的学术贡献，当弥补此空白。另一方面，何焯的学术声誉先抑后扬，[④]学术地位层累地提升，[⑤]亟待夷考其人生平经历与治学之路，以客观评价何焯之学。[⑥] 本谱主要利用何焯所作题跋、诗文、信札，钩

---

* 本文作者为南京大学文学院中国古典文献学专业2019级博士研究生。

① 〔清〕张之洞著，范希曾补正《书目答问补正》，扬州：广陵书社，2006年，第225页。

② 梁启超《中国近三百年学术史》，北京：东方出版社，2004年，第196页。

③ 《清实录·世宗宪皇帝实录(一)》卷四一云：“向来如钱名世、何焯、陈梦雷等，皆颇有文名，可惜行止不端，立身卑污，所以圣祖仁皇帝摈斥不用，置之闲散之地。”

④ 何焯因以品评时文的口气评点诗文，为同时学人所轻，如俞正燮《癸巳存稿》卷一四“义门读书记”条云：“知其生平多欺心之学矣。”全祖望所著《困学纪闻笺注》称何焯“尚不脱时文识见”，并反复驳正何焯之见。

⑤ 如潘世恩《义门先生小集序》云：“至乾隆中，高宗纯皇帝稽古右文，开四库馆，招集天下淹通之士校雠编勘，于是先生之学乃大彰于世，一时海内英彦类能讲论六艺，稽合同异，皆先生支流苗裔也。”至晚清民国时，何焯学术地位复有升拔。

⑥ 学界对何焯批、校成果的研究已颇具规模，然对其生平的认识进展稍逊，相关研究成果包括：韦胤宗《何焯与〈通志堂经解〉之关系及清人对何焯评价问题研究》(《古籍研究》2013年第2期)，杨洪涛、孙海桥《义门先生何焯题跋辑录》(《古籍整理研究学刊》2018年第2期)，师雅惠《正声初起：早期桐城派作家研究》(北京：中国社会科学出版社，2019年)等。这些成果纠正了前人对何焯生平的诸多误解，但仍有不足与失实之处。

稽与何焯生平相关的文献，将何焯一生可考之事，按时间顺序排列，①希冀还原其人生轨迹。②

先生讳焯，初字润千，因哭母更字“屺瞻”，③一号“无勇”，晚号“茶仙”，苏州府长洲县人。元元统年间，何氏先人以“义行”旌门，先生取此事名书塾，后学因之称其义门先生。④

何氏世有名儒，曾祖思佐，祖应登，父栋，皆为生员。⑤ 曾祖母为弘农杨氏，祖母为平原陆氏，生母为延陵陆氏。⑥ 伯父何棅，顺治四年（1647）进士，官至户部主事。其子炯，字倬云，煜，字章汉，并举进士有名。炯累官云南佥事，煜终南阳知府。何氏自棅始显盛，炯、煜继之。⑦

先生有母舅三人。又有表舅憩闲堂主人顾维岳，为先生外祖母之侄。⑧ 先生后母为吴氏⑨、陈氏，先生事后母者再，皆得其欢。⑩ 父栋有二女四子，⑪先生为长子，于诸弟能推财让产。⑫

---

① 如日期不详，则注明月份；如月份不详，则标明季节；月、日、季节均不可考者，列于是年之末。何焯事迹皆由文献凝练而成，言必有据。如遇文献记载失实、前人考证有误或有待说明处，附按语予以辩证补充。

② 何焯校勘、评点成果极丰，交游甚广，本谱必不能尽括，惟有依循何焯题识跋语之纪年，择其时、事可考者系入年谱，缺漏之处就正于方家。

③ 〔清〕何焯《义门先生家书》序《义门先生小集跋》，宣统元年广州平江吴氏刊本，第 3a 页。

④ 〔清〕何焯著，崔高维点校《义门读书记》，北京：中华书局，2013 年，第 1275、1280、1283 页。

⑤ 〔清〕何焯著，崔高维点校《义门读书记》，第 1275、1280、1283 页。〔清〕何焯《义门先生集》卷一一《恭纪圣恩诗（康熙四十二年）》，《续修四库全书》第 1420 册，上海：上海古籍出版社，2002 年，第 259 页。注释包含多种文献时，按可信度、相关性与重要性排列，下文同。

⑥ 〔清〕何焯《义门先生集》卷一《恭祝伯母武陵太夫人八秩荣寿诗序》，第 153 页。

⑦ 曹炳麟修《崇明县志》卷一二《儒林》，民国十九年刊本，台北：成文出版社，1975 年，第 877 页。〔清〕何焯《义门先生集》卷一《恭祝伯母武陵太夫人八秩荣寿诗序》，第 154 页。〔清〕何焯《义门先生家书》卷三，第 6a 页。〔清〕李铭皖等修，冯桂芬等纂《（光绪）苏州府志》卷六三《选举五》、卷八八《人物十五》，台北：成文出版社，1970 年，第 1612、2118 页。据《恭祝伯母武陵太夫人八秩荣寿诗序》所载，何棅至少有四子，即元调、倬云、章汉、佩金。四子佩金有二子，即子怀、子未。“子怀”即吴发，原姓何，康熙五十九年（1720）中南榜举人，名列《义门弟子姓名录》，《（光绪）苏州府志》亦有记载。

⑧ 〔清〕何焯《义门先生集》卷一《憩闲堂八十寿宴诗序》，第 155 页。据杨小京考证，何焯四位舅父的名讳及本家排行为：顾复最长，宁周仲弟，维岳叔弟，绥远季弟。（杨小京《默契神会　悟入真趣——清初鉴定家顾维岳事迹考索》，《文艺研究》2015 年第 7 期）

⑨ 汪颖奇《融合与传承——苏州皋庑吴氏的近代变迁》（上海师范大学 2014 年硕士论文）指出何焯后母吴氏之家世：“吴氏家风历来重视子弟习儒，因而在选择姻亲时，亦多看重对方的家世、人品是否与自己相般配、契合，如吴世康三女嫁给何焯的父亲何栋为继室。”

⑩ 〔清〕何焯著，崔高维点校《义门读书记》，第 1283 页。

⑪ 〔清〕何焯《义门先生家书》卷一，第 4a 页。〔清〕何焯《义门先生集》卷三《答惠天牧庶常》，第 165 页。

⑫ 〔清〕何焯《义门先生家书》卷二，第 21a 页。〔清〕何焯《义门先生家书》卷三，第 11b 页。

先生夫人王氏，为忠烈公王佐圣[①]孙女，读书知大义，能辅先生志。[②] 先生有一子一女。曾有长子，半岁夭折。[③] 次子云龙，一名寿余，后为生员。[④] 幼女为婢子所生，[⑤]胤禩曾将其置于府中抚养。[⑥]

先生体胖，身材矮小，[⑦]蓄有长髯。[⑧]

清顺治十八年辛丑(1661)，一岁。

二月二十七日，先生生。[⑨]

康熙五年丙午(1666)，六岁。

是年九月重阳，入学，方瞿先生[⑩]为塾师。[⑪]

康熙六年丁未(1667)，七岁。

是年，从缪先生方读《大学》。[⑫]

康熙七年戊申(1668)，八岁。

二弟生，名煌，字心友，号小山，一字仲友。[⑬]

康熙八年己酉(1669)，九岁。

---

① 王佐圣，字克仲，苏州长洲人。万历四十年(1612)举于乡，弱冠登进士。崇祯十四年(1641)知四川遵义，创建新城，抵御苗民，后被苗民杀死于任所。县人在其死节处建祠堂祭祀。

② 〔清〕何焯著，崔高维点校《义门读书记》，第1275页。

③ 〔清〕何焯《义门先生家书》卷三，第6a页。

④ 〔清〕何焯著，崔高维点校《义门读书记》，第1283页。

⑤ 〔清〕何焯《义门先生集》卷五《与友人书》，第197—198页。

⑥ 《清实录·世宗宪皇帝实录(一)》卷四五，北京：中华书局，1985年，第669页。《文献丛编》第三辑《允禩允禟案》，北京：故宫博物院文献馆，1930年，第28a页。中国第一历史档案馆：宫中杂件，第304号。

⑦ 〔清〕何焯《义门先生家书》序《义门先生小集跋》，第3a页。〔清〕何焯《义门先生家书》卷一，第21a页。邓之诚撰，周骏富辑《清诗纪事初编》，《清代传记丛刊》，台北：明文书局，1985年，第331页。

⑧ 〔清〕何焯《义门先生集》《像赞》，第141页。

⑨ 〔清〕何焯《义门先生家书》序《义门先生小集跋》，第3a页。〔清〕何焯《义门先生家书》卷四，第17a页。

⑩ "方瞿先生"身份难以考证，与下文"缪先生方"是否为同一人尚存疑。

⑪ 〔清〕何焯《义门先生家书》卷三，第6a页。

⑫ 〔清〕何焯《义门先生家书》卷三，第6a页。

⑬ 〔清〕何焯《义门先生家书》附吴荫培《拟补苏州府志何煌传》，第1a页。

是年，从释正诣[①]学书，居冬青轩。[②]

康熙十三年甲寅(1674)，十四岁。

先生幼时颇鲁，幸得家人苦口相劝，先生亦好胜，肯读书。[③]

是年，先生游道院，倚石栏，见蝶飞，忽开悟。[④]

康熙十八年己未(1679)，十九岁。

先生少而奇，为曹溶等所器重。[⑤] 是年冬，先生谒曹溶于集福精舍，曹溶教之曰："宋说家之书莫如洪斋王伯厚为优，然《困学纪闻》条理尤为秩然，不可以不亟读也。"先生退而谨识于研匣。[⑥]

是年，先生长子生，半岁夭折。[⑦]

康熙二十年辛酉(1681)，二十一岁。

是年，应乡试，不中。[⑧]

康熙二十三年甲子(1684)，二十四岁。

是年，交阎若璩，寓居其家，日与议论时文。宵分，索巨烛，记日间互订语。若璩叹服。[⑨]

是年，入都，应乡试，不中。[⑩]

---

① 后人尝谓何焯从邵僧弥学书。如徐松《义门先生小集跋》有"始学于邵僧弥"之语。全祖望亦云"盖公少学于邵僧弥"。《清稗类钞》"何义门善学钱牧斋书"条亦称"义门少受学于邵僧弥"。然徐邦达考证邵僧弥卒于明崇祯十五年(1642)，与何焯生卒年相差甚远。师雅惠据吴伟业《邵山人僧弥墓志铭》与周亮工《读画录》，认为邵僧弥当卒于明崇祯末年，何焯不可能从其学。此外，何焯凡提及韩菼、李光地，皆尊称为师，而《义门先生集》卷一〇《杂录》云："又宋拓陕本十七帖，邵僧弥所藏，僧弥有此佳刻，宜乎其草书颇可观也。"未尊称邵僧弥，亦可佐证何焯未曾从学邵僧弥。

② 王欣夫《蛾术轩箧存善本书录》《庚辛稿》卷四，上海：上海古籍出版社，2002 年，第 333 页。〔清〕钱泳撰，孟裴校点《履园丛话》卷十四《祥异》，上海：上海古籍出版社，2012 年，第 240 页。

③ 〔清〕何焯《义门先生家书》卷二，第 1b 页；《义门先生家书》卷三，第 11b 页。

④ 〔清〕何焯著，崔高维点校《义门读书记》，第 1288 页。

⑤ 〔清〕何焯著，崔高维点校《义门读书记》，第 1281 页。

⑥ 〔清〕何焯《义门先生集》卷九《跋困学纪闻》，第 232 页。何焯与曹氏后人仍有交往，如曹溶外孙董讷夫曾与何焯互通书信，讨论学术。曹溶身故后，何焯曾通过曹氏子弟购得曹溶旧藏若干种。

⑦ 〔清〕何焯《义门先生家书》卷三，第 6a 页。

⑧ 〔清〕何焯《义门先生集》卷一二《恭纪圣恩诗(康熙四十一年十二月二十八日)》，第 263 页。徐珂《清稗类钞・考试类》，北京：中华书局，2013 年，第 684 页。

⑨ 〔清〕何焯著，崔高维点校《义门读书记》，第 1288 页。徐珂《清稗类钞・考试类》，第 683 页。〔清〕张穆撰，邓瑞点校《阎若璩年谱》，北京：中华书局，2006 年，第 66 页。

⑩ 〔清〕何焯《义门先生集》卷七《与李世得书》、卷一〇《杂录》，第 212、247 页。〔清〕何焯《庚子销夏记校文》，北京：中华书局，1991 年，第 2 页。

是年，交钱谦益从孙孝修，知钱氏家藏宋仁宗天圣七年(1029)所刻《国语》，后于康熙四十八年(1709)购得是书。[①]

康熙二十四年乙丑(1685)，二十五岁。[②]

是年，以崇明籍学生拔贡入国子监，名声大振，诸公要人争欲令先生出其门下。[③]

是年，先生在京师，为祖母八十寿辰征诗。[④]

康熙二十五年丙寅(1686)，二十六岁。

是年，游山阳，于书肆中购得《困学纪闻》，受益良多，南北奔走未尝不偕。[⑤]

康熙二十六年丁卯(1687)，二十七岁。

是年，翁叔元受明珠指使，弹劾汤斌。[⑥] 先生上书翁叔元，请削门生籍，天下快焉。然先生以是潦倒场屋，不得邀一荐。[⑦]

康熙二十七年戊辰(1688)，二十八岁。

是年，徐乾学充会试正考官，其门生亲戚、有名文士暗中贿考。先生受知于徐乾学，[⑧]为其点勘会试墨卷，深悉会试舞弊，特作会试墨卷序文，寓言讽刺。乾学即向书铺将序抽毁，嘱托江苏巡抚访拿先生。[⑨]

康熙二十九年庚午(1690)，三十岁。

---

① 〔清〕何焯《义门先生集》卷九《跋国语》，第230页。

② 《义门读书记》崔高维点校本云："康熙之二十四年，先生年二十三，由崇明县学拔贡国子监。"《义门先生集》道光三十年苏州刻本与宣统元年广州刻本原文均为："康熙之二十四年，先生年二十五，由崇明县学拔贡国子监。"何焯生于顺治十八年二月无疑，故何焯入国子监当为二十五岁，《义门读书记》崔高维点校本有误。

③ 〔清〕何焯著，崔高维点校《义门读书记》，第1281页。

④ 〔清〕何焯《义门先生集》卷一《恭祝伯母武陵太夫人八秩荣寿诗序》，第153页。

⑤ 〔清〕何焯《义门先生集》卷九《跋困学纪闻》，第232页。

⑥ 王钟翰点校《清史列传》卷八，北京：中华书局，1987年，第522页。徐珂《清稗类钞·正直类》，第3021页。

⑦ 〔清〕何焯著，崔高维点校《义门读书记》，第1278—1279页。徐珂《清稗类钞·正直类》《清稗类钞·狷介类》，第3019、3226页。

⑧ 尚小明《学人游幕与清代学术》附录《清代重要学人幕府表·徐乾学幕府》将何焯在幕时间定为"康熙四十年前后至四十一年(1701—1702)"。此说有误，何焯入徐乾学幕府当在康熙二十七年(1688)之前。

⑨ 〔清〕蒋良骥《东华录》卷一五，北京：中华书局，1980年，第245页。〔清〕何焯著，崔高维点校《义门读书记》，第1275、1278、1281页。〔清〕何焯《义门先生集》卷四《与友人书》，第189页。

正月初六日，访杨明远，得赠《文苑英华辨证》。[①]

八月，于友人处得顾炎武所著《菰中随笔》一册，南北奔走未尝不以自随，因作《菰中随笔序》。[②]

是年冬，先生寓京师，于书肆中购得《李贺歌诗编》恶本，然屡经目，不忍弃去，因作跋语以记见书之难，愿励志向学也。[③]

康熙三十一年壬申(1692)，三十二岁。

六月，得冯班所校《白莲集》抄本十卷。是书曾为钱曾所藏，蒋廷锡(扬孙)得之以赠先生，先生素无善本，喜而识其所自。[④]

是年，校《春秋经传》，作跋语以记是书之沿革。[⑤]

康熙三十二年癸酉(1693)，三十三岁。

是年春，交李济生。[⑥]

康熙三十三年甲戌(1694)，三十四岁。

是年春，先生寓京师大定庵中。时山左颜学山太史(颜光敩)新奉视学两浙之命，频造寓中，论文甚款。太史欲撰教条，颁之浙中，以示程式，托先生代作《两浙训士条约》。[⑦]

八月，先生于临沂讲学，寓临沂王氏奈园书塾，读《三国志》[⑧]《水经注》[⑨]。

十月初三日，先生自沂南归，过徐用锡宅，适逢徐用锡北上，未得相见。[⑩]

按：考《义门先生集》卷四《与友人书》全部四十封信札，以及卷五《与友人书》除最后数札外的书信，均当寄与同一人，即信中所称“二兄”。北京大学图书馆藏清道光三十年姑苏刻本《义门先生集》卷五后有按语一则，曰：“第四、五卷中展读，语意似致安溪先生子侄辈书，考义门学士实出安溪李先生门下，其于深情款洽、知遇之感可想见也。惟此卷末附有数

① 上海图书馆历史文献研究所编《历史文献》第八辑，上海：上海古籍出版社，2004年，第22页。

② 〔清〕何焯《义门先生集》卷一《菰中随笔序》，第150页。

③ 〔清〕何焯《义门先生集》卷九《跋李贺歌诗编》，第234页。

④ 傅增湘《藏园群书经眼录》“旧抄本《白莲集》”条，北京：中华书局，2009年，第1110页。

⑤ 〔清〕何焯《义门先生集》卷九《校春秋经传书后》，第230页。〔清〕李光地撰，陈祖武点校《榕村全书》第九册《榕村续集》卷一，福州：福建人民出版社，2013年，第446—447页。

⑥ 〔清〕何焯《义门先生集》卷一《李君济生六十寿序》，第153—154页。

⑦ 〔清〕何焯《义门先生集》卷一〇《两浙训士条约》，第243页。

⑧ 徐乃昌《积学斋藏书记》，上海：上海古籍出版社，2014年，第49页。

⑨ 杨绍和撰，傅增湘注《藏园批注楹书隅录》，北京：中华书局，2017年，第102—103页。

⑩ 〔清〕何焯《义门先生集》卷四《与友人书》，第178页。

札，盖与别一人者，两窗无识，偶识于后。”此说极是。如卷五最后一札文末题为“七月二十六日，焯再拜，上来雍贤友足下”。可知此当为何焯写给学徒金凤翔之信。考“二兄”其人，当为李光地门人徐用锡。徐用锡，字坛长，江苏宿迁人，康熙四十八年进士，官至翰林院侍读。据尚小明考证，徐用锡曾为李光地门人，在幕时间应为康熙三十五年至四十四年。徐用锡与何焯在幕时间大致相同，由文献记载观之，两人关系亲密。之所以将“二兄”定为徐用锡，有两点依据：其一，《义门先生集》卷三《与徐亮直书》云：“坛长二兄此刻不及寄字，望致意。”[①]知何焯称徐坛长为“二兄”。其二，《与友人书》中多次提及代为向安溪先生问安，知此乃何焯寄与李光地亲近之人的书信，而《义门先生集》卷三《上安豁先生书》第二封中提到，何焯服丧归乡后“思三年远违老师钧座，于哀痛之中弥加凄恋。……仅有数语略从坛长转达，十不究一也”。[②] 知何焯正是通过与徐坛长的书信向李光地问安、请教，亦与《与友人书》的内容大致吻合。据此推断，《义门先生集》卷四、卷五《与友人书》中约八十封书札当为何焯写寄徐用锡之书信。师雅惠认为“二兄”为李光地次子。[③] 以《义门先生集》内证之，卷七收录何焯寄与李光地长子李钟伦的《与李世得书》七封，信中皆尊称李钟伦为世兄，故称光地次子亦当为世兄；且《与李世得书》第二封中有“徐二哥想为此迟迟出门耶”[④]之语，亦可佐证“二兄”即徐用锡。

另据尚小明《清代重要学人幕府表》考证，徐用锡在幕时间大致为康熙三十五年至四十四年，何焯在李光地幕府的时间为康熙四十年前后至四十一年，此说大致无误，但不够准确。据引文可推测，康熙三十三年(1694)二人已有交往，或均已入李光地幕府。康熙四十一年(1702)，何焯得李光地推荐后，曾向徐用锡请教入直处世之道，云：“然学浅性疏，惧滋尤悔，有忝门墙，二兄宜为弟忧之，教以所不逮，乃九年风雨之契玉弟于成之惠也。”[⑤]其中“九年”二字即可证实何焯当于康熙三十三年(1694)进入李光地幕府。

**十月，作《姜西溟四书文序》。**[⑥]

**十二月，先生自临沂归乡，整理家中旧书，并校阅《史通》。**[⑦]

---

① 〔清〕何焯《义门先生集》卷三《与徐亮直》，第 168 页。

② 〔清〕何焯《义门先生集》卷三《上安豁先生书》，第 166 页。

③ 师雅惠《正声初起：早期桐城派作家研究》，第 339 页。

④ 〔清〕何焯《义门先生集》卷七《与李世得书》，第 212 页。

⑤ 〔清〕何焯《义门先生集》卷四《与友人书》，第 180 页。

⑥ 〔清〕何焯《义门先生集》卷一《姜西溟四书文序》，第 151 页。

⑦ 傅增湘《藏园群书经眼录》“明万历张之象刻本《史通》”条，第 507 页。

康熙三十四年乙亥(1695),三十五岁。

是年初夏,先生于簏衍中得祖父节录《史通》内篇,用以参校,复改数字。[①]

是年冬,先生学习《复乐记》,有感于奸声正声之辨,乃摒弃丛说,更取群经读之,反覆训故,会通条理,得其大体,道本浸出。[②]

康熙三十五年丙子(1696),三十六岁。[③]

康熙三十六年丁丑(1697),三十七岁。[④]

康熙三十七年戊寅(1698),三十八岁。

是年孟夏,先生作《行远集序》。沈彤谓此书流播远近,皆能变学者旧习。[⑤]

五月,作《义门书塾论文》。[⑥]

七月十五日,作《吴母沈太硕人寿序》。[⑦]

九月初五日,阅《苏子美集》,有感于近人读书但备数而不求善本,作跋语

---

① 傅增湘《藏园群书经眼录》"明万历张之象刻本《史通》"条,第 507 页。

② 〔清〕何焯《义门先生集》卷一《行远集序》,第 152 页。

③ 《义门先生集》卷七《与李世得书》云:"世兄来教,字字当服膺弗谖。弟处此间,亦暗合孙吴,但疏处尚多,惟有时时警省,蕲免悔尤。至于用术以自纳于众阱之中,则自丙子以来,既尝其甘苦而知惧矣。日来因见词林忽被雷霆之威,虽鲁田宗弟约一至其馆中,亦不敢辄往。畏首畏尾,求如相聚时言笑之乐不了可得,知世兄相见时必当生怜悯心耳。"其中"自丙子以来,既尝其甘苦而知惧",不知为何事;然"日来因见词林忽被雷霆之威",或指文网日密。

④ 《义门先生集》卷九《跋茅鹿门评王荆公文钞》第一则跋语云:"内阁宋刻《临川集》,其行数、字数、卷帙与此皆同,唯华中甫真赏斋所藏独为一百六十卷,此本不知尚在人间否?……康熙丙戌八月焯记。"第二则跋语云:"东涧遗老《小楼书目》有残本《临川先生集》十六册一卷之一百十四卷,殆与中甫所藏之本相同也,又记。丁丑七夕承匡书塾阅毕,焯。"据此可知,第一则跋语作于康熙四十五年(1706)八月,其中何焯谈到华中甫所刻《临川集》独为一百六十卷,与《茅鹿门评王荆公文钞》以及内阁宋刻《临川集》不同,但对华中甫本的内容及流传不甚了解。第二则跋语承接第一则所述内容,称钱谦益《小楼书目》所收残本《临川先生集》与华中甫本相同,并明言"又记",可推测第二则跋语当晚于康熙四十五年(1706),跋语题为"丁丑七夕"所记,或为后人辑录之误。

⑤ 〔清〕何焯《义门先生集》卷一《行远集序》,第 152 页。〔清〕何焯著,崔高维点校《义门读书记》,第 1275 页。

⑥ 〔清〕何焯《义门先生集》卷一〇《义门书塾论文》,第 244 页。《义门书塾论文》文末何焯识语云:"乙卯皋月,既开程式墨卷,漫出此数条,正于大雅君子,非敢信今之遂是也,吾以求益焉,蕲幸教诸,何焯又识。"然乙卯年为康熙十四年,何焯仅十五岁;又据文中"既开程式墨卷"之语,可推测此"乙卯"或为"己卯"之误,此文或作于康熙三十八年(1699)己卯皋月(五月)

⑦ 〔清〕何焯《义门先生集》卷一《吴母沈太硕人寿序》,第 152 页。

以记之。[①]

除夜，于清苑行台，改定李光地《榕村讲授》所涉《五臣注扬子法言》之条目。[②]

是年冬，跋徐用锡所藏《鲁公多宝塔》。[③]

康熙三十九年庚辰(1700)，四十岁。

除夕，弟何煌得《文心雕龙》旧本，内有钱允治(功甫)补《文心雕龙·隐秀》全文，先生录之。[④]

是年，先生觐省南归，于金陵书肆得《遗山先生诗集》。[⑤]

是年，见毛扆勘本《中吴纪闻》，曾为叶盛菉竹堂所藏。[⑥]

是年，跋《薛虞卿批尚书读本》，以励后学。[⑦]

是年，俞来求来从学。其人为学颇勤苦，文亦清雅不恶俗。[⑧]

康熙四十年辛巳(1701)，四十一岁。

正月，过隐湖，访毛扆，见冯舒所传钱功甫本《文心雕龙》。[⑨]

二月，于舟中跋《剡源戴先生文集》。[⑩]

三月，见高阳许氏所藏蒙古宪宗五年刊本《中州集》之甲、乙二卷。[⑪]

---

① 袁廷梼过录《苏子美集》何焯跋语云："戊寅九月初五日阅第九卷至末卷毕。子美之才高于欧公，得年不永，未见其止尔。家贫不能购宋元文集，此书非徐氏重刻，何由写目，此事实默受商丘中丞之赐也。焯识。"又云："周益公称衢本《沧浪集》，盖尝刻于三衢，南渡后本也，计世当有之。顾修远云：'子美有《答欧公书》，载《梁溪漫志》中，集不载。欧公诗集中有《扶沟知县周职方录示白鹤宫苏才翁赠黄道士诗》，集不载。'(《司马温公传家集》亦载有此诗)见《蚕尾集》载有渠家有宋椠《沧浪集》，正衢本也。商丘与新城交最深，而不知假以是正，盖近人读书但备数而不求善本，虽倦圃、竹垞不免，况北方之学者乎！又记。"转引自杨洪涛、孙海桥《义门先生何焯题跋辑录》，《古籍整理研究学刊》2018年第2期，第70页。

② 瞿良士辑《铁琴铜剑楼藏书题跋集录》，上海：上海古籍出版社，2005年，第126页。除夜，一说除夕之夜，一说冬至前一日之夜。

③ 〔清〕何焯《义门先生集》卷八《旧本颜鲁公多宝塔跋》，第224页。

④ 〔清〕何焯《义门先生集》卷九《跋文心雕龙》，第233页。

⑤ 〔清〕何焯《义门先生集》卷一一《康熙辛巳冬日，安谿先生再被哈密甜瓜之赐，世得大兄亲剖与尝，退占六韵申谢》，第257页。傅增湘《藏园群书经眼录》"明弘治戊午李瀚刻本《遗山先生诗集》"条，第1293页。

⑥ 〔清〕何焯《义门先生集》卷九《跋中吴纪闻》，第232页。

⑦ 〔清〕何焯《义门先生集》卷九《跋薛虞卿批尚书读本》，第230页。

⑧ 〔清〕何焯《义门先生集》卷三《与徐亮直》，第168页。

⑨ 〔清〕何焯《义门先生集》卷九《跋文心雕龙》，第233页。

⑩ 〔清〕何焯《义门先生集》卷九《跋剡源戴先生文集》，第236页。

⑪ 〔清〕何焯《义门先生集》卷九《跋中州集》，第235页。

是年春，洪雨平见宋雕元本《新安小志》，倩人抄之赠与先生。[①]

四月，借阅钱谦益《遗山诗钞》，以朱点记于《遗山先生集》每篇之下。[②]

四月，于舟中阅毕《后汉书》。中秋后，于保定行台校正《后汉书》谬讹，作跋语记其版本流变。[③]

十二月，于保定行台校阅《三国志》。[④]

除夕前一日，作《辛巳小除夕读〈汉书〉戏拟吴叔庠体二首》。[⑤]

是年冬，作《康熙辛巳冬日，安谿先生再被哈密甜瓜之赐，世得大兄亲剖与尝，退占六韵申谢》。[⑥]

康熙四十一年壬午(1702)，四十二岁。

二月初一日，作《壬午二月朔日乙夜纪所见》。[⑦]

是年，应壬午科乡试，不中。[⑧]

十月十七日，康熙南巡，阅视黄运新工，驻跸德州。召李光地，询问草泽遗才，光地以先生荐，先生因之进《两河告成诗二章》。得赐御书朱子书字铭一轴，先生作《恭纪圣恩诗》以记之。[⑨]

十二月二十八日，先生得赐举人，偕礼部试，召直南书房，先生因之作《恭纪圣恩诗四章》。[⑩]

---

① 〔清〕何焯《义门先生集》卷九《跋新安小志》，第232页。《义门先生集》卷九《跋新安小志》虽入《义门先生集》，然文末题为“孟公识”，而何焯跋语中从未自称“孟公”，故此跋语是否出自何焯之手尚存疑。

② 傅增湘《藏园群书经眼录》“遗山先生诗集”条，第1293页。

③ 〔清〕何焯《义门先生集》卷九《跋后汉书》，第231页。

④ 徐乃昌《积学斋藏书记》“三国志”条，第49页。

⑤ 〔清〕何焯《义门先生集》卷一一《辛巳小除夕读〈汉书〉戏拟吴叔庠体二首》，第253页。

⑥ 〔清〕何焯《义门先生集》卷一一《康熙辛巳冬日，安谿先生再被哈密甜瓜之赐，世得大兄亲剖与尝，退占六韵申谢》，第257页。

⑦ 〔清〕何焯《义门先生集》卷一二《壬午二月朔日乙夜纪所见》，第265页。

⑧ 〔清〕何焯《义门先生集》卷五《与友人书》、卷一一《康熙壬午京兆秋赋，篔谷大弟期予意甚笃，及撤棘失解，贻书以学徒丁生中隽相宽，戏集少陵翁句代书奉候，兼简鲁田六弟言之不怍，用资拊掌，身当庆侍，礼不称老，兹乃拉杂趁韵，不足为外人道也》，第198、255页。《义门先生集》卷一二《恭纪圣恩诗(康熙四十一年十二月二十八日)》序云：“臣焯自辛酉宾兴，至今南北八试，未尝一荐。”据此推测，何焯于康熙二十年、康熙二十三年、康熙二十六年、康熙二十九年、康熙三十二年、康熙三十五年、康熙三十八年、四十一年八次参加乡试，均未中式。

⑨ 《清代起居注册·康熙朝》第十七册，北京：中华书局，2009年，第9647—9651页。〔清〕何焯《义门先生集》卷四《与友人书》、卷一一《恭纪圣恩诗(康熙四十一年十月十七日)》、卷一二《两河告成诗二章(康熙四十一年十月)》，第180、257—258、262—263页。

⑩ 〔清〕何焯《义门先生集》卷一二《恭纪圣恩诗四章(康熙四十一年十二月二十八日)》，第263页。〔清〕何焯著，崔高维点校《义门读书记》，第1275、1279、1281页。

康熙四十二年癸未(1703),四十三岁。

是年,应会试,不中。三月二十九日,先生得赐进士,一体殿试,[①]中二甲第三名,先生因作《恭纪圣恩诗》四十韵。[②]

四月十五日,先生改庶吉士,仍直南书房,寻命其侍读皇八子贝勒府,兼武英殿纂修。[③]

六月,于南薰殿以汪文盛刊本校《后汉书·郡国志》。[④]

立秋前二日,于南薰殿直庐作《书白香山集后》,记白居易集版本优劣。[⑤]

八月,于南薰殿跋《滏水文集》。[⑥]

康熙四十三年甲申(1704),四十四岁。

二月,跋《温飞卿集》,记其阙疑之处。[⑦]

四月,于畅春园直庐跋《东阳兰亭序》。[⑧]

除夕,于八贝勒邸中重阅《史通》。[⑨]

新秋,以常熟冯氏勘本对校《贾长江集》,改正伪字数处,纠正冯本讹谬,使之为善本。[⑩]

是年,于语古小斋跋《予宁堂法书》。[⑪]

康熙四十四年乙酉(1705),四十五岁。

九月,弟何煌携宋末衢州《三国志》刊本至京师,先生于八贝勒邸中改正谬

---

① 《清稗类钞·考试类》"何义门为不殿试之翰林"条云:"(何焯)数游京师,其科第皆出钦赐。"由《清实录》《恭纪圣恩诗》记载可知,何焯经举荐后,得赐举人、进士,称其科第皆钦赐无误,然何焯与众人一体殿试,后改庶吉士,入翰林,可知"何义门为不殿试之翰林"之说有误。李光地在写寄何焯的信中对何焯殿试文章大为赞扬,称"御试文极酣畅,论亦切题,不作泛语"。并勉励何焯曰:"见殿试榜文,甚喜。虽不在三人之内,然充馆职,便与才称。且将来得个好学院,主司文章,有种子矣。"亦佐证"何义门为不殿试之翰林"之说有误。

② 《清实录·圣祖仁皇帝实录(三)》,第147页。〔清〕何焯《义门先生集》卷一一《恭纪圣恩诗(康熙四十二年)》,第258—259页。〔清〕何焯著,崔高维点校《义门读书记》,第1275、1279、1281页。

③ 《清实录·圣祖仁皇帝实录(三)》,第149页。〔清〕何焯著,崔高维点校《义门读书记》,第1275、1279、1281页。

④ 〔清〕何焯《义门先生集》卷九《跋后汉书》,第231页。

⑤ 〔清〕何焯《义门先生集》卷九《书白香山集后》,第233—234页。

⑥ 〔清〕何焯《义门先生集》卷九《跋滏水文集》,第236页。

⑦ 傅增湘《藏园群书经眼录》"清顾氏秀野草堂刻本《温飞卿集》"条,第1097页。

⑧ 〔清〕何焯《义门先生集》卷八《东阳兰亭序跋》,第225页。此条跋语亦见于《义门题跋》,题为《题陈彦瑜兰亭帖》。

⑨ 傅增湘《藏园群书经眼录》"《史通》明万历张之象刻本"条,第507页。

⑩ 〔清〕何焯《义门先生集》卷九《跋贾长江集》,第234页。

⑪ 〔清〕何焯《义门先生集》卷八《予宁堂法书跋》,第229页。

误数十处;又携钱曾家藏冯舒手校本《文心雕龙》,先生因之补录钱功甫跋语。[①]

康熙四十五年丙戌(1706),四十六岁。

是年春,皇子四贝勒命先生为阎若璩《困学纪闻笺注》校勘讹字。[②]

是年春,跋《雉园先生南宫牍》《杨安城补臂图册》。[③]

四月初六日,散馆,先生因文义荒疏而置之下等,天下之人骇焉,上命再教习三年。[④]

是年夏,跋《北魏营州刺史崔敬邕志》《杨大瓢所藏瘗鹤铭》。[⑤]

八月,跋《茅鹿门评王荆公文钞》。[⑥]

中秋,校正蜀本《史通》卷五、卷七讹误。[⑦]

九月,见内府宋椠《长吉歌诗编》及何煌所收金源赵衍《歌诗编》刊本,以两本对校讹字。[⑧]

是年新秋,校外弟吴子诚所收宋椠大字本《柳先生文集》。[⑨]

是年秋,得泰兴季氏所藏沈启南先生旧藏宋本《李洞诗集》,校之。[⑩]

十一月,从书画谱局借内府宋椠陈思《书苑精华》,校正《法书要录》。[⑪]

是年冬,以钱磬室手抄本校勘《金石录》。[⑫]

是年冬,得东山叶裕所藏影抄宋书棚本《温飞卿集》,重校之。[⑬]

是年,于潘稼堂处得嘉靖中钱尚仁所藏宋拓本《茅山志》,校补之。[⑭]

是年,常熟钱楚殷以宋刘氏丹桂书堂巾箱本《孟子》相赠,其中阙《公孙丑》

---

① 徐乃昌《积学斋藏书记》"三国志"条,第 49 页。〔清〕何焯《义门先生集》卷九《跋文心雕龙》,第 233 页。

② 〔清〕何焯《义门先生集》卷九《跋困学纪闻》,第 232 页。〔清〕何焯著,崔高维点校《义门读书记》,第 1279 页。

③ 〔清〕何焯《义门先生集》卷八《雉园先生南宫牍跋》《杨安城补臂图册跋》,第 229 页。

④ 《清实录·圣祖仁皇帝实录(三)》,第 259 页。〔清〕何焯著,崔高维点校《义门读书记》,第 1279、页。

⑤ 〔清〕何焯《义门先生集》卷八《北魏营州刺史崔敬邕志跋》《杨大瓢所藏瘗鹤铭跋》,第 221—222 页。

⑥ 〔清〕何焯《义门先生集》卷九《跋茅鹿门评王荆公文钞》,第 235 页。

⑦ 傅增湘《藏园群书经眼录》"《史通》明万历张之象刻本"条,第 507 页。

⑧ 〔清〕何焯《义门先生集》卷九《跋李贺歌诗编》《跋李贺歌诗编(明刻本)》,第 234 页。

⑨ 顾颉刚《顾颉刚文库古籍书目》"河东先生全集录"条,北京:中华书局,2011 年,第 732 页。

⑩ 邹百耐《云间韩氏藏书题识汇录》"《李洞诗集》明影宋钞本"条,上海:上海古籍出版社,2013 年,第 135 页。

⑪ 傅增湘《藏园群书经眼录》"《法书要录》明汲古阁刊《津逮秘书》本"条,第 623 页。

⑫ 傅增湘《藏园群书经眼录》"《金石录》佚名过录本"条,第 491 页。

⑬ 傅增湘《藏园群书经眼录》"《温飞卿集》清顾氏秀野草堂刻本"条,第 1097 页。

⑭ 徐乃昌《积学斋藏书记》"《茅山志》"条,第 80 页。

《告子》二册。虽非完书，然犹是郑玉（师山）旧藏，有祛疑正误之功。[①]

康熙四十六年丁亥（1707），四十七岁。

正月十五日，因得吴岫方山所藏万历前旧抄本，知内府宋椠陈思《书苑精华》不得为善本，重校《法书要录》。[②]

是年，先生丁外艰，自京师归乡。[③]

是年，金农求学，于先生家中读书。[④]

康熙四十七年戊子（1708），四十八岁。

二月十七日，过陆其清听云室，观其所藏宋拓钟繇《力命帖》。三月二十五日，雨中过听云室，见陆放翁稿书、元板辛稼轩词四册，明初人影写宋椠《樽前集》词一册，《胡仲子集》二厚册。[⑤]

夏至后五日，以钱楚殷所收牧翁旧藏本《白莲集》，校勘冯班校本。[⑥]

是年冬，得顾维岳所收《汉娄寿碑》。[⑦]

是年，从吴兴书贾处购得《汉夏承碑》，旁有丹阳孙桢仲墙印记。[⑧]

是年，访潘稼堂先生于溪上，见其所收宋拓法帖一册，记其目录。[⑨]

是年，见《闲居录》。是书出于曹溶家，为林若抚手钞。[⑩]

是年，沈巘从先生学文。其志甚勇，笔端亦高，虽未造成熟，往往欲度骅骝。其人亦雅，非名场中浮伪之徒。[⑪]

康熙四十八年己丑（1709），四十九岁。

五月，见叶盛旧藏《金石录》三十卷，乃知前贤事事必有体源，贵乎多见而识之。[⑫]

---

① 瞿良士《铁琴铜剑楼藏书题跋集录》"孟子注疏经解"条，第6—7页。

② 傅增湘《藏园群书经眼录》"《法书要录》明汲古阁刊《津逮秘书》本"条，第623页。

③ 〔清〕何焯著，崔高维点校《义门读书记》，第1276、1281—1282页。

④ 〔清〕金农《金农集》，杭州：浙江人民美术出版社，2016年，第77页。〔清〕何焯《义门先生集》附录《义门弟子姓名录》，第274页。

⑤ 〔清〕何焯《义门先生集》卷一〇《杂录》，第247页。

⑥ 傅增湘《藏园群书经眼录》"白莲集"条，第1110页。

⑦ 〔清〕何焯《义门先生集》卷八《汉娄寿碑跋》，第221页。

⑧ 〔清〕何焯《义门先生集》卷八《汉娄寿碑跋》，第220页。

⑨ 〔清〕何焯《义门先生集》卷一〇《杂录》，第248页。

⑩ 〔清〕丁丙《善本书室藏书志》，《续修四库全书》第927册，上海：上海古籍出版社，2002年，第388页。

⑪ 〔清〕何焯《义门先生集》卷三《与徐亮直》，第171页。

⑫ 〔清〕何焯《义门先生集》卷九《跋金石录（菉竹堂藏本）》，第232页。

七月，从吴兴书贾购得嘉靖以前旧钞《后山先生集》，勘校之。又因《后山集》刻本《送邢居实序》脱后半，《章善序》脱前半，凡二十行，以旧钞本补写刻本之阙。①

中秋，钱楚殷以盛仲友所传吴文定家本《金石录》相赠，先生因取此书与《隶释》对校，校正讹字十余。②

重阳前一日，借得吴紫臣所收叶盛所藏钞本《欧阳行周文集》，手校改正数处。③

重阳，从钱楚殷处借得《史通》，为冯舒评本，因录其评语。④

重阳后三日，得叶盛所藏《金石录》。⑤

九月十八日，见听云室所藏《黄鹤山樵玄武修真图》、宋拓《李括州云麾碑》。⑥

是年，赴安宜吊唁其师宗伯吉水公。归由江都，过汪士鋐寓，于案上见魏篁中制举文一册，大为叹赏，作《魏篁中诗集后记》，惜其夭殁。⑦

是年，见汪士鋐所拓《石淙诗碑》。⑧

是年，过汲古阁，见毛扆所借传是楼宋本《礼记注疏》，手写以归。⑨

是年，见《华阳国志》十二卷，尚存旧刻之真，为明代钱谷旧藏。⑩

是年，见《房梁公碑》。⑪

康熙四十九年庚寅(1710)，五十岁。

---

① 〔清〕何焯《义门先生集》卷九《跋后山先生集(旧钞本)》《跋后山先生集(明嘉靖刊本)》，第235页。

② 瞿良士《铁琴铜剑楼藏书题跋集录》“《金石录》校宋本”条，第111—112页。

③ 〔清〕何焯《义门先生集》卷九《跋欧阳行周文集》，第234页。《跋欧阳行周文集》云：“康熙乙丑重阳前一日，从内弟吴紫臣借得所收叶文庄公家钞本，手校改正数处。”此“乙丑”当为“己丑”，《义门先生集》有误，瞿镛《铁琴铜剑楼藏书目录》、陆心源《皕宋楼藏书志》皆云“己丑”。

④ 傅增湘《藏园群书经眼录》“《史通》明万历张之象刻本”条，第507页。

⑤ 傅增湘《藏园群书经眼录》卷六“金石录”条，第491页。云：“康熙乙丑(康熙二十四年)叶文庄公原本亦归余家，余之贫俭虽过于德夫少时，独此书庶无遗憾云。重阳后三日，焯又记。”乙丑年为康熙二十四年(1685)，此时何焯仅二十五岁，未着力于校勘群书。而此事与“重阳前一日，从内弟吴紫臣借得所收叶文庄公家钞本，手校改正数处”一事发生时间大致在同年重阳前后，均涉及叶盛藏书，故傅增湘《藏园群书经眼录》卷六“金石录三十卷”一条的“乙丑”当为“己丑”之误。

⑥ 〔清〕何焯《义门先生集》卷一〇《杂录》，第247页。

⑦ 〔清〕何焯《义门先生集》卷一《魏篁中诗后序》，第149—150页。

⑧ 〔清〕何焯《义门先生集》卷八《石淙诗碑跋》，第223—224页。

⑨ 刘奉文《汲古后人毛斧季行年事迹考》，《北京图书馆馆刊》1993年第2期，第138页。

⑩ 王欣夫《蛾术轩箧存善本书录》“《华阳国志》”条，上海：上海古籍出版社，2002年，第885页。

⑪ 〔清〕何焯《义门先生集》卷八《褚河南圣教序跋》，第222页。

二月，虞山邵甘来以《猗觉寮杂记》贺生辰，受而校之。[①]

三月，借汲古阁藏研北孙翁传本《宾退录》，属学徒金生俨补抄。[②]

是年春，至都门谒见李光地，见案上有《周易通释》，阅之不忍去手，光地以之相赠。[③]

是年春，石门吕氏有《文苑英华》印本，先生因得见彭叔夏序，手写补之。[④]

十一月，借汲古阁藏本《猗觉寮杂记》，虽非善本，尚可补全缺页。[⑤]

是年冬，从汲古阁借得《归潜志》抄本，为柳佥旧物，因而对校柳本，校出伪谬甚多，知其亦非佳本。[⑥]

是年，借毛扆南宋本《李贺歌诗编》，复正数字，使之为善本。[⑦]

是年，借得毛扆所藏嘉靖前剡源戴先生文章旧钞一册及《剡源诗》旧钞本，因之校正增补《剡源戴先生文集》。[⑧]

是年，从虞山钱楚殷借其《沈下贤文集》抄本，校勘一过，讹脱甚多，后又于憩闲堂得季沧苇旧本，亦不佳。[⑨]

是年，于毛扆处借得万历抄本《后山集》卷一至六，校明弘治刊本《后山先生集》误字。[⑩]

是年，蒋杲借先生《新序》校正本对勘。先生从憩桥巷李氏借得阳山顾大有旧藏宋椠本，乃有此校正本。[⑪]

是年，蒋杲借先生《中吴纪闻》校本，抄录于汲古阁刻本。先生云："毛斧季从昆山叶九来借得旧抄本，乃其先文庄公菉竹堂所藏故物，开卷有文庄名、字、官衔三印，卷末一行云：'洪武八年，从卢公武假本录传。'此书始自公武访求校定，复出于世。同邑传录之本，宜其可从是正。"[⑫]

是年，跋《董思翁摹争坐位帖》。[⑬]

---

① 王文进《文禄堂访书记》"《猗觉寮杂记》"条，上海：上海古籍出版社，2007 年，第 184—185 页。

② 刘奉文《汲古后人毛斧季行年事迹考》，第 138 页。

③ 瞿良士辑《铁琴铜剑楼藏书题跋集录》"《周易本义通释》旧抄本"条，第 6—7 页。

④ 《历史文献》第八辑"《文苑英华辨证》明万历熊祺刻本"条，第 22 页。

⑤ 刘奉文《汲古后人毛斧季行年事迹考》，第 138 页。

⑥ "中央图书馆"特藏组编《标点善本题跋集录》，台北："中央图书馆"，1992 年，第 398 页。

⑦ 〔清〕何焯《义门先生集》卷九《跋李贺歌诗编》，第 234 页。

⑧ 〔清〕何焯《义门先生集》卷九《跋剡源戴先生文集》，第 236 页。

⑨ 傅增湘《藏园群书经眼录》"《沈下贤文集》旧抄本"条，第 1085 页。

⑩ 刘奉文《汲古后人毛斧季行年事迹考》，第 138 页。

⑪ 黄之隽等《江南通志》卷一四〇，《四库全书》第 511 册，上海：上海古籍出版社，1989 年，第 119 页。

⑫ 〔宋〕龚明之《中吴纪闻》，上海：上海古籍出版社，1986 年，第 158 页。

⑬ 〔清〕何焯《义门先生集》卷八《董思翁摹争坐位帖跋》，第 228 页。

康熙五十年辛卯(1711)，五十一岁。

立春后二日，再跋《滏水集》，记《滏水集》《闲闲外集》之差异。①

是年春，借毛扆影写元盱郡重刊廖氏善本《孟子注疏解经》第三、四、十一、十二卷，校正汲古阁刊本。②

是年春，见钱功父本《猗觉寮杂记》。③

是年春，借得蒋杲所藏《云台编》，校之。④

是年春，跋《王忘庵墨花卷》。⑤

是年，借得毛扆勘校唐人诗数种，中有《窦氏联珠集》五卷等；又借得毛扆少年校本《甲乙集》十卷校汲古阁刻本，知扆少年校者大抵未为精尽，且所据亦非宋刻之善者。⑥

是年，先生从雍熙寺冷摊得袁永之家藏《家世旧闻》二卷，毛扆见而惊喜，借之，欲开雕而未果。⑦

康熙五十一年壬辰(1712)，五十二岁。

六月，从钱楚殷处得建阳残本《孟子》五册。末叶脱烂，手写补完。书中阙页借毛扆所购明章丘李开先(中麓)少卿藏北宋本补全。⑧

六月，陆彤采以陈敬初《秋水轩记》真迹见示，惜其中间脱去十余行，楷法清劲，用笔极正。⑨

是年秋冬之交，校兴化李映碧家藏《滏水集》旧钞本。⑩

是年冬，得顾维岳所赠宋刊本《周贺诗集》，为徐乾学旧藏。⑪

除夕，从吴兴书贾购得叶盛旧藏《吕敬夫诗》。⑫

是年，为毛扆校汲古阁本《金石录》后跋中伪字。⑬

---

① 〔清〕何焯《义门先生集》卷九《跋滏水集》，第 236 页。

② 刘奉文《汲古后人毛斧季行年事迹考》，第 139 页。

③ 王文进《文禄堂访书记》“《猗觉寮杂记》”条，第 185 页。

④ 傅增湘《藏园群书经眼录》“《云台编》明蓝格写本”条，第 1107 页。

⑤ 〔清〕何焯《义门先生集》卷八《王忘庵墨花卷跋》，第 229 页。

⑥ 刘奉文《汲古后人毛斧季行年事迹考》，第 139 页。

⑦ “国立中央图书馆”特藏组编《标点善本题跋集录》“《家世旧闻》佚名过录”条，第 396 页。刘奉文《汲古后人毛斧季行年事迹考》，第 139 页。

⑧ 〔清〕何焯《义门先生集》卷九《跋孟子音义》，第 230 页。

⑨ 〔清〕何焯《义门先生集》卷一〇《杂录》，第 247 页。

⑩ 〔清〕何焯《义门先生集》卷九《跋滏水集》，第 236—237 页。

⑪ 瞿良士辑《铁琴铜剑楼藏书题跋集录》“《周贺诗集》宋刊本 ”条，第 247 页。

⑫ 《标点善本题跋集录》“《吕敬夫诗》”条，第 588 页。

⑬ 〔清〕何焯《义门先生集》卷九《跋金石录(汲古阁藏本)》，第 232 页。

康熙五十二年癸巳(1713),五十三岁。

二月,蒋杲从吴兴书贾处得王止仲杂文一册,为曹溶旧藏残帙,字画拙率,讹谬甚多,然远胜别本。借校之,附记于末,以见旧钞之珍贵。①

九月,毛扆卒,作《哭毛斧季》诗。②

是年秋,作《郭鲲溟先生诗集序》。③

十月,从曹溶后人处购得《吕敬夫诗》一册,因校书中讹谬。④

冬至,见万历郭氏刊本《史通》已正其违错,知书固须遍观。⑤

十二月,跋顾氏所藏《淳化帖》。⑥

是年冬,偶得北宋小字残本《后汉书》,校《律历志》至《礼仪志》。⑦

是年冬,得见《定武禊帖肥本》。⑧

是年,始作《庚子销夏记校文》。⑨

是年,从曹溶诸孙处得《遗山集》,其诗皆曹溶所手点。然是书谬讹最甚,其文亦疑有脱逸处。⑩

是年,从石门吕氏处购得《文苑英华》印本,粗校其中讹字。⑪

是年,跋《洞天清禄集》。⑫

是年,跋《录异记后守约诗》。⑬

康熙五十三年甲午(1714),五十四岁。

三月,钱楚殷以《隶释》旧钞本六册相赠,补万历刻本阙页。⑭

四月,跋《内府颜鲁公多宝塔碑》。⑮

八月,同年唐执玉,以先世襄文公所藏宋拓《洛神十三行》,属先生题识。⑯

---

① 〔清〕何焯《义门先生集》卷九《跋王半轩先生文集》,第 235—236 页。

② 〔清〕何焯《义门先生集》卷一二《哭毛斧季》,第 264 页。

③ 〔清〕何焯《义门先生集》卷一《郭鲲溟先生诗集序》,第 149 页。

④ 《标点善本题跋集录》"《吕敬夫诗》"条,第 588 页。

⑤ 傅增湘《藏园群书经眼录》"《史通》明万历张之象刻本"条,第 507 页。

⑥ 〔清〕何焯《义门先生集》卷八《顾氏所藏淳化帖跋》,第 226—227 页。

⑦ 〔清〕何焯《义门先生集》卷九《跋后汉书》(汲古阁本),第 231 页。

⑧ 〔清〕何焯《庚子销夏记校文》"定武禊帖肥本"条,第 5 页。

⑨ 〔清〕何焯《庚子销夏记校文》卷首,第 1 页。

⑩ 王国维《传书堂藏书志》"《遗山先生诗集》明弘治戊午李瀚刻本"条,上海:上海古籍出版社,2014 年,第 1033 页。

⑪ 《历史文献》第八辑"《文苑英华辨证》明万历熊祺刻本"条,第 22 页。

⑫ 〔清〕何焯《义门先生集》卷九《跋洞天清禄集(宋本)》,第 233 页。

⑬ 〔清〕何焯《义门先生集》卷九《跋录异记后守约诗(秦酉岩手跋)》,第 233 页。

⑭ 《标点善本题跋集录》"《隶释》明朱杜村手抄本"条,第 49 页。

⑮ 〔清〕何焯《义门先生集》卷八《内府颜鲁公多宝塔碑》,第 224 页。

⑯ 〔清〕何焯《义门先生集》卷一〇《杂录》,第 248 页。

中秋，跋《冯补之书弥陀经》。[①]

是年秋，同年唐执玉以家藏《毗陵唐氏宋拓十三行》相示，承命题识。[②]

是年，再得李光地荐，召赴阙，仍直武英殿。[③]

是年，得子云龙。[④]

是年，得弟何煌所寄包山叶氏所藏残本《后汉书》第三卷至本纪第九卷，校正数十处。[⑤]

是年，得金素公《南华真经》校本，底本为北宋善本，有宋人手迹。[⑥]

是年，跋《内府本小欧道因碑》。[⑦]

是年，借观《宋徽宗楼阁帖》。[⑧]

是年，作《甲午都下初食芡实戏作》。[⑨]

康熙五十四年乙未(1715)，五十五岁。

四月二十二日，先生得授编修。[⑩]

十一月十一日，先生因蜚语下狱，悉簿录其舍中书，付直南书房学士蒋廷锡等视有无狂诞语。先生书中有《辞吴县令馈金》一札，上阅之，怒渐解，且嘉其有守。简数条，命内侍诣狱诘责。先生各据实奏辨。反报，仅坐免官，还其书，仍直武英殿。先生系狱时，意气自如，略不损眠食。危坐读《易》，声震户外。承谴问，随事自辩。数奏对，凡数百言，字画端谨，无一讹脱，守视吏叹服。[⑪]

---

① 〔清〕何焯《义门先生集》卷八《冯补之书弥陀经跋》，第 228 页。

② 〔清〕何焯《义门先生集》卷八《毗陵唐氏宋拓十三行跋》，第 226 页。

③ 〔清〕何焯《义门先生集》附录《翰林院编修赠侍读学士义门何先生行状》，第 266 页。《义门读书记》崔高维点校本为"五十二年冬，再以李公荐。"此说有误。

④ 〔清〕何焯著，崔高维点校《义门读书记》，第 1287 页。〔清〕何焯《义门先生集》卷六《与武陵先生书》，第 209 页。

⑤ 〔清〕何焯《义门先生集》卷九《跋后汉书(汲古阁本)》，第 231 页。

⑥ 江苏省立国学图书馆编《江苏省立国学图书馆第三年刊》"《南华真经》明世德堂刻本"条，南京：江苏省立国学图书馆，1930 年，第 35 页。

⑦ 〔清〕何焯《义门先生集》卷八《内府本小欧道因碑跋》，第 223 页。

⑧ 〔清〕何焯《义门先生集》卷八《宋徽宗楼阁帖跋》，第 227 页。

⑨ 〔清〕何焯《义门先生集》卷一一《甲午都下初食芡实戏作》，第 253 页。

⑩ 《清实录·圣祖仁皇帝实录(三)》，第 590 页。

⑪ 《清实录·圣祖仁皇帝实录(三)》，第 612—613 页。〔清〕何焯著，崔高维点校《义门读书记》，第 1276、1279、1282 页。〔清〕何焯《义门先生家书》卷一，第 1a、2b、20b 页。〔清〕何焯《义门先生集》卷六《与武陵先生书》，第 209 页。

按：何焯因蜚语下狱，[1]据《清实录》所载，其罪名有三：一是“将今时文章比之万历末年文章”，二是“将伊女与允禩抚养”，三是“为潘耒之子夤缘”。第一条罪状“将今时文章比之万历末年文章”并非凭空捏造。《义门先生集》卷六《答陈生汝楫简》载有“凡万历中之辗转迷谬，文病言妖，皆若烛照而清空之不可常者，于今之风气亦微似相近焉，默移于未然则常可以无坏”。[2] 知何焯确曾提到万历文风“于今之风气亦微似相近焉”。第二条罪状“将伊女与允禩抚养”亦确有其事，《文献丛编》第三辑《允禩允禟案》云：“再何焯有一小女儿，允禩养在府中，这是允禩大不是处，何焯是允禩侍书之官，将他女儿养在府中如何使得？闻说这是福金的主意，后来女子长成曾否放出，问允禩便知。”[3]中国第一历史档案馆所藏宫中杂件有胤禩致何焯的书信，信中称：“先生女儿在此极好，更不必挂怀。”[4]知何焯婢子所生之幼女确养于胤禩府中。

何焯入狱期间，门人惧怕何焯著述有违碍文字，将何焯所作诗文以及积久而成的学术著作付之一炬。“所著诗、古文数百篇，皆追从唐之作者。《语古斋识小录》数册，多删取诸题识为之。系狱时，门人某妄意中有忌讳，悉取投诸火，或传其藏弆于家云。”[5]何焯在康熙五十五年家书中自述此段经历：“本朝小题样被子遵、来雍、季方与我诗与时文尽付诸火(自注：季方以此快抹文之恨，并我冯先生所刻名字图书尽磨去。我手抄书三本，又杂记一卷，并所写算法皆攘去不还，只云付火。谿熨淳及汉印四方皆不知那一位取去，然我不提一字也。帖之有跋者无不扯破，锦则家人取去。事后，张元在摊子上买归《石淙诗序》一本，《唐人小楷道振禅师碑》《隋人小楷常丑奴墓志》皆不复追求矣。)”[6]知焚烧何焯著述的弟子有蒋杲、金凤翔与陈汝楫。以故何焯殁后，其著述存世无多。尽管有后学、子侄所辑《义门读书记》《义门先生集》，但真伪混杂，体例未精，且鉴于何焯校勘之勤勉，体量亦远逊。

---

① 何焯遭人中伤的缘由，《清诗纪事初编》云：“观此集《杨易亭制艺序》，乃谓先代典章，损益几尽，经义犹为未变之制，使有人挟持此语，不将以谤讪蒙咎乎？”方苞如则认为何焯“喜谭经生艺。为经生艺者，往往持质先生，冀以游扬声誉。而先生不肯为背面，遇有佳作，逢人说项，一不当意，阅毕即以如意帖几上，不置一词。当之者，辱过挞市，以是多怨者。异时蜚语之闻，未必非此辈文致”。徐世昌《晚晴簃诗汇》云：“康熙中，励近公、高江村、王坦斋、查初白、姜西溟、何义门诸公以荐辟直内廷，盖犹存旧制。虽其职在讲求典籍，供奉文字，不必参与政事，而地分清切，易招羡嫉。”皆言之有理。

② 〔清〕何焯《义门先生集》卷六《答陈生汝楫简》，第 210 页。

③ 《文献丛编》第三辑《允禩允禟案》，北京：故宫博物院文献馆，1930 年，第 28 页。

④ 中国第一历史档案馆：宫中杂件，第 304 号。

⑤ 〔清〕何焯《义门先生集》附录《翰林院编修赠侍读学士义门何先生行状》，第 267 页。

⑥ 〔清〕何焯《义门先生家书》卷一，第 6a 页。

是年冬，见青箱堂藏《越州石氏帖》十八种。[①]

是年，接吴廷桢事。[②]

是年，校正殿中翻刻大字四书。[③]

是年，校《高丽图经》。[④]

康熙五十五年丙申(1716)，五十六岁。

九月初九，撰《憩闲堂八十寿宴诗序》。[⑤]

是年秋，跋《曹恒斋兰亭帖》。[⑥]

是年秋，跋《法书通释》，是书为叶盛旧藏，有叶盛手迹。[⑦]

是年，《月令辑要》成，先生列校官生之首。[⑧]

是年，见写本高似孙《文苑英华纂要》并《辩证》，是书底本不佳，有阙页讹误处。[⑨]

康熙五十六年丁酉(1717)，五十七岁。

正月十五日，从王鸿绪见《赵子固水仙卷》。是年春，又从王鸿绪获见《宋徽宗柳雅芦雁图》。[⑩]

夏至后二日，取石刻及他书校勘《隶续》之讹字、卷数。[⑪]

七月十六日，先生直武英殿时，偶见不全宋嘉定戊辰建安蔡琪纯父一经堂开雕大字本《后汉书》，心以为佳。然是书舛误颇多，虽为宋本，亦不足信。[⑫]

---

① 〔清〕何焯《义门先生集》卷一〇《杂录》，第 247 页。

② 〔清〕何焯《义门先生家书》卷一，第 15b 页。何焯在康熙五十五年(1716)的家书中写道："从去年我接了山抡事，总管便向我说他们不勤，到今凡四五次。我屡次苦劝诸公，袞如充耳，几乎被他参了。是我横身遮拦，得以善去。""山抡"，即吴廷桢(1653—1715)，肆力于书局，纂修《佩文韵府》《月令辑要》。信中称"接了山抡事"，加之翌年《月令辑要》书成，据此推测何焯所接任之事为继续编纂《月令辑要》。家书又云何焯屡劝同事勤勉，然诸公袞如充耳，甚至欲参何焯。联想是年年末何焯因蜚语下狱，或与此事相关，亦未可知。

③ 〔清〕何焯《义门先生家书》卷一，第 2b 页。

④ 〔清〕何焯《义门先生家书》卷一，第 1a 页。

⑤ 〔清〕何焯《义门先生集》卷一《憩闲堂八十寿宴诗序》，第 155 页。〔清〕何焯《义门先生家书》卷一，第 29b 页。

⑥ 〔清〕何焯《义门先生集》卷八《曹恒斋兰亭帖跋》，第 225 页。

⑦ 〔清〕何焯《义门先生集》卷九《跋法书通释》，第 233 页。

⑧ 〔清〕何焯《义门先生家书》卷一，第 10b 页。

⑨ 〔清〕何焯《义门先生家书》卷一，第 20a 页。《历史文献》第八辑"《文苑英华辨证》明万历熊祺刻本"条，第 22 页。

⑩ 〔清〕何焯《庚子销夏记校文》"赵子固水仙卷"条，第 4 页。〔清〕何焯《义门先生家书》卷一，第 34a 页。

⑪ 傅增湘《藏园群书经眼录》"《隶续》"条，第 493 页。

⑫ 〔清〕何焯《义门先生集》卷九《跋后汉书(汲古阁本)》，第 231 页。

八月，友人杜贻谷以宋拓《黄庭经》借观。[1]

中秋，跋《褚河南圣教序》。[2]

九月十日，过培风堂，获观《李忠定尺牍》一纸。[3]

十一月，跋《祝京兆书述》。[4]

是年，跋校宋本《说苑》。[5]

康熙五十七年戊戌(1718)，五十八岁。

二月，读《匡谬正俗》，无他本对校，有所存疑，仅考其所知者。[6]

是年春，以齿痛不能入直，校晏知止所刊《李太白集》重开本第二十五至第三十卷所载太白文。[7]

是年春，重阅《史通》，又改数字。[8]

是年夏，见秀水杜宗伯所藏《黄庭》，为徐浩(季海)摹本，乃孙承泽旧藏。[9]

八月，再跋《水经注》。[10]

闰八月，客有持《夏承碑》相质者，亦有丰道生同日题识，遂购得，使《夏承碑》《娄寿碑》相去十年而复合，因跋《汉娄寿碑》以记之。[11]

是年，再跋《李贺歌诗编》，记北宋本《歌诗编》之递藏。[12]

是年，校扬州新刻《山海经》。[13]

是年，借方文辀《赵注孟子》校本互校。[14]

是年，见宋仲温所藏《定武兰亭》，后有周伯琦、赵子昂、宋仲温、申屠衡题跋。[15]

是年，见扬州所刻《广韵》。[16]

---

① 〔清〕何焯《义门先生集》卷八《杜贻谷宋拓黄庭经跋》，第 225 页。

② 〔清〕何焯《义门先生集》卷八《褚河南圣教序跋》，第 222 页。

③ 〔清〕何焯《义门先生集》卷一〇《杂录》，第 247 页。

④ 〔清〕何焯《义门先生集》卷八《祝京兆书述跋》，第 228 页。

⑤ 邓骏捷《清人江德量过录何焯校宋本〈说苑〉考述》，《中国典籍与文化》2006 年第 1 期，第 66—70 页。

⑥ 缪荃孙《艺风堂藏书记》"《匡谬正俗》临校卢本"，上海：上海古籍出版社，2007 年，第 234 页。

⑦ 傅增湘《藏园群书经眼录》"《李翰林集》明正德陆元大刻本"条，第 1016 页。

⑧ 傅增湘《藏园群书经眼录》"《史通》明万历张之象刻本"条，第 507 页。

⑨ 〔清〕何焯《义门先生集》卷十《杂录》，第 248 页。

⑩ 杨绍和撰，傅增湘注《藏园批注楹书隅录》"《水经注》佚名过录"条，第 102—103 页。

⑪ 〔清〕何焯《义门先生集》卷八《汉娄寿碑跋》，第 221 页。

⑫ 〔清〕何焯《义门先生集》卷九《跋李贺歌诗编(明刻本)》，第 234 页。

⑬ 〔清〕何焯《义门先生家书》卷二，第 4b 页。

⑭ 〔清〕何焯《义门先生家书》卷二，第 12a 页。

⑮ 〔清〕何焯《义门先生家书》卷二，第 18b 页。

⑯ 〔清〕何焯《义门先生家书》卷二，第 25b 页。

是年，校《汉魏六朝诗》。先生云："且缘唐以前诗尤难得善本，冯已苍既辨其伪，吾不可不校其讹，留一善本示子弟，或有人肯刻，则人人为之眼亮耳。"[①]

康熙五十八年己亥(1719)，五十九岁。

四月，跋《松涛庵苏米三帖》。[②]

八月，跋《唐人双钩右军帖残本》。[③]

是年，先生所编御定《骈字类编》成。[④]

康熙五十九年庚子(1720)，六十岁。

中秋，跋《直讲李先生文集》，记其讹误。[⑤]

是年秋，以锡山姚舜咨所传唐伯虎藏本校正《字学三书》。[⑥]

是年秋，跋《吴天玺纪功碑》。[⑦]

是年冬，弟何煌见绛云楼旧藏《五臣注扬子法言》，略校讹字，寄至京师，先生又校之。[⑧]

是年冬，见《颍上黄庭经》。[⑨]

康熙六十年辛丑(1721)，六十一岁。

是年夏，作《辛丑夏日续题卷末即用送公西行》。[⑩]

康熙六十一年壬寅(1722)，六十二岁。

四月，跋《卫景武公碑》。[⑪]

先生直武英殿，修纂勤勉，不辟寒暑，遂致疾。疾剧，诏赐医药。是年六月九日，先生身故，年六十二，归葬于苏州尧峰山北麓凤凰池。上方有用公之意，

---

① 〔清〕何焯《义门先生家书》卷二，第29b页。

② 〔清〕何焯《义门先生集》卷八《松涛庵苏米三帖跋》，第227页。

③ 〔清〕何焯《义门先生集》卷八《唐人双钩右军帖残本跋》，第226页。

④ 〔清〕何焯《义门先生家书》卷二，第31a页。〔清〕何焯《义门先生家书》卷三，第1a页。〔清〕何焯《义门先生家书》卷四，第11b页。

⑤ 《标点善本题跋集录》"《直讲李先生文集》明正德孙甫刊万历建昌知府孟绍庆补修本"条，第493页。

⑥ 徐乃昌《积学斋藏书记》"《字学三书》遯翁过录"条，第342页。

⑦ 〔清〕何焯《义门先生集》卷八《吴天玺纪功碑跋》，第221页。

⑧ 瞿良士《铁琴铜剑楼藏书题跋集录》"《五臣注扬子法言》校宋本"条，第126—127页。

⑨ 〔清〕何焯《义门先生集》卷八《颍上黄庭经跋》，第225页。

⑩ 〔清〕何焯《义门先生集》卷一一《辛丑夏日续题卷末即用送公西行》，第255页。

⑪ 〔清〕何焯《义门先生集》卷八《卫景武公碑跋》，第224页。

闻之轸悼，复其原官，特赠侍读学士，赐金，给符，传归丧，命有司存恤其孤。[①] 先生以被议七品官，卒于牖下，身后晋秩，特超坊局五阶，为旷世之遇。[②] 然先生至雍正朝被指斥行为不端，立身卑污，与皇八子胤禩结党密谋。[③] 议者又以先生选刻坊社时艺，名重当时，不过批尾之学。不知先生笃志好古，博绝群书，旁推交通，实事求是，经史、小学、金石、辞章专门之业未先生所不逮者。至乾隆中，高宗稽古右文，开四库馆，招集天下淹通之士校雠编勘，于是先生之学乃大彰于世，一时海内英彦类能讲论六艺，稽合同异，皆先生支流苗裔也。[④] 先生身故时，其子尚幼，不能守其书，先生遗书评本百无三四存。[⑤] 后学搜辑先生著述，编为《义门读书记》《义门先生集》等，始行于世。[⑥]

① 〔清〕何焯著，崔高维点校《义门读书记》，第 1276、1279、1282 页。〔清〕徐用锡《得何义门太史凶信》，《清诗别裁集》，石家庄：河北人民出版社，1997 年，第 422 页。〔清〕何焯《义门先生集》附录《祭何义门文》，第 272 页。

② 〔清〕陈康祺撰，晋石点校《郎潜纪闻初笔二笔三笔》，北京：中华书局，1984 年，第 474 页。

③ 《清实录·世宗宪皇帝实录(一)》，第 626、669 页。

④ 〔清〕何焯《义门先生家书》序，第 1a、2a 页。

⑤ 〔清〕何焯著，崔高维点校《义门读书记》，第 1288 页。傅增湘《藏园群书经眼录》“《贾浪仙长江集》康熙席启寓琴川书屋刊唐人百家诗本”条，第 1000 页。

⑥ 邓之诚撰，周骏富辑《清诗纪事初编》，第 331—332 页。〔清〕何焯《义门先生家书》序，第 3a、4a 页。

# 法国国家图书馆藏《皇清职贡图》册页本考*

陈恒新**

**【内容提要】** 法国国家图书馆藏《皇清职贡图》册页本四册，是乾隆二十二年傅恒等进呈乾隆皇帝的御览本，也是清乾隆四卷绘本的祖本。此绘本告成于乾隆二十二年，并于二十八年续绘，后来又几经补绘。在中国绘画史和版画史上，具有重要地位。

**【关键词】** 法国国家图书馆　皇清职贡图　祖本

《皇清职贡图》呈现了清朝鼎盛时期对外邦交关系和对内民族关系，描绘并记录了当时人的样貌、服饰、生活习俗、宗教信仰等，是美术学、民族学、历史学、民俗学等各学科研究的宝贵资料，在中国版画史和服饰研究史上占有突出地位，长期以来，备受学界关注。辽沈出版社、江苏广陵古籍刻印社、天津古籍出版社、中国书店、台湾华文书局等先后影印出版乾隆刻本。台湾学者庄吉发著《谢遂〈职贡图〉满文图说校注》，点校整理台北故宫博物院藏谢遂摹本。

《皇清职贡图》的版本有绘本、刊本、写本，绘本又有正本、摹本之别，刊本又有乾隆刻本、嘉庆补刻本之别。关于此书的版本，畏冬先后撰写了《〈皇清职贡图〉创制始末》《乾隆时期〈皇清职贡图〉的增补》《嘉庆时期〈皇清职贡图〉的再次增补》三篇文章，对《皇清职贡图》的绘制、刊刻、增补作了全面介绍。① 祁庆富《〈皇清职贡图〉的编绘与刊刻》一文在畏冬研究的基础上作了进一步考述。② 绘本正本、乾隆刻本、乾隆刻本后印本等问题，还有进一步研究和探讨的空间。本文从以下几个方面展开讨论：乾隆四卷绘本与册页本的关系，册页本的成书时间，册页本的收藏现状，清乾隆刻本和四库写本之关联，《皇清职贡图》的学术价值和文献价值。

---

* 本文得到 2019 年国家社科基金青年项目“法国国家图书馆藏稀见中文古籍研究”(19CZW032)资助。

** 本文作者为山东理工大学文学院副教授。

① 畏冬《〈皇清职贡图〉创制始末》，《紫禁城》1992 年第 5 期；《乾隆时期〈皇清职贡图〉的增补》，《紫禁城》1992 年第 6 期；《嘉庆时期〈皇清职贡图〉的再次增补》，《紫禁城》1993 年第 1 期。

② 祁庆富《〈皇清职贡图〉的编绘与刊刻》，《民族研究》2003 年第 5 期。

## 一、法图册页本为乾隆四卷绘本之祖本

法国国家图书馆(下简称“法图”)藏《皇清职贡图》绘本正本十二册,现存四册,与乾隆刻本卷一、卷二、卷三、卷七、卷八、卷九内容相合。每册钤有乾隆玉玺数方:“五福五代堂古稀天子宝”“八徵耄念之宝”。另有“圆明园宝”骑缝印。法图藏“圆明园四十景图”也钤有骑缝印“圆明园宝”,说明此书原藏于圆明园。1860 年,《圆明园四十景图》被英法联军劫掠而去,并于 1862 年被法国国家图书馆收购,成为其远东特藏中的珍品。此书的命运盖与《圆明园四十景图》相同。

**图 1 法图册页本**

2011 年 5 月,北京翰海拍卖乾隆钦定《职贡图》第六卷,20 开图册,67 图,成交 3795 万元。单页尺寸为 31.6 厘米×30.1 厘米,钤印有“五福五代堂古稀天子宝”“八徵耄念之宝”。

**图 2 北京翰海拍卖本**

2016年6月，法国德鲁奥(Drouot)拍卖行拍卖乾隆钦定《职贡图》第五卷，出自旅居巴黎的亚洲艺术品商弗洛利娜·郎维尔(Florine Langueil)珍藏。

**图3　德鲁奥拍卖本**

2016年6月18日，法国Marc Labarbe亚洲艺术拍卖专场，拍卖《职贡图》第四卷。单页尺寸39厘米×34.2厘米。钤印有“五福五代堂古稀天子宝”“八徵耄念之宝”“圆明园宝”。

**图4　Marc Labarbe亚洲艺术拍卖本**

以上所拍卖的《职贡图》与法图册页本尺寸、印章相合，图文布局相同。

法图本前有序，序后题“乾隆辛巳秋御题”。序后钤朱方印“惟精惟一”、白文印“乾隆宸翰”。乾隆刻本与之不同的是序后题“乾隆二十有六年岁在辛巳秋七月御题”。

次傅恒等人的上表，录其全文如下：

钦惟皇上德威远畅，淳化殷流。梯山航海之区，悉通声教；凿齿雕题之众，咸隶版图。一统之盛，自汉唐以来，未之有也。臣等前奉谕旨，将各省番蛮图样，汇办总图，当即派员承办，敬成《职方会览》一部，共绘图五百五十幅，计十二册，分为上下二函，内将朝鲜等外藩诸国列为首册，其余番蛮各以省分次序，所有部落沿革、风土习俗俱就各该督抚等查送原文删纂，复按《大清一统志》《文献通考》及史传诸书，酌加考证，各著图说书于左方，务期简明该括，不致繁冗。至于各番蛮内有同一种类而两处互见，或同一部落而族姓偶殊，则俱酌量删并，用省重复，并即声叙于图说之内，以便批阅，今装潢完竣，谨进呈御览。

臣等实深庆忭之至，谨奏。

乾隆二十二年正月初十日大学士忠勇公臣傅恒，吏部尚书臣汪由敦，内阁学士臣阿桂，顺天府府丞臣申甫，户部郎中臣安福，内阁侍读臣额尔景额，兵部主事臣本忠，内阁中书臣顾云，内阁中书臣王日杏，方略馆誊录官举人臣夏秉衡。

自乾隆十五年，傅恒、策楞等奉谕将四川等地少数民族外貌、服饰、习俗等，分别绘图注释，进呈御览，军机处制定成统一的图式，让各地督抚查阅删纂。乾隆二十二年，傅恒命人将来自各地的图样，加工整理并绘图装订成册，命名为《职方会览》。

《四库全书提要》提到《皇清职贡图》“告成于乾隆二十二年”，祁庆富《〈皇清职贡图〉的编绘与刊刻》认为此观点不正确，并认为“告成”或许是指从各地征集素材图像完成。畏冬《〈皇清职贡图〉创制始末》认为《皇清职贡图》绘制完成于乾隆二十六年秋季。学界，齐光《解析〈皇清职贡图〉绘卷及其满汉文图说》，黄金东《浅析〈皇清职贡图〉及其史料价值》等文承袭其说，认为《皇清职贡图》绘制完成的时间，即乾隆皇帝作序的时间。[①] 法图藏绘本前有乾隆二十二年正月初十日傅恒等人的序：“将各省番蛮图样，汇办总图，当即派员承办，敬成《职方会览》一部，共绘图五百五十幅，计十二册，分为上下二函，内将朝鲜等外藩诸国列为首册，其余番蛮各以省分次序。”说明此本的绘成时间是乾隆二十二年，《四库全书提要》不误。

2017 年北京故宫博物院展览，展出了《皇清职贡图》卷一十二幅画像，男女

① 齐光《解析〈皇清职贡图〉绘卷及其满汉文图说》，《清史研究》2014 年第 4 期。黄金东《浅析〈皇清职贡图〉及其史料价值》，《兰台世界》2012 年第 12 期。

相对、上文下图的布局，与台北故宫博物院谢遂摹本相同。对比法图藏本和北京故宫博物院藏本，大致相同，在细节上，有一定差别。例如英吉利夷人手中瓶子的形状，英吉利夷妇的头发等有差异。（见图 5、图 6）

**图 5 北京故宫博物院藏本“英吉利夷人”“英吉利夷妇”**

**图 6 法图藏本“英吉利夷人”“英吉利夷妇”**

## 二、法图册页本与乾隆刻本、四库写本之关联

清乾隆刻本《皇清职贡图》，中国国家图书馆藏清乾隆刻本三种、《中国古代宫廷版画丛书》所收影印本、辽沈出版社影印本、江苏广陵古籍刻印社影印本、天津古籍出版社影印本，卷三第四十八页有“谨按：台湾生番向由该督抚

图形呈进者。兹乾隆五十三年福康安等追捕逆匪林爽文、庄大田，各生番协同擒剿，倾心归顺，是年冬，番社头目华笃哇哨等三十人来京朝贡，并记于此”。祁庆富认为“此本刊刻时间不可能早于乾隆五十三年”。[①]

中国书店影印清乾隆刻本《皇清职贡图》九卷，哈佛大学图书馆藏清乾隆刻本卷三第四十八页，没有“谨按”一段文字。四库写本亦没有。法图藏本中汉字写于右上方，置于“男士”册页中。满文写于左上方，置于“女士”册页，而“谨按”部分汉文和满文都写在了“女士”册页中，则此段“谨案”文字当为后来补写。

**图 7　法图藏册页本“谨案”文字**

据校刊职名，监理第二位乃“经筵讲官、议政大臣、协办大学士、户部尚书兼翰林院掌院学士、镶黄旗都统、内务府大臣、武英殿管理事务臣英廉”。英廉在乾隆四十五年晋升为“东阁大学士”，说明此书刊刻时间当不晚于清乾隆四十四年。乾隆四十四年永璇封为仪郡王，说明此书刊刻时间不早于清乾隆四十四年，表明此书刊刻完成时间为乾隆四十四年。《四库全书》写本完成于乾隆四十三年。说明，《皇清职贡图》刊刻的时间晚于《四库》写本。[②]

那么还有一个问题，刻本和写本的底本是绘卷本还是呈阅乾隆御览的册页本。

写本和刊本均为书籍的装帧形式，绘本中男女二人分为两图，男女各一图，男图在前，女图在后。每图上方分别注明某夷人或番人，某夷妇或番妇。书籍的装帧形式与法图藏册页本相同。

① 见祁庆富《〈皇清职贡图〉的编绘与刊刻》，《民族研究》2003 年第 5 期，第 72 页。

② 同上。

故宫博物院藏绘卷本在法图藏册页本上，作了一定改动。法图藏本画像中的"安南国夷妇"背对"安南国夷官"，脸部面向左方，而在故宫藏四卷绘本、《四库》写本、乾隆刻本中，"安南国夷妇"面对"安南国夷官"。（见图 8、图 9）《四库》写本和乾隆刻本的底本，当依据四卷绘本。

安南国官妇对应的文字是"妇人披发不笄，耳带金环，以大小分等级，内服绣襦，外披氅衣，履如芒屐"。法图藏本可以看到画像中的人物耳戴金环，而在刻本中就看不到了。（见图 10）可知，乾隆刻本在册页本的基础上作了一些改动。

**图 8　法图藏本"安南国夷官""安南国夷妇"**

**图9　台北故宫博物院谢遂摹本"安南国夷官""安南国夷妇"**

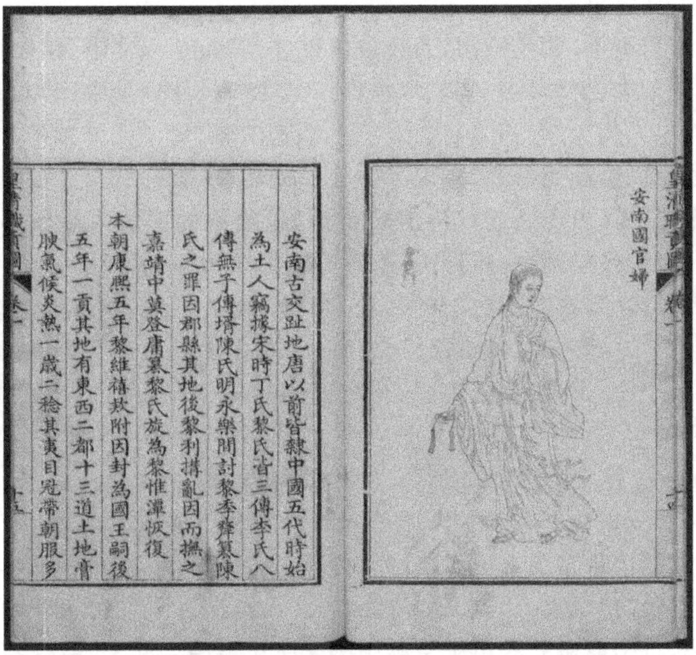


**图 10　乾隆刻本“安南国官妇”**

## 三、《皇清职贡图》的文献价值和学术价值

《皇清职贡图》的文献价值和学术价值主要包括以下几个方面：

一、法图册页本具有校勘价值，法图册页本与谢遂摹本和四库写本、乾隆刊本中的文字存在诸多不同。校勘卷一如下：

朝鲜国夷官，“李勣征高氏遂灭”，法图册页本、谢遂摹本同，四库写本、乾隆刻本作“李勣征之，高氏遂灭”。

日本国夷人，“著方领衣”，法图册页本、四库写本、乾隆刻本同，谢遂摹本作“著高领衣”。据满文，及图，应作“著方领衣”。

马辰国夷人，“文郎马神”，法图册页本、四库写本、乾隆刻本同，谢遂摹本作“文郎马辰”。据满文对译，应作“文郎马神”。

柔佛国夷人，“茇葦”，法图册页本、四库写本、乾隆刻本同，谢遂摹本作“茇苇”。“椎髻”，法图册页本、谢遂摹本同，四库写本、乾隆刻本作“垂髻”。据图，男子发髻为椎形，应作“椎髻”。

通过卷一文字校勘可知，四库写本和乾隆刻本在法图册页本和谢遂摹本基础上作了一些修改，谢遂摹本在抄录过程中，产生错讹。法图册页本相对其

他几个版本，文字更准确。

二、法图册页本，彩色绘制，人物表情细腻，衣服色彩清晰，相较于绘本、四库写本、乾隆刻本，更能体现其艺术色彩。《皇清职贡图》是中国绘画史上写实派的代表作。人物生动、逼真，线条流畅，飘逸清雅，对于人物神情和气韵把握得恰到好处。以绘画的形式，呈现了中外民族相貌、服饰、习俗。在照相、摄影等现代化影像工具出现之前，《皇清职贡图》以绘画的形式来影像书写中外民族文化，正如《清代绘画史》所评价，起到了新闻照相[①]的作用。

中国古代读书，有左图右书的传统，郑樵《通志・图谱略》曾经说："图，经也。书，纬也。一经一纬，相错而成文。……古之学者为学有要，置图于左，置书于右，索象于图，索理于书。"这一传统，后来就渐渐消失了。在西方，图像作为历史研究的材料，有很长的历史。西方历史学理论代表人物彼得・伯克(Peter Burke)《作为证据的图像：十七世纪欧洲》(*Images as Evidence in Seventeenth-Century Europe*)里说，图像作为历史证据相当重要，应当把图像视为"遗迹"或"记录"，纳入史料范围来处理。他甚至认为，现在的学界已经有一个"图像学转向"(Visual turn 或 Pictorial turn)了。[②] 在历史学研究和艺术史研究领域，将图像研究和历史文献中的文字史料结合起来，会有新的发现。

三、《皇清职贡图》一书可资以考察清代各地区少数民族"服食好尚之情"。例如饮食、服饰习俗：苗族因服饰不同，而有"白苗""黑苗""红苗"等不同称呼。民间信仰：青海西宁等地哆吧人"俗尚佛，生子多有为喇嘛者"(《职贡图》卷五)；云南永昌缥人"勤耕织，每织一梭辄诵佛号"(《职贡图》卷七)。婚俗：贵州铜仁红苗"其俗，五月寅日，夫妇各宿，键户禁语，以避虎伥"(《职贡图》卷八)；连州猺人"蓄发为髻，红布缠头，喜插鸡翎。性凶悍不驯，猺妇衣尚刺绣，皆自为之，青帕蒙头，饰以簪珥，常着芒鞋登山樵采，婚姻以唱歌相谐"(《职贡图》卷四)；赫哲人"以捕鱼射猎为生，夏航大舟，冬日冰坚则乘冰床用犬挽之"(《职贡图》卷四)。人生礼仪：凤山县归化生番"见亲朋以鼻相就为敬"(《职贡图》卷三)。等等。

四、法图册页本填补了《皇清职贡图》版本流传链条的重要一环，就版本价值而言，其作为后世谢遂摹本、四库写本、乾隆刻本的母本，具有不可替代的版本价值。

五、《皇清职贡图》承担了建构帝国、描述天下的功能。它记录了自己周边来朝贡的不同民族和国家。《万国来朝图》对《皇清职贡图》里原班人马作了情景再现。对于中西文化交通史和"一带一路"研究具有一定参考价值。

---

① 冯克诚《清代绘画史》(上)，北京：中国文史出版社，2005 年，第 230 页。

② 见葛兆光《成为文献：从图像看传统中国之"外"与"内"》，《文汇报》2015 年 11 月 13 日。

# 俄罗斯国家图书馆所藏的中国古地图*

张　云　马义德**

**【内容提要】** 俄罗斯国家图书馆手稿部收藏有二十六幅中国古地图，经笔者目验，逐一著录每幅地图的基本特征，并与海外其他馆藏地图进行比较。通过考察，俄图所藏的清初学者赵鸣珂《筹海运掌图说》为海内孤本，且图文相配，内容丰赡，具有较高的文献价值。

**【关键词】** 俄罗斯国家图书馆　中国古地图　域外汉籍

中国古地图是我国传统文献重要的组成部分，在流传域外的中国古文献中，它也是十分具有特色的一个部分。自十六世纪始，"越来越多的刻印或手绘的中国地图，被出于不同目的而来华的西方传教士、商人、负有各种使命的旅行探险家、外交官或军事侵略者，陆续带往国外，收藏在各国的图书馆、博物馆或私人收藏家手中"。[①] 这些地图具有重要的学术和文物价值，相当一部分地图国内已经难觅踪迹。二十世纪以来，这些沉寂域外的珍贵文献，逐渐得到越来越多的地图学家、汉学家们的关注。其中，李孝聪先生调查了欧洲几十家图书馆、博物馆馆藏的 1000 多幅地图，撰写了《欧洲收藏部分中文古地图叙录》(以下简称"《欧藏中文地图叙录》")，是目前所知最为系统的论述海外所藏中国古地图的专书。

2018 年，笔者多次赴俄罗斯圣彼得堡调查该地中国传统文献的收藏情况，位于该市的俄罗斯国家图书馆成为重点调查对象。1993 年，时为俄科学院东方文献研究所研究员的雅洪托夫先生编制了《俄罗斯国家图书馆馆藏中文抄本与木刻本目录》(以下简称"《俄图藏中文抄刻本目录》")，在圣彼得堡出版。据雅洪托夫所言，"目录所描写的资料包括几乎所有手稿部的中文资料、亚非

---

* 本文是国家社科基金青年项目"圣彼得堡大学馆藏汉籍专题研究(项目号：19CTQ014)"成果之一。

** 张云，济南大学文学院副教授。马义德(Маяцкий Дмитрий Иванович)，俄罗斯圣彼得堡国立大学东方系副教授。

① 李孝聪《欧洲收藏部分中文古地图叙录·前言》，北京：国际文化出版公司，1996 年，第 36 页。

文献部的一切汉语抄本和刊刻本”。[①]《俄图藏中文抄刻本目录》中第二类为“地图”，分为世界地图、中国地方城市地图(其中又分为：专门地图、海防图、河流图、官府仓库图)两大类。笔者逐一借阅了《俄图藏中文抄刻本目录》中所载的绝大多数中国文献，对这些地图的规制、文字特点也略作记录，发现在近三十幅地图中，常见的居多，但也有如清初赵明珂《筹海运掌图说》等稀见孤本。今参以《俄图藏中文抄刻本目录》《欧藏中文地图叙录》二书，将诸图特征叙述如下。职非于此，疏略难免，权为抛砖引玉，以引起专业研究者的重视。

**1. 世界地图**

耶稣会士毕方济(P. Francois Sambiasi)绘制，索书号：OP，Дорн769，无名，一幅，木刻墨印，纵横：56.6 厘米×109 厘米。地图下题：“耶稣会士毕方济撰。”《俄图藏中文抄刻本目录》言：“这张图是按照托勒密(译者按：希腊人)的方法绘制的，并指出日食、月食的状态。”[②]地图中对地名等间有解释。如印度洋：“近年有被风加思得朗船至此，惟言其广阔无所产。”图中称中国为“中华”。

按：《欧藏中文地图叙录》载有《坤舆全图》，提要言：“清初，耶稣会士毕方济编绘，……该图采用椭圆形投影，将中国放在正中。作者的意图是设计一幅类似利玛窦的大型世界地图《坤舆万国全图》的简图，并根据一些新从西方传入的知识和最近的地图资料作了改进。在利氏地图上标作‘大明’的中国，用‘中华’二字代替，暗示此图似做于清朝建立政权之后。”(第 8—9 页)俄国图所藏，当与其相似。

**2. 大清统属职贡万国经纬地球式**

清庄廷旉图说，索书号：OP，Дорн771，一幅，木刻彩印，纵横：65 厘米×120 厘米。上文下图。上文首行题：“大清统属职贡万国经纬地球式。”末言：“嘉庆五年岁次庚申季夏月旦晋陵庄廷旉谨辑图说。”文末有书坊牌记：“京都前门外廊房头条胡同西头路北文德斋。”图为两彩色圆形图，直径分别为 39.7 厘米、39.5 厘米。

按：《欧藏中文地图叙录》著录“大清统属职贡万国经纬地球式”，提要言：“清嘉庆五年(1800)，晋陵庄廷敷编辑，……此图为庄氏据乾隆五十九年(1794)‘职方会览四夷图说’，结合西方传教士所编绘的圆形世界地图，表现乾隆五十八年(1793)以来清帝国的疆域以及地球上其他国家的位置。有经纬网，增中国传统分度和 24 节气线；清朝版图内，长城以外新增地名较多。”(第

---

① [俄]雅洪托夫撰，[俄]马义德译《俄罗斯国家图书馆馆藏的中文抄本与木刻本目录序文》，《汉籍与汉学》第四期，济南：山东人民出版社，2019 年，第 32 页。

② [俄]雅洪托夫《俄罗斯国家图书馆馆藏中文抄本与木刻本目录》，圣彼得堡，1993 年，第 38 页。按：原文为俄文。

18 页）

又魏源《海国图志》卷七六载有“庄廷旉地图说”，小注言：“乾隆五十三年，阳湖庄廷旉著有《海洋外国图编》，未见其书，见其二图。”[①]经笔者核对，《地图说》中的文字与此图中文字相似。如前者文末有言：“可见太阳非独于九重天内居中，而于南北两极一百八十度内，高卑上下，以成岁功，亦在居中五十度内。吾人幸生中土，全仰太阳和煦，如君父爱育之下。其极北、极南地面，光气稍偏，虽曰大德好生，而冰海火地，人物亦罕，由少资生之道也。此外更辑有《海洋外国图编》，容别续出，以补前图之未尽。”[②]而此图相应内容则为：“以悟太阳非独于九重天内居中，而于南北两极一百八十度内，高卑上下，以成岁功，亦在居中五十度内，更须参宇宙覆载。吾人幸生中土，全仰太阳乾健，光煦匀停，如君父爱育之下。其极北、极南地面，光气稍偏，虽曰大德好生，而冰海火地，人物亦罕，因少资生之道也，可不祗敬畏乎。又尝见著述家考古图籍之富，披类引门书种之多，已不胜读，其提纲挈领综汇无遗者，钦惟《御纂古今图书集成》三十二典之备，但系秘阁藏书，虽有恩赐，在外者何能贯请捧阅。不揣鄙谬，曾辑有海洋各国原始、古今袭替、风俗土产，采诸史乘，及现今摭拾传闻偶得者，为《海洋外国图编》，容另续出，以备前图之未尽缕详也。”文字略有差异，可资参照。

**3. 坤舆万国全图**

耶稣会士利玛窦（Matteo Ricci）绘制。索书号：OP，Дорн770，木刻墨印，一幅，六条幅拼合而成，每幅纵横：64 厘米×179 厘米。图书馆早期馆员杜布罗夫斯基收藏（1805），其中第六幅中有题：“钱塘张文涛过纸，万历壬寅孟秋日。”

按：《欧藏中文地图叙录》著录“坤舆万国全图”，提要言：“明代意大利耶稣会传教士利玛窦（Matteo Ricci）编绘，万历三十年（1602）张文焘过纸，李之藻刊印。六条幅拼接。”（第 1 页）据此，俄图所藏即为此图。

**4. 坤舆图说上下两卷**

耶稣会士南怀仁（Ferdinand Verbieat）绘制。索书号：OP，Дорн768，清刻本，9 行 20 字，白口，左右双边单黑鱼尾。板框高宽：20.1 厘米×28.8 厘米，书：27.2 厘米×16.8 厘米。一函两册，全。卡缅斯基（1832 年）收藏。

首“坤舆图说序”，题：“远西耶稣会士艾儒略识。”次“坤舆图说目录”，分别为：坤舆图一、地体之圜二、地圜三、地球南北两极比对天上南北两极不离天之

---

① 〔清〕魏源《海国图志》卷七六，《续修四库全书》影印清光绪二年魏光寿平庆泾固道署刻本，第 744 册，第 367 页。

② 〔清〕魏源《海国图志》，《续修四库全书》第 744 册，第 370 页。

中心四、地震五、山岳六、海水之动七、海之潮汐八、或问潮汐之为九、江河十、气行十一、风十二、雨云十三、四元行之序并其行十四、人物十五。次正文,末题:"治理历法天文极西南怀仁纂著。"此后又有"坤舆图说目录(下)",分为:亚细亚州、欧逻巴州、利未亚州、亚墨利加州、墨瓦蜡泥加。文中有图。

按:文渊阁《四库全书》第594册著录此书,南怀仁编制。又《欧藏中文地图叙录》著录"坤舆全图",言:"清康熙甲寅(十三年1674)来华耶稣会士南怀仁编制。"(第10页)又有"坤舆图说",提要言:"清康熙十三年(1674)南怀仁编制,刊刻本,版框:83×55cm。这是作者为解说'坤舆全图'而撰写的一部有关地球自然、人文地理著作的附图。图的版式虽与'坤舆全图'相近,但缩小了尺寸,并删除了一些地名,以及帆船、人鱼之类的图像和注释。此刊刻本流传甚广。"(第12—13页)

**5. 坤舆全图**

耶稣会士南怀仁(Ferdinand Verbieat)绘制,索书号:OP. КИТ. Н. С. 113,一幅,木刻彩印,布质,纵横:85厘米×112厘米。上文下图,下为两半球图。文字中言:"地与海本是圆形而合为一球。居天球之中,诚如鸡子,黄在青内,有谓地为方者……及山川、江河、湖海、岛屿,原无名称,凡初历其地者,多以前古圣人之名名之,以为别识,而定其道里云。"等等,据查,即为南怀仁《坤舆图说序》中的内容。

**6. 大清万年一统天下全图**

清黄千人重订,索书号:OP,Дорн783,两幅,内容相同,清乾隆三十二年(1767)木刻彩印,纵横:105.7厘米×106.5厘米。普罗托波波夫(1823年)收藏。图右下角有文字,有言:"本朝幅员之广,亘古未有,东西渐被,南北延袤,莫可纪极,……圣化日昭,凡夫升州为府,改土归流,厅县之分,建卫所之裁,并声教益隆,规制益善。……不揣固陋,详加增辑,敬付开雕,用彰我盛朝大一统之治,且亦踵成祖志云。……塞徼荒远莫考,海屿风汛不时,仅载方向,难以里至计。鲜见寡闻,恐多舛漏,幸海内博雅君子厘正为望也。乾隆三十二年岁次丁亥清和月吉余姚黄千人证孙氏重订。"

按:《欧藏中文地图叙录》十之十九为:"大清万年一统天下全图。"提要言:"清乾隆三十二年(1767),余姚黄千人(证孙)重订,韩用泗图篆,木刻墨印,120×118cm。计里画方,每方百里。覆盖范围:北起外蒙古克鲁伦河,南至南海,东自朝鲜半岛,西抵黄河河源地区。表现清朝疆域政区、山川城池的分布以及周边地区国家的形势。山脉、流沙、长城用形象画法,海面绘波纹。该图系作者参照其先祖黄梨洲(宗羲)于康熙癸丑(1673)所刻之旧图……流传较广,各国均有收藏。"(第174页)

**7. 大清万年一统天下全图**

清朱锡龄绘制，索书号：OP，Дорн772，木刻彩印，共四幅拼合为一图，每幅纵长125.5厘米，横长分别为：53.6，58.4，58.2，54.2厘米。图中有言："本朝幅员之广，亘古未有，东西南朔，莫可纪极，……其塞徼绵亘无际，海屿风讯不时。难以里数计者，载其方向，俱仍旧式，未敢稍易己见。倘海内博雅君子，俯鉴予心，再加整正，使归全璧，则幸甚焉。嘉兴朱锡龄识。"

**8. 大清万年一统天下全图**

索书号：OP，Дорн773，木刻彩印，八幅合为一张，每幅纵横：136厘米×30厘米。图纸粘在一层稍硬的纸张上。与OP，Дорн772略有不同，就说明的文字而言，差异主要在后面，此为："本朝幅员之广，亘古未有，东西南朔，莫可纪极，……其塞徼绵亘无际，海屿风汛不时。难以里数计者，载其方向，俱仍旧式，未敢稍易己见。再旧图系用一板刊刷，既难缕析，又不便携带。兹特易为屏幅，似于客路书箱，易于藏弆。倘海内博雅君子，俯鉴予心，再加整正，使归全璧，则幸甚焉。嘉庆丙寅年夏月谷旦。"

按：《欧藏中文地图叙录》有"大清万年一统地理全图"，提要言："清嘉庆甲戌（十九年，1814）初刻，丙子（二十一年，1816）古吴墨林堂重镌，石刻蓝黄双色套印，24块印张拼合，裱装成8条挂幅，每挂幅纵横：132×30cm，全图：132×240cm。据右下缘识文，该图原版系根据乾隆丁亥（三十二年，1767）余姚黄千人（证孙）旧图摹刻增补而成，较旧图更为详晰。久经镌版行世，兹特刻为屏幅，以便于携带悬观。然原板繁印疲乏，业已模糊，遂于嘉庆二十一年重摹勒石，并补注各省界址以印。……此图广为流传。"（第196页）俄图所藏，即同此。

**9. 大清一统天下全图**

清朱锡龄绘制，索书号：OP，Дорн774、775，木刻彩印，图纵横：102厘米×61.7厘米。两张相同的图，其中OP，Дорн775上有俄文批注。图右下角有文字，末署："嘉庆二十三年重九日，嘉兴朱锡龄绘并识。"

按：《欧藏中文地图叙录》著录"大清一统天下全图"，提要言："清嘉庆二十三年（1818），嘉兴朱锡龄编绘并识，木刻墨印上色，挂幅：177×64cm。该图系作者参照康熙癸丑（1673）黄梨洲（宗羲）所刻之旧图，重新刊订，增入自那时以来相继归属清朝版图或设立建制的台湾诸岛、蒙古四十九旗、红苗八排、打箭炉厅、哈密、喀尔喀西套西海诸地，以及黄河下流入海段河道变化的情势。……此图印制较多，流传甚广。"（第197页）

又按，上图OP，Дорн772、773都为朱锡龄所制图，形制基本相似。

**10. 皇朝一统舆地全图**

清李兆洛绘制,陈延恩增补,索书号:OP. КИТ. Н. С. 93,木刻墨印,共 65 张组成完整一幅图,合计纵横约:194 厘米×160 厘米。图一上有“皇朝一统舆地全图”题字,纸背页边有朱字:“每部工价纹银肆两。”图“七幅一排”有文,末言:“道光十二年太岁元黓执徐孟陬之月阳湖李兆洛识。”图“八幅一排”右部有言:“右图为阳湖李申耆先生旧本,盛行海内,锓版历久漫漶。六生严缩摹重梓,与李本一无增减,惟纸幅较前稍狭,府厅州县城郭及天度虚线,用朱书,便观览也。余修《江阴县志》,绘合邑全图,皆出生手。道光壬寅仲夏江右陈延恩跋。”有“臣延恩印”等朱文印。

按:《欧藏中文地图叙录》著录“皇朝一统舆地全图”,提要言:“清道光二十二年(1842),六严(承如)缩摹李兆洛旧本,陈延恩跋文。64 幅印张拼接,每张:20×26cm,……木刻朱墨双色套印,经纬网与聚落符号用红色,其它要素为黑色。此图与李兆洛图相比一无增损,惟图题变更、纸幅较前者稍狭。流传甚广。”(第 202 页)

**11. 舆地全图**

索书号:OP,Дорн780,木刻彩印,一幅,纵横:78 厘米×66 厘米。右下角有文字,未标绘制人、日期等信息。《俄图藏中文抄刻本目录》言:“中国地图,带有俄文记号。”[①]《欧藏中文地图叙录》未著录相似地图。

**12. 直隶各省舆地全图**

索书号:OP,Дорн776,木刻本,折叠装。纸板长宽:38 厘米×43 厘米,内图长宽 38.7 厘米×31 厘米。前有书牌,右栏刻:“嘉庆十一年分宜张宗京摹镌。”中刻:“直隶各省舆地全图。”左栏即为书中所载的总图及十八分图目录:总图、奉天、直隶、山东、江南、江西、浙江、福建、广东、广西、湖南、湖北、河南、山西、陕西、甘肃、四川、云南、贵州。该馆馆员普罗托波波夫 1823 年、比丘林 1829 年编制的目录有著录。

按:《欧藏中文地图叙录》载“直隶各省舆地全图”,提要言:“清嘉庆十一年(1806),分宜张宗京摹镌,木刻墨印,19 幅分省地图集,版框不一。计总图和奉天、直隶等 18 省区图,除总图外,皆于图缘刻经纬度。江南省未分作江苏、安徽,该图似摹自乾隆年间官绘本,内容有所删减。”(第 191—192 页)又此图巴黎法国图书馆有藏,图中有手写俄文地名译注,或与俄图所藏有某些关系。

**13. 各省江防海武备地利全图四卷**

索书号:OP. КИТ. Н. С. 71,木刻本,经折装(先一页页刷印,后粘在一

---

① 雅洪托夫《俄罗斯国家图书馆馆藏中文抄本与木刻本目录》,第 42 页。

起），白口，四周单边，无鱼尾。图长宽：24.1 厘米×19.3 厘米，书：25.8 厘米×14.5 厘米。四册，全。函套有瑞典识语（模糊）。①

首卷首行题："武备地利卷之一。"次行题："绣水施永图山公氏辑，男施衮、裘、冕参较。"首卷附图为一统总图、两京十三省图，分别为：地利一统总图、北直总图、江南总图、浙江总图、山东总图、河南总图、福建总图、广东总图、广西总图、云南总图、贵州总图、陕西省图、湖广省图、江西省图、四川省图、陕西省图。卷二为"海防略"，附日本入寇图、广东福建浙江南直山东辽海沿海图，分别为：日本入犯图、广东沿海总图、福建沿海总图、浙江沿海总图、江南沿海总图、山东沿海总图、辽东沿海总图、南直沿海图、江南防海图、南直防海图……卷三为防江图、防湖图、漕河图、海运图略。卷四为九边图，包括外国图、通外国图、安营图、五岳图、七国图、九河江海图、河图洛书、十五国图、春秋列国图、禹贡九州图。

按：《四库禁毁丛书》3 子部第 28—29 册收有此书，题为"武备天文一卷水火攻一卷地利四卷"，明施永图撰，清刻本。比对可知，本图乃据此书节略而成。

**14. □□□掌图说**

清赵鸣珂绘说，索书号：OP，Дорн782，手绘本，一幅。标题前三字破损，无法识别，下钤"方司马印"一枚。《俄图藏中文抄刻本目录》言："周围用蓝色的布条固定，卷轴装，前部有破损，所以无法识别题名。0.5×35.5 米。彩图。康熙癸巳（1713）绘制。"②比丘林 1829 年编制目录著录。附件有一封信（法文）：F. E. SchrodEr，1811 年 12 月 19 日写，收信人不明，内容是自己将图归还给收信人。信上有水印一枚。

是图前有识语，末钤有"赵明珂印""定涵"二印，识语交代了作者绘制此图的缘由、经过。查《（光绪）江阴县志》卷一八载："赵鸣珂，字定涵，性倜傥，擅经济才，究心边防、海道、河淮诸政，例授州同知。巡抚张闻其名，延致河工，欲荐用之，以疾辞。筑壶天园，觞咏终老，著有《筹海运掌图》《社仓末议》《江防要览》诸书。"③加之此图所言皆东南海防事，故我们认为此图当即为《筹海运掌图》，图前所破损的三字，恰应是"筹海运"三字。

---

① 《俄罗斯国家图书馆馆藏的中文抄本与木刻本目录序文》中言："1836 年，图书馆收到了苏荷特伦 P. K. 伯爵（Sukhtelen P. K.，1751—1836）的收藏。当时，他担任俄罗斯驻瑞典大使。这些书没有目录，但可以根据书上的藏书签、题款、瑞典文字等信息分辨出来。"（《汉籍与汉学》第四期，第 37 页）或与此有关。

② 雅洪托夫《俄罗斯国家图书馆馆藏中文抄本与木刻本目录》，第 43 页。

③ 〔清〕卢思诚等修，〔清〕季念诒等纂《（光绪）江阴县志》，《中国方志丛书・华中地方》第 457 号影印本，台北成文出版社，1983 年，2098—2099 页。

《俄图藏中文抄刻本目录》言此图绘制于康熙癸巳（五十二年，1713），当是根据图末著录而言。根据识语，我们也可略作考证。识语中提及一位推动赵鸣珂著书的重要人物、两个时间点："镇海将军马大爵台……历任海疆，深知险要……珂以菲才，曾于己丑夏，以《江浙海防管见》请正于千虑之愚……壬辰冬，蒙抚宪张大宗师，命往京口疏浚漕河。公余，谒将军于玉帐，得聆筹海良谟。"又《（民国）江阴县续志》卷二〇"艺文"（民国九年刊本）著录赵氏"《晏海管见》八卷"，提要言："赵鸣珂，字定涵，入京口将军马大爵幕所撰。存，刻本。"并附陈鹏年是书序，言："嗣后余入都修书阙下，不相闻者数年。既被命署河督事，深惧不克负荷，欲以一札相邀为将伯之助，莅任阅月，而赵君之使适至。札曰：书愿有序。"[①]从中，我们可以获得这样的信息：《晏海管见》为赵氏在马大爵幕所撰，陈鹏年在初被命署理河督的时候，赵氏来书请序。据此，可知赵氏此书当是陈氏任署理河督事前后完成。《（道光）济南府志》卷三七载："陈鹏年，字沧洲，湖广长沙人，历官守牧，以清慎著名。康熙六十年任河道总督……工峻回署，呕血数升，辄不起，赐葬祭，谥忠勤。"[②]可知陈彭年清康熙六十年（1721）任河道总督。

据此，《晏海管见》既为"入京口将军马大爵幕所撰"，赵氏《筹海运掌图序》中言与马大爵相交，有两个时间点"己丑夏""壬辰冬"，当在清康熙六十年之前几年的事，查可知当为康熙四十八年（己丑夏，1709）、康熙五十一年（壬辰冬，1712年）。这也与《俄图藏中文抄刻本目录》所记绘图时间契合。

据图中赵氏识语可知，此图所绘，缘起于赵氏父亲，后在将军马大爵的支持下，捃摭旧闻，揣摩形势，合众图为一图。内容有二，一是图，所绘为："自粤闽至浙直，由山左达辽东。萦纡八千五百余里，内则郡邑卫所，营寨城堡，烽堠森罗，山川缭绕。外则岛屿礁洋，远邦海道，星棋联络。波涛浩淼，绘入图中。俾观海者，易于一览。"次则为说："集众说为一说，采群言之方略，述先人之遗训，污漫一十万余言。守则某地为险，某地为冲，某营应与某寨会哨，某所应与某卫互援，犬牙相制，脉络相联。战则某处宜伏，某道宜邀，或截其接济汲水之路，或捣其避风夜泊之巢。腹背犄角，臂指相应。标于图首，俾筹海者如运诸掌。"

《中国古籍总目》著录赵鸣珂《晏海管见》一卷（抄本）。目前，尚不知有他处藏有此图，当为孤本。

---

① 陈思修，缪荃孙纂《（民国）江阴县续志》卷二〇，《中国地方志集成（江苏府县志辑）》第26册，南京：江苏古籍出版社，1991年，第274页。

② 〔清〕王赠芳、王镇修，〔清〕成瓘、冷烜纂《（道光）济南府志》卷三七，《中国地方志集成（山东府县志辑）》第2册，凤凰出版社，2004年，第197页。

**15. 舆地全图**

索书号:OP. КИТ. Н. С. 158,一幅,轴装,轴高 28.9 厘米,画高 20.5 厘米。《俄图藏中文抄刻本目录》:"抄本,1 卷轴装,宽 28 厘米,长度无法测量。因为抄本藏的时间很长,无法打开,估计长度几十米。是长江河流图。1939 年入藏。"①

**16. 吉林磨盘山舆地全图**

索书号:OP. КИТ. Н. С. 119,抄本,一张,彩图,纵横:59 厘米×59 厘米。反面所钤俄文标识印,有"1939"字样,当为绘制的时间。图中有 10 个说明,如一:"右图按十里开方,所有方向河道源流,以及城镇村屯,相距途程里数,均较确准,使观者一目了然。"图分东西南北四方向。

**17. 畿辅义仓图**

索书号:OP. КИТ. Н. С. 65,刻本,10 行 22 字,白口,四周单边,无鱼尾。图高宽:31.7 厘米×23.1 厘米,书:28.7 厘米×18.5 厘米。一函六册,全。《俄图藏中文抄刻本目录》:"来自伊格纳季耶夫将军的收藏,请查看 1861 年国立图书馆的报告。"②

首义仓奏议,方观承奏,乾隆十八年奏呈。次奏为详酌义仓规条,乾隆十八年奏呈。次义仓图凡例。次义仓规条。次诸图,先后有顺天府、遵化州、易州、冀州、赵州、深州、定州、保定府、正定府、永平府、宣化府、顺德府、广平府、大名府、河间府、天津府。

按:《欧藏中文地图叙录》28"地区图·河北"著录"直隶义仓图",提要言:"清乾隆十八年(1753),方观承编制,144 幅刻本图,线装六册,每页两面为一图,版框:23×32cm。图的方位,上南下北;计里画方,每方五里。清代为减少粮食欠收和自然灾害造成的饥荒,在紧要之地建立了义仓,以备赈济。该图集的编绘就是为了显示直隶省义仓的分布。州、县和大镇各具一图,但是图面可能覆盖比图题更大的一块区域;登录的大小村庄和义仓,共计 39687 座村庄和 1005 座仓区,并记录各村至义仓的里程。此图流传甚广。"(第 354 页)所言与此图有相似之处。

**18. 首善全图**

索书号:OP,Дорн777—778,上题"首善全图",OP,Дорн777 为彩图,图纵横:122.3 厘米×69 厘米。OP,Дорн778 为黑白,图纵横:101.8 厘米×61.8 厘米。普罗托波波夫 1823 年编制的目录著录。

---

① 雅洪托夫《俄罗斯国家图书馆馆藏中文抄本与木刻本目录》,第 44 页。

② 同上书,第 45 页。

按:《欧藏中文地图叙录》六之四为“首善全图”,提要:“清中叶,不具撰人,刻本,112×64cm。以传统的平、立面相结合的形象画法,展现清代北京内、外城城垣、街道、胡同、河湖、桥梁的分布,以及官署、仓库、寺庙等各类职能机构的位置。紫禁城内空白,城市的整体轮廓以及天坛、先农坛和景山的形象,均与实际情况不符。……该图原版似应刻于清乾隆当政以后,道光登基以前。此图有可能是重印本。此图流传甚广。”(第93页)

**19. 北京地理全图**

索书号:OP. КИТ. Н. С. 133,挂图,一幅,彩绘,周培春画。上题:“北京地里全图。”图纵横:105.6厘米×61.8厘米。

**20. 金陵胜概旧志四十景大全图**

索书号:OP,Дорн781,木刻墨印,一幅,纵横:111.7厘米×124.3厘米。《俄图藏中文抄刻目录》:“倪瑞甫刻。康熙乙丑(1685)刊刻。”[①]图上为《四十景诗》:“青溪九曲尽游船,白鹭春潮水接天。桃叶渡头人似玉,杏花村内酒如泉。长桥依柳舒眉翠,台雨飞花姿舞妍。马化龙车开六代,谢墩风景尚依然。长干十里绿杨栽,绕树鸡鸣傍晓开。钟阜晴云飞翫鸟,石城雪霁可衔杯。仙留丹井樵夫汲,巷号乌衣燕子来。湖水平堤望不极,凤台秋月任徘徊。报恩塔影月华辉,天界经声绕翠微。洞口一苇江可渡,岩头三宿景堪依。凭虚夜听霏霏雨,石壁天开叠叠围。冶麓幽栖丹路近,祖堂佛迹叩禅扉。依依云树傍霞栖,石洞寻芳笑路迷。牛首扶筇随上下,天坛勒骥任东西。秦淮渔唱归来晚,幕府仙台入望低。酒对星岗邀月饮,花岩槎泛五陵溪。弘济凭望大江流,江水潮通到莫愁。狮岭吼风羊石化,龙池祷泽雨泉幽。清凉环翠暑堪避,灵谷松深客尚留。燕几临江悬铁索,东山棋局竟忘忧。”

**21. 图**

索书号:OP. КИТ. Н. С. 37,木刻墨印,一幅,纵横:111.9厘米×48.6厘米。上镌:“新刻开天辟地盘古至今历代帝王姓氏年号全图。”下有文字两行,为一诗:“国朝纪箓历帝清,风调雨顺四海宁。万邦来朝遂圣世,五谷丰登天下平。”下为历代帝王图,左右对联:“皇图永固千载庆,圣寿无疆万年春。”自三皇纪,到崇祯。有俄文记号。比丘林1829年编制目录著录。

**22. 图**

索书号:OP,Дорн752、753、754,木刻墨印,一幅,纵横:127.2厘米×66.7厘米。上题:“历代帝王世次纪自三皇至崇祯。”三皇旁有一黑色印记:

① 雅洪托夫《俄罗斯国家图书馆馆藏中文抄本与木刻本目录》,第46页。

“□主斋记。”《俄图藏中文抄刻本目录》：“（OP，Дорн752）上有识语：‘赠给奥列宁阁下……’”①

**23. 三才一贯图**

索书号：OP，Дорн827，木刻墨印，一张，图纵横：140 厘米×79.6 厘米。内容包括：地图、历代帝王图、南北二枢星图（红色）、大清万年一统天下全图。此外还有：伏羲八卦方位、河图、洛书、文王八卦方位，及儒家经典文字。文中有字：“康熙六十一年岁次壬寅暮春之月上巳吉日，浙绍新昌吕抚世安辑，侄吕维藩令宜、吕维简英文、吕维城京周、男吕维垣辅周、吕维基起周仝校阅。”《俄图藏中文抄刻本目录》：“图后面上部有题款：‘献给奥列宁大臣。’普罗托波波夫（1823 年）收藏。”②

按：《欧藏中文地图叙录》著录“三才一贯图”，提要言：“清康熙六十一年（1722），浙江新昌吕安世辑，木刻墨印，竖条幅，143×80cm。它包括下列内容：（1）‘天地全图’，圆形世界地图，源于明王圻《三才图会》摹刻的万历二十八年（1600）利玛窦在南京编制的世界地图。（2）‘大清万年一统天下全图’，摹刻自康熙十二年（1673）黄梨洲（宗羲）所刻清朝疆域政区全图。（3）‘南北两极星图’，源自耶稣会士编制的天文星图。（4）‘历代帝王图’。（5）‘河图洛书’，描述伏羲、文王八卦方位。（6）‘大学衍义’，转刻宋真德秀讲述儒家有关修身、齐家、治国之道。该图与文字的编辑反映西方关于地球的知识传入以后，与中国《易经》学说中传统的天、地、人（三才）思想的结合。”（第 16—17 页）

**24. 三才一贯图**

索书号：OP，Дорн826，与上图相同，《俄图藏中文抄刻本目录》：“纸张比上一个坚固些，周围的地方用纸条固定。后面写：‘赠给沙皇公共图书馆。’”③

**25. 诸仪象弁言**

耶稣会士南怀仁撰，索书号：OP. КИТ. Н. С. 791，刻本，四周双边，无版心，版框高宽：32 厘米×31 厘米，书：38.7 厘米×22.4 厘米。

首一页英文，次一页序文，首行：“诸仪象弁言，大清康熙甲寅岁日躔娵訾之次治理历法极西南怀仁撰。”共一百一十七图。

**26. 黄道总星图**

清戴进贤画，索书号：OP，Дорн779—784、OP. КИТ. Н. С. 116，木刻，前两幅为彩图，后一幅为墨印。纵横：65 厘米×123 厘米。上有文字，末署：“极西

---

① 雅洪托夫《俄罗斯国家图书馆馆藏中文抄本与木刻本目录》，第 52 页。

② 同上书，第 94 页。

③ 同上书，第 95 页。

戴进贤立法,辛酉仲秋月重镌。"

按:《欧藏中文地图叙录》载此图:"清雍正元年(1723),来华耶稣会士戴进贤(Kogler, Ignatius 1680—1746)、李白明(Moggi, F. Bonaventuri 1694—1761)编制,木刻墨印,版框:39×62cm。这是一幅由双半球和周围6个小星体组成的星图,下部是图文。该图由戴进贤立法,李白明镌版。1991年索斯比拍卖行目录第92号记载:据李约瑟、鲁桂珍的考证,此图可能摹自朝鲜汉城一帧李朝中宗时期制作的大型天文画屏,该图系从来华耶稣会士宋君容(Gaubil, Antoine)的书简中发现。现由巴黎法国国家图书馆收藏。英国剑桥大学图书馆地图部存咸丰十一年(1861)北京正阳门外廊房头条西头路北文德斋重刊本。"(第133—134页)

# 《淮南子》袭用《韩诗外传》考

李建华*

**【内容提要】**《淮南子》与《韩诗外传》重见之文十四处，清代以来治《淮南子》者有两种观点：一种认为《淮南子》采录了《韩诗外传》，另一种则采取了审慎的态度——以重见视之，即二者并不存在源流关系，后者在学术界长期处于主流地位。依据汉代典籍和后人考证，《韩诗外传》成书较《淮南子》早约十八年，而韩婴最出色的弟子贲生正是淮南人氏，且淮南王刘安又以招纳门客闻名汉初，在时间和空间上，《淮南子》存在袭用《韩诗外传》的高度可能性。通过《淮南子》、《韩诗外传》、先秦典籍三者重见四例故事文献的比较，发现《淮南子》与《韩诗外传》不仅叙述模式相同，文字亦高度相似，而与第三方文献存在明显差距。《韩诗外传》引"传曰"以助论章节，与《淮南子》重见者三则，"传曰"佐证了《韩诗外传》论述部分的原创性，其对战国末期旧籍的排比式引用竟然神奇地出现于《淮南子》，似乎除了袭用也难以给出其他合理的解释。上述诸多证据表明，《韩诗外传》是《淮南子》成书的重要直接文献来源之一。

**【关键词】**《淮南子》 《韩诗外传》 重见文献比较 袭用 "传曰"

《淮南子》编撰者刘安是西汉前期著名的文学家、学者，活跃于西汉景帝、武帝朝，《韩诗外传》作者韩婴则以治《诗》《易》闻名于汉初，文帝时已为《诗》学博士，景帝时又荣居常山王太傅，武帝时尚有与董仲舒辩论的记载。《淮南子》和《韩诗外传》重见之文计十四处，①但因二者成书时间相去不远，《淮南子》是否采纳《韩诗外传》，并无确证。清代以来治《淮南子》者有两种观点：一种认为《淮南子》采录了《韩诗外传》，清代学者庄逵吉、陈昌齐为其代表；另一种则采取了审慎的态度——以重见视之，即二者并不存在源流关系，此说在学术界长期处于主流地位，如清代学者王念孙，以及五四以来的杨树达、刘文典、马宗

---

* 本文作者为鲁东大学文学院副教授。

① 重见之文包括故事六则，言论八则。以最新出版之张双棣《淮南子校释》(北京：北京大学出版社，2013 年增订版)为例，重见之文分别见于卷九《主术训》第 914 页，卷一〇《缪称训》第 1066、1124、1128 页，卷一一《齐俗训》第 1211 页，卷一二《道应训》第 1276、1284、1301、1302、1355 页，卷一四《诠言训》第 1547 页，卷一八《人间训》第 1963 页，卷一九《泰族训》第 2102、2129 页。

霍、于大成、何宁、张双棣等皆持此说。[①] 今就此问题，重新考论如下。

## 一、《淮南子》袭用《韩诗外传》的高度可能性

今存有关《韩诗外传》成书之记载，最早见于司马迁《史记·儒林列传》："韩生者，燕人也。孝文帝时为博士，景帝时为常山王太傅。韩生推《诗》之意而为《内外传》数万言，其语颇与齐鲁间殊，然其归一也。淮南贲生受之。自是之后，而燕赵间言《诗》者由韩生。"《汉书·儒林传》同之。司马迁并未交代《韩诗外传》成书的具体时间限断，荀悦《汉纪·孝成皇帝纪二》则有明确说明："《诗》始自鲁申公作古训；燕人韩婴为文帝博士，作《诗外传》；齐人辕固生为景帝博士，亦作诗外、内《传》。由是有鲁、韩、齐之学。"[②]荀悦乃汉人，生于经学昌明之际，又博通子史，其言当有所据。《鲁诗》《齐诗》的传播情况皆可佐证韩《诗》的传播开始于文帝时期。《汉书·儒林传》曰："申公，鲁人也。少与楚元王交俱事齐人浮丘伯受《诗》。……吕太后时，浮丘伯在长安，楚元王遣子郢与申公俱卒学。元王薨，郢嗣立为楚王，令申公傅太子戊。戊不好学，病申公。及戊立为王，胥靡申公。申公愧之，归鲁退居家教，终身不出门。复谢宾客，独王命召之乃往。弟子自远方至受业者千馀人，申公独以《诗经》为训故以教，亡传，疑者则阙弗传。兰陵王臧既从受《诗》，已通，事景帝为太子少傅，免去。"王臧、赵绾之外，班固开列了一长串的申公高徒名单："弟子为博士十馀人，孔安国至临淮太守，周霸胶西内史，夏宽城阳内史，砀鲁赐东海太守，兰陵缪生长沙内史，徐偃胶西中尉，邹人阙门庆忌胶东内史，其治官民皆有廉节称。其学官弟子行虽不备，而至于大夫、郎、掌故以百数。申公卒以《诗》、《春秋》授，而瑕丘江公尽能传之，徒众最盛。及鲁许生、免中徐公，皆守学教授。"文帝在位二十三年，刘戊于其六年(前174)继立为楚王，申培弟子王臧于景帝前元七年(前150)业居太子少傅之职，由此可知申培广收门徒、以传播《诗》学而负盛名正在文帝时期。《史记·儒林列传》载《齐诗》盛况曰："清河王太傅辕固生者，齐人也。以治《诗》，孝景时为博士。……齐言《诗》皆本辕固生也。诸齐人以《诗》显贵，皆固之弟子也。"虽然辕固任博士晚于申培，但一个不能忽视的细节是

---

① 相关研究分别见于庄逵吉校本《淮南子》(台北"国家图书馆"藏清嘉庆九年姑苏聚文堂重印本)，陈昌齐《〈淮南子〉考证》(原文未见，何宁《淮南子集释》和张双棣《淮南子校释》皆有引用)，王念孙《读书杂志·淮南子》(北京：中国书店，1985年)，杨树达《淮南子证闻》(上海：上海古籍出版社，1958年)，刘文典《淮南鸿烈集解》(北京：中华书局，1989年)，马宗霍《淮南旧注参正》(济南：齐鲁书社，1984年)，于大成《淮南子校释》(台湾师范大学国文研究所博士论文，1969年)，何宁《淮南子集释》(北京：中华书局，1998年)，张双棣《淮南子校释》(北京：北京大学出版社，2013年)。

② 〔汉〕荀悦《汉纪》，张烈点校《两汉纪》，北京：中华书局，2002年，第435页。

《史记·儒林列传》明确记载辕固较申培年长十岁，当始皇焚书之际，辕固已近及冠之龄，相关史籍并未说明辕固中年方有志于学，据常理推之，《齐诗》的传播当早于《鲁诗》，极有可能在惠帝、高后时期便已展开。在汉初学术的恢复期，《诗》学呈现鲜明的地域特色，比如申培的一众弟子，除赵绾为代人外，其余皆籍贯鲁、宋，辕固的门生则无一例外皆为齐人。以三年通一经为基准，若《齐诗》《鲁诗》久兴而《韩诗》未闻，《鲁诗》和《齐诗》之薪火必然燎原至燕赵。实际情况是，《韩诗》在汉初风行燕赵，与《鲁诗》《齐诗》三足鼎立，若以流行地域而论，势力甚于齐、鲁二家。《鲁诗》势力不入燕赵，可知《韩诗》与《鲁诗》《齐诗》的兴起时间非常接近，《韩诗外传》的成书当在文帝时期。考之汉初学术发展实况，此说亦信而有征。秦摧残文化之挟书律至汉惠帝四年(前 191)方废除，历经长期压制之后，知识发展必然出现高速增长，《汉书·艺文志》的记载也印证了此点，于文帝十二年英年早逝但已著作等身且为一代《左传》学大师的贾谊可谓典型。

《淮南子》的成书情况见于《汉书·淮南衡山济北王传》，曰："淮南王安为人好书，鼓琴，不喜弋猎狗马驰骋，亦欲以行阴德拊循百姓，流名誉。招致宾客方术之士数千人，作为《内书》二十一篇，《外书》甚众，又有《中篇》八卷，言神仙黄白之术，亦二十馀万言。……初，安入朝，献所作《内篇》，新出，上爱秘之。使为《离骚传》，旦受诏，日食时上。又献《颂德》及《长安都国颂》。每宴见，谈说得失及方技赋颂，昏莫然后罢。"书中并未明确交代淮南王安入朝的时间，宋王益之《西汉年纪》系之于武帝建元二年(前 139)冬十月，[①]刘跃进《秦汉文学编年》依据《资治通鉴》所载此年皇族因削藩引发的政治纠葛，亦持此说。[②] 从文帝时(前 180—前 157)《韩诗外传》成书至武帝建元二年(前 139)《淮南子》撰成，至少有十八年光景，就时间而论，《淮南子》存在袭用《韩诗外传》的可能。

一般而言，大一统时期的首都多亦为文化中心，但汉初的文学和学术呈现出藩国更为璀璨的特殊景象。汉初吴国、梁国之文学，楚国之《诗》学、河间国之古文经学和淮南国之诸子学皆曾闪耀出夺目之光，但若论规模之大、历时之久，无出淮南之右者。《汉书》本传载淮南王刘安"招致宾客方术之士数千人"，成《内书》《外书》《中书》三种，仅《外书》字数便有二十馀万，今存先秦汉初典籍无有比拟者。高诱《淮南鸿烈解叙》记载更为具体："(淮南王)安为辩达，善属文。……天下方术之士多往归焉。于是遂与苏飞、李尚、左吴、田由、雷被、毛

---

① 〔宋〕王益之《西汉年纪》卷一〇，上海：商务印书馆影印永乐大典本，1936 年。

② 刘跃进《秦汉文学编年史》，北京：商务印书馆，2006 年，第 133 页。

被、伍被、晋昌等八人及诸儒大山、小山之徒，共讲论道德，总统仁义，而著此书。”[①]汉初诸侯国境况可捋于战国，文士沿袭战国遗风，游走于诸侯之门，以期售于识货者。刘安踵袭吕不韦，其门客数千人亦来自五湖四海。韩婴作为文景时代名师巨儒，其《诗》学风靡燕赵，弟子必然有庞大的规模，有投奔淮南王麾下参与《淮南子》撰述者亦在情理之中。巧合的是，韩婴最出色的弟子首推贲生，而贲氏正为淮南国人士，令人费解的是，将韩氏《诗》学推向高峰者却是另一弟子——温人赵子。伴随景帝三年（前154）三月七国之乱的平息，诸侯王丧失了封国官吏任免和征收赋税的权利，形同郡县，汉代以来士人游走于诸侯权贵的局面也随之失去了存在的基础。汉初因招纳宾客而形成的文学和学术次中心五封国中，吴王为叛乱之首而身死国灭；楚王因参与叛乱而身死，藩国削减为一郡范畴；梁孝王刘武于景帝中元六年（前144）病逝。如此一来，在景帝后期和武帝时能够广招宾客的诸侯王仅有河间王刘德和淮南王刘安二家。作为著名的藏书家，河间王德笃好古文经学，立《毛诗》《左传》博士，《韩诗》属于今文《诗》派，贲生当无追随河间王之理。贲生是否参与《淮南子》撰述难以定夺，以当时情形而论，作为一个出色的学者，既然未有为中央政府服务的记录，返回故里淮南，或隐居、或教授、或为淮南王安门客当是其人生归宿。以此推之，《韩诗》学者贲生与淮南王安当有交往，其追随淮南王而参与集体撰述，命运亦与之相沉浮，此或正可解释作为《韩诗》最出色的继承者缘何未能光大师学。

## 二、《淮南子》、《韩诗外传》、先秦典籍三者重见故事文献关系考辨——《淮南子》袭用《韩诗外传》内证之一

《淮南子》、《韩诗外传》和先秦文献三者重见故事有五例：司城子罕相宋、公仪休嗜鱼、狐丘丈人与孙叔敖、螳臂当车、孔子问欹器。“孔子问欹器”见于《荀子·宥坐》、《孔子家语·三恕》、《韩诗外传》卷三和《淮南子·道应训》，四书所载基本一致，《荀子》当为史源。司城子罕相宋等四则故事在《淮南子》、《韩诗外传》和先秦文献的记载中则有明显差异。

### （一）司城子罕相宋

司城子罕谓宋君曰：“庆赏赐与，民之所喜也，君自行之；杀戮诛罚，民之所恶也，臣请当之。”宋君曰：“诺。”于是出威令，诛大臣，君曰：“问子罕

① 〔汉〕高诱《淮南鸿烈解叙》，张双棣《淮南子校释》，北京：北京大学出版社，2013年，第1页。

也。"于是大臣畏之,细民归之。处期年,子罕杀宋君而夺政。故子罕为出彘以夺其君国。

一曰:司城子罕谓宋君曰:"庆赏赐予者,民之所好也,君自行之;诛罚杀戮者,民之所恶也,臣请当之。"于是戮细民而诛大臣,君曰:"与子罕议之。"居期年,民知杀生之命制于子罕也,故一国归焉。故子罕劫宋君而夺其政,法不能禁也。故曰:"子罕为出彘,而田成常为圃池也。"①

《韩非子·外储说右下》

昔者司城子罕相宋,谓宋君曰:"夫国家之安危,百姓之治乱,在君之行赏罚。夫爵赏赐与,人之所好也,君自行之。杀戮刑罚,民之所恶也,臣请当之。"君曰:"善。寡人当其美,子受其恶,寡人自知不为诸侯笑矣。"国人知杀戮之刑专在子罕也,大臣亲之,百姓畏之。居不期年,子罕遂劫宋君而专其政。故《老子》曰:"鱼不可脱于渊,国之利器不可以示人。"②

《韩诗外传》卷七

昔者,司城子罕相宋,谓宋君曰:"夫国家之安危,百姓之治乱,在君行赏罚。夫爵赏赐予,民之所好也,君自行之;杀戮刑罚,民之所怨也,臣请当之。"宋君曰:"善,寡人当其美,子受其怨,寡人自知不为诸侯笑矣。"国人皆知杀戮之制,专在子罕也,大臣亲之,百姓畏之。居不至期年,子罕遂却宋君而专其政。故老子曰:"鱼不可脱于渊,国之利器不可以示人。"③

《淮南子·道应训》

王念孙《读书杂志·淮南子》订正"子罕遂却宋君而专其政"曰:"却当为劫,字之误也。《韩诗外传》作去,去亦劫之误。《韩子·外储说右篇》作'劫宋君而夺其政',是其证。"④王氏关注点是版本可能存在的问题而非文献史源,据文义,其只是将《韩诗外传》视为《淮南子》的重见文献而已。杨树达《淮南子证闻》说得则甚为直接:"文本《韩非子·外储说右下篇》。又见《韩诗外传》卷七及《说苑·君道篇》。"⑤何宁《淮南子集释》和张双棣《淮南子校释》皆采用其说。⑥ 上述诸家文献之外,李斯《上书言赵高》于此事亦有简略记录:"昔者司城子罕相宋,身行刑罚,以威行之,期年遂劫其君。"⑦在奏疏中,李斯将司城子罕与篡齐之田常相提并论,可知此事流传甚广。《韩非子》保存有两种版本的司

① 〔清〕王先慎《韩非子集解》,北京:中华书局,2013年,第330—332页。
② 许维遹《韩诗外传集释》,北京:中华书局,1980年,第251—252页。
③ 张双棣《淮南子校释》,北京:北京大学出版社,2013年,第1276页。
④ 〔清〕王念孙《读书杂志》第十四《淮南内篇第十二》,北京:中国书店,1985年,第9页。
⑤ 杨树达《淮南子证闻》,《杨树达文集》第十一册,上海:上海古籍出版社,1985年,第122页。
⑥ 何宁《淮南子集释》,北京:中华书局,1998年,第853页。张双棣:《淮南子校释》,第1276页。
⑦ 《史记》,北京:中华书局,1959年,第2559页。

城子罕相宋,《淮南子》与其差别皆较大,而与《韩诗外传》高度相仿。故事结尾,《淮南子》和《韩诗外传》皆采用《老子》同一言论作为照应。

## (二)公仪休嗜鱼

公仪休相鲁而嗜鱼,一国尽争买鱼而献之,公仪子不受。其弟谏曰:"夫子嗜鱼而不受者何也?"对曰:"夫唯嗜鱼,故不受也。夫即受鱼,必有下人之色;有下人之色,将枉于法;枉于法则免于相,虽嗜鱼,此不必能自给致我鱼,我又不能自给鱼。即无受鱼而不免于相,虽嗜鱼,我能长自给鱼。"此明夫恃人不如自恃也,明于人之为己者,不如己之自为也。①

《韩非子·外储说右下》

公仪休相鲁而嗜鱼。一国人献鱼而不受。其弟谏曰:"嗜鱼不受,何也?"曰:"夫欲嗜鱼,故不受也。受鱼而免于相,则不能自给鱼。无受而不免于相,长自给于鱼。"此明于为己者也。故《老子》曰:"后其身而身先,外其身而身存。非以其无私乎,故能成其私。"②

《韩诗外传》卷三

公仪休相鲁,而嗜鱼。一国献鱼,公仪子弗受。其弟子谏曰:"夫子嗜鱼,弗受,何也?"答曰:"夫唯嗜鱼,故弗受。夫受鱼而免于相,虽嗜鱼,不能自给鱼。毋受鱼而不免于相,则能长自给鱼。"此明于为人为己者也。故老子曰:"后其身而身先,外其身而身存,非以其无私邪?故能成其私。"③

《淮南子·道应训》

杨树达《淮南子证闻》曰:"文本《韩非子·外储说右下篇》。又见《韩诗外传》三,《史记·循吏传》,《新序·节士篇》。"④张双棣《淮南子校释》采用其说。⑤ 对比《淮南子》《韩诗外传》和《韩非子》三书,《韩诗外传》和《淮南子》所引故事近同复制,而《韩非子》则多出"必有下人之色;有下人之色,将枉于法;枉于法"四句。在说理模式上,《韩诗外传》和《淮南子》皆采用"故事+论+经典言论印证"模式,《韩非子》则为"故事+论"模式,且《韩诗外传》和《淮南子》所引经典言论——《老子》之言相同。

---

① 王先慎《韩非子集解》,第 335 页。
② 许维遹《韩诗外传集释》,第 104—105 页。
③ 张双棣《淮南子校释》,第 1301 页。
④ 杨树达《淮南子证闻》,第 124 页。
⑤ 张双棣《淮南子校释》,第 1301 页。

## (三) 狐丘丈人与孙叔敖

语曰:“缯丘之封人见楚相孙叔敖曰:‘吾闻之也:处官久者士妒之,禄厚者民怨之,位尊者君恨之。今相国有此三者而不得罪楚之士民,何也?’孙叔敖曰:‘吾三相楚而心愈卑,每益禄而施愈博,位滋尊而礼愈恭,是以不得罪于楚之士民也。’”①

《荀子·尧问篇》

孙叔敖遇狐丘丈人。狐丘丈人曰:“仆闻之,有三利必有三患,子知之乎?”孙叔敖蹴然易容曰:“小子不敏,何足以知之。敢问何谓三利?何谓三患?”狐丘丈人曰:“夫爵高者,人妒之。官大者,主恶之。禄厚者,怨归之。此之谓也。”孙叔敖曰:“不然。吾爵益高,吾志益下。吾官益大,吾心益小。吾禄益厚,吾施益博。可以免于患乎?”狐丘丈人曰:“善哉言乎!尧舜其犹病诸。”②

《韩诗外传》卷七

狐丘丈人谓孙叔敖曰:“人有三怨,子知之乎?”孙叔敖曰:“何谓也?”对曰:“爵高者士妒之,官大者主恶之,禄厚者怨处之。”孙叔敖曰:“吾爵益高,吾志益下;吾官益大,吾心益小;吾禄益厚,吾施益博。是以免三怨,可乎?”③

《淮南子·道应训》

杨树达《淮南子证闻》曰:“文见《列子·说符篇》及《韩诗外传》七,《荀子·尧问篇》及《说苑·敬慎篇》文小异。”④对比《外传》和《淮南》,二者显然同出一源,而《荀子》则提供了史料的原始出处——《语》。据《周语·楚语上》,申叔时为太子开列授学书目凡六种,《语》乃其一,起“明其德,而知先王之务,用明德于民也”⑤之用。战国社会巨变,杀人盈野复盈城,高扬道德标尺之《语》自然被从地位崇高的教材书目撤销,及秦代焚书,《语》则销匿于史籍。《韩诗》与荀子之关系,汪中《荀卿子通论》曰:“《韩诗》之存者,《外传》而已,其引荀卿子以说《诗》者四十有四。由是言之,《韩诗》,荀卿子之别子也。”⑥徐复观《两汉思想史》则从文献袭用和方法论方面讨论了二者的关系:“《外传》中共引用《荀子》

---

① 〔清〕王先谦《荀子集解》,北京:中华书局,2013年,第651页。

② 许维遹《韩诗外传集释》,第253—254页。

③ 张双棣《淮南子校释》,第1302页。

④ 杨树达《淮南子证闻》,第124页。

⑤ 徐元诰撰,王树民、沈长云点校《国语集解》,北京:中华书局,2002年,第485—486页。

⑥ 〔清〕汪中《汪中集》,台北:“中央研究院”中国文哲研究所筹备处,2000年,第118页。

凡五十四次，其深受荀子影响，可无疑问。即《外传》表达的形式，除继承《春秋》以事明义的传统外，更将所述之事与《诗》结合起来，而成为事与诗的结合，实即史与诗互相证成的特殊形式，亦由《荀子》发展而来。”[①]由此而论，“狐丘丈人与孙叔敖”一事赖《荀子》得以传于世，而《韩诗外传》所载此事袭自《荀子》当无疑问。《鲁诗》无传，《毛诗》晚出且未载此事，《淮南子》可能的来源只有《韩诗》和《齐诗》，虑及《淮南子》与《韩诗外传》的高度相仿和《韩诗》截然不同于《齐诗》的特点，《淮南子》所载此事本于《韩诗外传》当无可置疑。

### （四）螳臂当车

> 齐庄公出猎，有螳螂举足将搏其轮，问其御曰：“此何虫也？”御曰：“此是螳螂也。其为虫，知进而不知退，不量力而轻就敌。”庄公曰：“此为人必为天下勇士矣。”于是回车避之。[②]
>
> 《韩诗外传》卷八
>
> 齐庄公出猎，有一虫举足将搏其轮，问其御曰：“此何虫也？”对曰：“此螳螂者也。其为虫也，知进而不知却，不量力而轻敌。”庄公曰：“此为人而必为天下勇武矣。”回车而避之。[③]
>
> 《淮南子·人间训》

与上述三例不同，“螳臂当车”故事在今存文献中并无早于《韩诗外传》的记载，但《列女传》留下了与《韩诗外传》相左的记录。《列女传·辩通·齐孤逐女》曰：“越王敬螳螂之怒，而勇士死之。”[④]《列女传》乃刘向辑录旧文而成，此记载表明亲睹“螳螂之怒”者在汉代至少有“齐庄公”和“越王”二说，向上追溯，“螳臂当车”典故在《庄子》内篇《人间世》引蘧伯玉之论、外篇《天地》引季彻之论均有出现，《六韬·虎韬·军用》所载武士更以“螳螂”名之，这些记载佐证了螳臂当车故事流传已久，且传播甚广。《淮南子》和《韩诗外传》不仅均采用了“齐庄公敬螳臂当车”之说，二者的行文也近同复制。

就故事本身而言，无一例外，《淮南子》与《韩诗外传》表现出高度的相似性，而与《韩非子》《荀子》等先秦文献相似度较低，甚至相去甚远。司城子罕相宋和公仪休嗜鱼二则故事皆采用先讲故事后引《老子》言印证之模式；狐丘丈人与孙叔敖史源肇自《荀子》，而韩婴诗学正以荀子为宗师；螳臂当车的目睹者

---

① 徐复观《两汉思想史》第三卷，上海：华东师范大学出版社，2001年，第5页。

② 许维遹《韩诗外传集释》，第303—304页。

③ 张双棣《淮南子校释》，第1963页。

④ 〔汉〕刘向编，〔清〕梁端校注《列女传》卷六《辩通》，清同治十三年振绮堂补刻本。

皆采齐庄公之说且行文殆同复制。上述证据表明,《淮南子》所载司城子罕相宋等四则故事皆当袭自《韩诗外传》。

## 三、《韩诗外传》引“传曰”以助论章节与《淮南子》重见者考辨——《淮南子》袭用《韩诗外传》内证之二

“传曰”为汉人常语,有传述经典之义,《韩诗外传》十卷,引“传曰”以助论者多达四十九处。此“传”指何书?据清人周廷寀《韩诗外传校注》、赵怀玉《韩诗外传校注》、俞樾《曲园杂纂·读〈韩诗外传〉》和今人屈守元《韩诗外传笺疏》,“《传》”之出处多半难以知晓,可考者有《荀子》《晏子春秋》《尸子》《吕氏春秋》《韩非子》《易传》《左传》《论语》《公羊传》《孔子家语》《大戴礼记》《礼记》等文献。[①] 除大量引“《诗》曰”之外,《书》《易》《礼》《老子》等为官方所认可之先秦汉初经典皆直引书名。惟一例外的是《论语》,其不仅以“传曰”方式出现,直接引用书名亦出现三次,但不能忽视的是《论语》乃先秦儒家经典,而韩婴则是正统的儒家学者。需要提及的是,“传曰”这一写作模式的大量使用者正是荀子,韩婴乃荀子后学,《韩诗外传》所引“传曰”可靠者也以肇源《荀子》者为最夥。以此推之,《韩诗外传》所引之“传”当为先秦汉初官方公认的经典——“五经”及《老子》之外的一切著作。《韩诗外传》引“传曰”以助论之章节与《淮南子》重见者有三处[②]:

> 1. 传曰:水浊则鱼喁,令苛则民乱,城峭则崩,岸峭则陂。故吴起峭刑而车裂,商鞅峻法而支解。治国者譬若乎张琴然,大弦急则小弦绝矣。故急辔衔者,非千里之御也。有声之声不过百里,无声之声延及四海。故禄过其功者削,名过其实者损,情行合而名副之,祸福不虚至矣。[③]
>
> 《韩诗外传》卷一
>
> 水浊则鱼唫,政苛则民乱。[④]
>
> 《淮南子·主术训》
>
> 水浊者鱼唫,令苛者民乱,城峭者必崩,岸崝者必陀。故商鞅立法而支解,吴起刻削而车裂。治国譬若张瑟,大弦絚,则小弦绝矣。故急辔数策者,非千里之御也。有声之声,不过百里;无声之声,施于四海。是故禄过

---

① 清人周、赵、俞三家之说原文未见,皆见于屈守元《韩诗外传笺疏》引文(成都:巴蜀书社,1996年)。

② 以下三例重见之文,许维遹《韩诗外传集释》、屈守元《韩诗外传笺疏》、何宁《淮南子集释》、张双棣《淮南子校释》等多家注本皆已指出,下文不再一一赘述。

③ 许维遹《韩诗外传集释》,第24页。

④ 张双棣《淮南子校释》,第914页。

其功者损，名过其实者蔽。情行合而名副之，祸福不虚至矣。[①]

《淮南子·缪称训》

据《韩诗外传》可知"传曰"部分包括"水浊"以下四句，而《淮南子》两次引用"传"文皆未注明乃引文。

2. 传曰：骄溢之君寡忠，口惠之人鲜信。故盈把之木无合拱之枝，荣泽之水无吞舟之鱼。根浅则枝叶短，本绝则枝叶枯。[②]

《韩诗外传》卷五

骄溢之君无忠臣，口慧之人无必信。交拱之木无把之枝，寻常之沟无吞舟之鱼。根浅则末短，本伤则枝枯。[③]

《淮南子·缪称训》

据《韩诗外传》，可知"传曰"乃指"骄溢之君寡忠，口惠之人鲜信"，《淮南子》袭用而有所改动。

3. 传曰：舜弹五弦之琴，以歌《南风》，而天下治。周公酒肴不离于前，钟石不解于悬，以辅成王，而宇内亦治。匹夫百亩一室，不遑启处，无所移之也。夫以一人而兼听天下，其日有馀而治不足，使人为之也。[④]

《韩诗外传》卷四

舜弹五弦之琴，而歌《南风》之诗，以治天下。周公殽臑不收于前，钟鼓不解于县，以辅成王而海内平。匹夫百亩一守，不遑启处，无所移之也。以一人兼听天下，日有馀而治不足，使人为之也。[⑤]

《淮南子·诠言训》

《韩诗外传》此"传曰"由排比式引用《韩非子》《尸子》和《荀子》三书而成(案：后面论述部分二书不存在袭用关系，故未列出)。于大成曰："《风俗通·声音篇》云：'《尚书》：舜弹五弦之琴，歌《南风》之诗，而天下治'，今《尚书》无此文，当出《尚书大传》，此文所本也。《韩非子·外储说左上》：'有若曰：昔者舜鼓五弦，歌《南风》之诗，而天下治'。"[⑥]《新语·无为》《礼记·乐记》《孔子家语·辨乐解》亦有相似记载。"周公"以下三句见于《尸子·分》，《群书治要》卷三六引文曰："周公之治天下也。酒肉不彻于前，钟鼓不解于悬。"[⑦]"匹夫"以下

① 张双棣《淮南子校释》，第1124—1125页。

② 许维遹《韩诗外传集释》，第188—189页。

③ 张双棣《淮南子校释》，第1128页。

④ 许维遹《韩诗外传集释》，第135页。

⑤ 张双棣《淮南子校释》，第1547页。

⑥ 于大成《淮南子校释》，台湾师范大学国文研究所博士论文，1969年，第404页。

⑦ 〔唐〕魏征等编《群书治要》，上海：商务印书馆，1936年，第622页。

五句见于《荀子·王霸篇》，其文曰："（匹夫）百亩一守，事业穷，无所移之也。今以一人兼听天下，日有馀而治不足者，使人为之也。"①

上述三例，《韩诗外传》借先秦旧籍展开议论，引用部分清晰可辨。先秦西汉不以袭用他人为嫌，若直接引用部分与无引用痕迹的论述部分皆为因袭之旧文，则"传曰"二字之存在实为赘疣，这在简帛为载体的书写时代无疑徒增新的烦恼。显然，"传曰"的显现自有其目的——作者意在借他山之石以琢己玉，议论部分乃原创当无疑问。例三虽然仅有"传曰"部分相同，但《韩非子》《尸子》《荀子》三书的被叠加式引用，似乎除了袭用之外，难以给出其他令人信服的解释。

## 四、结语

如果说《韩诗外传》和《淮南子》成书的时间差与"韩诗"传播淮南国的空间重叠为《淮南子》袭用《韩诗外传》提供了高度可能性的话，那么众多内证无疑坐实了这一推论。不能忽视的是，上述九处重见文献之外，《淮南子》和《韩诗外传》重见故事和言论尚有五处，其中"赵襄子攻中牟"故事、"极反盈损"之论、短句"使人左据天下之图而右刎喉，愚者不为也"和"舜不降席而王天下者，求诸己也"不见于先秦文献的记载，谚语"鸟穷则噣，兽穷则觡，人穷则诈"则可溯及《荀子·哀公篇》和《孔子家语·颜回》。合而言之，《淮南子》和《韩诗外传》重见文献十四处，只有故事"孔子问欹器"和谚语"鸟穷则噣，兽穷则觡，人穷则诈"可溯源及先秦文献。当然，《韩诗外传》作为韩婴之《诗》学讲义，其文献来源当由袭用旧文和个人创造两部分构成，据今存资料可以考定的《淮南子》袭用《韩诗外传》的十二则文献，不能排除其中有更早史源者，期待更多简帛文献的发现为我们解开这一谜团。

① 〔清〕王先谦《荀子集解》，第252页。

# 陶弘景《古今刀剑录》撰著渊源探微

刘　瑛[*]

**【内容提要】** 南朝梁陶弘景所撰《古今刀剑录》,是第一部记载古代刀剑的专著,为研究刀剑史提供了重要的参考。此书的撰著背景和撰著的时间,尚未得到充分的了解。本文通过梳理陶弘景参与炼丹和刀剑铸造冶炼的史料记载,探讨《古今刀剑录》的成书过程。陶弘景作为南朝齐梁间声名卓著的金属冶炼家,精于炉鼎冶炼,掌握先进的铸造技术。他曾经主持梁武帝时期由朝廷赞助的宝剑铸造活动,曾亲自参与十三口被命名为梁武帝剑的铸造。陶弘景搜索故实,回溯历代帝王刀剑的故事,撰成此书,并在书中记载了梁武帝剑的铸造,是为了以自己所制与古制并列,一同传于后世,由此也为后人留下了珍贵的资料。

**【关键词】** 南朝梁　陶弘景　《古今刀剑录》　渊源　刀剑冶炼

《古今刀剑录》一卷,南朝梁陶弘景(456年—536年)撰。弘景字通明,号华阳隐居、华阳真人,谥贞白先生,丹阳秣陵(今江苏南京)人。出身江东名门,是南朝齐、梁间著名道士。于天文历算、地理方物、金丹冶炼、医药养生、卜筮占候、兵学、冶炼铸造无所不通,著述颇丰。《梁书》卷五一、《南史》卷七六并有传。《古今刀剑录》记录了自夏禹至梁武帝历代帝王刀剑的名称、数量、尺寸、铭文、收藏地点、铸造年代等情况,是我国第一部记载刀剑的专著,为研究古代刀剑史提供了重要的参考。

陶弘景撰著此书,应与他精于炉鼎冶炼,亲自主持并参与刀剑的制作有关。齐武帝永明十年(492)陶弘景辞官,择地茅山,建立了华阳馆,用于修炼和冶炼丹药。梁武帝天监四年(505)又移居大茅山和中茅山之间的积金岭东涧建炼丹场所,受命为武帝炼丹。天监十三年(514),武帝又为他修建朱阳馆。至梁普通六年(525),曾七次开炉炼丹,并得到官方的支持,梁武帝为此供给黄金、朱砂、曾青、雄黄等矿物原料。普通六年,第七次开鼎,方宣布炼丹成功,"后合飞丹,色如霜雪,服之体轻。及帝服飞丹有验,益敬重之"。(《南史》本传)这就是按照所谓九转神丹之法炼就的九转丹。

---

* 本文作者为北京大学中文系、北京大学中国古文献研究中心副教授。

武帝天监四年至普通六年，从建冶炼场至丹炼成，历经二十余年。其间，于普通元年庚子(520)，即结束炼丹的前五年，梁武帝又命陶弘景铸剑十三口，据《古今刀剑录》"梁武帝剑"条云："梁武帝萧衍，以天监元年即位，[①]至普通中，岁在庚子，命弘景造神剑十三口。"此时正值陶弘景于茅山炼丹期间，从时间上推测，此批宝剑应为茅山冶炼场时期的作品。

当时人对古剑十分推崇。梁武帝天监五年及七年，庐陵等地曾两次获得铜剑，同时还两次获得灵龟，被当作祥瑞之兆上报，并记载于史。《梁书·武帝纪中》云："(天监五年)夏四月丙申，庐陵高昌之仁山获铜剑二，始丰县获八目龟一。(天监七年，夏四月)辛未，秣陵县获灵龟一。戊寅，余姚县获古铜剑二。"各地所报古剑迎合了武帝的喜好，或许也启发了武帝制作专属宝剑的意念。

普通元年，武帝三子梁简文帝萧纲为晋安王时，出任南徐州刺史，钦慕陶弘景才华风度，曾葛巾进见，"与谈论数日而去，简文甚敬异之"(《南史·陶弘景传》)。此年，萧纲进见陶弘景，十三口神剑亦于此年制成，萧纲也应对这批宝剑的制作有所了解。

此后武帝把自己御用的宝剑赐给了萧纲。萧纲为此作《谢敕赉方诸剑等启》，题为"敕赉"，即为其父梁武帝所赐，曰："才发紫函，雕奇溢目，始开泥检，丽饰交陈，已匹丹霞之晖，乍比青云之制，身文自贵，器用惟宜，寒暑兼华，左右相照。"[②]所受赐剑或即是为武帝特制的"梁武帝剑"。

武帝大通元年(527)，陶弘景又受令，"献二刀于高祖，其一名善胜，一名威胜，并为佳宝"。(《梁书》陶弘景本传)善胜、威胜二刀受到梁武帝的珍视，并被赐给了萧纲。萧纲曾为此作《谢敕赉善胜威胜刀启》，赞美宝刀工艺精湛，堪称与刀子之神"脱光"相比："冰锷含采，雕琰表饰，名均素质，神号脱光。五宝初成，曹丕先荷其一；二胜今造，愚臣总被其恩。锡韩非之书，未足为比；给博山之笔，方此更轻。"[③]五宝即曹操传予曹丕的宝刀，简文帝将二刀与曹操赠其子曹丕的宝刀相提并论。[④]

而据《南史》陶弘景本传所言："天监中，献丹于武帝。中大通初，又献二刀，其一名善胜，一名威胜，并为佳宝。"则二刀献于中大通初，中大通元年为

---

① 明万历程荣辑《汉魏丛书》本《古今刀剑录》"天监元年"原作"天监二年"，误。《汉魏丛书》，第748页，长春：吉林大学出版社，1992年。

② 〔唐〕欧阳询《艺文类聚》卷六〇军器部"剑"引，上海：上海古籍出版社，1982年，第1082页。

③ 《艺文类聚》卷六〇军器部"刀"引，第1085页。

④ 《艺文类聚》卷六〇军器部"刀"引魏武帝令：往岁作百辟刀五枚，适成，先以一与五官将，其余四，吾子中有不好武而好文学，将以次与之(按：曹丕于建安十六年(211)任五官中郎将，为丞相副)。《艺文类聚》，第1083页。又引《太公兵法》曰："刀子之神，名曰脱光。"《艺文类聚》，第1082页。

529年。所记时间与《梁书》不同。

王应麟《玉海》兵制剑戟刀部"梁神剑"条注云:"《陶弘景》传,大通中,弘景献二刀于武帝,一名善胜,一名威胜,并佳宝。"[①]与《梁书》所说的"大通初"和《南史》所说的"中大通初"年代略异,大通共二年,为527年及528年。

由上述记载推断,陶弘景献善胜、威胜二刀或在527年之后,应不晚于529年。从献善胜、威胜的时间来看,二刀也应该是茅山冶炼场时期的作品。

陶弘景掌握了当时最高水平的刀剑冶炼技术,制出令人惊叹、堪比古制的精良刀剑。这批刀剑受到武帝及其后代的珍视,后传至梁元帝萧绎(梁武帝第七子)之手,萧绎对此异常珍爱,嘱咐在自己的墓葬只用陶弘景制剑一口随葬,不需其他珍宝,"并陶华阳剑一口以自随,此外珠玉不入,铜铁勿藏也"。[②]

陶弘景在为梁武帝制刀剑前,还曾在萧齐时期制作了技术难度远在刀剑之上的天文仪。《南史》本传云:"又尝造浑天象,高三尺许,地居中央,天转而地不动,以机动之,悉与天相会。云修道所须,非止史官是用。"陶翊《本起录》亦载其事,云:"又作浑天象,高三尺许,地居中央,天转而地不动,二十八宿度数,七曜行道,昏明中星见伏,早晚以机转之,悉与天相会。云此修道所须,非但史官家用。"他还曾经设想制作计时漏刻,"又欲因流水作自然漏刻,使十二时轮转循环,不须守视"。[③] 萧齐之间,陶弘景所属的茅山道士集团的实力尚未雄厚,即能制作浑天象并付诸观象的实际应用,[④]为其后制作出传世精品刀剑奠定了基础。

陶弘景对此前萧齐间的官方制剑也颇为熟悉。作为制造家,更对当时宝剑的试用和品鉴十分了解。《太平御览》引陶弘景所言,记载了南齐建武时官方机构右尚方人员参与的铸剑和试剑的情况:

> 凡试刃之利钝,取中形芒数枚急束,以一发悬其杪,系于杖头,令一人执之,乃以刃一斫,芒断而发犹连。计芒多少为优劣。刘懂钹尚千牛刀,皆旧斫十三芒;又有一百炼刚刀,斫十二芒。国中惟称此为绝。而近世造神剑,斫十五芒。观其铁色青激,光彩有异,盖薛烛所谓涣如冰之将释者矣。顷来有作者十余人,皆不及此。作刚朴是上虞谢平,凿镂装治是右尚方师黄文庆,并是中国绝手。以齐建武元年甲戌岁八月十九日辛酉建于

---

① 〔宋〕王应麟《玉海》卷一五一,文渊阁《四库全书》影印本,上海:上海古籍出版社,1989年,第26页。

② 〔梁〕萧绎撰,许逸民校笺《金楼子校笺》卷二《终制篇第四》,北京:中华书局,2011年,第443页。

③ 〔南朝〕陶翊《华阳隐居先生本起录》,〔宋〕张君房辑《云笈七签》卷一〇七,济南:齐鲁书社,1988年,第590页。

④ 钟国发《陶弘景评传》,南京:南京大学出版社,2006年,第396页。

茅山，造至梁天监四年乙酉岁，敕令造刃剑形供御用，穷极精功，奇丽绝世。别有横法刚，公家自作百炼，黄文庆因此得免隶役，为山馆道士也。[①]

由这项记载可知，"齐建武元年甲戌岁"（齐明帝建武元年，494年），至"梁天监四年乙酉岁"（梁武帝天监四年，505年），朝廷在茅山建立了铸造坊，受敕令专造御用刀剑，由朝廷少府下辖机构右尚书署主持。

自齐明帝时起，右尚书署的铸造所有谢平和黄文庆两位著名的工匠负责制造刀剑。谢平是南朝齐会稽上虞（今浙江绍兴）人，精通冶炼制剑。他创造了"刚朴"法，用这种方法炼的剑十分锋利。工匠黄文庆擅长凿镂装治，即擅长制作刀鞘、刀柄及金属装具等。二人都是"中国绝手"，制作的刀剑供朝廷专用，所制神剑"穷极精功，奇丽绝世"。刚朴，一说是谢平开凿的炼钢矿石，[②]一说可能是指生铁溶液包裹熟铁而制成的钢铁。[③] 谢平是铸剑师中的顶级高手，负责剑的锻造冶铸，刚朴是一种冶炼方法或许更符合实际情况。制剑成功后，另外一名工匠黄文庆因此得以免除身份依附和服役，成为山观道士。

这个铸造所制作的宝剑，从锋利程度来讲，超过了此前晋永嘉冶炼能手刘慞的"千牛刀"。检验的方法是用一根头发系在一束芒的上端，挂在杖头上，令一人持杖，用刃部砍斫，如果芒被砍的部分断掉而系芒的发丝未断，仍系住芒的上端，就说明剑刃十分锋利。谢平等人制作的"近世神剑"，能一次斩断十五根坚韧的芒，超过了千牛刀斩断的十三根和百炼钢刀斩断的十二根的记录。

文中所说的薛烛，即《越绝书》《吴越春秋》记载的越王勾践时期的秦国相剑家，曾为勾践相纯钧之剑："王取纯钧，薛烛闻之，忽如败。有顷，惧如悟。下阶而深惟，简衣而坐望之。手振拂扬，其华捽如芙蓉始出。观其釽，烂如列星之行；观其光，浑浑如水之溢于塘；观其断，岩岩如琐石；观其才，焕焕如冰释。"[④]薛烛所称的"焕焕如冰释"，即剑的纹理观之如冰之将释。此语作为评定宝剑的术语，为陶弘景所沿用。谢平等人制作的刀剑，在陶弘景看来，可以比肩传说的名剑"纯钧"，可见他对茅山制造所作品的赞赏。

陶弘景详细记录了右尚方署在茅山建立的铸造所的制剑情况，虽未知他是否亲自参与制作，但至少对铸造机构的人员设置，剑的铸造工艺、水平和试用评定等情况非常熟悉。他还了解到铸造所曾采用当时最先进的制钢技术"横法刚"。横法刚，即百炼制钢。这种百炼钢的冶炼法，虽然也能得到较好的

---

① 〔宋〕李昉等编《太平御览》卷第六六五《道部七》"剑解"引，北京：中华书局影印，1985年，第2969—2970页。

② 杨宽《中国古代冶铁技术发展史》，上海：上海人民出版社，2014年，第255页。

③ 范文澜《中国通史》第二册，北京：人民出版社，1994年，第235—236页。

④ 李步嘉《越绝书校释》，武汉：武汉大学出版社，1992年，第266页。

钢铁，但是要经过一百多次的锻炼，非常耗费财力、人力和时间，所练成的钢数量也不可能多，因而不能广泛采用来制造生产工具，只是用来制造刀剑等重要武器。[①] 十五年之后的普通元年，陶弘景受命为梁武帝制剑，萧齐时期技术、经验的积累无疑会起到重要的参考作用。

陶弘景还曾提到用生铁、熟铁杂炼的制钢技术，宋人唐慎微著《重修政和经史证类备用本草》卷四玉石部“精铁条”注引陶弘景曰：“生铁是不破鐳枪釜之类，钢铁是杂炼生鍒作刀镰者。”[②]生指生铁，鍒指熟铁。生铁是用来做不易破碎的插销及釜等。而用生铁和熟铁掺杂在一起杂炼成的就是钢，用来制作锋利的兵器和镰刀。这是炼钢史上的一项技术发明。

陶弘景炼丹、制剑的水平在当时独步一时，杨宽在《论南北朝时期炼钢技术上的重要发明》一文中评价说，炼丹家这样讲究精炼刀剑，同时之炼丹和炼金银的过程中，运用多种不同的矿石和金属化合试验，必然会增加冶金的知识，从而提高冶金技术，这种“杂炼生鍒”的“灌钢”冶炼法，应该就是由此创造出来的。[③]

道士和教外的方士常自制刀剑，如稍晚于陶弘景的东魏北齐间的道术之士綦母怀文，据《北齐书·方伎传》记载：“綦母怀文，不知何郡人。以道术事高祖。……造宿铁刀，其法烧生铁精以重柔铤，数宿则成刚。以柔铁为刀脊，浴以五牲之溺，淬以五牲之脂，斩甲过三十札。今襄国冶家所铸宿柔铤，乃其遗法，作刀犹甚快利，不能截三十札也。怀文云：广平郡南干子城是干将铸剑处，其土可以莹刀。怀文官至信州刺史。”即用灌钢技术和淬火技术制成宿铁刀。

南朝梁的冶炼业发达，产量非常高。武帝天监十三年，在淮河浮山峡内筑坝拦淮，修筑浮山堰；天监十四年，浮山堰溃决，当时有人传说“江、淮多有蛟，能乘风雨决坏崖岸，其性恶铁”，于是武帝“引东西二冶铁器，大则釜鬵，小则鋘锄，数千万斤，沉于堰所”。(《梁书·康绚传》)为了制止浮山堰的决堤，武帝调集了东西二冶所铸的锅釜和锄具，共数千万斤沉入水底，仍无济于事。东西二冶是在建康附近的冶炼所，各设置冶令掌管。可见当时仅东西两个冶炼所的铸铁，就有数千万斤之多。在铸造业发达的基础上，精制刀剑所需的难度更高的铸造技术也得以发展。

陶弘景炼丹制剑都与朝廷有密切的关系。作为道士，陶弘景熟悉炉鼎冶炼技术。丹炉和冶铁技术相通，需要修造地坪、开通水源并引流，造屋，修井，筑坛，安炉置鼎，这些准备工作需要大量人力和物力。冶炼所需的燃料、金属

---

① 杨宽《论南北朝时期炼钢技术上的重要发明》，《历史研究》1956年第8期，第75页。

② 〔宋〕唐慎微《重修政和经史证类备用本草》卷四，叶31，《四部丛刊》影印晦明轩本。

③ 杨宽《论南北朝时期炼钢技术上的重要发明》，第75页。

矿物、纯净水，尤其是金属矿物，即使是陶弘景这样的名士和冶炼家，也无从获得，需要朝廷鼎力相助。比如制剑所需的铜，是当时国家的重要矿物资源。据《建康实录·高祖武皇帝》记载，梁武帝天监六年，“武帝舍宅造寺未成，于小庄严寺造无量寿像长一丈八尺，及铸，铜不足，帝又给功德铜三千斤。台内送铜未至像处，已见铜车到垆所，于是就冶，一灌便足，在后台司铜至，方知向来送铜灵感所至”。[①] 铸造佛像所需的铜，由官方主持调度供给。当时有专门运铜的“铜车”，直接运至垆所，用来保障佛像铸造的原料供应。

陶弘景炼丹也曾由武帝供给黄金等原材料。据《南史》本传记载：“弘景既得神符秘诀，以为神丹可成，而苦无药物。帝给黄金、朱砂、曾青、雄黄等。”铸剑也是受武帝之命而行，朝廷也应有所资助。

陶弘景作为冶炼家，这些经历都是他撰著《古今刀剑录》的背景。撰著此书的目的，据其书自序说：“夫刀剑之由出已久矣。前王后帝，莫不铸之，但以小事记注者，不甚详录，遂使精奇挺异，空成湮没，慨然有想，遂为记云。”即为不使古帝王刀剑湮没无闻而加以记载。此书着重记载了历代帝王刀剑的情况，所载刀剑无不具有精致珍奇杰出特异的特点，可以说本书对所记古刀剑的选择有好古猎奇的倾向。《梁书》本传说陶弘景：“性好著述，尚奇异，顾惜光景，老而弥笃。尤明阴阳五行，风角星算，山川地理，方图产物，医术本草。著《帝代年历》。”《刀剑录》的撰著符合其“尚奇异”的特点，且其所制宝剑的纹饰、铭文也多带有阴阳五行、风角星历等因素，如下述“梁武帝剑”。

陶弘景在茅山专属冶炼所制作刀剑的情况并没有留下详细的记载。据《古今刀剑录》“梁武帝剑”云：梁武帝普通庚子，“命弘景造神剑十三口，用金、银、铜、铁、锡五色合为之，长短各依剑术法，文曰：服之者，永治四方，并小篆书”。[②]

而《太平御览》兵部“剑”卷中所引陶弘景《刀剑录》“梁武帝剑”条，比上述所记详细得多：

> 梁武帝萧衍天监元年即位，至普通中岁在庚申，命弘景造神剑十三口。用金、银、铜、铁、锡五色合为此剑。长短各依剑洞术法，一曰凝霜，道家三洞九真，剑上刻真人玉女名字。二曰官仪，备斋六宫，有剑神名，无刃，刻官宿星，皇后服之。三曰擒光，备非常御斩刺，长三尺六寸，上刻风伯雨师形名。四曰九天，出军行师，君执授将，长五尺，金镂作蚩尤神形。五曰伐形，刻符箓道家登真图口诀，六甲神，长五尺。六曰四目，突宫闱茵

① 〔唐〕许嵩撰，张忱石点校《建康实录》卷第一七《高祖武皇帝》，北京：中华书局，1986年，第675页。

② 《汉魏丛书》本《古今刀剑录》，见《汉魏丛书》第748页。

被卧止小室幄帐中，长三尺五寸。七曰五威灵光，长二尺许，半身有刃，上刻星辰北斗、天市天魁、二十八宿，服此除百邪魑魅，去厌即伏用之。八曰风乌，有恶鸟鸣，起镇之；上有黄帝咒法，禹步形势用之。九曰司命，行刑煞罚者执之，赐万姓自裁者。十曰礼剑，生畜男子弧矢彀剑则用之。十二曰永昌，镇国安社用之，长七尺。十三曰闰剑，长六尺。所以作十三口象闰月故也。取上元甲子时加斗魁，加岁正月旦合，合之取风雷雨震，日止环偏，长八寸，文曰“服之者永治四方”，小篆文。①

此处所言“普通中岁在庚申”，普通凡六年，无庚申，误。应是《汉魏丛书》本《古今刀剑录》所言“庚子”，普通元年即为庚子。

《太平御览》所引“梁武帝剑”详细记载了十三剑每一口剑的名称、纹饰、铭文和持用者，是比今本《古今刀剑录》更早更详细的记录，十分珍贵。《御览》提到制剑数量为十三口的原因，是因为要用十三来“象闰月”，即象征历法中的包括闰月在内的十三月之数。

宋吴淑撰注《事类赋注》亦云：“《刀剑录》曰：梁武帝命弘景造神剑十三口，以象闰月也。”②吴淑是《太平御览》的编纂者之一，应曾亲见《御览》所据之《刀剑录》古本。

《玉海》卷一五一兵制剑戟刀部“梁神剑”亦云：“《刀剑录》梁武帝命陶弘景造神剑十三，以象闰月。”③

《南史·梁本纪·武帝上》记载：“（梁武帝十二年），新作太极殿，改为十三间，以从闰数。”由此可见梁武帝对用十三之数效法闰月历数的做法颇为重视，也从侧面佐证了《太平御览》所记铸十三口剑象征闰月的可靠性。仅就此“梁武帝剑”来看，古本的面貌和今本有不小的差异。

《古今刀剑录》没有留下撰著年代的线索，从书中所记梁武帝普通元年(520)弘景亲制“梁武帝剑”来看，著作年代当在520年之后。

《汉魏丛书》本及《太平御览》本《古今刀剑录》此条均称“梁武帝”，《太平御览》所引则直称其名为“萧衍”不讳。后人因《古今刀剑录》预称萧衍谥号为武帝而怀疑此书真伪。《四库总目提要》云：“弘景先武帝卒，而帝王刀剑一条乃预著武帝谥号，并直斥其名，尤乖事理。疑其书已为后人所窜乱，非尽弘景本文。”

然而《四库总目提要》又云：“然考唐李绰《尚书故实》引《古今刀剑录》云，

---

① 《太平御览》卷三四三《兵部七十四》“剑”部，第1579页。

② 〔宋〕吴淑撰注，冀勤等点校《事类赋注》卷一三《服用部二·剑》，北京：中华书局，1989年，第290—291页。

③ 《玉海》卷一五一《兵制》，26页。

自古好刀剑多投伊水中，以禳膝人之妖。与此本所记汉章帝铸剑一条，虽文字小有同异，而大略相合。则其来已久，不尽出后人赝造。或亦张华《博物志》之流，真伪参半也。”

《总目》说唐李绰《尚书故实》曾引用《古今刀剑录》汉章帝铸剑条，可见此书传世已久。《太平御览》等类书亦屡引此书。纵观全书内容，《提要》所云“则其来已久，不尽出后人赝造”，应该说是恰当的。

陶弘景一生著述颇丰，生前撰著而未竟之书约达十部，去世后为其弟子所得。《南史》本传云：“所著《学苑》百卷、《孝经》《论语集注》、《帝代年历》、《本草集注》、《效验方》、《肘后百一方》、《古今州郡记》、《图像集要》及《玉匮记》、《七曜新旧术疏》、《占候》、《合丹法式》，共秘密不传，及撰而未讫又十部，唯弟子得之。”《古今刀剑录》或为其未讫之书中的一部。

陶弘景卒后，其未竟之《刀剑录》由弟子续其前作。萧衍卒于 549 年，谥为武，书中记其谥号，并不讳其名，可见此书于 549 年后又有续作。此书当是经后人依托陶弘景之名增益而成，并非成于陶弘景一人之手。传至北宋初，《太平御览》编者尚可见其早期传本并载录书中。传至明代则渐为脱漏残缺。今虽不复见其原本，借由《御览》，仍可窥见其早期面貌之一斑。

道家本就与刀剑有不解之缘，唐李绰《尚书故实》说：“梁陶贞白所著《太清经》，一名《剑经》。凡学道术者，皆须有好剑、镜随身。又说干将、莫耶剑，皆以铜铸，非铁也。”[①]可见陶弘景又曾著《剑经》一书，今佚。道家修行者随身携带剑、镜，作为道士随身携带防身及道教斋醮仪式上所使用的法器，用于敕召神将、破狱度亡、驱邪镇魔等法术。

后人亦有以陶弘景所献善胜、威胜二刀为其自带之宝刀，并颇有神异之处，“贞白隐居贝都山中。尝畜二刀。一名善胜。一名宝胜。往往飞去。人望之，如二条青蛇”。[②]可见陶弘景于宝刀宝剑渊源之深。

梁武帝于天监三年(504)下诏舍事道法，皈依佛教，大肆修筑佛寺，据《南史·郭祖深传》云：“都下佛寺五百余所，穷极宏丽。僧尼十余万，资产丰沃。所在郡县，不可胜言。”仅制造佛像一项，就靡费不已，据《南史》武帝本纪记载：“大同三年夏五月癸未，幸同泰寺，铸十方金铜像，设无碍法会。”因武帝笃信佛教，道教受到很大的挤压，处境堪忧。陶弘景虽因梁武帝宠信有“山中宰相”之名，但也深切感受到武帝崇佛带来的压力，遂受戒皈依，名为胜力菩萨，佛道双修。天监十一年(512)陶弘景声称：“曾梦佛授其菩提记云，名为胜力菩萨。乃诣鄮县阿育王塔自誓，受五大戒。”(《南史》本传)以此取悦迎合武帝。他炼制

---

① 〔唐〕李绰《尚书故实》，罗宁点校《大唐传载(外三种)》，北京：中华书局，2019 年，第 134 页。

② 〔宋〕李昉等编《太平广记》卷二三一《器玩三·陶贞白》，北京：中华书局，1961 年，第 1769 页。

金丹，精冶刀剑，也是为了迎合武帝，纾解道教面临的困境，为道教拓展生存空间，并与武帝保持良好关系。

陶弘景受敕命为梁武帝炼丹，亦受命为梁武帝制刀剑，二事相继而行，有所关联。作为当时杰出的制作家，陶弘景所制十三口宝剑，为传世精品。他回溯历代帝王刀剑，搜索故实，并以自己所制与古制并列，载于《古今刀剑录》，传于后世。

陶弘景雅人深致，潜心于考究古今名物，“一事不知，以为深耻”（《南史》本传）。他致力搜集历代帝王刀剑，撰著《古今刀剑录》，或有情节离奇之处，如夏禹、夏启等刀剑，于史无稽，未必属实，反映了作者崇古尚奇的心理。

历代宝刀剑地位尊崇，尤其帝王所拥有的刀剑，更是有很多奇幻瑰丽的传说。《列子》《越绝书》《吴越春秋》《史记》等就记载了各种帝王刀剑的神奇故事。《古今刀剑录》依托历史上的传说，所记刀剑，如汉高祖斩蛇剑等，据史载帝王刀剑传说而成，并非凭空虚撰，海客瀛谈。

与陶弘景友情深厚的沈约，在其《为东宫谢敕赐孟尝君剑启》说：“田文重气徇名。四豪莫及。宝剑雄身。故能威陵秦楚。人高事远，遗物足奇，谨加玩服，以深存古之怀。”[1]或许可以以此概括陶弘景撰著《古今刀剑录》的情由，陶弘景因崇古慕古而怀古存古，撰著刀剑专著，为的是给后世留下珍贵的记录。

① 《艺文类聚》卷六〇《军器部》“剑”引，1082 页。

# 明《博闻类纂》实出于《琐碎录》考
## ——兼探宋元时期《琐碎录》的不同面貌

陈晓兰*

**【内容提要】** 明商濬编刻的《博闻类纂》是一部日用类书，未为世人所重。本文对《博闻类纂》的编刻予以考察，将其与宋《琐碎录》明抄残本以及他书引录材料进行比较、分析，认为此书实出于宋《琐碎录》，虽于其个别门类和部分条目有所阙略，然尚保存其五分之四左右的内容，并从中发现《四库存目》著录的陈日华《诗话》《谈谐》正是从《琐碎录》相应二门抄出之书；且商濬所据之本，可能比目前所见三种明抄残本更接近《琐碎录》宋刻原本面貌。结合《博闻类纂》的内容，笔者对宋元时期《琐碎录》的不同面貌也试作探讨。

**【关键词】** 商濬 《博闻类纂》 《琐碎录》

南宋《琐碎录》的成书情况比较复杂。[①] 高宗绍兴中期温革撰有《琐碎录》，共计四百余条，悉论物理。孝宗淳熙后期至光宗绍熙初年间，陈晔通判通州时得到温革之书，效而续撰。经过十余年时间，宁宗庆元末嘉泰初之后成书，内容几近温革之书的十倍，书名曰《续琐碎录》。开禧、嘉定年间，温、陈二书合编而成的《琐碎录》二十卷，已刊刻传世。元人据宋本刊刻《分门琐碎录》二十卷，亦简称《琐碎录》，凡三十门，每门之下又细分类目，辑录并记载了丰富的治己、治家、莅官、农艺、牧养、饮食、医药、起居、风俗、器用等方面的经验和知识。此书在明代颇有流传，清初以后鲜见著录，可知流传日稀。今仅存四种明抄残本《分门琐碎录》：1、上海图书馆所藏一册（简称上图本），无卷目，分“农桑”“种艺”“禽兽”“虫鱼”“牧养”“饮食”六门，其内容在中国农学史上具有重要价值，为学界所重。2、张如安在宁波大学图书馆新发现的明嘉靖二十六年俞弁抄本一册（简称宁大本），亦无卷目，分“摄养”“医药”“诸疾”三门，从其抄写格式和

---

* 本文作者为北京大学中文系、北京大学中国古文献研究中心副教授。

① 见拙文《〈琐碎录〉成书考》，《北京大学中国古文献研究中心集刊》第十九辑，北京：北京大学出版社，2019 年，第 177—193 页。

收藏情况来看“与上图所藏本很可能皆据同一套书抄录”①。3、中国国家图书馆所藏二册三卷(简称国图本),第一册为卷一“治己”“治家”“莅官”三门,有残损;第二册为卷二“农桑”“种艺”“禽兽”“虫鱼”“牧养”五门以及卷三“饮食”一门,与上图本内容相同且具有同源性,而文字情况远胜上图本。4、王利器所藏一册三卷(简称王氏藏本,笔者未见),卷一七至卷一九,为“藏贮”“旅寓”“阴阳”三门。从其卷末所录明都穆、邢参跋中可知,此本源于元刊本②。这四种明抄残本保存了《分门琐碎录》全书三十门中的十五门内容,此外尚有不少佚文材料见于他书引录。

明万历年间,商濬编刻日用类书《博闻类纂》二十卷,对其内容来源并无说明。笔者将《博闻类纂》与《琐碎录》明抄残本以及他书引录《琐碎录》的材料相比较,并加以梳理和分析,认为此书实出于《琐碎录》,虽于其个别门类和部分条目有所阙略,然尚保存其五分之四左右的内容;且商濬所据之本,可能比目前所见三种明抄残本(上图本、宁大本和国图本)更接近《琐碎录》宋刻原本面貌。因此在一定程度上,《琐碎录》可谓是郑樵《通志·校雠略》所称“名虽亡而实不亡”之书。《博闻类纂》一书,对《琐碎录》的进一步整理、研究和利用无疑具有重要价值。

## 一、《博闻类纂》的编刻

商濬,一名维濬,字景哲,浙江会稽(今浙江绍兴)人。万历年间商濬刊印了大量书籍,其中以半野堂本《稗海》《续稗海》最为知名,另有《徐文长三集》、《两朝平攘录》、《阳明先生道学抄》、《西湖游览志》《志余》以及《水陆行程》等。所刻《博闻类纂》二十卷,分门别类地辑录日常所需的各种知识,共二十六门:卷一治己、治家、莅官,卷二农桑、种艺、牧养,卷三饮食,卷四摄养,卷五至卷九医药(一至五),卷一〇方术,卷一一器用,卷一二风土、风土杂记、艺文,卷一三诗话、谈谐,卷一四广知,卷一五灵异、正辨,卷一六杂伎,卷一七物理,卷一八藏贮,卷一九旅寓、谚语,卷二〇阴阳、杂占。各门之下,大多又分出小类,门类详见下文附表1。

---

① 张如安《新见明抄本〈分门琐碎录〉“医药类”述略》,《宁波大学学报(人文科学版)》2015年第3期,第43—46页。

② 王利器《陈晔〈琐碎录〉跋尾》,《中华文史论丛》(第五十六辑),上海:上海古籍出版社,1998年,第61—70页。王氏称“其详目为:卷之十七,藏贮:《香茶》、《毳衣》、《木果》、《醯醢》、《鱼肉》、《药材》、《杂贮》。卷之十八,旅寓:《旅寓》,《谚语》。卷之十九,阴阳:《阴阳》,《杂占》”,后又举《香茶》、《毳衣》、《木果》、《醯醢》、《鱼肉》、《药材》、《杂贮》、《旅寓》、《谚语》、《阴阳》、《杂占》为十一门。因未能目验,姑据其所述详目,作“藏贮”“旅寓”“阴阳”三门。而据《博闻类纂》分门,疑其“谚语”与“杂占”亦各为一门。今难以判断此本与其他三种明抄残本是否具有同源关系。

商濬《博闻类纂》二十卷，著录于《澹生堂藏书目》①、《千顷堂书目》②、《明史·艺文志》③等明清书目，但各种著作少有征引，可知并未见重于世。今日本前田育德会尊经阁文库藏有明刻本八册二十卷（笔者未见），杭州图书馆藏有明刻残本一册（存卷一，简称杭图本），日本公文书馆内阁文库藏有江户抄本四册二十卷（简称内阁文库本），日本东北大学附属图书馆狩野文库藏有江户抄本十册二十卷（笔者未见）。

杭图所藏明刻残本，存卷一，半叶九行，行二十字。白口，单鱼尾，四周单边。框高 21 厘米，广 14.2 厘米。版心镌有书名、卷数和页码，第九、十、二十六叶的版心下方镌有刻工姓名“赵仁”与字数。卷端首题“博闻类纂卷第一”，次三行分署“会稽商濬景哲校辑”“钮承芳汝实”“陈汝元起侯同校”，尾题“博闻类纂卷第一”。分门标目低两格，门下分类标目低三格，各条目首行顶格，次行起低一格。文字多有讹误，刊刻质量不高。如首叶“无事乃真全”、第十三叶“宋侍中谢弘徵”、第十五叶“妻拏多责骂”，分别为“筌”、“微”、“孥”之误。卷端钤有“敦”“乐琴书”等印。

内阁文库本四册二十卷，抄写行款、格式与杭图本同。除了有部分形近误字和阙字之外，较完整地保存了明刻本的面貌。值得注意的是，杭图本中的个别误字，内阁文库本中不误，如杭图本首叶“以礼义自待”、第六叶“颜氏家训曰常愿得蔬食以当肉”、第十九叶“薛简萧公”、第二十叶“鲁萧简公”，内阁文库本分别作“持”、“颜阖之言”、“肃”、“肃”。或因内阁文库本在传抄过程中已有校改，或因其祖本与杭图本不是同一印本。各册钤有“绿天书屋”“述斋衡新收记”“林氏藏书”“听雨”“昌平坂学问所”“浅草文库”诸印，可知是日本大学头林衡（1768—1841，号述斋）旧藏，后递藏于昌平坂学问所、浅草文库、内阁文库。

内阁文库本卷首有商濬《博闻小引》，之后为“博闻类纂目录”，列出各卷分门及门下分类之目④。

《博闻小引》曰：

> 锦绣文身、肥甘适口是矣，为世俗所尚。余⑤曰：不然。绮罗千重，裹里以布；食前方丈，庀先以蔬。见市廛中书籍充栋，林林总总，不曰⑥圣学渊源，则曰经世伟略，大都锦绣肥甘，何异？然而燕居家飦时多，盛装肆席

---

① 〔明〕祁承㸁《澹生堂藏书目》“子部三·类家·小纂”著录“《博闻类纂》二十卷，八册，商濬”，收入《澹生堂读书记 澹生堂藏书目》，上海：上海古籍出版社，2020 年，第 583 页。

② 〔清〕黄虞稷《千顷堂书目》卷一五“类书类”，上海：上海古籍出版社，第 399 页。

③ 〔清〕张廷玉等《明史》卷九八《艺文志》“子类·类书类”，北京：中华书局，1974 年，第 2450 页。

④ 杭图本无卷首《博闻小引》与目录。本文所据《博闻类纂》，如无说明则为内阁文库本。

⑤ “余”，原作“佘”，据文义迳改。

⑥ “曰”，原作“口”，据文义迳改。

时少，则布之蔬不免，亦何异？之辑也，入事繁多，列名琐屑，然而貂冠暨青衿皆须之也。须之也，是故梓之。遇益心身则书，遇益周知则书，不亦愈于艳词丽曲之刻哉？此又观者之亮。

会稽商濬书于半野堂

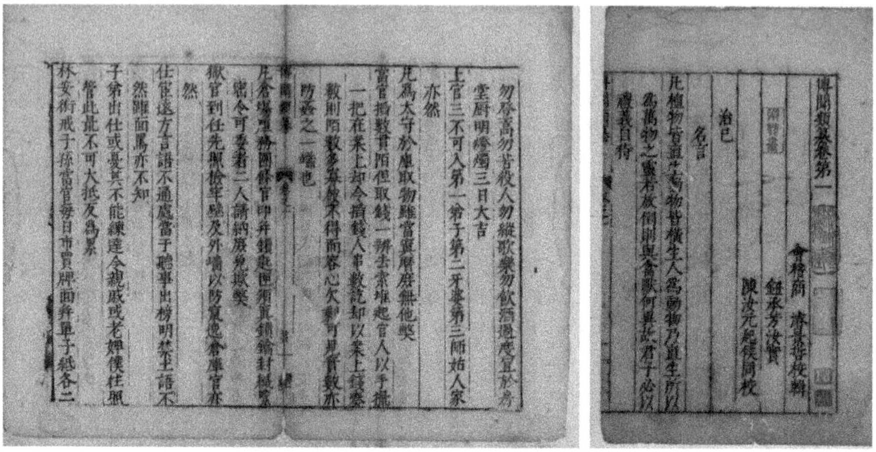
博聞類纂卷第一
會稽商 濬景哲校輯
鈕承芳汝賁
陳汝元起侯同校

**杭州图书馆藏《博闻类纂》明刻残本（存卷一）书影**①

文中并未记述其编刻详情，仅称此书虽“入事繁多，列名琐屑”，然为上至显贵官宦下至普通学子日常所需，故予刊行。从卷端题署来看，此书为商濬“校辑”，钮承芳与陈汝元二人“同校”。根据《稗海大观》（即《稗海》初印本）的万历三十年（1602）商濬序、凡例和编校姓氏，商濬半野堂刊刻《稗海》时多从会稽钮石溪世学楼借书，陈汝元撰有“凡例”，并与钮承芳分别参与“分校”与“同校”②。陈汝元，山阴（今浙江绍兴）人，为万历二十五年举人，三十五年任易州知州，四十一年任清涧知县，四十五年赴延绥城堡厅同知任。撰有传奇《金莲记》等，并刊刻书籍。除《稗海》之外，陈氏还参与了万历二十八年商濬所刊《徐文长三集》的编校。③ 从中推测，《博闻类纂》很可能也是在这段时期即万历三十年前

---

① 杭州图书馆古籍部金新秀老师及其同事们为笔者阅览杭图本提供热情帮助和专业服务，特致谢意。

② 据《稗海大观》（即《稗海》初印本）首册万历三十年（1602）商濬序、陈汝元“凡例”和编校姓氏等，“分校”为商濬及陈汝元二人，“同校”为谢伯美及钮承芳，郑氏称“承芳殆亦世学之裔也”，见郑振铎《西谛书话》“劫中得书续记·《稗海大观》”，北京：三联书店，第306—308页。

③ 参见吴书荫《明代戏曲家陈汝元考略》，《汤显祖及明代戏曲家研究》，上海：复旦大学出版社，2018年，第270—277页。

后刊刻于会稽半野堂。[1]

## 二、《博闻类纂》实出于《琐碎录》

根据《博闻类纂》与明抄残本《琐碎录》及其各种文献所征引的佚文材料之间的比较，可以看到《博闻类纂》和《琐碎录》在门类划分和条目内容上具有高度相似性，故推知《博闻类纂》实出于《琐碎录》，而后者的个别门类与部分条目在《博闻类纂》中有所阙略。

### （一）《博闻类纂》与明抄残本《琐碎录》对应的十四门类及其条目内容

《博闻类纂》的十四门与明抄残本《琐碎录》的门类名称相同：治己、治家、莅官、农桑、种艺、牧养、饮食、摄养、医药、藏贮、旅寓、谚语、阴阳、杂占，其中“牧养”门对应后者“禽兽”“虫鱼”“牧养”三门，“医药”门对应后者“医药”“诸疾”二门，“谚语”门、“杂占”门分别对应后者“旅寓”门、“阴阳”门下小类，故其十四门实可与后者十五门相对应，参见附表1。

**附表1 《博闻类纂》与明抄残本《分门琐碎录》门类对照表**

<table>
<tr><th colspan="3">《博闻类纂》</th><th colspan="3">明抄残本《分门琐碎录》</th></tr>
<tr><th>卷次</th><th>门（括标条目数）</th><th>类</th><th>卷次</th><th>门（括标条目数）</th><th>类（括标类下分目）</th></tr>
<tr><td rowspan="3">卷一</td><td>治己（70）</td><td>名言、善行</td><td rowspan="3">卷一（国图本）</td><td>治己（约 90[2]）</td><td>□□、接物</td></tr>
<tr><td>治家（68）</td><td>正始、教子、治生、家法、睦亲、杂说</td><td>治家（72）</td><td>家法、教子、睦亲、生业、杂说</td></tr>
<tr><td>莅官（97）</td><td>政规、治术、防闲、箴戒</td><td>莅官（109）</td><td>规训、政治、关防、驭吏、箴戒</td></tr>
</table>

① 万历三十年之后，商濬多刻书于武林继锦堂，如万历三十四年刊《两朝平攘录》、三十七年刊《阳明先生道学抄》、四十七年刊《西湖游览志》《志余》。马孟晶认为“系于继锦堂之下者多印于万历二十年之后，所以很可能半野堂是商濬在会稽的书坊，继锦堂则是到杭州后的刊刻堂号”（《名胜志或旅游书——明〈西湖游览志〉的出版历程与杭州旅游文化》，《新史学》二十四卷四期，2013年12月，第109页）。

② 因国图本“治己”门个别残阙条目析分难以判断，故无法计算条目的准确数量。

续表

<table>
<tr><td colspan="3">《博闻类纂》</td><td colspan="3">明抄残本《分门琐碎录》</td></tr>
<tr><td>卷次</td><td>门(括标条目数)</td><td>类</td><td>卷次</td><td>门(括标条目数)</td><td>类(括标类下分目)</td></tr>
<tr><td rowspan="11">卷二</td><td rowspan="3">农桑(82)</td><td rowspan="3">耕种总论、谷、麦、麻、豆、桑附蚕柘</td><td rowspan="11">卷二(国图本)</td><td rowspan="3">农桑(70)</td><td>谷麦(耕种总说、五谷总论、谷、麦、种麦法)</td></tr>
<tr><td>麻豆(麻、大小豆)</td></tr>
<tr><td>桑柘(桑、种桑法、柘、养蚕法)</td></tr>
<tr><td rowspan="5">种艺(254)</td><td rowspan="5">竹、木、花、果、菜、种杂植法</td><td rowspan="5">种艺(259)</td><td>竹(种竹法、竹杂说)</td></tr>
<tr><td>木(木总说、种木法、接木法、木杂法)</td></tr>
<tr><td>花(花卉总说、种花法、接花法、浇花法、花木忌、杂说)</td></tr>
<tr><td>果(果木总说、种果木法、接果木法、治果木法[2]、果木忌、杂说[3])</td></tr>
<tr><td>菜(菜总说、种菜法、种杂植法、杂说)</td></tr>
<tr><td rowspan="3">牧[1]养(91)</td><td rowspan="3">禽、兽、虫鱼</td><td>禽兽(24)</td><td>禽(鹤、雁、诸禽)[4]、虎、驼[5]</td></tr>
<tr><td>虫鱼(26)</td><td>虫、鱼、蟹</td></tr>
<tr><td>牧养(53)</td><td>鸡、鹅鸭、马、羊、猪、犬猫、杂说、医兽</td></tr>
<tr><td>卷三</td><td>饮食(37)</td><td>曲[6]蘖、酝酿、烹饪</td><td>卷三(国图本)</td><td>饮食(41)</td><td>曲蘖、酝酿、烹饪</td></tr>
</table>

1. “牧”,目录原作“收”,据正文标目改。
2. 国图本目录原作“治果法”,据正文标目改。
3. 国图本目录阙,据正文标目补。
4. 上图本无“禽”类,分作“鹤”“雁”“诸禽”三类。
5. 国图本目录“虎”“驼”录于“禽”类下,有误。
6. “曲”,目录原误作“麹”,据正文标目改。

续表

| 《博闻类纂》 | | | 明抄残本《分门琐碎录》 | | |
|---|---|---|---|---|---|
| 卷次 | 门(括标条目数) | 类 | 卷次 | 门(括标条目数) | 类(括标类下分目) |
| 卷四 | 摄养(140) | 议论、保炼、要诀、正心法、搬运法、握固法、服食、禁忌、前贤禁诫、杂说 | (宁大本[2]) | 摄养(135) | 议论、保炼、要诀、正心法、搬运法、握固法、服食、禁忌、前贤禁诫、杂说 |
| 卷五 | 医药一(262) | 论议、修制、辨伪、反恶、解毒、诸风 | | 医药(239) | 察脉、服饵[3]、修制、辨伪、反恶[4]、治药毒、治食毒、治蛊毒、杂说 |
| 卷六 | 医药二(208) | 伤寒、痰嗽[1]、泻痢、痔漏、中暑、疮肿附痤疿、积聚、隔气、疟疾、肿疾、黄疸、诸劳 | | 诸疾(48) | 风、伤寒、感冒、中暑、诸劳 |
| 卷七 | 医药三(218) | 头目、乌髭、脾胃附心[5]、心肾、口齿 | | | |
| 卷八 | 医药四(222) | 咽喉、鱼鲠、鼻衄、呕吐、痟渴、吞物、酒醒、水虫、脚气、手足、血气、汤火、针灸[6]、折伤、盗汗、咳嗽 | | | |
| 卷九 | 医药五(273) | 妇人、小儿、虫豸伤、犬马伤、寸白虫、杂治、杂说 | | | |
| 卷一〇 | 方术(258) | 治疾、虫兽、蚊蚋、蚤虱、杂法 | | | |
| 卷一一 | 器用(147) | | | | |

① 目录原作“疾饮”,据正文标目及条目内容改。

② 宁大本“摄养”“医药”二门有错页,条目有所淆乱,可据《医方类聚》所引《琐碎录》、《博闻类纂》校正。

③ 宁大本因错页而误置于“摄养”门下。

④ 宁大本标目误作“及恶”且误录于此前条目正文之下。

⑤ 目录原作“心附”,据正文标目改。

⑥ 目录原作“针艾”,据正文标目及条目内容改。

续表

| 《博闻类纂》 | | | 明抄残本《分门琐碎录》 | | |
| --- | --- | --- | --- | --- | --- |
| 卷次 | 门(括标条目数) | 类 | 卷次 | 门(括标条目数) | 类(括标类下分目) |
| 卷一二 | 风土[1](52) | | | | |
| | 风土杂记(13) | | | | |
| | 艺文(53) | | | | |
| 卷一三 | 诗话(47) | | | | |
| | 谈谐(65) | | | | |
| 卷一四 | 广[2]知(163) | | | | |
| 卷一五 | 灵异(64) | 异事、神鬼、恶报、后身、杂事、杂说 | | | |
| | 正辨(58) | 辨误、字误、事误、辨证、辨物、杂说 | | | |
| 卷一六 | 杂伎(133) | 裱背、碑刻、笔墨、纸、油漆、烛、杂法 | | | |
| 卷一七 | 物理(148) | | | | |
| 卷一八 | 藏贮(176) | 香茶、毳衣、木果、醯醢[3]、鱼肉、药材、杂贮 | 卷一七(王氏藏本) | 藏贮 | 香茶、毳衣、木果、醯醢、鱼肉、药材、杂贮 |

① "土",目录原作"上",据正文标目改。

② "广",目录原阙,据正文标目补。

③ 目录原作"醢醯",据正文标目改。

续表

| 《博闻类纂》 | | | 明抄残本《分门琐碎录》 | | |
|---|---|---|---|---|---|
| 卷次 | 门（括标条目数） | 类 | 卷次 | 门（括标条目数） | 类（括标类下分目） |
| 卷一九 | 旅寓（12） | | 卷一八（王氏藏本） | 旅寓 | 旅寓、谚语（81） |
| | 谚语（48） | | | | |
| 卷二〇 | 阴阳（29） | | 卷一九（王氏藏本） | 阴阳 | 阴阳、杂占 |
| | 杂占（130） | | | | |
| 全书二十卷，分二十六门，共 3618 条 | | | 原书二十卷，分三十门 | | |

今将《博闻类纂》对应的十四门类及其条目内容，与明抄残本《琐碎录》加以比较。[1]《博闻类纂》卷一“治己”“治家”“莅官”三门，与国图本《琐碎录》卷一分门相同，门下分类有异。各门条目大致见于后者对应的三门[2]，而后者各门分别有 16 条[3]、9 条和 13 条不见于《博闻类纂》。[4] 卷二的“农桑”“种艺”门与《琐碎录》卷二分门相同，门下分类略有不同；“牧养”门对应于后者“禽兽”“虫鱼”“牧养”三门，三门各有分类。《博闻类纂》门下各类不再分目，而《琐碎录》“农桑”“种艺”“禽兽”门的类下又分出细目。《博闻类纂》“农桑”“种艺”门分别有 1 条不见于《琐碎录》；而后者“农桑”“种艺”“禽兽”“牧养”门分别有 3 条、6 条、1 条和 13 条[5]不见于《博闻类纂》对应各门。卷三“饮食”门，与《琐碎录》卷三门类相同，条目内容皆见于后者，且次序先后亦同。后者有 5 条不见于《博闻类纂》。卷四“摄养”门，与宁大本《琐碎录》门类相同。有 1 条不见于后者，后者有 12 条不见于《博闻类纂》。卷五至卷九“医药”（一至五）门的大量条目

① 因二书条目分合有异，不能仅比较各门条目总数多寡，故比较二书条目内容后各举出入条目的数量。

② 国图本的“治己”门有四条文字全阙，“治家”门脱一叶，《博闻类纂》与之对应条目不计入其中，详见下述。

③ 国图本中文字全阙的条目不计入其中。

④ 以未见的完整条目计数，部分文字未见或有异的条目不计入其中。

⑤ 《琐碎录》“牧养”门的这 13 条中，有部分条目见于《博闻类纂》其他门目，如“《抱朴子》：韩子治……”“恶马咬人……”“使恶马善……”见于卷九“医药五”，“象赶人……”“象畏老鼠”见于卷一〇“方术”。

虽不见于宁大本"医药""诸疾"二门，但见于《医方类聚》所引《琐碎录》内容，[①]可知宁大本仅抄录了《琐碎录》"医药""诸疾"二门的一部分内容，且有错乱。卷一八至卷二〇"藏贮""旅寓""谚语""阴阳""杂占"五门，与王氏藏本《琐碎录》卷一七至卷一九的"藏贮""旅寓"(旅寓、谚语)、"阴阳"(阴阳、杂占)相对应，因笔者未见王氏藏本而无法全面比勘。其中"藏贮"门的门类二者相同；"谚语"门 48 条，全部见于王氏藏本卷一八"谚语"类，条目次序先后亦同，[②]后者有 33 条不见于《博闻类纂》。而《永乐大典》残卷引录的"温革《琐碎录》"条目中，有 5 条见于《博闻类纂》的"藏贮"门，各有 1 条分别见于"阴阳""杂占"二门，参见附表 2。

比较上述二书对应门类的内容，《博闻类纂》除"医药"门之外的条目，[③]仅有 3 条不见于《琐碎录》对应各门(原因详见下述)，而《琐碎录》的条目在《博闻类纂》的对应各门中则大多有所阙略。其中《博闻类纂》"谚语"门 48 条，较之《琐碎录》阙略 33 条，于上述各门中所阙条目数量最多、比例最高，而二者条目编次先后完全一致。所阙的这些条目，从编次和材料来源看不出明显规律与特征，很可能是出于商濬的删略，但也不能完全排除商氏所据之本原有阙略的可能。

二书个别条目分合有异，如《博闻类纂》卷六"医药二・伤寒"仅录 1 条长文，《琐碎录》抄作 9 条；卷一"治己・善行"中"心欲小而志欲大，智欲圆而行欲方，能欲多而事欲鲜"与"信者行之基，行者人之主，人非行无以成，行非信无以立"两条，《琐碎录》"治己・□□"中抄作 1 条。

二书个别条目文字内容上的差异，有的是因各自在传抄、传刻过程中出现讹误和改易所致，故可据以互校。如上文所述《博闻类纂》卷一中的"无事乃真全"、"宋侍中谢弘徵"、"妻拏多责骂"，据国图本卷一分别当作"筌"、"微"、"孥"。而明抄残本《琐碎录》中的讹误、脱衍，尤其是国图本卷一的残阙和脱叶内容，亦可据《博闻类纂》加以校补、校正。[④] 如国图本卷一，"治己"门有四条文字全阙，《博闻类纂》卷一"治己"门中不见于国图本的两条("无忽片善，无惮小劳"、"修身莫若敬，避强莫若顺")当在其中；"治家"门所脱一叶内容("食口既众……须似粪箕[⑤]")，可据《博闻类纂》校补。

商濬编刻《博闻类纂》，除了删略《琐碎录》部分条目，很可能对其条目中的

---

① [朝鲜]金礼蒙等《医方类聚》，北京：人民卫生出版社，1981 年。

② 《陈晔〈琐碎录〉跋尾》引录其文。

③ 因宁大本"医药""诸疾"仅抄录原书一部分内容，故无法与《博闻类纂》对应的"医药"门条目全面比较。

④ 笔者另撰《中国国家图书馆所藏明抄残本〈分门琐碎录〉卷一校证》。

⑤ "箕"，内阁文库本原作"其"，据杭图本改。

个别字句也有所删改。如《琐碎录》卷一“治家·生业”第 13 条的句末注文“课钱头,质库尾”,卷二“农桑·谷麦”首条自“深耕勤种”以下文字、“种艺·木·种木法”第 2 条自“然枣鸡口”以下文字,皆不见于《博闻类纂》的对应条目,或为商氏所删略。又如《琐碎录》卷二“农桑·桑柘·桑”第 4 条中“三日上可,四日杀我”,[①]宋《种艺必用》[②]、《岁时广记》引《博闻录》[③]与和刻本《事林广记》[④]中,“上可”作“尚可”,余无异文;元西园精舍本[⑤]、椿庄书院本[⑥]、后至元郑氏本《事林广记》[⑦]、《居家必用事类全集》[⑧]作“三日犹尚可,四日愁杀我”;而《博闻类纂》卷二“农桑·桑”第 7 条作“三日雨尚可,四日苦杀我”,与他书皆不同,或即出于商氏增改。总的来看,《博闻类纂》对《琐碎录》原有文字改动并不多,宋人所称“京师”“本朝”等字样亦予以保留,如“治家·睦亲”第 3 条中仍作“本朝范文正公”。

至于二书有的条目文字内容的差异,则很可能是由于《博闻类纂》所据之本与明抄残本《琐碎录》的祖本面貌有所不同的缘故,详见下述。

### (二)不见于明抄残本《琐碎录》的《博闻类纂》十二门类及其条目内容

上述十四门之外,《博闻类纂》尚有十二门类不见于《琐碎录》残本:方术、器用、风土、风土杂记、艺文、诗话、谈谐、广知、灵异、正辨、杂伎、物理。而各种文献中有大量标引《琐碎录》的佚文材料,正与这十二门中的条目内容相同,可知《博闻类纂》的这些门类内容亦出自《琐碎录》。

南宋孙奕《履斋示儿编》、周守忠《养生月览》与《养生类纂》、陈元靓《岁时

---

① “杀我”二字,国图本原脱,据上图本补。

② 〔宋〕吴怿撰,〔元〕张福补遗,胡道静校录《种艺必用》,北京:农业出版社,1963 年,第 20 页。原书久佚,胡氏从《永乐大典》残本辑录。

③ 〔宋〕陈元靓《岁时广记》卷一八“占桑柘”,清《十万卷楼丛书》本。

④ 〔宋〕陈元靓《事林广记》庚集卷三“农桑门”,《和刻本类书集成》第一辑第一册,上海:上海古籍出版社影印和刻本,1990 年,第 345 页。和刻本即日本元禄十二年(1699)刊本,据元泰定二年(1325)本翻刻,被认为较多地保留了《事林广记》早期刊本的面貌。

⑤ 〔宋〕陈元靓《事林广记》前集卷一二“农桑类·下(笔画模糊,似“下”或“少”字,据条目文义当作“卜”)桑法”,日本公文书馆内阁文库藏元至顺西园精舍本。

⑥ 〔宋〕陈元靓《事林广记》前集卷一二“农桑类·下桑法”,《续修四库全书》影印元至顺椿庄书院本,子部第 1218 册,第 302 页。

⑦ 〔宋〕陈元靓《事林广记》甲集卷下“农桑类·下桑法”,北京:中华书局影印元后至元六年(1340)郑氏积诚堂本,1999 年,第 17 页。

⑧ 〔元〕《居家必用事类全集》戊集“农桑类·下桑法”,《续修四库全书》子部第 1184 册,影印明隆庆二年(1568)飞来山人刻本,第 481 页。

广记》、宋末元初陈敬《新纂香谱》[①]、明《永乐大典》等书明确标引的《琐碎录》佚文材料，大量见于《博闻类纂》的这十二门之中。

如成书于开禧元年(1205)的《履斋示儿编》卷二二“字说”：“陈晔《琐碎录》云：‘《南粤志》载岭南字“奤”音匾、“奀”音矮、“奀”音稳，似此有数十字，皆以意为之。’又云：‘数之大字皆是借用。……’又云：‘“善”字从口，“恶”字从心。“喜”、“怒”字亦然。’” [②]所引3条分别见于《博闻类纂》卷一二“艺文”门的第1、2、4条，仅第1条无“‘奀’音稳”，其余文字全同。

又如陈敬《新纂香谱》，[③]标引“温子皮”的7条(出于温革《温氏杂记》)全部见于《博闻类纂》：卷一“香品”之“乳香”条、“安息香”条见于《博闻类纂》卷五“医药一·辨伪”，“龙涎香”条、“甲香”前半条(“正甲香……是也”)见于该书卷一五“正辨·辨物”，“甲香”后半条(“若合香……尤好”)、“南方花”条与卷四“香珠·收香珠法”条[④]见于该书卷一八“藏贮·香茶”，“事类·焚香静坐”条见于该书卷四“摄养·杂说”[⑤]。二者略有异文。由此可知，《琐碎录》确将温革所撰内容编入相应各门。标引《琐碎录》9条[⑥]，除了卷三“佩熏诸香·裛衣香(零陵香……)”条之外的其余8条皆见于《博闻类纂》：卷一“香品”之“瓢香”条与“麝香檀”条、“修制诸香·笃耨”条[⑦]以及卷四“香珠·孙功甫廉访木犀香珠”条、“事类·烧香辟瘟”条见于该书卷一八“藏贮·香茶”，卷一“香品·香草名释”条见于该书卷一二“艺文”，“修制诸香·乳香”条[⑧]见于该书卷五“医药一·修制”，卷四“事类·香溪”条见于该书卷一二“风土杂记”。

又如《永乐大典》残卷抄录“温革《琐碎录》”62条[⑨]，各条目及其见于《博闻

---

① 清文渊阁、文津阁《四库全书》本(二本简称四库本)改题作《陈氏香谱》。《新纂香谱》的版本情况，参见董岑仕《今传本〈香谱〉非洪刍作辨》，《中国四库学》第四辑，北京：中华书局，2019年，第237—257页。

② 〔宋〕孙奕《履斋示儿编》，北京：中华书局，2014年，第398—399页。

③ 〔宋〕陈敬《新纂香谱》，收入沈畅点校《香谱·新纂香谱》，香港：承真楼，2015年。

④ 《新纂香谱》点校本与影印文渊阁《四库全书》本此条未标出处，影印文津阁《四库全书》本此条出处小注云“温子皮”，与明周嘉胄《香乘》(明崇祯十四年(1641)自刻本)卷二〇所引此条小注同。

⑤ 拙文《〈琐碎录〉成书考》录有7条内容，其中“焚香静坐”条见于宁大本《分门琐碎录》“摄养·杂说”，原误作“医药·杂说”，今作订正。

⑥ 拙文《〈琐碎录〉成书考》原据影印文渊阁《四库全书》本《陈氏香谱》出处小注计作7条。承蒙人民文学出版社董岑仕老师赐教并提供资料，得知四库本对各条文献的出处小注多有删削，根据沈畅以中国科学院文献情报中心所藏清初抄本为底本点校的《新纂香谱》，另有2条(“裛衣香”、“香溪”)的出处亦为“琐碎录”。上述文津阁本“收香珠法”条小注云“温子皮”，亦承其相告。特致谢意。

⑦ 点校本《新纂香谱》与四库本中，此条出处小注皆作“碎录”，脱“琐”字。

⑧ 点校本《新纂香谱》中，此条出处小注作“碎录”，脱“琐”字，四库本作“琐碎录”。

⑨ 栾贵明《〈永乐大典〉索引》(北京：作家出版社，1997年)列出60条，笔者又从新见《永乐大典》卷八五六九、卷一〇一一二辑得2条。《〈永乐大典〉索引》所计条目，每条大多即《琐碎录》一条，或计两条实为一条，或计一条实为数条，故文中将二、三条合计一条中的各条分别作$\frac{1}{2}$、$\frac{1}{3}$。

类纂》、《琐碎录》明抄残本、《医方类聚》引录《琐碎录》的情况，详见附表 2。从中可见，《永乐大典》所引 62 条中有 42 又 $\frac{1}{2}$ 又 $\frac{2}{3}$ 条见于《博闻类纂》，其中上述不见于明抄残本《琐碎录》的十二门类的条目有 23 又 $\frac{2}{3}$ 条；有 4 又 $\frac{1}{2}$ 条虽不见于《博闻类纂》，但见于明抄残本《琐碎录》或《医方类聚》引录；另有 14 又 $\frac{1}{3}$ 条佚文未见于以上诸书。

**附表 2　《永乐大典》残卷所引“温革《琐碎录》”条目见于《博闻类纂》情况列表**

| 《博闻类纂》 | | 《永乐大典》残卷所引“温革《琐碎录》”条目（计条、出文据《〈永乐大典〉索引》，括标卷次） | | 备注 |
|---|---|---|---|---|
| 卷一 | 治己 | | | 见于国图本《琐碎录》 |
| | 治家 | | | |
| | 莅官 | 凡被伤致死……(914)、监当官六字铭(8269) | 2 | |
| 卷二 | 农桑 | 腊日种麦及豆……(22182)、麦属阳故宜……(22181“麦属阳占……”条之二) | 1 又 $\frac{1}{2}$ | 见于国图本、上图本《琐碎录》 |
| | 种艺 | 莲荷极畏桐油……(8841)、柑橘帐等……(10112)、桃柹木如莎皮……(19781) | 3 | |
| | 牧养 | | | |
| 卷三 | 饮食 | 三伏内造曲不折不蛀……(19783) | 1 | 见于国图本、上图本《琐碎录》 |
| 卷四 | 摄养 | 早起不得在鸡鸣前……(7962)、凡服黄精以黄精不拘多少……(8526)、杭州老卒……(19637)、有目疾者切忌酒后澡浴……(19637)若要安三里莫要干……(20310) | 5 | 见于宁大本《琐碎录》① |
| 卷五至卷九 | 医药一至五 | | | |
| 卷一〇 | 方术 | 釜鸣呼婆女七(14912“釜鸣呼婆女七……”条之一)、釜内生锈……(14912) | 1 又 $\frac{1}{2}$ | |
| 卷一一 | 器用 | | | |

① 第 2 条见于《医方类聚》卷二〇四引录《琐碎录》“服食”(第九册第 502 页)，第 3、4 条见于同书卷二〇五引录其“杂说”(第九册第 529 页)，第 5 条见于同书卷二〇五引录其“握固法”(第九册第 547 页)。

续表

| 《博闻类纂》 | | 《永乐大典》残卷所引“温革《琐碎录》”条目<br>（计条、出文据《〈永乐大典〉索引》，括标卷次） | | 备注 |
|---|---|---|---|---|
| 卷一二 | 风土 | 监书内酒端砚洛花建茶蜀锦……（20308） | 1 | |
| | 风土杂记 | 川人好服……尤大（3001“坚土人刚弱土人肥……”条之三） | $\frac{1}{3}$ | |
| | 艺文 | | | |
| 卷一三 | 诗话 | | | |
| | 谈谐 | | | |
| 卷一四 | 广知 | 冬至后一百五日……（4908）、郭郎髡发善优笑……（7328）、枫子鬼……（7756）、旧说兔者明月之精视而有孕（8526）、误食桐油以甘草调壁泥土……（8841）、王元长曰小儿五岁曰鸠车之戏……（8844）、箶名金盐……（13341）、介之推三月五日为火所焚……（15075）、燕一名乙（20309） | 9 | |
| 卷一五 | 灵异 | 宋韩明妻美……（14537） | 1 | |
| | 正辨 | 武职有押衙之目……（3525）、冬青树无子者其皮为秦皮……（14536）、釜鸣甑虚……（14912“釜鸣呼婆女七……”条之二）、周处风土记端午烹鹜（19636）、今之数钱百钱谓之百者……（22180） | 4又$\frac{1}{2}$ | |
| 卷一六 | 杂伎 | 造墨者云正月所烧之烟最佳（4908）、煎油诗（8841）、宣和殿油窗法诗（8841）、省油法（8841） | 4 | |
| 卷一七 | 物理 | 北人胡鼻……如此（3001“坚土人刚弱土人肥……”条之二）、草木花皆五出……（5840）、积油万石自然生火……（8841） | 2又$\frac{1}{3}$ | |
| 卷一八 | 藏贮 | 通泰间大瓠至冬干硬……（2259）、真酥过春以瓶盛……（2405）、藏桃梅之类……（2811）、大油缸中近上置蓖篱油数寸……（5838）、素馨摘下花蕊香才过……（7960） | 5 | |
| 卷一九 | 旅寓 | | | |
| | 谚语 | | | |
| 卷二〇 | 阴阳 | 郭璞偷神法（2949） | 1 | |
| | 杂占 | 三伏中大热冬必多雨雪（19783） | 1 | |

续表

| 《博闻类纂》 | 《永乐大典》残卷所引"温革《琐碎录》"条目（计条、出文据《〈永乐大典〉索引》，括标卷次） | | 备注 |
|---|---|---|---|
| | 得道者皆隐谷虫之法……（910） | 1 | 见于宁大本《琐碎录》"摄养·保炼"、《医方类聚》① |
| | 浮漆不沾者……（2949） | 1 | 见于宁大本《琐碎录》"摄养·服食"、《医方类聚》② |
| | 铜瓶浸蜡梅花水有毒……（2811）、食多咸伤血（9762）、麦属阳占……故麫有毒也（22181"麦属阳占……"条之一） | 2又$\frac{1}{2}$ | 见于《医方类聚》③ |
| | 乌梅去核……（2811）、蜜煎梅法（2811）、坚土人刚……人丑（3001"坚土人刚弱土人肥……"条之一）、墨取庐山之松烟……（4908）、顾况论茶云……（4908）、盐花止可洗布衣……（5840）、发神曰玄花（5840）、赵昌写生……（8569）、油污衣（8841）、衣漆垢油洗桐油污衣……（8841）、陶隐居本草多未晓北地药名（11599）、后稷癸巳日死不宜播种必有损（13194）、居处种树……（14537）、所在官府有潜火队……（15140）、油污衣（19865） | 14又$\frac{1}{3}$ | |

未见于明抄残本《琐碎录》的《博闻类纂》十二门中，有"诗话"、"谈谐"二门。《四库全书总目》卷一九七"集部五十·诗文评类存目"著录陈日华（陈晔字日华）撰《诗话》一卷（浙江范懋柱家天一阁藏本），④卷一四四"子部五十四·

① 《医方类聚》卷二〇一引录《琐碎录》"摄养·保练"，第九册第402页。

② 《医方类聚》卷二〇四引录《琐碎录》"服食"，第九册第503页。

③ 《医方类聚》卷二〇五引录《琐碎录》"食忌"，第九册第527页。

④ 《四库全书总目》卷一九七，北京：中华书局影印本，1965年，第1798页。

小说家类存目二”著录陈日华《谈谐》一卷(两淮盐政采进本),[①]今皆不存。[②]《诗话》四库提要曰:“旧本题陈日华撰。日华有《谈谐》,已著录。是编所记,多猥鄙诙谐之作,颇乖大雅。惟所记黄庭坚教人学诗先读经,‘不识经旨,则不识是非、不知轻重,何以为诗’。又记宋祁语云:‘诗人必自成一家,然后传不朽。若体规画圆、准方作矩,终为人之臣仆。’则皆确论也。”所引黄庭坚教人学诗语以及宋祁语二条,皆见于《博闻类纂》卷一三“诗话”门中,文字相同。可知《博闻类纂》的“诗话”“谈谐”二门,亦出于《琐碎录》。《诗话》、《谈谐》二书,作者旧题“陈日华”,正是从《琐碎录》相应二门单独抄出之本。[③]

### (三)不见于《博闻类纂》的《琐碎录》门类及其条目内容

光绪七年(1881)姚文栋(字志梁)在日本购得元刻残本《分门琐碎录》六卷,叶德辉《郋园读书志》卷六著录,称“此书分三十门,今仅治己、治家、莅官、农桑、种艺、牧养、饮食、起居、服饰、摄养、医药、诸疾十二门,凡六卷”[④]。此本毁于 1932 年“一·二八事变”的战火之中。元刻残本《分门琐碎录》分三十门,《博闻类纂》二十六门,二者门目及其数量有所不同。其中,元刊残本的“医药”“诸疾”二门当与《博闻类纂》的“医药”门相对应,而“起居”“服饰”二门则不见于《博闻类纂》二十六门中。《永乐大典》残卷所引“温革《琐碎录》”的条目中,有 14 又$\frac{1}{3}$条不见于《琐碎录》残本、《博闻类纂》与《医方类聚》,其中的 4 条很可能出于“服饰”门:“盐花止可洗布衣……”、“油污衣”两条、“衣漆垢油洗桐油污衣……”;[⑤]有 1 条涉及居处种树(“居处种树,东种桃柳,南种梅枣,西种栀榆,北种柰杏”),或出于“起居”门。[⑥]

---

① 《四库全书总目》卷一四四,第 1233 页。

② 〔清〕范邦甸等《天一阁书目》卷三之二子部、卷四之四集部分别著录陈日华编《谈谐》(第 299 页)、陈实华著《诗话》一卷(第 513 页),均为蓝丝阑抄本,收入《天一阁书目 天一阁碑目》,上海:上海古籍出版社,2010 年。《浙江省第五次范懋柱家呈送书目》著录“《诗话》一卷,宋陈日华著,一本”,收入吴慰祖校订《四库采进书目》,北京:商务印书馆,1960 年,第 111 页。清沈初等《浙江采集遗书总录》庚集著录“陈日华《诗话》一卷(写本)”,“别有《谈谐》一卷附后”,上海:上海古籍出版社,2010 年,第 404 页。故《总目》著录的《诗话》一卷,当为此天一阁藏本,原本后附《谈谐》一卷。

③ 〔宋〕洪迈《夷坚三志》己卷七“善谑诗词”条采录陈晔“编集成帙”之作(《夷坚志》,北京:中华书局,2006 年,第三册第 1352—1354 页),与《博闻类纂》“诗话”“谈谐”二门条目并不相同,可见陈晔另有一书专录嘲谑诗词。郭绍虞《宋诗话考》中卷之上“陈日华《诗话》”认为《诗话》“与《夷坚三志》所称晔曾编《善谑诗词》者,殆即一书”(北京:中华书局,1979,第 155—156 页),似有待商榷。

④ 〔清〕叶德辉《郋园读书志》,《海王邨古籍书目题跋丛刊》本,第五册第 317—318 页。

⑤ 上文所述《陈氏香谱》卷三“佩熏诸香·裛衣香”条,或亦出于《琐碎录》“服饰”门。

⑥ 另有两条(“赵昌写生而笔法软俗,殊无古人标致”,“顾况论茶云:煎茶以文火、细烟、小鼎、长泉”),分别是关于绘画和茶饮内容,似不能归入《博闻类纂》二十六门,或亦是其所阙门类中的条目。

## 三、《博闻类纂》所据之本或更近《琐碎录》宋刻原本面貌

### (一) 与宋、元、明初文献征引《琐碎录》材料的比较

《博闻类纂》与目前所见三种《琐碎录》明抄残本在部分条目的文字和编次上存在明显不同，除了由于各自传抄、传刻中产生的改易、讹误之外，有的差异当归因于《博闻类纂》所据之本与明抄残本《琐碎录》的祖本面貌有所不同。

今以“农桑”“种艺”二门的内容为例试作分析。《琐碎录》“农桑”“种艺”两门的大量条目，为宋《种艺必用》、元《种艺必用补遗》(简称《补遗》)和元末明初《种树书》[①]分别采录而未标出处。[②] 笔者经比较发现，以上三种农书所录条目的次序和文字与《博闻类纂》相同、相近，而与明抄残本《琐碎录》多有差异。

如《博闻类纂》卷二“种艺・花”，第 22 条“月桂……”至第 25 条“水仙收时……”共 4 条，与《种艺必用》第 154—157 条的内容、编次相同；第 26 条“鸡粪……”至第 34 条“人家园圃……”共 9 条，与《补遗》第 198—206 条的内容、编次相同；自第 36 条“以乌贼鱼……”至第 49“凡种花药……”，除了第 47 条“棘能……”之外的 13 条，皆见于《种艺必用》第 158—170 条，[③]且编次相同。《博闻类纂》“花”类第 22—49 条，《种树书》与其中第 22—24、26—30、32、34、35、37、39、44、48、49 条的内容、编次相同。而在《琐碎录》卷二，上述这些条目则散见于“花”类各目，编次全不相同。

又如《博闻类纂》卷二“种艺・竹”共 31 条，其中第 2—29 条见于《补遗》第 175—193 条，内容、次序相同，第 1 条见于后者第 195 条的末句；[④]其中第

---

① 〔明〕俞宗本著，康成懿校注《种树书》，北京：农业出版社，1962 年。书中引录《琐碎录》的部分条目未见于《种艺必用》《补遗》，可知并非因袭后者。

② 胡道静《稀见古农书录》，《文物》1963 年第 3 期，第 12—16 页；舒迎澜《〈分门琐碎录〉与其种艺篇》统计《种艺必用》、《种艺必用补遗》和《夷门广牍》本《种树书》卷中、下对上图本《分门琐碎录》的袭用比例，分别是 75%、52%和 96%(《中国农史》1993 年第 12 卷第 3 期，第 100 页)。方健比较《种艺必用》与上图本《琐碎录》的互见条目，指出《种艺必用》的九条“有溢出《琐碎录》的文字”，“至少有三条文字详略殊异”，故认为“《种艺》似与《琐碎录》没有承袭关系，而却颇有可能是《琐碎录》的来源之一”(方健《南宋农业史》，北京：人民出版社，2010 年，第 357 页)，因其所据上图本有脱文，且未及考虑《琐碎录》宋元时期不同刊本的差异，故其结论有待商榷。

③ 其中《种艺必用》多出《博闻类纂》的内容为其第 168 条的后半条“单叶莺粟子……”，即《博闻类纂》“花”类第 62 条，盖因与前半条“种莺粟花……”内容相关而合为一条。

④ 《补遗》“竹”类共 21 条(整理本标序第 175—195 条)，对《博闻类纂》条目有所合并。

1—9、11—17、19—23、25、26、28、29 条见于《种树书》，内容、次序亦相同。[①] 而《琐碎录》卷二“种艺·竹”下分“种竹法”与“竹杂说”两目共 33 条，与《博闻类纂》、《补遗》、《种树书》相比较，不仅条目次序完全不同，内容文字亦有差异。

和刻本《事林广记》庚集卷三“农桑门·种治竹法”中明引、暗引《琐碎录》的条目，[②]亦与《博闻类纂》更为相近。如《博闻类纂》“种艺·竹”第 6 条中“笙竹根多穿害揩[③]砌，惟聚皂荚刺，埋土中障之，根即不过”，与《事林广记》标引“锁碎录”的条目文字相校，除了“揩”作“堦”之外皆同，而《琐碎录》“种艺·竹”第 30 条作“笔竹根多妨害街砌，堆聚皂角刺，堆土以障之，根即不过”[④]，其异文当并非全因传写讹误所致。又如第 8 条“竹有醉日，即五月十三也。《齐民要术》谓之‘竹醉日’，《岳州风土记》谓之龙生日，移竹栽宜用此日。或阴雨土虚则鞭行，明年笋茎交出”，《琐碎录》第 11 条作“《岳州风土记》以五月十三日谓之龙生日，移竹栽宜用此日。或阴雨土虚则鞭行，明年笋茎交出，即竹醉日是也”，《事林广记》暗引此条并改写作“《齐民要术》云：五月十三日为竹醉日。《岳州风土记》谓之龙生日，宜种竹”；又如第 22 条“月庵种竹法”条“先锄其地……冬月令稠，然后”一段 57 字，《事林广记》暗引此条并将此段概写为“用深阔掘沟……冬月稠，然后”31 字，然此段内容全不见于《琐碎录》第 7 条“月庵种竹法”条。元《农桑辑要》卷六“竹木·种竹”所引《博闻录》条目皆见于《事林广记》“种治竹法”，其中即有上述“月庵种竹法”条，与《事林广记》此条中概写的 31 字相校，除了无首字“用”，其余文字完全相同。[⑤] 南宋陈元靓的《博闻录》被认为是元刊《事林广记》之前身，大约成书于嘉定年间。[⑥] 据此推测，《博闻类纂》所据之本，或更接近陈元靓编纂《博闻录》时所据《琐碎录》的宋刻原本面貌。

《琐碎录》“竹”类另有 2 条不见于《博闻类纂》：第 26 条“种竹，以油麻梗缚成小把，向南埋地中，则根不穿过”，见于《事林广记》“种治竹法”引“锁碎录”条和《补遗》；第 32 条“竹有六十年数便开花”，见于《补遗》和《种树书》。可知《博闻类纂》所据之本当有此二条，而为商濬编刻时所删略。

---

① 《种树书》“竹”类 23 条，对《博闻类纂》条目有所合并，仅末条“七月间移竹，无不活者”不见于《博闻类纂》。

② 《事林广记》，《和刻本类书集成》第一辑第一册，第 346—347 页。

③ “揩”当作“堦”，形近而误。

④ 上图本脱“角”字。明抄残本《琐碎录》此条中“笔”、“街”等字，亦存在其祖本经传抄而致误的可能。

⑤ 〔元〕大司农司编，缪启愉校释《元刻〈农桑辑要〉校释》，北京：农业出版社，1988 年，第 388 页。

⑥ 参见[日]宫纪子撰，乔晓飞译《新发现的两种〈事林广记〉》，《版本目录学研究》第一辑，第 180 页；王珂《宋元日用类书〈事林广记〉研究》，上海师范大学博士论文，2010 年，第 26—33 页。

从中不难发现，《博闻类纂》与《种艺必用》、《补遗》、《种树书》、《事林广记》等宋、元、明初书籍所据之本相同或相近，与明抄残本《琐碎录》的祖本面貌有所不同，其所据之本或更近《琐碎录》宋刻原本面貌。

宁大本《琐碎录》与《博闻类纂》对应门类的条目内容及其编次亦有所不同。如宁大本"医药·反恶"的条目内容及其编次与《博闻类纂》"医药一·反恶"有异，而与《医方类聚》所引《琐碎录》"反恶"类[①]相同；宁大本"医药"门中"治药毒""治食毒""治蛊毒"三类条目，杂见于《博闻类纂》"医药一·解毒"类，而《医方类聚》所引《琐碎录》亦分列"治药毒""治毒食"二类。[②] 可见宁大本与《医方类聚》所据之本面貌相近，而不同于《博闻类纂》，很可能是因其所据之本的祖本面貌原有不同，但也存在商濬编刻时有所改易的可能，其详情尚待细考。[③]

### (二) 从门类和条目看明抄残本《琐碎录》的后出重编特点

与《博闻类纂》相比，明抄残本《琐碎录》的门类细目划分以及条目归属、分合与编次显得更为细致、整齐、合理，呈现出后编改进的特征。

从门类划分来看，《琐碎录》在《博闻类纂》"牧养"门中分出"禽兽""虫鱼"二门且各门又有分类，"医药"门中分出"诸疾"门，又如"解毒"一类细分为"治药毒""治食毒""治蛊毒"三类；从类目划分来看，《博闻类纂》二十六门中的各类不再分目，而《琐碎录》"农桑""种艺""禽兽"类下又分出细目。[④] 部分条目归属上《琐碎录》更显合理，如《博闻类纂》"农桑·谷"类第 22 条"年夜，农家以火照旷野间，谓之照田蚕"，归入"谷"类明显不当，《琐碎录》中则为"农桑·桑柘·养蚕法"末条。

《博闻类纂》中个别内容相近的重复条目，不再见于明抄残本《琐碎录》，很可能是由于《琐碎录》重刻时有所删略。上文述及《博闻类纂》对应门类(不包括"医药"门)中有 3 条不见于《琐碎录》：一是"谷"类第 11 条"贮麦，必烈日曝，令极干，乘热，以蓼剉碎，再菴[⑤]一宿，诘朝复曝而藏之，免飞蛾"，置于"谷"类不

---

① 《医方类聚》卷一，第一册第 18 页。

② 《医方类聚》卷一六三，第七册第 700—702 页。

③ 宋张杲《医说》(明万历刻本)卷六"解毒"条"凡中药毒及一切诸毒从酒得者难治……故易愈也。解诸食毒，烂嚼生甘草咽之，则毒吐出"，注明出处为《琐碎录》。其前半条"凡中药毒……易愈也"见于宁大本"医药·治药毒"、《博闻类纂》卷五"医药一·解毒"以及《医方类聚》引《琐碎录》"治药毒"；后半条"解诸食毒，烂嚼生甘草咽之，则毒吐出"，不见于宁大本与《博闻类纂》，与《医方类聚》引《琐碎录》"治毒食"首条"解诸食毒，用生甘草一寸，烂嚼吞之，则吐"相近。今难以判断《医说》此条标目"解毒"是否沿用《琐碎录》原书类目。

④ 具体可详见附表 1。

⑤ "菴"，疑当作"罨"。

当，且与“麦”类第11条“暾[①]麦之法，宜六月烈日中曝之，乘热而收，仍用水蓼锉碎，杂乎其间，则免蛾化”相近；二是“花”类第17条“初春，掘藕根，取节头着泥中种之，当年着花”，[②]与第7条“种藕法：春初掘取藕三节无损处，种入深泥，令到硬土。谷雨前种，当年有花”相近。这两条很可能是因其内容重复而在《琐碎录》重刻时被删去。三是“摄养·服食”第14条“烂煮面，软煮肉。少饮酒，独自宿”，虽不见于宁大本，但见于《医方类聚》引录，[③]此条当是宁大本有所阙略。

个别条目也显示了《琐碎录》具有后来析分之痕迹，如《博闻类纂》“治家·治生”第1条“为家之道有丰约，量入以为出是也。吉凶之事，不以礼节之，则不适所用，而匮乏[④]生焉。乡尝居维阳，有士人陈良者……”，在《琐碎录》卷一“治家·生业”中析作两条，“为家……匮乏生焉”作第1条，自“维阳有士人陈良者”以下作第12条。从其析分以及删去“乡尝居”三字来看，当为后来改造所致。

以上所述二书的差异，虽然不能排除商濬编刻《博闻类纂》时有所合并、淆乱的可能，但更有可能是这三种明抄残本《琐碎录》的祖本对初刻本的门类划分、条目分合与编次作了改动和调整，并删去重复的条目。由此推测，《博闻类纂》虽经商濬删略重编，但其所据《琐碎录》或与宋刻原本面貌更为相近；而这三种明抄残本《琐碎录》则很可能源于后来的重刻本，对初刻本的门类划分以及条目编次、内容文字有所改易。

### （三）《博闻类纂》所据《琐碎录》版本之推测

上文所述晚清从东瀛所得元刻残本《分门琐碎录》，其卷首木图记云“是编削去重复，与元本不同”，[⑤]可见是经过元人删削后的重刻本。《博闻类纂》中确实存在一些重复条目，除了同一门类中有内容相近条目，另有一些条目在不同门类中重复出现，以“牧养门”的内容最为突出，如其第26条“高侍禁云……”至36条“虾蟆死……”共11条，又杂见于“广知”门中。此或是商濬所据《琐碎录》原本面貌，但也不能排除商氏重编时有所疏误重复的可能。叶德辉所述元刻残本十二门中，有“牧养”而无“禽兽”“虫鱼”二门，若非二门原阙或叶氏漏

---

① “暾”，原作“曒”，据文义迳改。

② 此条文字与《夷门广牍》本《种树书》卷下“花”类第9条相同；“掘藕根取”，《永乐大典》卷一三一九四所引《种艺必用》作“掘取藕根”（见校录本第138条，“藕根”下补“取”字）。可知此条确出于《琐碎录》。

③ 《医方类聚》卷二〇四，第九册第503页。

④ “乏”，原作“之”，据杭图本改。

⑤ 〔清〕叶昌炽《奇觚庼文集》卷中《元刊〈分门琐碎录〉跋（残本六卷）》，民国十年（1921）刻本。

录，则与《博闻类纂》同而异于明抄残本《琐碎录》(国图本、上图本)；然又有“诸疾”门，与明抄残本《琐碎录》(宁大本)同而异于《博闻类纂》。① 如商濬编刻《博闻类纂》时对《琐碎录》原有分门并无改动，则其所据之本的分门显然与这三种明刻残本的祖本以及叶氏著录的元刻残本皆有所不同。

《博闻类纂》与《琐碎录》皆为二十卷，前者二十六门，后者三十门，门目及其数量有所不同。《博闻类纂》卷一八至卷二〇的门类内容，可与王氏藏本《琐碎录》卷一七至卷一九相对应。王氏藏本的祖本是元代至大间(1308—1311)建安环溪书院刻本，明弘治十七年(1504)邢参跋称“家藏者寔环溪麻沙堂刻本也，乃阙二十卷后尾，访遍藏书家，往往皆然。俟同吾志，他日得缮本补之，并较正其讹，传于好事者，亦一幸也”。② 商濬所据或亦是末卷有阙且有讹误之本，或是除了末卷尚有其他残阙之本，商氏或又参校众本，故于卷端题署“校辑”，并将其所辑得《琐碎录》内容析分重编为二十卷。

## 四、结论

综上所考，《博闻类纂》实出于《琐碎录》，虽于其个别门类和部分条目内容有所阙略，然所据之本或比目前所见三种明抄残本更近《琐碎录》宋刻原本面貌。明都穆《南濠居士文跋》卷一《〈琐碎录〉跋》称：“观陈氏自序云：尚书郎温革子皮尝著《琐碎录》，凡四百余事。晔每有闻见，效而笔之，约将十倍，名曰《续琐碎录》。”③可知温革、陈晔二人所撰之书合编后的条目约有4400条左右。《博闻类纂》全书条目共计3618条，虽然部分条目分合与《琐碎录》有所出入，而从条目总数来看尚保存其大约五分之四的内容，很大程度上可以反映《琐碎录》各门类及其条目的面貌，故在存留宋代文献方面自有其学术价值。

晚明出版业发展极盛，刻书数量剧增，然泥沙俱下，质量良莠不齐。虽然明人刻书之陋向为后人所诋，但如能识破其改换名目之伎俩、辨明其添改脱误之作为，亦能从中发现、还原文献的本来面貌和价值，并对明人所刻书籍给予更为客观全面的评价。万历年间商濬刊刻《博闻类纂》，改换原书《琐碎录》之名，对原书内容删略重编，自是明人刻书之陋习，然《琐碎录》的大部分内容亦因此书而得以传世。本文通过对《博闻类纂》、明抄残本《琐碎录》以及他书引用材料的比较、分析，揭示了《博闻类纂》的真实来历和真正价值，从而为《琐碎录》的校勘、整理以及整体研究和利用提供了重要材料。

---

① 叶氏所引条目中的“田元钧”，《博闻类纂》同，国图本《琐碎录》误作“田元均”，亦有可能是传抄致误。

② 见《陈晔〈琐碎录〉跋尾》引录。

③ 〔明〕都穆《南濠居士文跋》，明刻本。

# 附庸、独立与背离：唐宋书目中文论与总集类关系演变*

翟新明**

**【内容提要】** 在明以前书目中，文论与总集类之间显示出由合而离、渐行渐远的动态趋势。因兼具选本与评论的性质，在《七录》与《隋书·经籍志》对集部确立之初，文论著作即附庸于总集；《古今书录》中文论著作开始与选本相区别，《新唐书·艺文志》则在总集类下设立文史类三级类名；在宋初《三朝国史艺文志》中，文论著作始得以脱离总集类，与史评著作共同独立为文史类，但也造成史、集著录标准的混淆。与此一著录标准形成对立的是，《日本国见在书目录》将诗论、诗文作法等著作移至小学家，晁公武《郡斋读书志》复取消文史类而将文论著作附于别集类，则使文论与总集类之间的关系完全消除。另一方面，随着选本中评点的加入，文论与总集又再次发生关联，但已无法撼动文论的独立地位。

**【关键词】** 唐宋目录学　文史类　总集类　文论　史评

在明代以前的书目中，文论著作与总集类之间的关系最为密切，可以用由合而离、渐行渐远来形容。在《七录》《隋书·经籍志》《古今书录》等宋前书目中，文论著作选、论结合的特点使其得以依附于总集类，但目录学者对于文论著作性质的认识变化，使其逐渐脱离总集类的束缚而走向独立。在《隋书·经籍志》中，文论著作以文体类分，分属于多体与分体总集之下；至《古今书录》，文论著作开始形成自身的类从，而不再与文体规则下的总集著作相杂厕，但仍规限在总集类名之下。在宋代书目中，《新唐书·艺文志》在总集类下设文史类三级分类，《三朝国史艺文志》则明确在总集类外设立文史类，并对"文史"进行了定义，以区别于别集、总集，文论著作至此正式独立。这一过程，可以称为文论与总集类由合而离的过程。另一方面，《日本国见在书目录》已先将诗论、诗文作法等著作移至小学家，至晁公武编《郡斋读书志》，复取消文史类，而将

* 本文受全国高等院校古籍整理研究工作委员会直接资助项目"《遂初堂书目》校证"（项目批准号：1934）、湖南大学"中央高校基本科研业务费"（项目批准号：531118010249）资助。

** 本文作者为湖南大学文学院副教授。

文论著作附于别集类。这一过程，则可以称为文论与总集类渐行渐远的过程。文论与总集类的关系，也就是从附庸走向独立进而背离的过程，这也得以在各个编者不同的书目著录观念中显示出动态的变化。

## 一、由合而离：从《隋书·经籍志》《古今书录》到《新唐书·艺文志》

拙文《〈七录〉总集、杂文二分及其集部文体学价值》曾涉及由《隋书·经籍志》对《七录》总集部文献进行推原，其理论依据之一在于，即使《七录》原貌已不可能完全恢复，但其类目划分与著录标准仍得以保存在《隋书·经籍志》之中。《七录》在文集录下分列楚辞、别集、总集、杂文四部，其中总集部著录多体文章选本与评论，杂文部著录分体选本、个人作品与评论，文章评论著作被按照文体类分标准而附置于总集部与杂文部各体著作之后，即分为多体评论与分体评论。[①]《隋书·经籍志》的类目划分与文献著录及排序规则，在很大程度上受到《七录》的影响，其将《七录》总集部与杂文部合并为总集类，但内部的文献著录仍体现出多体与分体著录的区别，除新增的文献之外，固有的文献也仍按照《七录》总集部与杂文部的区分以及杂文部以文体类分的排序规则进行编排。在其多体总集部分，附庸的文论著作包括挚虞《文章流别志论》、李充《翰林论》、刘勰《文心雕龙》，诗总集部分则有钟嵘《诗评》。与后世纯粹的文论著作不同，《隋书·经籍志》中著录的四部文论著作，可以视为兼有选文、评论的特点，也就兼有总集与文论的双重性质。《隋书·经籍志》总集类小序所称“今次其前后，并解释评论”，[②]即已指明其著录标准。

毋煚所作《古今书录》，[③]源于馆阁书目《群书四部录》，后者对于《隋书·经籍志》的类目设置亦步亦趋，毋煚所作则略有改易。《古今书录》总集类的文献著录及其排序标准，大体仍依仿《隋书·经籍志》区分多体与分体总集，但与后者不同的是，《古今书录》将文论著作摘出选本部分，而与妇人、僧人等选本一起附庸在总集类之末。[④] 更为特出的是，《隋书·经籍志》原所著录的四部文论

---

① 翟新明《〈七录〉总集、杂文二分及其集部文体学价值》，《古典文献研究》（第二十四辑下），南京：凤凰出版社，2021年。

② 《隋书》卷三五《经籍》四，北京：中华书局，1973年，第1090页。

③ 《古今书录》全据《旧唐书·经籍志》，为凸显其唐代学术背景，以下仍称《古今书录》。

④ 在《古今书录》中，僧人、妇人、文论等文献列于俳谐文后，但其后又紧随诗体选本（含乐府、歌辞），诗集后又为“集”类选本（《集苑》《集林》《集钞》）。从《隋书·经籍志》著录体例而言，俳谐文应当是总集类选本的最后一种文体，而其后仍附诗体选本与“集”类选本，颇失伦次。颇疑“集”类选本当在多体选本之后、诗体选本之前，诗体选本当置于赋、颂之前，此亦可由《玉海》所载《新唐书·艺文志》的著录叙次进行理校式推原。相关考证参见翟新明《明前书目之总集著录研究》，南京大学博士学位论文，2018年，第57—58页。

著作，在《古今书录》中，《文章流别志论》《诗评》均未著录，《翰林论》被移置分体总集部分论体之中，与《杂论》《设论集》等并列，仅有《文心雕龙》仍被视为文论著作，而与江邃《文释》并列在妇人、僧人选本之后。《文章流别志论》未著录，当系其书已佚；钟嵘《诗评》，《崇文总目》《新唐书·艺文志》文史类均著录，《古今书录》未著录，恐系误漏。毋煚将《翰林论》著录于论体总集，恐怕是以其书名中有"论"字之故，且其各论文体等，也确可归属于论体，但以一人之作而入选本部分，颇嫌不类。

《古今书录》将文论著作附于总集类之末，当系受到同时代书目影响。《文献通考·经籍考》载宋《三朝国史艺文志》文史类小序称"前代志录，散在杂家或总集，然皆所未安。惟吴兢《西斋》有文史之别"，[①]知吴兢《西斋书目》已列有文史一类。[②] 按《玉海》卷五二载《西斋书目》分五十七部，[③]其类目远较《隋书·经籍志》(四十类)、《古今书录》(四十五类)为多，而比较接近于阮孝绪《七录》的五十五部，但此"文史"究竟是如《新唐书·艺文志》附在总集类之下的三级分类，还是如《崇文总目》独立于总集类之外的二级分类，因文献无征，未可考知。《三朝国史艺文志》仅称"有文史之别"，也没有明确说明其具体情况如何。但无论其是否附庸于总集类，吴兢《西斋书目》确实设立了"文史"这一类名，表明了这一时期目录学者对于文论、史评著作性质及文史一类设立必要性的认识。《古今书录》虽未能明确设立文史类，但其将文论著作独列在总集类之末，实已开《新唐书·艺文志》在总集类下分设文史类之先声。

此外，需要注意的还有日本平安朝藤原佐世所作《日本国见在书目录》，此目修成于宽平三年(891)，依仿《隋书·经籍志》分为四十家，其集部(原未标注)分楚辞、别集、总集三家，表面上看来同于《隋书·经籍志》，但在具体的文献著录上则有不同。《隋书·经籍志》总集类所著录的四部文论著作在《古今书录》总集类中尚著录了两部，《日本国见在书目录》总集家则仅著录了《文心

---

① 〔元〕马端临《文献通考》卷二四八，第一叶下，《中华再造善本》影印国家图书馆藏元泰定元年(1324)西湖书院刻本，北京：北京图书馆出版社，2005年。

② 吴承学《论〈四库全书总目〉在诗文评研究史上的贡献》称："唐开元年间编定的《崇文目开元四库书目》，才将文学批评著作在总集中厘析出来而别立'文史'之名。于是集部'集录其类三：楚辞、别集、总集并文史'。"见《文学评论》1998年第6期，第130—131页；彭玉平《中国文学批评的学术理念与传统目录学之关系》因之，载《北京科技大学学报(社会科学版)》2001年第3期，第52页，后收入《诗文评的体性》，北京：北京大学出版社，2012年，第4—5页。然详考二氏所据引《玉海》卷五二"唐开元著录四类 开元经籍"条，实乃录《新唐书·艺文志》之分类，其"并文史"为注文，即《新唐书·艺文志》总集类下附之文史类，更无所谓《崇文目开元四库书目》，吴氏、彭氏皆误。施懿超《"诗文评"类目溯源——以〈七录〉"杂文"类为中心》已有辨正，见《文学评论丛刊》第6卷第1期，南京：南京大学出版社，2003年，第59页。但施文复以文史类上溯至《七录》杂文部，纯为猜测，不足为据。

③ (合璧本)《玉海》卷五二，京都：中文出版社，1977年，第1039页。

雕龙》(1496)，[①]列为总集家之首，而此书又见于杂家(770)，[②]总集家此条原注"在杂家"，是抄者所见已如此。《文章流别志论》《翰林论》未著录，当系日本国当时未见收藏。《文心雕龙》之外，《日本国见在书目录》总集家未再著录其他文论著作。不过，详考此目，其杂家尚著录有《注诗品》三卷(789)，孙猛认为即是钟嵘《诗品》。[③] 此外，小学家中著录有诗论、诗文作法等著作(353—396)，其中亦有《诗品》三卷(353)，是其以《诗品》互著于小学家与杂家。而此类文论相关著作，除《文章四声谱》《文章始》外，《隋书·经籍志》均未著录。[④]

《日本国见在书目录》未著录《古今书录》，也就未曾参考《古今书录》的分类与文献著录，其将《文心雕龙》互著于杂家与总集家，钟嵘《诗品》互著于小学家与杂家，以及将诗论、诗文作法等文论相关著作著录于小学家，当系编者自身的认识。《文心雕龙》《诗品》本身便有杂著的特点，将其互著于杂家，也可表明其双重性质，而其他著作附在小学家，则更贴近于其音韵文字的著录标准。在某种程度上来说，这一举措使得文论脱离了总集的束缚，但又落入小学的局限之中。

《新唐书·艺文志》的编纂，在《古今书录》的基础上，又参考了史志与《集贤书目》等唐代书目，[⑤]其对集部最大的变革，即在于文史类的设置。与《古今书录》的模糊性附庸不同，《新唐书·艺文志》在总集类下单独设有文史类。表面上看来，文史类是附庸于总集类之下的三级分类，但仔细考察，《新唐书·艺文志》编者对于文史类的态度存在模棱两可的嫌疑。《新唐书·艺文四》首称："丁部集类，其类三：一曰楚辞类，二曰别集类，三曰总集类。"[⑥]是明确将集类区分为三类，而无文史类。又称："凡著录八百一十八家，八百五十六部，一万一千九百二十三卷；不著录四百八家，五千八百二十五卷。"[⑦]将此著录、不著录之数与其楚辞、别集、总集三类之数相比较，实即此三类之总和，[⑧]但此数实未包括文史类之数。列表如下：

---

① 孙猛《日本国见在书目录详考》，上海：上海古籍出版社，2015年，第1998页。编号根据孙书所标，下均同。

② 孙猛《日本国见在书目录详考》，第1160页。

③ 同上书，第1192页。

④ 同上书，第505—535页。

⑤ 参见张固也《论〈新唐书·艺文志〉的史料来源》，《古典目录学研究》，武汉：华中师范大学出版社，2014年；武秀成《〈新唐书·艺文志〉"著录"探源》，莫砺锋编《周勋初先生八十寿辰纪念文集》，北京：中华书局，2008年；马楠《〈新唐书艺文志〉增补修订〈旧唐书经籍志〉的三种文献来源》，《唐宋官私目录研究》，上海：中西书局，2020年。

⑥ 《新唐书》卷六〇《艺文》四，北京：中华书局，1975年，第1575页。

⑦ 同上书，第1575页。

⑧ 此处称"不著录四百八家"，然别集类不著录四百六家，总集类不著录七十八家，实际不著录为四百八十四家，此处疑"八"后脱"十四"二字。本文计算以"四百八十四家"为准。

| | 著录 | | | 不著录 | | |
|---|---|---|---|---|---|---|
| | 家 | 部 | 卷 | 家 | 部 | 卷 |
| 集类总计 | 818 | 856 | 11923 | 484 | | 5825 |
| 楚辞类 | 7 | 7 | 32 | | | |
| 别集类 | 736 | 750 | 7668 | 406 | | 5012 |
| 总集类 | 75 | 99 | 4223 | 78 | | 813 |
| 文史类 | 4 | 4 | 18 | 22 | 23 | 179 |
| 总集类+文史类总计 | 79 | 103 | | | | |

《新唐书·艺文志》在楚辞、别集、总集三类之下各列本类著录文献之数，总集类后称："右总集类七十五家，九十九部，四千二百二十三卷。李淳风以下不著录七十八家，八百一十三卷。"①此处所称，是指文史类之外的总集类文献。而《新唐书·艺文志》集类之前的汇总，亦未包括文史类之数。这似乎在暗示，文史类并未包含在集类之中，也未包含在总集类之中。不过，文史类之前又有单独的文献汇总，称："凡文史类四家，四部，十八卷。刘子玄以下不著录二十二家，二十三部，一百七十九卷。"②是对文史一类的明确标示，似乎表明文史类是独立的存在。但其总集类总数又称"总七十九家，一百七部"，③则是合总集类与文史类著录之总数而言，在这一层面上，文史类又确实是包含在总集类之中的。许世瑛已注意到此点矛盾，称："《新唐志》将李充《翰林论》三卷、刘勰《文心雕龙》十卷、钟嵘《诗品》三卷、刘子玄《史通》二十卷等诗文评及史评，自总集类中提出，不与其他总集相混淆，而列于总集类之末，更于其前，附一行文字，曰：'凡文史类四家，四部，十八卷，刘子玄以下不著录二十二家，二十三部，一百七十九卷。'是撰《新唐志》者，已知诗文评及史评之性质，与其他总集迥异；然无魄力，不敢易《隋志》《旧唐志》之三类，而析之为四；故仅举一小名曰文史类，于是类书籍之前。而上引'右总集类七十五家，九十九部，四千二百二十三卷'即未尝计及文史类四家，四部，十八卷也。于是最后复有一行曰：'总七十九家，一百七部。'则合文史类而言也。其用心亦良苦矣。"④

实际上，《新唐书·艺文志》这一模糊的著录方式，正是其所设定的体例的表现。对《新唐书·艺文志》的部类划分与著录体例进行考察可知，其类目可分三级，第一级为经史子集四类，第二级为四类下的类目，第三级则为各类下

① 《新唐书》卷六〇《艺文》四，第1626页。

② 同上书，第1625页。

③ 同上书，第1626页。实际一百三部，此处疑讹"三"为"七"。本文计算以"一百三部"为准。

④ 许世瑛《中国目录学史》，台北：中国文化大学出版部，1982年，第76页。

的小类，涉及三级分类的有正史（包括集史）、起居注（包括实录、诏令）、杂传记（包括女训）、道家（包括神仙、释氏）、总集（包括文史）五类。从此五类的文献著录、分类和数量统计来看，各类均是先列本类文献；次列小类文献，各小类之前列有本小类著录、不著录文献数目；末列本类文献著录、不著录数目，及总著录（本类合小类）数目，而三级分类的著录数量并不纳入该部的总数量之中。[①] 由此体例而言，总集类实际上是相对文史类之外的文献而言，文史类附庸于总集类，集类总数并未包括文史类的文献数目。从这一角度来说，文史类与总集类实际上处于一种若即若离的状态，既可视作总集类的附庸，也可脱离总集类而独立，从而保有极大的独立性。

《新唐书·艺文志》的这种著录方法，可以视为对《古今书录》和《崇文总目》的一种折中。《古今书录》在总集类中著录《文心雕龙》，且将其附于总集类之末，《崇文总目》则依仿《三朝国史艺文志》设立文史类，独立于总集类之外。《新唐书·艺文志》的编者欧阳修曾参与《崇文总目》的编纂，对于文史类的独立设置应当会比较认同，但《新唐书·艺文志》毕竟是汇录唐代所存文献，其编纂恐怕还是要更多受到唐代书目编纂理念的影响，这也可以从其著录、不著录的文献区分中得到明显的印证。而在所知的唐代书目之中，只有《西斋书目》曾设立文史一类，还未能明确知道其是否单独设类。《新唐书·艺文志》未将文史类单独设类，似也表明在唐代书目中，文史类并未曾真正独立于总集类之外。囿于前代书目的编纂理念，《新唐书·艺文志》编纂者在总集类下设立文史这一小类，又将其模糊地设定在独立与未独立之间，实是在唐宋书目总集、文史观念变革下的一种折中取舍。

## 二、文史类独立：从《三朝国史艺文志》小序出发

前引《三朝国史艺文志》文史类小序，指出《西斋书目》有“文史之别”，《三朝国史艺文志》即依据于此而在集部设立文史类。这是目前所见文献中最早明确设立文史类的记载，《三朝国史艺文志》的文史类小序，也是目前所见最早对于文史类著录标准的说明。其小序全文如下：

> 晋李光（按：为“充”之误）始著《翰林论》，梁刘勰又著《文心雕龙》，言文章体制，又钟嵘为《诗评》，其后述略例者多矣。至于扬榷史法、著为类例者，亦各名家焉。前代志录，散在杂家或总集，然皆所未安，惟吴兢《西斋》有文史之别，今取其名而条次之。[②]

---

① 从文献数目统计上来看，前四类数目均有讹误，然仍可见出此一规则。

② 〔元〕马端临《文献通考》卷二四八，第一叶下。

此序文中提及文史著作之始，有《翰林论》《文心雕龙》《诗评》等，即《隋书·经籍志》总集类所著录者。“前代志录，散在杂家”，当指《古今书录》将《隋书·经籍志》总集类中的《文章始》《续文章始》著录于杂家。从《直斋书录解题》《宋史·艺文志》等均将《文章始》著录于文史类来看，目录学者对《文章始》的认识经历了从总集到杂家再到文史的过程。从现存《文章缘起》(即《文章始》在宋代以降之异名)来看，此书主要内容是对各类文体进行溯源，并归结到某一具体作品。如果依仿对《文章流别集》《翰林论》《文心雕龙》《诗评》等著作兼具选、评性质的认识，也可以将《文章始》认定为是一种徒具篇目的选本，其《序》则可以视为一篇简要的文章批评总论，如杨赛即认为此书是“一部文体总集的提纲”。[①] 不过，与前面四种著作不同的是，《文章始》并没有涉及对具体文章或文体的评论，而仅是推溯文体之源。《古今书录》将其移置兼收众书的杂家，可以视为对其选本性质的颠覆，这也可以从侧面论证《古今书录》何以将《翰林论》视同为论体，而将《文心雕龙》单列在总集类之末。事实上，此类徒具选本表象的著作，在目录学不断发展、类例与著录标准不断明确的情况下，自然无法再被完全视同总集。这也是文论著作得以从总集类中独立的原因之一。

与其他文论著作径从总集类移至文史类不同，《文章始》被纳入文史类经历了更为曲折的过程。在两《唐志》中，《文章始》被著录于杂家，与《物始》《事始》等著作列为一类。按《事始》三卷，《古今书录》始著录，袁本《郡斋读书志》解题称：“太宗命诸王府官以事名类，推原初始，凡二十六门，以教始学诸王云。”[②]衢本解题有所增益，又称：“然则《事始》之书，当系之儒。今以其所取不一，故附于杂家。”[③]《玉海》卷五五将《事物纪原》《事始》《物祖》《物始》等书编排于同一条下，[④]知其性质相近。从书名和解题上来看，《物始》《事始》均为“推原初始”的著作，《文章始》与此正同。衢本《郡斋读书志》称“以其所取不一，故附于杂家”，其实正指出其“杂错漫羡，而无所指归”[⑤]的性质。

另一方面，《文章始》与《物始》《事始》等都具有类从的特点，这种形式更接近于类书。虽然《新唐书·艺文志》已设有类书类，但仍延续《古今书录》前例，将《文章始》《物始》著录于杂家。至赵希弁《读书附志》始将其列入类书类，著录作《文章缘起》，解题称：“右梁太常卿任昉彦升所集也，自秦汉以来圣君贤士

---

① 杨赛《任昉与南朝士风》，上海：上海古籍出版社，2011年，第252页。

② 《昭德先生郡斋读书志》卷第三上，第二十二叶下，《四部丛刊三编》影印北平故宫博物院图书馆藏宋淳祐袁州刊本。

③ 《衢本郡斋读书志》卷一二，《宛委别藏》第55册，南京：江苏古籍出版社，1988年，第343页。

④ (合璧本)《玉海》卷五五，第1102页。

⑤ 《隋书·经籍志》杂家类小序，见《隋书》卷三四《经籍》三，第1010页。

所为文章名之所始，备见于中。”[①]这一解题并未揭示出其类书特征，不过，从其同类所著录的其他类书来看，将《文章始》归为类书，强调的当是其类从的特点，这也是类书从杂家中得以独立出来的最主要原因和特征。宋理宗景定二年(1261)所修《景定建康志・文籍志》亦将《文章缘起》著录于类书之目。[②]

《三朝国史艺文志》文史类小序未提及《文章始》，《崇文总目》也未著录。郑樵《通志・艺文略》已将《文章始》互著于杂家和文史类中，恐怕是受到唐宋书目的双重影响。《直斋书录解题》《宋史・艺文志》则径将《文章缘起》著录于文史类，《直斋书录解题》并未提及将其置于文史类的理由，但自此以后，后世书目多将其置于文史类，遂成定例。从《文章始》本身兼具选、评以及类分的特征来看，《文章始》具备被互著的可能性，总集、杂家、类书与文史四类均可著录，这也是总集、类书、文论之间复杂关系的一种表现。但相比较而言，对比其他文论著作，《文章始》的文论性质并不明显，《通志・艺文略》《直斋书录解题》等将其著录于文史类，恐怕更多是一种想当然。

从《三朝国史艺文志》文史类小序来看，文史类的定名延续了吴兢《西斋书目》，这一定名也宣示了文论著作正式脱离总集类而得以独立。自《三朝国史艺文志》确立文史类以来，除《郡斋读书志》外，自《崇文总目》以下，明代以前馆阁书目如《秘书省续编到四库阙书目》《中兴馆阁书目》《中兴馆阁续书目》，史志如《新唐书・艺文志》《两朝国史艺文志》《四朝国史艺文志》《中兴国史艺文志》《宋史・艺文志》，私家藏书目录如《遂初堂书目》《直斋书录解题》，私修书目如《通志・艺文略》《文献通考・经籍考》等，均设有文史类，且都延续了“文史”的定名。

《西斋书目》何以命名“文史”已不可考，《三朝国史艺文志》沿用此名，是对文论与史评的兼顾。在《三朝国史艺文志》小序中，《翰林论》以下三书侧重于文章评论，也就是所谓的“言文章体制”，而“扬榷史法、著为类例者”则指向史学评论。在史论著作方面，《三朝国史艺文志》没有举出具体的例证，《玉海》卷五四引《国朝志》称：“文史，魏晋以前尚古文，有李充《翰林论》；江左用声律，有颜竣《诗例》、钟嵘《诗品》；唐以来，诗赋有张仲素《赋枢》、范传正《赋诀》；史官欲明职业，有刘氏《史通》《史例》。”[③]《文献通考・经籍考》引《中兴国史艺文志》文史类小序称：“文史者，讥评文人之得失也。《通志叙论》评史，《韵语阳秋》评诗，《艺苑雌黄》则并子史集之误皆评之。”[④]对于文、史评论著作均有明确的例

---

① 〔宋〕赵希弁《读书附志》，《昭德先生郡斋读书志》卷第五上，第四十五叶。

② 〔宋〕马光祖修，周应合纂《景定建康志》卷三三《文籍志》一，《宋元方志丛刊》第二册影印宋景定二年(1261)修、清嘉庆六年(1801)金陵孙忠愍祠刻本，北京：中华书局，1990 年，第 1888 页。

③ (合璧本)《玉海》卷五四，第 1067 页。

④ 〔元〕马端临《文献通考》卷二四八，第一叶下。

证。从诸国史志小序所引例证来看，无论是文还是史，都强调了其“略例”“类例”的特点，也就是对于文史著作规范的评论。[①] 从理论上来讲，自《三朝国史艺文志》小序确立以来，后出书目中的文史类也就需要兼顾文论与史评二类著作。但事实上并非如此。

文史类第一次名副其实的著录，出现在《新唐书·艺文志》中。《新唐书·艺文志》文史类著录部分共著录四部，为《翰林论》《文心雕龙》《诗例录》《诗评》，均为文论著作；不著录部分实际著录二十二部，先列史评著作，包括《史通》《柳氏释史》《史例》等，后列诗、赋等分体评论著作。《新唐书·艺文志》文史类的文献著录殊合“文史”名目。继之者如《秘书省续编到四库阙书目》《直斋书录解题》《宋史·艺文志》等，均在文史类中兼录文论与史评著作。

史评著作在唐代开始出现，但就见存书目而言，则迟至宋代才开始出现著录，目录学者对于文史的定义有不同的理解，文史类的文献著录也就出现变动不居的复杂情况。傅刚曾考论“文史”的历史含义在于文学与史学，[②]而目录学者将史评著作纳入文史，其所侧重的，恐怕还是在大概念下的“文”。前引《中兴国史艺文志》文史类小序称“文史者，讥评文人之得失也”，文人之概念即可包括四部，其后所举三例，尤其是称《艺苑雌黄》“并子史集之误皆评之”，而从《直斋书录解题》所列“子史、传注、诗词、时序、名数、声画、器用、地理、动植、神怪、杂事”[③]之目来看，涉及的不只是子、史、集，经部批评也可包含进去，这也在某种程度上模糊了集部的界限。事实上，史、集界限本不明显，如书疏章奏表议之类的文集虽一开始就在书目中被归属于集部，但同时也具有史部特征，《古今书录》已将《隋书·经籍志》总集类中部分具备史部特征的文献移置史部。不过，史评著作进入集部，固然是文史类设定初期即已确定，但仍是在集部原有文献之外，强行加入了史部文献。这打乱了集部文献著录的标准，也就引起了部分目录学者的关注，并在书目实践中表达不同意见。

《崇文总目》文史类著录文献二十五部，均为与文论相关的文献，既有如《翰林论》《文心雕龙》之类对各体文章的总评，也有如《诗格》《赋枢》之类对诗、赋等专门文体的评论，可以说是延续了《隋书·经籍志》《古今书录》的著录标准与传统。与稍后编修的《新唐书·艺文志》不同的是，《崇文总目》虽然沿用

---

① 有关宋国史艺文志文史类之设置及著录标准，可参见翟新明《宋国史艺文志及其集部著录新变考析》，《北京大学中国古文献研究中心集刊 第十八辑》，北京：北京大学出版社，2019 年，第 132—134 页。

② 傅刚《文史与诗文评——论文学批评的分类》，《汉魏六朝文学与文献论稿》，北京：商务印书馆，2016 年，第 175—178 页。

③ 〔宋〕陈振孙撰，徐小蛮、顾美华点校《直斋书录解题》卷一〇，上海：上海古籍出版社，2015 年，第 311 页。

了《三朝国史艺文志》的"文史"类名，但并未著录史评著作，而是将此类性质的文献著录在杂史类之末，包括《史通》二十卷、《史例》三卷、《史通析微》十卷、《正史杂论》十卷。前三部著作，《新唐书·艺文志》均著录在文史类不著录部分之始，《秘书省续编到四库阙书目》《直斋书录解题》《宋史·艺文志》均著录在文史类，《郡斋读书志》著录在史评类，《文献通考·经籍考》著录于史评史抄类，而《通志·艺文略》则在正史类通史与文史类均有著录。一方面，《崇文总目》的"文史"之名不符其实，仅仅是简单地沿袭《三朝国史艺文志》之类名；另一方面，《崇文总目》所开创的这种"名实不符"的文史类著录规则，即将文论与史评著作分置集、史二部，也深刻影响了宋元时期的其他书目。

《崇文总目》将史评著作著录于杂史类，而在文史类仅著录文论相关的著作，受其影响的宋元部分书目也未将史评著作著录于文史类。《郡斋读书志》已在史部单设史评类以著录史评著作；《遂初堂书目》文史类亦未著录史评著作，而于史部别立史学类以著录。《文献通考·经籍考》在部类划分和文献著录及排序上虽主要参考《直斋书录解题》，但其文史类亦完全著录文论相关著作，而将史评著作移置史评史抄类中，此点可以视为受到《崇文总目》和《郡斋读书志》的双重影响。另外，郑樵《通志·艺文略》在文史类中著录了《柳氏释史》《史例》《史汉异议》《唐书直笔新例》等史评著作，又在正史类通史中著录了《史通》《史通析微》《史例》《正史杂论》等，其中《史通析微》(即《柳氏释史》)与《史例》尚可以视同互著，但其将史评著作分属史、集的举措，标明其著录标准的变化和对前志的变革。章学诚批评"郑《志》以《史通》入通史类，以《雕龙》入文集类，夫渔仲校雠，义例最精，犹舛误若此，则俗学之传习已久也"，[①]实未能全面考察宋代书目的实际著录情况，但从章氏的批评中也确可见出宋代目录学者对史评与文论著作著录标准思考的犹疑与具体实践中的两可。

虽然《崇文总目》《遂初堂书目》等并未在文史类著录史评著作，但仍延续了"文史"类名，而《新唐书·艺文志》《秘书省续编到四库阙书目》《直斋书录解题》《宋史·艺文志》等宋元书目则继续在文史类同时著录文论和史评著作，直至晁公武《郡斋读书志》才第一次注意到这一问题，故袁本取消文史类而于史部新列史评类，至衢本在集部复增文说类，文、史得以从类目与文献著录上真正分离。但可惜的是，宋元时期仅有《遂初堂书目》《文献通考·经籍考》继承了这一著录标准，但也继续在集部因仍"文史"类名。这一举措并未能得到宋元时期目录学者的集体响应，在集部设立文史类而兼收文论、史评著作，仍是书目著录的首选。

---

① 〔清〕章学诚著，叶瑛校注《文史通义校注》，北京：中华书局，1985年，第298页。

## 三、渐行渐远：以袁本《郡斋读书志》为中心

前述《日本国见在书目录》将诗论、诗文作法类著作移置小学家，虽已开启文论独立之先河，但仍处于小学的附庸地位，且脱离了集部；直到集部之下的文史类名确立，文论著作才真正得以脱离总集类而独立存在，这是宋元时期文论、史评著作发展的结果，也是目录学的一大创新。宋元时期的书目基本延续《三朝国史艺文志》开创的文史类名传统，晁公武《郡斋读书志》则反其道行之，取消了文史类的设置，并将其史评与文论著作分别散入史评类、别集类之中，赵希弁《读书附志》亦模仿晁公武的部类划分与文献著录标准。

袁本《郡斋读书志》集部总序称："集部其类有三：一曰楚辞类，二曰别集类，三曰总集类。"[①]由总序可知，晁公武对集部三类的划分，有着文集内部发展的思考，今录其文如下：

> 昔屈原作《离骚》，虽诡谲不概诸圣，而英辩藻思，闳丽演迤，发于忠正，蔚然为百代词章之祖。众士慕向，波属云委，自时厥后，缀文者接踵于斯矣。然轨辙不同，机杼亦异，各名一家之言。学者欲矜式焉，故别而聚之，命之为集。盖其原起于东京，而极于有唐，至七百余家。当晋之时，挚虞已患其凌杂难观，尝自诗赋以下汇分之，曰《文章流别》，后世祖述之，而为总集，萧统所选是也，至唐亦且七十五家。呜呼盛矣。[②]

《郡斋读书志》对集部的划分参考了《隋书·经籍志》，其序亦是对《隋书·经籍志》三类小序的总括和扩展。相对《隋书·经籍志》而言，晁公武更明确了楚辞、别集、总集三者之间的递进关系：楚辞最早，可以视为文集之始；别集次之，并由楚辞引发；总集由别集汇录而来，时间最晚。从历代书目的部类划分来看，由《隋书·经籍志》确立的集部三类划分得到了最大范围的认可和接受，其间不仅有着文献产生的时间次序，也有着三者间的内部递进关联。

与宋代官修书目不同的是，袁本《郡斋读书志》未设立文史一类。其集部总序明确表明"集部其类有三"，而文史不与焉，其间原因如何，晁公武未曾说明。按衢本《郡斋读书志》史评类对《刘氏史通》解题称："前世史部中有史抄类，而集部中有文史类。今世抄节之学不行而论说者为多，故自文史类内摘出论史者为史评，附史部，而废史抄云。"[③]《玉海》卷四九、《文献通考·经籍考》所引均同，可以视为史评类小序，也是对史评类设置的补充解释。由此条小序可

---

① 《昭德先生郡斋读书志》卷第四上，第一叶上。

② 同上书，第一叶。

③ 《衢本郡斋读书志》卷七，《宛委别藏》第 54 册，第 201 页。

知，晁公武对于类目的设置，更多在于名实是否相符、是否具有现实意义、能否反映现实情况。晁公武将史评著作摘出而独设史评类，是对此前书目文史类兼收史评著作的不满、反思与变革，那么，其取消文史类也应该是出于同样的考虑。

袁本《郡斋读书志》取消文史类，将文、史著作分置，其中史评著作移置史部，设立史评类，文论著作则附于别集类中。按其集部总叙称“内别集猥多，复分为上中下”，①查其实际，分为上、中、下、下下四类。其中别集类上著录汉唐人别集，别集类中著录唐五代人别集，别集类下、下下著录宋人别集，其内部不以文体而径以著者与著作时间为序，每类后附各朝僧人、女性别集，文论著作又附在各类最末，别集类上最末附南朝梁刘勰《文心雕龙》，别集类中最末附后蜀冯鉴《修文要诀》，别集类下下最末附宋李淑《诗苑类格》、洪兴祖《韩文辩证》与郑厚《艺圃折衷》。

晁氏既废文史类，文论著作也就无所归属，最终将其附在别集各类最末，其痕迹尚可追寻。将文论著作附于别集类，而非如《隋书·经籍志》《古今书录》一般附于总集类，似乎暗示着晁氏将其视同个人著作，但从其对各书的解题中可以看出，晁氏仍着重于其文章评论的性质，如《文心雕龙》解题称“评自古文章得失，别其体制”，②《修文要诀》解题称“杂论为文体式，评其误谬”，③《诗苑类格》解题称“述古贤作诗体格”，④《韩文辩证》解题称“推考其根源，因以订正其讹缪”。⑤ 也就是说，晁氏明确知道此数部著作的文论性质，从前引史评类小序来看，晁氏也知道前人书目中文史类的设定及著录标准，而其取消文史类并将文论著作附于别集类之末，既是其对文史类不合理设定的变革，也表明其对文论著作性质的清楚认知，故并未将其按时代顺序散入别集类中，而是将其按汉唐、五代、宋的时代顺序，附于各时代别集之末。这是晁氏对于文史类取消后文论著作无类可附所采取的一种应急措施，也表明晁氏对于文论与别集、总集性质的不同有着清楚的认识。

赵希弁《读书附志》集部的部类设定略异于袁本《郡斋读书志》，分楚辞、别集、语录、总集四类，在别集类外，增加了语录类（晁氏原散在杂史、地理、传记、释书等类，赵氏《读书附志》地理类亦著录有二部），又末附法帖类（晁氏原附小学类之末），均是赵希弁之创新。与晁公武相同，赵希弁也未设立文史类，而是将文论著作附入别集，但并未如晁氏一般附于别集各类之末，而是直接以所评

---

① 《昭德先生郡斋读书志》卷第四上，第一叶上。

② 同上书，第三十叶上。

③ 《昭德先生郡斋读书志》卷第四中，第二十三叶下。

④ 《昭德先生郡斋读书志》卷第四下，第二十八叶上。

⑤ 同上。

论对象的时代顺序散入各朝别集中。

《读书附志》别集类共分四类，其中别集类一著录汉唐人别集，别集类二至四著录宋人别集，其收录的文论著作均在别集类一中。在别集类一中，汉魏六朝别集部分著录了荀悦《申鉴》、《孔稚珪集》与钟嵘《诗品》三部，唐人别集部分著录了陆贽、李白、杜甫、韩愈、柳宗元、卢肇、王贞白等人别集，而在柳宗元《柳先生文集》与卢肇《文标集》之间，复著录了洪兴祖《杜诗辨证》、朱熹《韩文考异》、祝充《韩文音义》、童宗说《柳文音释》、方崧卿《韩集举正》等数种，[①]此类均是对个人别集文章的音义、考异之作，与《郡斋读书志》所著录的洪兴祖《韩文辩证》性质相同。如果以时代而论，将《诗品》附在六朝之末，尚有伦次，而将《杜诗辨证》等列在卢肇别集之前，则失其伦次。从赵希弁的著录来看，此五部著作的著录，明显是以杜甫、韩愈、柳宗元为次(《韩集举正》除外)，因其同为宋人著作，性质相近，故统一附于杜甫、韩愈、柳宗元三人相关著作之后。或许在赵希弁看来，这些著作不过是对个人文章的音义与考异、辩证，自然可以依附于其所评议的对象，而不必如晁公武一般别列；从其对诸书解题来看，也更强调其独立作者的身份，而非其评论特点。亦即是说，在赵希弁看来，这些著作即是别集，而非文论。后世书目如《宋史·艺文志》《四库全书总目》等或也将此类著作著录于别集类中。

无论是晁公武还是赵希弁，都在其目录著作中取消了文史类。二目均新增史评类，将原属于文史类中的史评著作摘出独立，也就廓清了集部著录标准，使得史、集分离，而不再如前志一般相混淆。但晁氏这一举措并未能得到宋元目录学者的认同，设立文史类与文、史评论著作并录仍是主流。另一方面，文史类的取消使得晁氏需要为此类原有的文论著作寻找到新的类目归属，晁氏选择将其附于别集类而非总集类，应当是注意到此类著作的个人著作性质，尤其是其中对个人别集的音义、考异之作，明显是依附个人著作而行，而将其附于别集各类之末而非按时代散入别集，表明晁氏仍看重其文论性质，文论与别集仍存在界限，这也就为姚应绩重编衢本《郡斋读书志》时增设文说类奠定了基础。[②] 赵希弁《读书附志》依仿晁氏，也将文论著作附于别集类，但径将其按所评论对象的时代散入别集，这也表明赵希弁与晁公武《郡斋读书志》类目划分与文献著录的标准已经有所不同。

总体来说，从《古今书录》开始，经过《三朝国史艺文志》《崇文总目》等宋代书目确立文史类，文论著作已经与总集相区别并独立，晁公武在《郡斋读书志》

① 〔宋〕赵希弁《读书附志》，《昭德先生郡斋读书志》卷第五下，第二叶下至第八叶上。

② 衢本《郡斋读书志》之新增文说类，向多以为晁公武所为，笔者另有考证应为姚应绩，参见《明前书目之总集著录研究》，第185—186页。

中取消文史类，而将其文献分列史评类与别集类，文论与总集类在目录学部类间的关系被彻底打破，二者渐行渐远，不再发生关联。另一方面，晁公武将文论附于别集类而非总集类的举措，虽然复使文论与别集发生关联，但也足以表明，在目录学者看来，纯粹的文论著作与总集之间已再无关联。

不过，也需要注意到其变例，南宋出现的评点选本中，再次出现了选本与评论的结合，也就使得文论与总集似乎再次发生关联。这类著作被著录于目录学中的总集类，也表现出了评论与选本的再次结合。[①]

前述《翰林论》《文心雕龙》《诗品》等文论著作兼具选本性质，但此类著作实际上只承担了选目的功能，并无选本的实质效用；自《文选》以降的文章选本，则多只选录具体的文章而无评论；如挚虞《文章流别集》原附有《论》而后别本单行，也预示着选本与评论的分离。但在此之后，如唐殷璠《河岳英灵集》、高仲武《中兴间气集》等唐人选本已开始兼有选、评，包括序文、评点、传记等，其中已有对作品的专门评点。[②] 此外还有对前代选本的注解，如李善、五臣注《文选》，袁本《郡斋读书志》对《李善注文选》解题称"（李善）初为辑注，博引经史，释而忘其义……于是邕更加以义释解，精于五臣。今释事加义者两存焉"，《五臣注文选》解题称"延祚以李善止引经史，不释述作意义，集吕延济、刘良、张诜、吕向、李周翰五人注"，[③]是不仅对作者、文字音义进行注解，且有对文义的解析。南宋的评点选本在此基础上更进一步。

尤袤《遂初堂书目》与陈振孙《直斋书录解题》总集类已开始著录评点选本，后者并在解题中提到其选、评结合的情况，如《本朝百家诗选》解题称"曾慥……编此所以续荆公之《诗选》，而识鉴不高，去取无法，为小传略无义类，议论亦凡鄙"，《古文关键》解题称"吕祖谦所取韩、柳、欧、苏、曾诸家文标抹注释"，《迂斋古文标注》（即《崇古文诀》）解题称"发明尤精当"，都指出其选本兼有评论。[④] 除了陈氏解题中提及的三部外，如真德秀《文章正宗》、王霆震《古文集成》、周应龙《文髓》等，也都是选、评结合，部分著作更直接在书名中表现出评点的特点，如《新编诸儒批点古今文章正印》《批点分格类意句解论学绳尺》等，[⑤]评点也从选本总集扩大到个人别集。从其形制来看，既包括简单涂抹的圈点、文字音义的注释，也有对作者的评论与对文章内容的赏析点评。如被视

① 参见邓国光《文章体统：中国文体学的正变与流别》，上海：上海古籍出版社，2013 年，第 11 页。

② 参见卢燕新《唐人编选诗文总集研究》第四章第二节《唐人选本批评的对象、批评方式及其特点》，北京：中国人民大学出版社，2014 年。

③ 《昭德先生郡斋读书志》卷第四下下，第一叶下。

④ 〔宋〕陈振孙撰，徐小蛮、顾美华点校《直斋书录解题》卷一五，第 447、451—452 页。

⑤ 相关介绍可参见张智华《南宋的诗文选本研究：南宋人所编诗文选本与诗文批评》第二章第二节《南宋文章选本叙录》，北京：北京师范大学出版社，2002 年。

为评点之始的吕祖谦《古文关键》，方孝岳称："祖谦这书的特点，就是将文章的篇章用笔字法句法一切用意遣辞结构大体，详细批了出来。这也是前人文学批评的书所不曾做过的。……影响很大，开了后来的'评点之学'。"[①]可以作为一种代表。[②]

从这类选本的评点来看，更多强调对文章作法的介绍，祝尚书以南宋古文评点源于科举策论，更强调其对文章技法的揭示。[③]从这一角度来看，其与《日本国见在书目录》著录于小学类的讲求诗文作法的文论著作性质相似。但选本的评点不仅包括文章技法，也包括注释、文法、赏析等，更像是过往文论的综合。最为重要的是，与《文心雕龙》等文论著作以论为主不同，南宋评点选本的本质还是文章选本，评点仅仅是其附加的内容，这种选、评结合毕竟不同于早期独立的文论著作，而是实实在在依附于选本而存在，这也是《遂初堂书目》《直斋书录解题》等将其著录于总集类的根本原因所在。因此，南宋时期的评点选本虽然也是选、评结合，也被著录于总集类，但已与早期书目中附庸于总集类的文论著作有了根本区别。

## 四、馀论

总体来说，在明代以前书目中，文论著作与总集类的关系呈现出动态的变化，从最开始《七录》《隋书·经籍志》中文论附庸于总集类，经由《古今书录》的中转，至《三朝国史艺文志》《崇文总目》等文史类独立，文论著作得以从总集类中独立出来。但文史类名的设立也使得史评与文论著作并录，史、集界限有所混淆。晁公武《郡斋读书志》在史部另立史评类以著录史评著作，将文论著作附于别集类之末，表现出其对史、集二类著录标准的清楚认识，而将文论著作附庸别集类而非总集类的举措，也使得文论与总集最终脱离了千丝万缕的联系，并行不悖。此外，随着南宋选本中评点的加入，文论与总集又再次发生关联，但不同于最开始附庸于总集类的文论著作，南宋选本中的评点无法超越其选本的本质，因此也被著录于总集类而非文史类之中，这种新增的评点选本也无法使书目中的总集与文论再次发生实质性关联。在目录学中，文论已脱离

① 方孝岳《宋朝几部代表古文家的文学论的总集》，《中国文学批评》，北京：生活·读书·新知三联书店，1986年，第120页。

② 有关评点，可参见张伯伟《中国古代文学批评方法研究》外篇第六章《评点论》，北京：中华书局，2002年。

③ 祝尚书《南宋古文评点缘起发覆——兼论古文评点的文章学意义》，《四川大学学报（哲学社会科学版）》2005年第4期。有关科举与评点，亦可参见张伯伟《中国古代文学批评方法研究》外篇第六章第三节。

总集类而独立存在，其他的附庸都与总集而非文论相关。

古典目录学中文论著作与总集类关系的变化，映现出的是学术观念的动态发展。魏晋南北朝时期文论作品大量出现，但大多为单篇作品或附庸其他著作，独立成书的文论著作并不多见，[①]复局限于其选、评双重属性，故《七录》将文论著作附庸于总集部和杂文部。《隋书·经籍志》总集类将文论著作附庸多体与分体总集之后，系将《七录》总集部与杂文部径自合并所致，并未真正体现出何种特殊的目录学观念与学术史背景；《古今书录》将文论著作附于总集类之末，则受到唐代目录学观念的影响，并在《西斋书目》中有所体现。宋人开始在总集类外设立独立的文史类，既是对唐代书目类例的纠正，也体现出因文论、史评著作大量增加而新设类目的学术需求，并在宋元书目中得到继承。在此一过程中，出于对"文史"类名名实关系的纠正，晁公武在《郡斋读书志》中取消了文史类，又将文论著作附于别集之末，充分体现出目录学者对于"文史"类目设置的犹疑。跨越唐宋的目录学家与其书目实践，在文论、史评著作的发展和学术史观念的双重推动之下，使得文论著作最终得以脱离总集类而独立，并从名实不符走向相符，更在书目中得以保留这一动态发展过程，映现出生动的学术发展动态。

本文曾参加山东大学文学院主办的"中国古代文学理论青年学者论坛"(2019 年 11 月)，并获得南京师范大学文学院陶慧老师指正，及本刊匿名评审意见，在此一并致谢。

① 卢盛江曾提出诗文评类"所收录的，是勒成一书的著作，不收单篇的论文，也不收史书序论之类文字"，见《集部通论》，北京：中华书局，2019 年，第 234 页。

# 汲古阁影宋钞本《九僧诗》真伪考辨

张鸿鸣*

**【内容提要】** 北京大学图书馆收藏有一部影宋钞本《九僧诗》，长期被著录为虞山毛氏汲古阁影宋钞本。国家图书馆也收藏有一部影宋钞本《九僧诗》。经过对比，国家图书馆收藏的《九僧诗》，流传清楚，印鉴可靠，确是虞山毛氏汲古阁钞本。而北京大学图书馆收藏的这部《九僧诗》，前人藏印多出伪作，身世可疑，是仿照国图藏本制作的赝鼎。这两部《九僧诗》都是李盛铎的旧藏，从李盛铎的著录来看，他对于两部《九僧诗》的真伪情况应该是清楚的。李盛铎去世后，其子李滂将伪本《九僧诗》与其他藏书一同售与北京大学图书馆。而真本《九僧诗》则被转卖至琉璃厂，最终归国家图书馆收藏。

**【关键词】** 九僧诗　汲古阁　影宋钞

《九僧诗》是宋代诗僧希昼、保暹、惠崇等九人的诗歌总集，汇纂于北宋，欧阳修在《诗话》中曾摘录过九人诗作中的佳句，并提到曾经流传过一部名为《九僧诗》的集子。晁公武《郡斋读书志》与陈振孙《直斋书录解题》著录《九僧诗》。南宋时，这九位僧人的作品被陈起编为《增广圣宋高僧诗选》的前集。《增广圣宋高僧诗选》与《九僧诗》今皆存毛氏汲古阁影宋钞本。[①] 其中汲古阁影宋钞本《增广圣宋高僧诗选》经黄丕烈、汪士钟、袁克文、周叔弢等人递藏，今存国家图书馆，《中华再造善本・明清编》据以影印。而汲古阁影宋钞本《九僧诗》，按著录情况，则北京大学图书馆与国家图书馆各藏一部。

北京大学图书馆所藏《九僧诗》，长期以来著录为虞山毛氏汲古阁影宋钞本，颇被看重。1998 年，为庆祝北京大学建校一百周年，北京大学图书馆编写了《北京大学图书馆藏善本书录》，收录了馆藏善本的书影，这部钞本《九僧诗》亦在其中。2016 年，此书入选第五批国家珍贵古籍名录，书影收入《第五批国

---

* 本文作者为北京大学中文系古典文献专业博士生。

① 《九僧诗》未见宋刻本。毛钞《九僧诗》与毛钞《圣宋高僧诗选》前集，版式、行款、缺字皆相同，除汲古阁影钞《九僧诗》时根据他书增补的几首诗外，二书几乎无任何不同，疑皆从南宋书棚本《圣宋高僧诗选》钞出。见叶德辉《郎园读书志》卷一五。本文为了行文简明，对于这两部《九僧诗》仍旧以“影宋钞本”称之。

家珍贵古籍名录图录》。2018 年 12 月，为庆祝建馆 120 周年，北京大学图书馆举办了“翰苑英华——北京大学图书馆建馆 120 年珍藏古文献展”。我在展览现场看到这部《九僧诗》，第一感觉是书上的钤印很奇怪，汲古阁诸印水平不高，印色也不好。印章本身与汲古阁常见藏印都对不上。但此书钞写精美，难以遽定其真伪。后与国家图书馆藏另一影宋钞本《九僧诗》(以下简称“国图本”)比对，始知北大藏《九僧诗》(以下简称“北大本”)确系赝鼎。

## 一、北大藏本与国图藏本之特征

北大图书馆藏本，书号：LSB36，半叶十行，行十八字。全书前有袁克文跋，书于笺纸之上，书前有《九僧诗》目录，后录毛扆康熙壬辰年(1712)跋。目录首叶钤“宋本”“希世之珍”“毛晋私印”“子晋”“汲古主人”“毛扆之印”“斧季”“席鉴之印”“席氏玉照”“北京大学藏”诸印。卷端钤“宋本”“希世之珍”“毛扆之印”“斧季”“席鉴之印”“席氏玉照”“麐嘉馆印”诸印。卷末钤“萸山珍本”“木斋宋元秘籍”二印。毛扆跋落款下钤“毛扆之印”“斧季”二印。由书上钤盖的“麐嘉馆印”和“木斋宋元秘籍”二印可知，此书为李盛铎故物。

国家图书馆藏本，索书号：11559，行款、目录、毛扆跋语皆与北大本同。目录首叶钤“宋本”“希世之珍”“毛晋私印”“子晋”“汲古主人”“毛扆之印”“斧季”“席鉴之印”“席氏玉照”“汪士钟印”“三十五峰园主人”“长洲汪骏昌藏”“李盛铎印”“木斋宋元秘籍”“徐伯郊藏书记”“北京图书馆藏”诸印。卷端钤“宋本”“希世之珍”“毛晋之印”“毛氏子晋”“席鉴之印”“席氏玉照”“雅庭”“木犀轩藏书”“明墀之印”“李氏玉陔”“诗外簃藏书”诸印。卷末钤“卓为霜下杰”“汲古得修绠”“子晋书印”“萸山珍本”“酿华草堂”“李滂”“少微”诸印。毛扆跋落款下钤“毛扆之印”“斧季”二印，跋后钤“东吴毛氏图书”“西河季子之印”“虞山席鉴玉照氏收藏”“桃原衣冠”“墨妙笔精”“平阳汪氏”“惠定宇借观”“小有壶天”“木斋审定善本”“两晋六朝三唐五代妙墨之轩”“吴兴徐氏”“伯郊所藏”“北京图书馆藏”诸印。根据钤印可知，国图本亦是李盛铎故物。

从钤印情况来看，国图本藏印反映出的藏家较多，北大本藏印涉及的藏家较少，且都包含在国图本藏印反映出的藏家中。二本除收藏印之外，行款一致。国图本字体略瘦，北大本笔道略肥。另外，国图本目录叶版心鱼尾下有“九僧诗目录”五字，正文版心鱼尾下有“九僧诗”三字，卷末毛扆跋版心有“九僧诗跋”四字，而北大本版心对应位置无字。总体来看，除了收藏印外，二本相似度很高，且钞写都极尽工致。

## 二、国图藏本《九僧诗》递藏清楚，北大藏本递藏关系缺环严重

因北大本钤印较少，事实上只涉及三家藏书家，即汲古阁毛氏、酿华草堂席氏与近代的木斋李氏。而这三家，都出现在国图藏本的递藏中，因此这里重点叙述国图藏本的递藏情况。与国图藏本对照，北大藏本藏印体现出的递藏关系缺环严重。

国图藏本，目录首页“宋本”“希世之珍”“毛晋私印”“子晋”“汲古主人”“毛扆之印”“斧季”诸印，卷端“宋本”“希世之珍” “毛晋之印”“毛氏子晋”诸印，卷末“卓为霜下杰”“汲古得修绠”“子晋书印”诸印，毛扆跋落款下“毛扆之印”“斧季”二印，跋后“东吴毛氏图书”“西河季子之印”诸印，皆为虞山毛氏汲古阁所有。又《汲古阁珍藏秘本书目》著录：“《九僧集》一本，影宋板精钞，一两。”则汲古阁确实制作过一部影宋钞本《九僧诗》。试验国图藏本卷端诸印，与其他可靠汲古阁藏书上的印章，若合符契。如下图1：

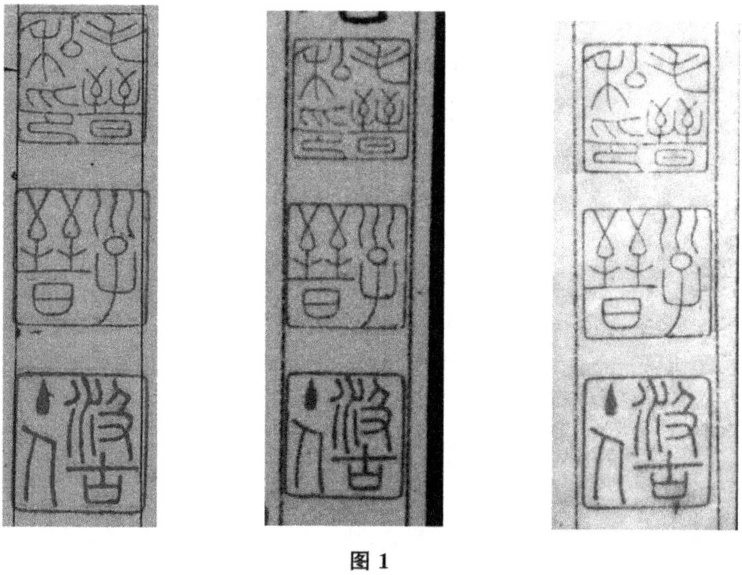

**图 1**

左：国图藏本目录首叶“毛晋私印”“子晋”“汲古主人”三印

中：国家图书馆藏汲古阁影元钞本《方是闲居士小稿》卷端毛晋三印①

右：中国科学院文献情报中心藏汲古阁精钞本《汉泉曹文贞公诗集》卷九首叶毛晋三印②

汲古阁其他诸印亦确然可征，不具于此。通过对比可知，国图藏本确出汲古阁影钞。

---

① 引自《第五批国家珍贵古籍名录图录》，北京：国家图书馆出版社，2016 年。编号：00513。

② 此书傅增湘《藏园订补郘亭知见传本书目》著录。

《九僧诗》卷末有毛扆跋，落款时间为康熙壬辰，即康熙五十一年(1712)，为毛扆去世前一年。但是《汲古阁珍藏秘本书目》中仅著录了《九僧集》一种。《汲古阁珍藏秘本书目》是毛扆为了售书给潘耒而拟定的一份书目。潘耒卒于康熙四十七年(1708)，则《汲古阁珍藏秘本书目》成书不晚于康熙四十七年。但《九僧诗》卷末有毛扆康熙五十一年跋，可知此本至康熙五十一年仍在汲古阁中。这就有两种可能。根据近人潘天祯的考证，《汲古阁珍藏秘本书目》虽然是拟给潘耒的书单，但最后议价未谐，未能出售给潘耒，而是散入各家，[①]《九僧诗》可能恰在未出售的部分中，至康熙五十一年毛扆仍得以作跋。另一种可能是，《汲古阁珍藏秘本书目》中著录的《九僧集》已经卖出，因汲古阁影钞的《九僧诗》不止一部，因而至康熙五十一年，毛扆仍可以为《九僧诗》作跋。因为没有更多的证据，尚无法判断哪一种猜测成立。

在汲古阁毛氏之后，此书入席鉴之手，书中钤盖的“席鉴之印”“席氏玉照”“萸山珍本”“酿华草堂”“虞山席鉴玉照氏收藏”“桃原衣冠”“墨妙笔精”诸印为席氏所有。席鉴亦虞山人，好藏书，精鉴别。黄丕烈曾见顾广圻有影宋钞本《东家杂记》一部，上有席鉴手跋：“往闻何义门太史得宋椠本《东家杂记》二卷，毛省庵先辈从之影写一本，余于丙申仲夏得之汲古阁中。”[②]丙申，当康熙五十五年(1716)。毛扆去世于康熙五十二年。由此可知，毛扆去世后，席鉴曾向汲古阁购买过书籍。[③] 这部《九僧诗》，应该就是席鉴直接得于汲古阁的。国图藏本卷端有席鉴“席鉴之印”“席氏玉照”二印，卷末有“酿华草堂”印，与席鉴酿华草堂影宋钞本《新加九经字样》所钤相同。如图 2：

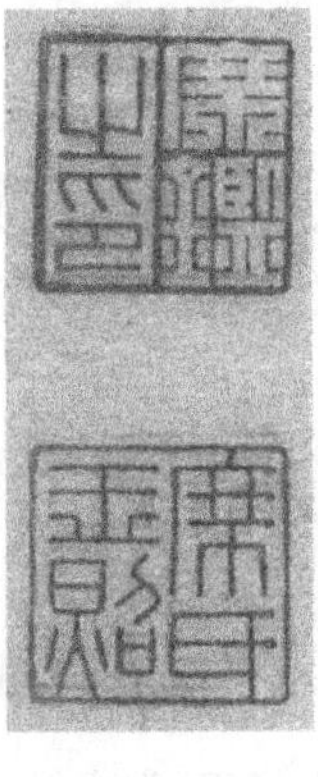

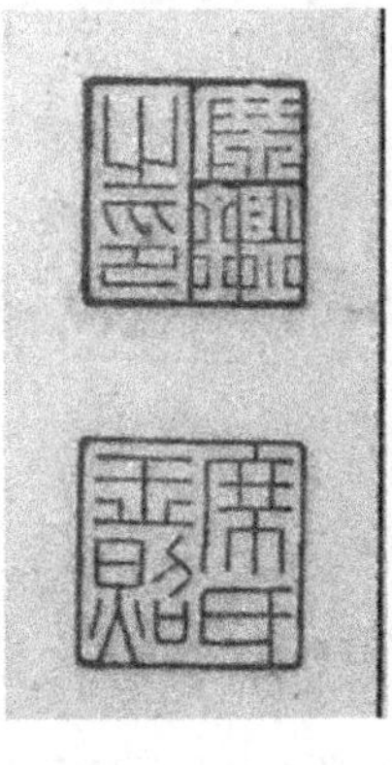

① 潘天祯《〈秘本书目〉收录书的归属问题(下)》，《图书馆杂志》1986 年第 2 期，第 57 页。

② 余鸣鸿、占旭东点校《黄丕烈藏书题跋集》，上海：上海古籍出版社，2015 年，第 81 页。又《题跋集》所录席鉴跋有脱误。国图藏有此部《东家杂记》的影钞本(索书号：07407)，此处所录跋语据国图藏本订正。

③ 北京师范大学董婧宸老师赐告，南京图书馆藏赵均钞本《六书正讹》上有席鉴跋语，述及毛扆晚年贫病，出售书籍与席鉴，则席鉴从汲古阁买书在毛扆生前就开始了。

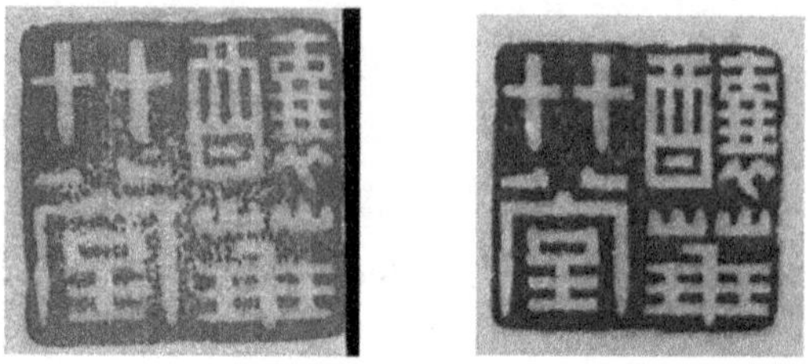

**图 2**

左：国图本《九僧诗》所钤

右：席氏酿华草堂影宋钞本《新加九经字样》所钤[①]

席鉴去世之后，藏书散出，毛钞《九僧诗》归于书商钱时霁，钱氏又将《九僧诗》售与滋兰堂朱氏。钱氏在毛钞原书上没有留下印记。但是在道光十六年(1836)石韫玉刻本《九僧诗》卷末，有一通落款为"听默霁"的跋文，钱时霁字景开，号听默，[②]则"听默霁"当即钱氏。跋文中说："汲古阁影宋写《九僧诗》，余从虞山席玉照家购得，归于滋兰堂朱氏。此本乃余萧客从滋兰本抄出者。"[③]可知此通跋文是钱氏书写在余萧客钞本上的，且记录了钱氏曾买得毛钞原本，又售与滋兰堂朱氏。钱氏跋文署"癸卯送春日"，按罗继祖所说，即乾隆四十八年，

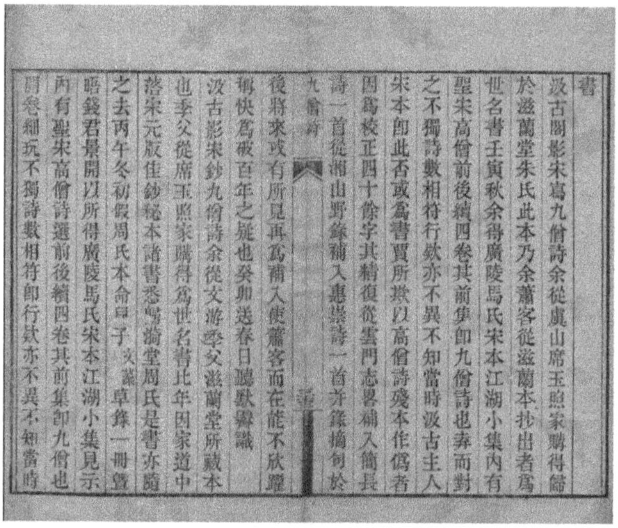
書
汲古閣影宋寫九僧詩余從虞山席玉照家購得歸
於滋蘭堂朱氏此本乃余蕭客從滋蘭本抄出者爲
世名書壬寅秋余得廣陵馬氏宋本江湖小集內有
聖宋高僧前後續四卷其前集卽九僧詩也靠而對
之不獨詩數相符行款亦不異不知當時汲古主人
宋本卽此否或爲書賈所揜以高僧詩殘本作僞者
因爲校正四十餘字其稍復從雲門志畧補入簡長
詩一首從湘山野錄補入惠崇詩一首并錄摘句於
九僧詩
後將來或有所見再爲補入使蕭客而在能不欣躍
稱快爲破百年之疑也癸卯送春日聽默霽識
汲古影宋鈔九僧詩余從文游季父滋蘭堂所藏本
也季父從席玉照家購得爲世名書比年因家道中
落宋元版佳鈔秘本諸書悉歸滿堂周氏是書亦隨
之去丙午冬初假周氏本命曰子文藻草錄一冊暨
晤錢君景開以所得廣陵馬氏宋本江湖小集見示
內有聖宋高僧詩選前後續四卷其前集卽九僧也
爾冬翻玩不獨詩數相符卽行款亦不異不知當時

**图 3 道光十六年石韫玉刻本《九僧诗》卷末钱时霁跋**[④]

① 图片引自《第五批国家珍贵古籍名录图录》。

② 罗继祖《枫窗脞语》，北京：中华书局，1984 年，第 146 页。又叶昌炽《藏书纪事诗》卷七有钱时霁一首。

③ 此本为余萧客钞本，后归罗振玉，罗继祖《枫窗脞语》著录并钞录此跋文，字句有小异。

④ 天津图书馆藏本，索书号：P15647。

此时毛钞《九僧诗》已归滋兰堂朱氏。滋兰堂朱氏指朱奂。朱奂是乾隆间吴县藏书家，与惠栋（定宇）、余萧客有交往，余萧客即从朱奂手中假得《九僧诗》抄录。黄丕烈说："朱（奂）与惠徵君栋为莫逆交。"[①]卷末的"惠定宇借观"印章，可能就是书属于朱奂时钤盖的。

朱奂之后，《九僧诗》又归周锡瓒。石韫玉刻本《九僧诗》卷末有朱邦衡跋，云："汲古阁影宋钞《九僧诗》，余从文游季父滋兰堂所藏本。季父从席玉照家购得，为世名书。比年因家道中落，宋元版、佳钞秘本诸书悉归漪堂周氏，是书亦随之去。"朱邦衡是朱奂的侄子，此跋当可信，则朱奂之后，此书归周锡瓒。周锡瓒，字仲涟，号漪塘，号香严居士，黄丕烈等人口中的周香严，即其人也。朱邦衡跋时间为乾隆丁未，即乾隆五十二年（1787），此时《九僧诗》已归周锡瓒之手。

周锡瓒之后，此本《九僧诗》又归长洲汪氏。长洲汪氏藏书，自汪文琛始。汪文琛，字厚斋。汪文琛之子即藏书史上有名的汪士钟。书中"平阳汪氏""三十五峰园主人""汪士钟印"即属汪氏父子。汪文琛有"三十五峰园汪厚斋家藏"一印，推测"三十五峰园主人"可能为汪文琛所有。但这种园林、斋号名，往往父子相承，所以这方"三十五峰园主人"也有可能是汪士钟的印章。汪文琛生卒年不详，但他的夫人程云是一位诗人，阮元编《淮海英灵集》记载她卒于乾隆庚寅，即乾隆三十五（1770）年，[②]则汪文琛主要活动于乾隆年间应无大错。此书乾隆末归周锡瓒，周锡瓒卒于嘉庆二十四年。以情理推之，周锡瓒身后藏书散出，《九僧诗》于此时归于汪士钟之手可能性最大。潘祖荫序《艺芸书舍宋元本书目》云："嘉庆时，以黄荛圃百宋一廛、周（原注：锡瓒）香严书屋、袁寿阶五砚楼、顾抱冲小读书堆为最，所谓四藏书家也。后尽归汪阆源观察（原注：士钟）。"潘祖荫的姑母嫁给了汪士钟之子，潘氏所说，当出耳闻目睹，可信程度较高。可以推测，毛钞《九僧诗》从周锡瓒手中，又归汪士钟艺芸书舍。汪骏昌，其人无考，但其藏印明言"长洲汪骏昌"，则与汪文琛、汪士钟同里，当是汪氏族人。又以时间考之，或是汪士钟子侄辈。今传宋刊《陶渊明集》有汪骏昌道光二十八年跋，[③]则其活动时间大致在道光末。汪士钟活动时间大致在嘉庆、道光间，则此部《九僧诗》在长洲汪氏家族中流转过一段时间，是可以肯定的。国图藏本所钤"汪士钟印""三十五峰园主人"等印，亦历历可征。

在长洲汪氏之后，此书又流入德化李氏之手。书中所钤"明墀之印""李氏玉陔"二印，说明此书曾入李明墀之手。李明墀即李盛铎之父。李明墀生于道

---

① 余鸣鸿、占旭东点校《黄丕烈藏书题跋集》，第 304 页。

② 〔清〕阮元辑《淮海英灵集》壬集卷一，《续修四库全书》第 1682 册，上海：上海古籍出版社，2002 年，第 308 页。

③ 汪骏昌所跋宋刻递修本《陶渊明集》现藏中国国家图书馆，索书号：08368。

光三年(1823),卒于光绪十二年(1886),他的活动时间正好大致可以与汪骏昌活动时间相接。可以推测,此部《九僧诗》从长洲汪氏手中流出后,辗转归于李明墀之手,后又传与李盛铎,李盛铎传给十子李滂(字少微),后经徐森玉之子徐伯郊(诗外簃)手,归北京图书馆藏。1959 年出版的《北京图书馆善本书目》著录了此部《九僧诗》,则至迟在 20 世纪 50 年代,此书已归北图所有。

与国图藏本相比,北大藏本上藏书印鉴体现出的递藏关系简单得多。北大藏本上的藏书印鉴只体现出了上述递藏关系中的汲古阁毛氏、席鉴、李盛铎三家,而席鉴至李盛铎中间的递藏关系则付阙如。这样来看,国图藏本的递藏清楚,来路可靠,而北大藏本的递藏则颇有疑点。

## 三、北大藏本《九僧诗》汲古阁、席鉴藏印不真

北大藏本上的藏书印只反映出虞山毛氏、常熟席氏和李盛铎麐嘉馆曾经收藏过此书,从席鉴到李盛铎中间的递藏,书上的钤印没有体现出来。如果进一步考察北大藏本上钤盖的藏书印,就会发现,北大藏本上的毛晋父子、席鉴的藏书印章皆不真,且是根据国图藏本摹刻钤盖的。如图 4、图 5、图 6:

**图 4**

左:北大本《九僧诗》目录所钤[①]

中:国家图书馆藏汲古阁影元钞本《方是闲居士小稿》卷端所钤

右:国图藏本目录首叶所钤

① 本文所引北大藏本《九僧诗》图像,皆来自《第五批国家珍贵古籍名录图录》。编号:00676。

**图 5**

左：北大本《九僧诗》卷端所钤

中：中国科学院文献情报中心藏《汉泉曹文贞公诗集》卷末所钤

右：国图藏本卷后毛扆跋语末所钤

**图 6**

左：北大本《九僧诗》卷端所钤

右：国家图书馆藏席氏酿华草堂影宋钞本《新加九经字样》卷端所钤

北大本上钤盖的其他毛氏、席氏印章与上述情况相同，不一一对比。我们可以看出，北大藏本《九僧诗》上钤盖的汲古阁诸印，与来路可靠的汲古阁钞本上钤盖的印章有差别。此本钤盖的席鉴印章，亦与席氏钞本上钤盖的印章有差别。从道理上推测，藏书家印文相同、风格相同的印章可以不止一方，随着印章使用磨损，藏书家完全有可能请人重新镌刻印文相同、风格类似的藏书印。因此，不同书上钤盖的藏书印，印文、风格一致，若非同一方印章，不能作为判断其为伪作的充分条件。但是从情理上推测，同一藏书家使用的同一风格、同一文字布局的藏书印，不应出现明显的模仿痕迹，更不应有很大的水平差异。反观北大藏本《九僧诗》上的毛氏、席氏诸印，可以看出，这些印章线条软弱，笔画失真，都是在描摹真印，却远不及真印刻制之精。且印色暗淡，钤盖模糊，系伪印无疑。且与国图藏本相比，北大藏本少了一些关键的印章。如汲古阁钞书，卷末应当钤印，但北大藏本卷末只有伪刻的席氏“萸山珍本”与李盛铎“木斋宋元秘籍”二印。国图本卷末有席氏“萸山珍本”“酿华草堂”二印，或由于作伪者不知此二印皆属于席氏，故而只摹刻了“萸山珍本”一印。经过对比，北大藏本的诸藏印，只有李盛铎的藏印确系原印。

对于毛钞本来说，汲古阁印鉴是鉴定真伪的一个重要特征。北大本毛氏印鉴皆伪，席氏印章亦出摹刻，只有李盛铎藏印不伪，则此本非毛钞原本，当系后人作伪。值得注意的是，北大藏本上毛晋父子、席鉴印章钤盖的位置，与国图藏本几乎相同(图 7)。藏印不真，钤盖位置又有意模仿真书，则北大藏本系以国图真本为蓝本制作的伪本，当是事实。

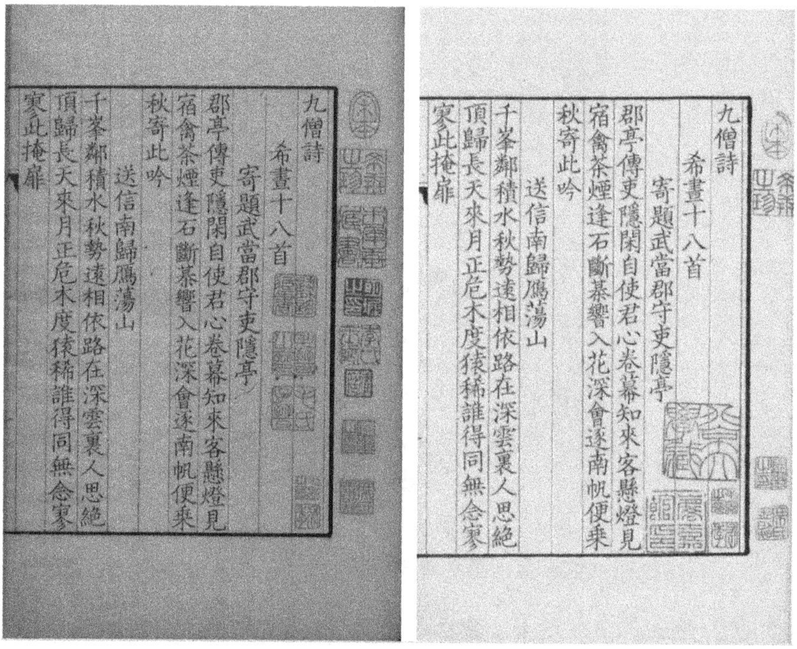
九僧詩
希晝十八首
寄題武當郡守吏隱亭
郡亭傳吏隱閑自使君心卷幕知來客懸燈見
宿禽茶煙逢石斷碁響入花深會逐南帆便來
秋寄此吟
送信南歸鴈蕩山
千峯鄰積水秋勢遠相依路在深雲裏人思絕
頂歸長天來月正危木度猿稀誰得同無念寥
寥此掩扉

九僧詩
希晝十八首
寄題武當郡守吏隱亭
郡亭傳吏隱閑自使君心卷幕知來客懸燈見
宿禽茶煙逢石斷碁響入花深會逐南帆便來
秋寄此吟
送信南歸鴈蕩山
千峯鄰積水秋勢遠相依路在深雲裏人思絕
頂歸長天來月正危木度猿稀誰得同無念寥
寥此掩扉

**图 7**

左：国图藏本卷端

右：北大藏本卷端

另外需要说明的是，北大藏本虽系赝鼎，但书前袁克文跋却为真迹。北大藏本书前装有袁克文跋一通，写在笺纸上，内容如下：

《九僧诗》即《高僧诗选》前集，木老夫子藏毛钞本精隽动人，假得影写一过，当与箧中毛钞《高僧诗选》合装珍之。乙卯(1915)夏日，袁克文谨识。

袁克文买毛钞《圣宋高僧诗选》，事在1915年5月。七月初三，袁克文日记中记："假木师藏毛钞《九僧诗》一卷，付胥影写装成，与《高僧诗》并藏箧中。"①日记中所记，与北大本卷前跋语相合，则袁克文确有向李盛铎借《九僧诗》并影钞一事。但北大这部《九僧诗》，并非袁氏影写的那部。若只是为了与毛钞《圣宋高僧诗选》合装，则没有必要伪刻印章。且北大藏本上，近人藏家只有李盛铎的藏印，并无袁克文印。可以推测，北大本并非袁克文影写的那部《九僧诗》。且袁克文跋写在笺纸上，不能确定是北大本原有的，也许是袁跋本为国图藏本题，李氏后人售书与北大时，才将袁跋装入北大本书内。总之，袁克文跋虽是真迹，但北大本《九僧诗》却是比着毛钞原本制作的赝品。

需要说明的是，虽然北大本是根据国图本制作的，但是两本之间文字也有细微的不同。如第二叶甲面"唯闻坏陵柏"，国图本作"栢"，北大本钞作"柏"；同叶第七行诗题中"承旨"，"旨"字上半部分，国图本作"上"，北大本此字上部作"二"；第七叶甲面第五行"竺卿"的"竺"字，国图本作"笁"。这些应当视作钞写中产生的细微不同，并不能动摇北大本是根据国图本制作的结论。另外，第五叶第一行中诗僧的名字"保暹"，"暹"字上方的"曰"，国图本作"羽"，北大本一开始写作"羽"，后贴纸改为"曰"，可见北大本在钞写的时候对国图本也有有意识的更正。但是北大本用贴纸的方式更改，并不符合汲古阁影钞本改字的习惯。汲古阁影钞本如果需要改字，一般是用白粉涂掉重写。

## 四、李盛铎的著录与《九僧诗》入藏北大图书馆的前后

北大本系伪作，那这本作伪的《九僧诗》是如何进入北大图书馆的呢？这要从李盛铎收藏《九僧诗》说起。北大本与国图本皆有李盛铎藏书印，说明此二本都是木犀轩故物。对此，李盛铎自己亦有著录。北京大学图书馆藏有一部李盛铎稿本《李盛铎藏书书目提要》，②其中第七册集部著录了两部"影宋钞本"《九僧诗》：

《九僧诗》一卷，影钞宋本，半叶九行，行十八字。

《九僧诗》不分卷，影钞宋本，末有毛斧季跋，半叶十行，行十八字。

① 袁克文《寒云日记——收古籍善本摘抄》，载《王子霖古籍版本学文集》第二册《附录》，上海：上海古籍出版社，2006年，第142页。

② 北京大学图书馆藏，索书号：SB/018.18/4058。

这两条正好写在前后两页上。张玉范整理《木犀轩藏书题记及书录》,《凡例》中说:“凡同一书写有两篇书录,而内容又完全相同者只收其一。”[①]张玉范整理的时候认为李盛铎只藏有一部影宋钞本《九僧诗》,即北大本,故认为两条重复,删除了第一条,只保留了第二条,并且注明“李 36”,这正对应北大藏本的索书号“LSD36”。但张玉范没有想到李氏书还有零星卖出者。如前揭所示,李盛铎藏书中其实有两部影宋钞本《九僧诗》,故其稿本《书目提要》有两条影宋钞本《九僧诗》的著录。惟国图本与北大本行款相同,可知第一条的“半叶九行”当是“半叶十行”之讹。

国图本与北大本都有落款为毛扆的跋,但李盛铎《书目提要》的著录一说“末有毛斧季跋”,一则否,其中或有深意。可以推测,李盛铎著录的“毛斧季跋”所指或是毛扆的亲笔跋。而不著录北大本书末的毛扆跋,或是认为此跋非毛扆亲笔,出于过录。李盛铎对于汲古阁印章比较熟悉,有鉴别毛氏影钞本的能力,袁克文写《九僧诗》跋的同年(1915),李盛铎在致袁克文的信中,就指出袁克文新收影宋钞《韵补》上的毛晋印“不确”。[②] 考虑到这一层,再玩味李盛铎著录两部影宋钞时措辞的不同,其中深意,可以想见。

李盛铎木犀轩中,有一真一假两部影宋钞《九僧诗》。1937 年 2 月 4 日,李盛铎去世。1940 年,北平伪临时政府买下木犀轩藏书,整体拨交北京大学图书馆。据档案记载,这批木犀轩藏书从 5 月 6 日开始点收,至 9 月底点收完毕。[③]现北京大学图书馆古籍部尚存一部题为“李氏书目”的目录,首册有手写签条“木犀轩李盛铎书籍”,内文系民国间复写本。此目录不按四部分类,每部分末尾都注明“以上某页某部某种,民国二十九年某月某日”,可知此目是 1940 年点收木犀轩藏书时的清单。此部目录著录有“九僧诗一卷　毛氏影写宋本　席玉照旧藏　有毛、席各式图记　袁克文题”。《李氏书目》著录的这部《九僧诗》有袁克文题,可知《李氏书目》中著录的《九僧诗》即北大藏本。北大本《九僧诗》是在李盛铎去世后,木犀轩藏书整体转让给北大时,随其他藏书一起归北大图书馆收藏的。又此书点收时间为 5 月 9 日,应当是最早点收的书籍之一,亦可见此书在归北大的木犀轩藏书中,属于较为珍贵的品种。[④]

但是,北大藏本实非真本。李盛铎后人在售书时,将书目中著录的《九僧诗》以伪本充之,真本《九僧诗》仍在李氏后人手中。推测这可能与李滂对此书的看重有关。李滂是李盛铎第十子,喜藏书。国图本《九僧诗》上即有“李滂”“少微”二印。李滂曾经以毛钞本《九僧诗》《圣宋高僧诗选》二书校刻《九僧

① 李盛铎撰,张玉范整理《木犀轩藏书题记及书录》,北京:北京大学出版社,1985 年,第 3 页。

② 李小文、孙俊《李盛铎致袁克文论书尺牍》,第三通,《文献》2008 年第 4 期,第 84 页。

③ 栾伟平《木犀轩藏书进入北京大学图书馆的前前后后》,《中国文化》第四十五期,第 97 页。

④ 北大藏本《九僧诗》的典藏号为 LSB36,可见是北大馆接受李盛铎藏书的第 36 号。

诗》,后将这部校本送给了周叔弢。[①] 校本卷端题:"己巳九月十九日校本,李滂记。"卷端有"李滂之印""少微"二印。观卷中校语,李滂用毛钞《增广圣宋高僧诗选》前集校刻,校语为墨笔;用毛钞《九僧诗》校刻,校语为朱笔。从李滂校《九僧诗》可以看出,他对于《九僧诗》是颇为留意的,也许这是在售与北大的书中,以假《九僧诗》充真的动机。

真本毛钞《九僧诗》,也未能在李家后人手中秘藏太久。1943 年,这部真本《九僧诗》出现在琉璃厂。雷梦水记录:"1943 年,李氏(建吉)与李纯如及修绠堂伙购李盛铎家藏书,多钞校本。其中有汲古阁毛氏钞本《九僧诗》一册,钤有各家收藏章,为毛钞中最精的一种,价一千元,售与上海。"[②]李建吉是书店宝铭堂店主。同年,傅增湘也见到了这部《九僧诗》,《藏园群书经眼录》中记:"《九僧诗》一卷,汲古阁影宋精钞本……钤有席氏、汪氏、惠定宇各印。(德化李氏旧藏。癸未)"[③]从傅增湘见到的《九僧诗》上有汪氏、惠定宇印章可知,他见到的是国图本,即真毛钞《九僧诗》。癸未即 1943 年,则傅增湘见到此书,与琉璃厂书贾购买李盛铎家剩下的藏书,当有关系。可能是琉璃厂诸书贾买得此书后,傅增湘得以见到。40 年代,徐森玉之子徐伯郊正在上海,1946 年任上海市银行经理,1948 年往香港,任广东银行香港分行经理。则雷梦水所记"售与上海",当即售与徐伯郊。40、50 年代间,此书由徐伯郊转归北京图书馆。

伪本毛钞《九僧诗》进入北大图书馆后,一直被著录为汲古阁影宋钞本。1998 年此书书影加载《北京大学图书馆藏善本书录》,1999 年《北京大学图书馆藏古籍善本书目》著录。2016 年,此书进入第五批国家珍贵古籍名录。相比之下,国图所藏真毛钞《九僧诗》,除《北京图书馆善本书目》著录外,很少有人提到。古书之遇与不遇,或不由其本身真假决定,此正与人事相类。

## 五、结论

通过上述论证,我们可以得出结论:对于这两部影宋钞本《九僧诗》,从递藏上看,国图藏本递藏清楚,来路可靠,北大藏本递藏缺环较多;从藏书印鉴上看,国图藏本印鉴与其他毛氏父子、席鉴藏书印能够对上,确为真印,北大藏本上钤盖的毛氏、席氏印鉴则皆伪;从李盛铎对这两部书的态度来说,李盛铎专门著录今国图藏本"有毛斧季跋",可以推测,李盛铎对他藏书中的两部《九僧诗》的真伪情况或许有自己的判断;从李盛铎身后李滂卖书的过程来看,李滂

---

① 李国庆编《弢翁藏书题跋》,北京:紫禁城出版社,2007 年,第 84、85 页。

② 雷梦水《琉璃厂书肆四记》,载《书林琐记》第 41 页,北京:人民日报出版社,1988 年。

③ 傅增湘《藏园群书经眼录》,北京:中华书局,2009 年,第 1274 页。

将伪《九僧诗》连同其他藏书一起卖给北大，而将真《九僧诗》留下，后卖至琉璃厂，这一过程也是清楚的。综合来看，国图藏本确为真毛钞《九僧诗》，而北大藏本则确为伪作。

两部毛钞《九僧诗》，一真一假，通过上述论述，相信已成为定案。但这一弄假成真的错误，却给图书馆编目、版本鉴定工作提了个醒。古籍上钤盖有某家藏书印，未必证明此书为某家所有。藏书印有伪刻，特别是著名藏书家的印鉴，伪刻则更为严重。像汲古阁这样的藏家，名气太大，作伪者众多，更要慎重对待。在著录著名藏书家的藏印时，必须要与来路清楚、真实可靠的书上钤盖的印章进行对比，谨慎判断真伪。建立藏书家印鉴可靠的参考系，是推动版本鉴定科学化的重要一步。对于无法与可靠标本对应的藏书印鉴，要谨慎处理。特别是钞本的鉴定。对于钞本来说，藏书印有时是能证明钞本身世的唯一证据，对于名家钞本上的藏书印鉴，更应全面对比，谨慎著录。

附记：在本文撰写与修改过程中，蒙北京大学图书馆古籍分馆批准阅览原书；国家图书馆古籍馆陈红彦副馆长帮助审请国图藏本《九僧诗》书影；北京大学图书馆栾伟平老师、复旦大学石祥老师、北京师范大学董婧宸老师、中山大学梁健康老师及审稿专家指出本文缺漏，提出了修改建议；以上帮助，作者均无任感荷，谨致谢忱！

# 文章源出经术：荆公新学与文学述论

高明峰*

**【内容提要】** 以王安石为代表的荆公新学与文学之间存在紧密的联系。荆公新学讲求经世致用，关注道德性命，体现出杂糅百家、解字通经的特质。王安石文贵适用、文以贯道的文学观念，及其创作内容关注现实政治和情感抒发，散文风格的简劲拗折，诗歌风格由直截刻露转向深婉不迫，文学体式由依经立义催生出"经义文"，其背后均有着深刻的学术根源。

**【关键词】** 荆公新学　文学　关系

王安石(1021—1086)，是北宋著名的政治家、学者及文人，主要以政治家留名青史，而其学术与文学也与政治有着千丝万缕的联系。学界对王安石的研究，或着力其政治学术，或专注其文学艺术，而对两者的关系较少措意。笔者不揣浅陋，草成此文略作探讨，以作抛砖之用。

## 一、经学视阈下的荆公新学

熙宁至靖康间的北宋经学，学派纷呈，荆公新学即是其中之一，且居于官学，"独行于世者六十年"。之所以称为新学，主要是与旧学相对而言，《续资治通鉴长编》卷三七六"元祐元年四月庚戌"条载：

> 司马光言："昨已有朝旨：来年科场且依旧法施行。窃闻近有圣旨，其进士经义，并兼用注疏及诸家之说，或己见，仍罢律义，先次施行。臣窃详朝廷之意盖为举人经义文体专习王氏新学，为日已久，来年科场欲兼取旧学，故有此指挥，令举人预知而习之。……"

此处司马光所言新学、旧学，即分别指王安石主持修撰、熙宁八年颁行的《三经新义》和唐孔颖达的《五经正义》。前者为义理之学，后者则是注疏之学。作为一种学说流派，新学代表人物除王安石之外，还包括王氏长子王雱以及王氏门人陆佃、龚原等，代表性的经学著作除了《三经新义》(佚，有辑本)之外，还有王

---

* 本文作者为辽宁师范大学古籍研究所教授。

安石《易解》二十卷(佚,有辑本)、《洪范传》一卷(存)、《论语解》十卷(佚)、《孟子解》十四卷(佚)、《字说》二十四卷(佚,有辑本),以及王雱《论语口义》十卷(佚)、《孟子解》十四卷(佚)、陆佃《礼记解》四十卷(佚)、《仪礼义》十七卷(佚)、《春秋后传》二十卷《补遗》一卷(佚)、龚原《易讲义》十卷(存)、《论语解》一卷(佚)等。[①]《宋元学案》出于门户之见,将其与苏氏蜀学视作"杂学":"荆公新学欲明圣学而杂于禅,苏氏出于纵横之学而亦杂于禅。"列于卷末,别谓之《荆公新学略》。

熙宁以来的经学,沿着前人开启的路径,在治世和治心两方面继续推进。荆公新学在经世致用方面臻于极致,在道德性命方面也有开启一时风气之功:

### (一)荆公新学的两大成就

1. 经世致用

荆公新学表现出强烈的经世致用的品格。王安石旗帜鲜明地指出:"经术者,所以经世务也。果不足以经世务,则经术何赖焉?"[②]基于此,他一方面鄙弃章句训诂之学,"蹈道者则未免离章绝句,解名释数,遽然自以圣人之术单此者,有焉。夫圣人之术,修其身,治天下国家,在于安危治乱"(《答姚辟书》)。具言之,在科举与培养人才方面,王安石主张"不独取训习句读而已,必也习典礼,明制度,臣主威仪,时政沿袭,然后施之职事,则以缘饰治道,有大议论,则以经术断之是也","策经学者,宜曰:礼乐之损益何宜?天地之变化何如?礼器之制度何尚?各传经义以对,不独以记问传写为能";[③]在注解经书时,王安石对先儒传注也多所摈弃,如所撰《洪范传》一卷,《郡斋读书志》卷一云:"安石以刘向、董仲舒、伏生明灾异为蔽,而思别著此《传》。以'庶征'所谓'若'者,不当训'顺',当训'如';人君之五事,如天之雨、旸、寒、燠、风而已。大意言天人不相干,虽有变异,不足畏也。"他如《三经新义》中多有不取传注而出以己意者,兹不赘举。总的来说,正如刘静春所云:"介甫不凭注疏,欲修圣人之经;不凭今之法令,欲新天下之法,可谓知务,第出于己,反不逮旧,故上误裕陵,以至于今。后之君子,必不安于注疏之学,必不局于法令之文,此二者既正,则人材自出,治道自举。"[④]这不仅指出了荆公新学不凭注疏、务求新义的特点,也点明了其对士子学风的影响。

---

① 刘成国《荆公新学研究》(上海:上海古籍出版社,2006年)第二章《荆公新学门人与著述考》考订颇详。

② 佚名《宋史全文》卷一一,文渊阁《四库全书》本。

③ 〔宋〕王安石《临川先生文集》卷六九《取材》,《四部丛刊》本。

④ 〔清〕黄宗羲原著,〔清〕全祖望补修,陈金生、梁运华点校《宋元学案》卷九八《荆公新学略》,北京:中华书局,1986年,第3250页。

另一方面，王安石强调道、圣、经的三位一体，将儒家经典看作载道之具，着力阐发内蕴的“先王之道”“先王之法”，并与现实政治相结合，为新法张目。王安石《答吴子经书》云：“若欲以明道，则离圣人之经，皆不足以有明也。”王安石还提出在现实中以经典之道来考核、比照，有所谓“以道揆事”之法，如《续资治通鉴长编》卷二四一载王安石曾劝谕宋神宗据《尚书》“以道揆事”：

天锡陛下聪明，亦自秦汉以来鲜及。若每以道揆事，了无不可为者。《尚书》历代所宝，以为大训，其言乃孔子孟子所取以证事。言服四邻，必先曰：“食哉惟时”，“惇德允元而难任人”。言兼弱攻昧，必先曰：“佑贤辅德，显忠遂良。”圣心诚能佑贤辅德，显忠遂良，惇德允元而难任人，虽有如冒顿之夷狄，亦非所恤也。

更显著的是，王安石甚至结合当时的现实困境，提出法经典中的先王之意以变法。王安石所处的时代，内忧外困，其《上仁宗皇帝言事书》指出：“天下之财力日以困穷，而风俗日以衰坏……患在不知法度故也。”又曰：“臣以谓今之失，患在不法先王之政者，以谓当法其意而已。……法其意，则吾所改易更革，不至乎倾骇天下之耳目，嚣天下之口，而固已合乎先王之政矣。”熙宁二年二月，王安石又对宋神宗说：“变风俗、立法度，方今所急也，凡欲美风俗，在长君子、消小人，以礼义廉耻为君子出故也。”[①]有鉴于此，王安石力行变法，彰立法度。王安石认为“政事所以理财，理财乃所谓义也。一部《周礼》，理财居其半，周公岂为利哉？”（《答曾公立书》）遂以《周礼》为变法理财之蓝本。王安石《〈周礼义〉序》云：

惟道之在政事，其贵贱有位，其后先有序，其多寡有数，其迟数有时。制而用之存乎法，推而行之存乎人。其人足以任官，其官足以行法，莫盛乎成周之时；其法可施于后世，其文有见于载籍，莫具乎《周官》之书。盖其因习以崇之，赓续以终之，至于后世，无以复加，则岂特文、武、周公之力哉？

认为政事方面的贵贱有位，后先有序，多寡有数，迟数有时都体现出了道，而这需要通过法度来实现，并指明《周官》正是记载了这些可供后世效法的先王法度。至于王安石亲自注释该书的原因，该《序》接着说道：

自周之衰，以至于今，历岁千数百矣。太平之遗迹，扫荡几尽，学者所见，无复全经。于是时也，乃欲训而发之，臣诚不自揆，然知其难也，以训而发之之为难，则又以知夫立政造事、追而复之之为难。然窃观圣上致法

① 佚名《宋史全文》卷一一。

就功，取成于心，训迪在位，有冯有翼，亹亹乎乡六服承德之世矣。以所观乎今，考所学乎古，所谓见而知之者。臣诚不自揆，妄以为庶几焉。故遂昧冒自竭而忘其材之弗及也。[①]

于此不难想见新法与《周官新义》的紧密联系，王氏所谓“窃观圣上致法就功，取成于心，训迪在位，有冯有翼，亹亹乎乡六服承德之世”、“所观乎今，考所学乎古，所谓见而知之者”云云，已揭示出新法之根据在《周官》，而“无复全经”之《周官》亦可由今日之变法考见其实际面貌。由此我们当更容易理解《郡斋读书志》卷二就《周官新义》所下的评语：“介甫以其书理财者居半，爱之，如行青苗之类，皆稽焉。所以自释其义者，盖以其所创新法尽傅著经义，务塞异议者之口。”王安石在熙宁五年十二月《上五事札子》中将新法的免役法、保甲法、市易法都归结到《周礼》一书，而青苗法也通过对《周礼·旅师》“平颁其兴积”的解释——“无问其欲否，概与之也，故谓之平”而找到了依据。再如《周官新义》注《天官·大宰》“以八法治官府”有云：“自官属至于官刑，皆法而已。徒法不能以自行，必得人焉为上行法，然后治成；听官府之六计，则所以进群吏，使各致其行能为上行法也。”这里彰显出对法度的重视，并强调了法不自行，需得人而行。一定程度上，为有效推进新法提供了支持。在《〈书义〉序》中，王安石强调了其中蕴含的验物和决事的功能：“惟虞夏商周之遗文，更秦而几亡，遭汉而仅存，赖学士大夫诵说，以故不泯，而世主莫或知其可用。天纵皇帝大知，实始操之以验物，考之以决事。”[②]在《〈诗义〉序》中，王安石称：“《诗》，上通乎道德，下止乎礼仪。放其言之文，君子以兴焉；循其道之序，圣人以成焉。”[③]突出其教化功能。这些都彰显了“一道德”“使义理归一”的《三经新义》与变法的紧密联系。正是基于此，宋人林之奇在所撰《周礼讲义》《尚书全解》中多次指摘王安石训解的新法指向，甚至语带夸张地评道：“王氏《三经义》，虽其言以孔孟为宗，然寻其文，索其旨，大抵为新法之地者十六七。”[④]

2. 道德性命

荆公新学除了突出的治世色彩外，还包含丰富的道德性命之学。梁启超《王安石传》指出：“荆公之学术，内之在知命历节，外之在经世致用。凡其所以立身行己与夫施于有政者，皆其学也。”更可注意者，荆公新学还引发了一股探求道德性命之学的风潮。如宋人陈瓘《〈尊尧集〉序》云：“臣闻先王所谓道德者，性命之理而已矣。此王安石之精义也。有《三经》焉，有《字说》焉，有《日

① 〔宋〕王安石《临川先生文集》卷八四《〈周礼义〉序》。

② 〔宋〕王安石《临川先生文集》卷八四《〈书义〉序》。

③ 〔宋〕王安石撰，邱汉生辑校《诗义钩沉》，北京：中华书局，1982年，第1页。

④ 〔宋〕林之奇《拙斋文集》卷六《上陈枢密论行三经事》，文渊阁《四库全书》本。

录》焉,皆性命之理也。”[①]《郡斋读书志》卷一二引蔡卞[②]《王安石传》之言曰:“宋兴,文物盛矣,然不知道德性命之理。安石奋乎百世之下,追尧、舜、三代,通乎昼夜阴阳所不能测而入于神。初著《杂说》数万言,世谓与孟轲相上下,于是天下之士始原道德之意,窥性命之端。”

王安石撰有《易解》十四卷、《淮南杂说》二十卷以及《性情》《原性》《性论》《扬孟》等篇章,较多地谈到道德性命,在经世色彩浓厚的《三经新义》中,也常有涉及。蒙培元在《理学范畴系统》一书中,认为理学体系分为宇宙论和本体论、人性论和人生论、认识论和方法论三部分,分别对应理气、心性、知行等范畴,“这个系统的基本结构是,人和自然、主体和客体的有机统一,也就是天人合一。它由理气(天)、心性(人)、知行(中介)、天人四个部分组成,‘天人合一’则是它的最终结论”。[③] 事实上,王安石也在这些方面做出了可贵的探索。

在宇宙论和本体论方面,“王安石经学注解中关于宇宙本体和化生过程可以描述如下,即气是宇宙的本体,气分为阴阳二气和天地,阴阳和天地进一步演化为五行和万物”。[④] 在作于晚年的《老子注》一书中,王安石认为,道是宇宙的本源和万物的根本,“道者天也,万物之所自生,故为天下母”,又指出道有体用,“体者,元气之不动,用者冲气运行于天地之间”,又有本末,“道,一也,而为说有二;所谓二者何也,有无是也。无则道之本,而所谓妙者也;有则道之末,所谓徼者也”,“本者,万物之所以生也;末者,万物之所以成也。本者,出之自然,故不假乎人之力而万物以生也;末者,涉乎形器,故待人力而后万物以成也”。正如刘成国所评,王安石“在形式上运用了王弼的‘体’‘用’,内容上却依然属于宇宙生成论。这样,安石的宇宙论往往于本体论问题混为一谈”,“在宇宙本原问题上尚未脱离汉儒的陈窠,未能如同时代的张载、二程兄弟那样,以‘太虚之气’或‘理’为核心建立起一个崭新的宇宙论”。[⑤] 但王安石又自觉地将社会伦理抬高到宇宙本原、本体的地位,王安石在《答韩求仁书》中说:“语道之全,则无不在也,无不为也,学者所不能据也,而不可以不心存焉。道之在我者为德,德可据也。以德爱者为仁,仁譬则左也,义譬则右也。德以仁为主,……不知仁义之无以异于道德,此为不知道德也。”在《周礼·春官·司服》的注解中,王安石也指出了人类的仁、礼都是一阴一阳之道的体现。在天人关系上,王安石也强调了二者的统一性,吸收了汉儒的天人感应论,认为通过阴阳相感

① 〔宋〕邵博撰,刘德权、李剑雄点校《邵氏闻见后录》卷二三,北京:中华书局,1983年,第179页。

② “蔡卞”原作“蔡京”,据陈植锷《北宋文化史述论》(中国社会科学出版社1992年)第225页所考改。

③ 蒙培元《理学范畴系统》,北京:人民出版社,1989年,第419页。

④ 李祥俊《王安石学术思想研究》,北京:北京师范大学出版社,2000年,第68页。

⑤ 刘成国《荆公新学研究》,第133页。

可以沟通天人，个人的修养可以感通天地，君王的施政可以感通天地，等等，但他又反对天人之间的一一对应，驳斥了保守派攻击新法导致天降灾异的说法，可以说是“既反对天象人事一一对应的肤浅感应论，又反对割裂天人、主客辩证关系的形而上学的观点”。[①]

在人性论和人生论方面，王安石写有《性论》《原性》《性情》等重要篇章。《性论》主要是辨析性与才之区别，认为“性者五常之谓也”，仁、义、礼、智、信是其内涵，而孔子所谓“上智与下愚不移”则属于“才”的范畴，指出“欲明其性，则孔子所谓‘性相近习相远’、《中庸》所谓‘率性之谓道’、孟轲所谓‘人无有不善’之说是也”，表现出对孟子“性善说”的认同。但在《原性》《性情》二文中，王安石对孟子的“性善”说有了修正，对“性善情恶”说作了驳斥。其一、关于性情。作者认为“性情一也”，性与情一是“未发”，一是“已发”，是心理活动的不同阶段和状态，“喜怒哀乐好恶欲，未发于外而存于心”，即是性，“喜怒哀乐好恶欲，发于外而见于行”，即为情。二者是体用的关系。性是情的根本，情是性的表现。二者密不可分，“性情之相须，犹弓矢之相待而用”。其二、关于善恶。作者指出：“喜怒哀乐好恶欲”，“此七者，人生而有之，接于物而后动焉。动而当于理，则圣也、贤也；不当于理，则小人也”，也就是说，所谓善恶，只是“喜怒哀乐好恶欲”发于外见于行是否合于理的表现，也即是“情”的表现，“有情然后善恶形”，“然则善恶者，情之成名而已”，而性是不可以善恶言的。所以王安石指出：“君子之所以为君子，莫非情也；小人之所以为小人，莫非情也。”“夫太极者，五行之所由生，而五行非太极也。性者，五常之太极也，而五常不可以谓之性”，“太极生五行，然后利害生焉，而太极不可以利害言也。性生乎情，有情然后善恶形焉，而性不可以善恶言也”。当然，王安石也提到“孟子曰养其大体为大人，养其小体为小人；扬子曰人之性善恶混，是知性可以为恶也”。既然善恶只是情的表现，那么其人性的根源何在，还需要追索；而且，若承认性无善无恶，善恶乃情之成名，那么王安石所谓的性情体用合一也无法落实，因为作为“用”的情的善恶，是无法从作为体的无善无恶的性中生发出来的。王安石在《扬孟》中又谈道：

> 贤之所以贤，不肖之所以不肖，莫非性也。……孟子之所谓性者，正性也。扬子之所谓性者，兼性之不正者言之也。……夫人之生，莫不有羞恶之性，有人于此羞善行之不修，恶善名之不立，尽力乎善，以充其羞恶之性，则其为贤也孰御哉？此得乎性之正者，而孟子之所谓性也。有人于此羞利之不厚，恶利之不多，尽力乎利，以充羞恶之性，则其为不肖也孰御

① 李祥俊《王安石学术思想研究》，第 83 页。

哉？此得乎性之不正，而扬子之兼所谓性者也。

特别拈出人人具有的羞恶之性，此“羞恶之性”可以通过“尽力乎善”“尽力乎利”之类后天的“习”来成善成恶，从而说明了善恶的根源。但由此也决定了，“在王安石的人性论中，现实中的善恶其实基本上是由后天之习所决定的，而非个体先天的内在善根或恶根在后天的自然生发，体与用实际上是走向了两橛”。[①] 值得注意的是，在颁于学官的《三经新义》中，王安石的人性论思想也多有流露，如在《诗经·郑风·溱洧》《诗经·小雅·小弁》的注解中，王安石就把羞恶之心、恻隐之心看作人性中固有的东西，表现出对孟子性善论的基本赞同。这就进一步激发了社会上谈心论性的风潮。

王安石的人性论在孟子、扬雄、韩愈、李翱等人的基础上有了重大推进，用魏晋以来的体—用思辨模式来观照人性，指出性为未发、情为已发、性为体、情为用，令人耳目一新，对理学心性论也极有启发意义。钱穆先生曾指出王安石“辨性、情，实颇近濂溪，此后晦翁仍沿此路”。[②] 当然，王安石的性情体用之说是有缺陷的，“运用体用之一思维模式时，并不是十分严格的，以至于在论证上不时出现疏漏”，其与朱熹性情相为体用、情之未发为性、性之已发为情的心性思想，论述虽然相似，但王安石拒绝直接以善恶来规定性之内涵，主张性“不可以善恶言”，“与程朱理学将伦理道德先验化、本体化的取向就有所不同”。[③] 另外，有必要指出的是，王安石的人性论与佛学有着密切联系，其《答蒋颖叔书》云：“所谓性者，若四大是也。所谓无性者，若如来藏是也。虽无性而非断绝，故曰一性所谓无性。曰一性所谓无性，则其实非有非无，此可以意通，难以言了也。惟无性，故能变。若有性，则火不可以为水，水不可以为地，地不可以为风矣。”由此亦可见一斑。钱穆先生就曾指出王安石的性情论是袭自《大乘起信论》的“一心开二门”之说。[④]

与“性”紧密联系的另一范畴是“命”。《中庸》有云：“天命之谓性，率性之谓道，修道之谓教。”王安石《扬孟》开宗明义地指出：“贤之所以贤，不肖之所以不肖，莫非性也。贤而尊荣寿考，不肖而厄穷死丧，莫非命也。”然学者对此有所怀疑，“若夫圣贤不肖之所以为圣贤不肖，则在我者也，何以谓之命哉？”（《对难》）王安石在《九变而赏罚可明》《答王深甫书》《推命对》等篇中作出了答辩，指出“天人之道合，则贤者贵不肖者贱。天人之道悖，则贤者贱而不肖者贵也。天人之道悖合相半，则贤不肖或贵或贱”，强调“君子修身以俟命，守道以任时，

① 刘成国《荆公新学研究》，第 143 页。

② 钱穆《初期宋学》，收入《中国学术思想史论丛》（第五册），台北：联经出版事业公司，1998 年。

③ 刘成国《荆公新学研究》，第 141 页。

④ 钱穆《王荆公的哲学思想》，收入《中国学术思想史论丛》（第五册）。

贵贱祸福之来不能沮也”，推许顺天知命、正己正物的“大人”。

天和人、主体和客体之间既有根本的统一性，又存在对立的一面。为了消解对立、重新实现统一，必须经过一系列自我认识、自我实践、自我修养的过程。这就是与认识论和方法论密切相关的问题。王安石称“由杨子之道则不义，由墨子之道则不仁”，追求“兼杨、墨而无可无不可”的圣人之道（《杨墨》），立志成为“大”“圣”“神”三位一体的圣人（《大人论》）。在具体路径方面，王安石主张先仁后智、先知后行。其《仁智》云：

> 仁者圣之次也，智者仁之次也，未有仁而不智者也，未有智而不仁者也。然则何智仁之别哉？以其所以得仁者异也。仁，吾所有也，临行而不思，临言而不择，发之于事而无不当于仁也，此仁者之事也。仁，吾所未有也，吾能知其为仁也，临行而思，临言而择，发之于事而无不当于仁也，此智者之事也。其所以得仁则异矣，及其为仁则一也。

主张仁在智先，也就是涵养德性胜于提升知识。“盖君子之动，必于义无所疑而后发，苟有疑焉，斯无动也。”（《勇惠》）这里又强调先识得义理，然后践履，即先知后行。此外，王安石又提出“致一”之法：“万物莫不有至理焉。能精其理则圣人也。精其理之道，在乎致其一而已。致其一，则天下之物可以不思而得也。”（《致一论》）强调精通万物之“至理”，并会归于一，又据此反观天下万物，从而达到知微知彰、知柔知刚的“入神”之境。王安石在《洪范传》及《尚书·周书·多方》的注释中还指出可以从貌、言、视、听、思等处着手修养，以达到圣人之境。王安石甚至还有将修身之法和道家养生论相调和之说：“养生以为仁，保气以为义，去情却欲以尽天下之性，修神致明以趋圣人之域。”（《礼乐论》）

以上所论是荆公新学两大主要的成就。[①] 至于荆公新学的治经特点，今择要指出两点：

### （二）荆公新学的治经特点

1. 杂糅百家

王安石去世后，苏轼在《王安石赠太傅制》中称：“具官王安石，少学孔孟，晚师瞿、聃；网罗六艺之遗文，断以己意；糠秕百家之陈迹，作新斯人。”可说是

---

① 当然，从王安石的主观倾向和荆公新学的内涵与影响来看，经世致用的一面是尤为突出的。杨天保《金陵王学研究》甚至指出王安石的学术经历了早年的“金陵王学”向熙宁期间作为官学的“荆公新学”的转变，其实质即由内圣向外王，或者说由道德性命之学向经世致用之学的转变。就王安石学术的发展脉络而言，这个看法无疑是有道理的，这也恰恰说明以《三经新义》为主要代表的“荆公新学”的突出成就在于经世致用。但有必要指出的是，道德性命之学与经世致用之学在王安石身上不是割裂的，而是并存的，即使在王安石的学术发展进程中，也不过是有所侧重而已。

很好地概括了王安石治学的旨趣，主要是两点：一是求新，二是博杂。王安石《答曾子固书》已明确指出：

> 然世之不见全经久矣。读经而已，则不足以知经。故某自百家诸子之书，至于《难经》、《素问》、《本草》、诸小说无所不读，农夫女工无所不问，然后于经为能知其大体而无疑。盖后世学者与先王之时异矣，不如是不足以尽圣人故也。

为求经明道，作者主张融汇百家，其中包括被儒生视为异端的佛老，甚至不局限于各种典籍，还切合生活实践。王安石所云“善学者读其书，惟理之求。有合吾心者，则樵牧之言犹不废；言而无理，周、孔所不敢从”，[①]不仅表达了同样的意思，更指出如此做法的原因在于求理。洪迈《容斋续笔》卷一五记载：“王荆公《诗新经》‘八月剥枣’解云：‘剥者，剥其皮而进之，所以养老也。’毛公本注云：‘剥，击也。’陆德明音普卜反，公皆不用。后从蒋山郊步至民家，问其翁安在？曰：‘去扑枣。’始悟前非，即具奏乞除去十三字，故今本无之。”这则材料可谓生动反映出王安石解经的认真态度以及广搜博取的特点。就荆公新学的著述而言，不仅以经证经，如《诗经新义》之以《礼》解《诗》，《周官新义》之“三礼互解”，更是博采百家，融汇佛老。如在解释《周官新义·天官冢宰·膳夫》“王斋日三举”句时，王安石不仅说明了斋必变食之制，更是引入庄子“心斋”一词，来阐发修身养性之旨。王安石精心结撰，后亦颁于学官的《字说》一书，则更见其杂糅百家的情形：

> 介甫《字说》往往出于小说、佛书。且如“天一而大”，盖出《春秋说辞》“天之为言填也，居高理下，含为太一，分为殊形，故天字一而大”，见《法苑珠林》。如“星”字，“物生乎下，精成于列”。“精成于列”，《晋·天文志》张衡论也。“鸜鹆，勾其足而欲”，见《酉阳杂俎》“鸜鹆之交，勾其足，往往堕地，人掩之以为媚药。”“秊”字，“禾一成为年”，《书正义》孔炎曰：“年取禾谷一熟。”[②]

清人全祖望视荆公新学为杂学，别谓之《学略》，虽含贬低之意，但也确实道出了荆公新学的一大特点。

2. 解字通经

荆公新学一派弃章句而寻义理。在直面经文、通经明道的过程中，王安石

---

① 〔宋〕释惠洪撰，陈新点校《冷斋夜话》卷六《曾子固讽舒王嗜佛》，北京：中华书局，1988年，第47页。

② 〔宋〕朱翌《猗觉寮杂记》卷上，《丛书集成初编》本，第31页。

提出即心求理、以今考古等法，[①]更突出的则是注重文字训诂，解字通经。宋人王辟之《渑水燕谈录》卷一〇有云："荆国王文公，以多闻博学为世宗师，……公之治经，尤尚解字，末流务为新奇，浸成穿凿。"

王安石颇重视经典之文字，以为每个汉字的声、形都有特殊意义，都本于自然，而非人为，"其声之抑扬开塞，合散出入，其形之衡从曲直，邪正上下，内外左右，皆有义，皆本于自然，非人私智所能为也"。[②] 治平年间，王安石曾研读许慎《说文》，"妄尝覃思，究释其意"，[③]开始撰写《字说》，在熙宁年间撰成后，即用之于《三经新义》的修撰，至晚年又加以修改，黄庭坚《书王荆公骑驴图》称："荆公晚年删定《字说》，出入百家，语简而意深，常自以为平生精力尽于此书。好学者从之请问，口讲手画，终席或至千余字。"由此可见王安石于考释文字用力之勤。另一方面，王安石又不完全拘泥于文字，而有一种融通的观念。他认识到经文与圣人之意之间只是一种近似的关系，指出："言也，声也，以文为主，则非其至。故其动天地、感鬼神者，为近而已。"[④]故而他赞同孟子"不以文害辞，不以辞害意，以意逆志，是为得之"之说。(《庄周下》)他还注意到经书中文字的多义性、语境义等，提出所谓"考其辞之终始"的办法：

> 孔子曰"管仲如其仁"，仁也；扬子谓"屈原如其智"，不智也。犹之《诗》以不明为明，又以不明为昏。考其辞之终始，则其文虽同，不害其意异也。[⑤]

这些看法都是合理可取的。值此之故，王安石等人的解经之作在创为新义的同时，也能取信于人。如《诗经新义·卫风·有狐》"有狐绥绥，在彼淇厉"云："厉，岸近危曰厉。"宋黄震《黄氏日抄》卷四认为："在湛之厉，《传》谓深可厉之厉，恐不若王氏谓'岸近危曰厉'。"又如《尚书新义·周书·泰誓中》于"天视自我民视，天听自我民听，百姓有过，在予一人，今朕必往"句，将"自"解作"从"，显然比《传》释"自"为"因"来得贴切。

然而，由于王安石抛弃《说文》以来以六书解字的传统，主要从会意的角度来解释文字，以求所谓的本于自然之"义"，就不可避免地会导致许多荒谬的训

---

① 〔宋〕王安石《虔州学记》云："先王之道理，出于性命之理，而性命之理出于人心。《诗》、《书》能循而达之，非能夺其所有而予之以其所无业。"《〈周官新义〉序》曰："自周之衰，以至于今，历岁千数百矣。太平之遗迹，扫荡几尽，学者所见，无复全经。于是时也，乃欲训而发之，臣诚不自揆，然知其难也。以训而发之之为难也，则又以知夫立政造事追而复之之为难。……以所观乎今，考所学于古，所谓见而知之者，臣诚不自揆，妄以为庶几焉。"

② 〔宋〕王安石《临川先生文集》卷八四《〈熙宁字说〉序》。

③ 〔宋〕王安石《临川先生文集》卷四三《进〈字说〉札子》。

④ 〔宋〕王安石撰，邱汉生辑校《诗义钩沉》，第 8 页。

⑤ 〔宋〕王安石《临川先生文集》卷七二《答韩求仁书》。

释。《说郛》卷二七载曾慥《高斋漫录》云："东坡闻荆公《字说》新成，戏曰：'以竹鞭马为笃，以竹鞭犬有何可笑？'又曰：'鸠字从九从鸟，亦有证据。《诗》曰：鸤鸠在桑，其子七兮。和爷和娘，恰是九个。'"虽不无戏谑之意，亦可见《字说》穿凿之一斑。诸如解"藻"为"水草之有文者，出乎水下而不能出水之上，其字从澡，言自洁如澡也"，解"猫"为"鼠善害苗，而猫能捕鼠，去苗之害，故猫之字从苗"等，视形声字作会意字，得出了一些荒唐的解释。正如叶适所评："凡字不为无义，但古之制字，不专主义，或声或形，其类不一，先王略别之以为六书。而谓之小学者，自是专门一家之学。……王氏见字多有义，遂一概以义取之，虽六书且不问矣，况所谓小学之专门者乎？是以每至于穿凿附会。"[①]总起来看，宋人倪思的看法较为持平，其《经钼堂杂志》云："荆公《字说》以转注假借皆为象形象意，此其所以为徇也，若其间说象形象意处，亦自有当理。"[②]

值得顺便指出的是，王安石等人为达到通经致用、服务新法的目的，在解经时不免深文周纳、穿凿附会，这也是荆公新学颇受讥刺的一大原因。譬如，在《诗经新义》中，王安石等人以《礼》释《诗》，或是"对诗反映的思想和生活，用周礼作为道德准绳予以衡量，从而说明诗的美刺所在"，或是"用见之于《礼》的名物度数来释《诗》"，[③]固然颇有可取之处，也多有荒谬之言。如《诗经新义·秦风·蒹葭》"蒹葭苍苍，白露为霜"句注云：

> 仁，露；义，霜也，而礼节斯二者。襄公为国而不能用礼，将无以成物，故刺之曰"蒹葭苍苍，白露为霜"。……降而为水，升而为露，凝而为霜，其本一也。其升也、降也、凝也，有度数存焉，谓之时，此天道也。畜而为德，散而为仁，敛而为义，其本一也。其畜也、敛也、散也，有度数存焉，谓之礼，此人道也。[④]

王安石等人认为露喻仁，霜喻义，露与霜之间的转化、平衡喻礼，这纯粹是庸俗荒谬的比附，其目的恰是为了进行劝谏讽刺的说教。再如《豳风·七月》本是一首纪实的民歌，描写的是农奴一年到头艰辛的劳动，反映出西周社会的阶级矛盾，王安石等人却本着发挥《诗经》"君子以兴""圣人以成"的教化作用，在解释该诗之"义"时描摹了一派礼法谨严、君臣、父子、夫妇"上下内外和谐，而以逸乐终焉"的美好景象，勾勒了一幅解诗者眼中的理想社会蓝图，而掩盖了本诗所反映农奴劳苦而饥寒，贵族安逸而奢靡以及"女心伤悲，殆及公子同归"之

① 〔元〕马端临《文献通考·经籍考》卷一七"《字说》二十卷"条，上海：华东师范大学出版社，1985年，第415—416页。

② 〔宋〕倪思《经钼堂杂志》卷一"介甫"条，明万历刻本。

③ 〔宋〕王安石撰，邱汉生辑校《诗义钩沉》卷首《序》，第10—11页。

④ 据李樗、黄櫄《毛诗集解》卷一四"《蒹葭》，刺襄公也，未能用周礼，将无以固其国焉"条引录。

类阶级对立和矛盾。

荆公新学，伴随着熙宁新法，既盛极一时，又饱受诟病。但其经学成就和历史地位，是不可磨灭的。刘挚云："王安石经训，视诸儒义说，得圣贤之意为多。"全祖望亦云："荆公解经，最有孔、郑诸公家法，言简意赅，惟其牵缠于《字说》者，不无穿凿。"[①]可以说对荆公新学的成就多所肯定。至于其历史地位，可以从两个方面来确认：一方面，终结了汉唐注疏之学，确立了以《三经新义》为代表的义理之学；另一方面，掀起研治道德性命之学的风潮，为宋学的转型作好了铺垫。[②]

## 二、荆公新学与文学

南宋人陈善云："唐文章三变，本朝文章亦三变矣。荆公以经术，东坡以议论，程氏以性理，三者要各自立门户，不相蹈袭。"[③]这里揭示出王安石、苏轼、二程等人各自的文学面貌，亦点出其学术根源，颇有见地。兹以王安石为例，探讨荆公新学与文学之关系。

### （一）文学观念

秉持通经明道的治经理念，王安石提出了文以贯道的文学观。他说："非夫诚发乎文，文贯乎道，仁思义色，表里相济者，其孰能至于此哉？"（《上邵学士书》）又说："圣人之于道也，盖心得之。作而为治教政令也，则有本末先后，权势制义，而一之于极。"（《与祖择之书》）王安石认为，文、道二者本相辅相成，缺一不可。文必本乎诚，又贯于道。故而他言之凿凿地指出："'言之不文，行之不远'云者，徒谓辞之不可已也，非圣人作文之本意也。"（《上人书》）在所作《韩子》一诗中，王安石感慨道："纷纷易尽百年身，举世何人识道真？力去陈言夸末俗，可怜无补费精神。"对于"文起八代之衰，道济天下之溺"的韩愈，王安石讥刺其力去陈言、徒费精神，根本原因还在于以"道"为尊，先"道"后"文"。

基于经世致用的经学理念，王安石还提出了文贵适用的文学观。他有诗句云"文章合用世，颜发未惊秋"（《送董传》），明确倡导功利主义的文学思想。故而他批评近世之文"辞弗顾于理，理弗顾于事。……虽光华馨采，鲜缛可爱，

---

① 〔清〕黄宗羲原著，全祖望补修，陈金生、梁运华点校《宋元学案》卷九八《荆公新学略》，第3252、3253页。

② 王安石不仅在理论上对道德性命之学取得重大突破，而且推尊《孟子》，四库馆臣即指出："唐以前《孟子》皆入儒家，至宋乃尊为经，元丰末遂追封邹国公，建庙邹县，亦安石所为。"此亦有功于"四书"学的建立。

③ 〔宋〕陈善《扪虱新话》（上集）卷三"本朝文章亦三变"条，《丛书集成初编》本，第23页。

求其根柢济用，则蔑如也”。（《上邵学士书》）王安石甚至把文等同于“治教政令”一类应用文。他说：“尝谓文者，礼教治政云尔。……且所谓文者，务为有补于世而已矣。所谓辞者，犹器之有刻镂绘画也。诚使巧且华，不必适用；诚使适用，亦不必巧且华。要之以适用为本，以刻镂绘画为之容而已。”（《上人书》）又说：“治教政令，圣人之所谓文也。书之策，引而被之天下之民，一也。”（《与祖择之书》）在王安石看来，即便是《诗三百》这样的作品，也是“上通乎道德，下止乎礼仪。放其言之文，君子以兴焉；循其道之序，圣人以成焉”（《〈诗义〉序》），着力强调其兴君子、成圣人的美刺教化作用。

无论是文以贯道还是文贵适用，均与王安石对经学的认识和理念息息相关，可以看作是王安石经学思想在文学领域的移植。当然，它与发源于孔孟，经韩柳大力倡导的尊道崇德、文道合一思想一脉相承，又与欧阳修“大抵道胜者，文不难而自至”（《答吴充秀才书》）说声气相求，只不过由于王安石政治改革家的身份，更加强调致用经世而已。在某种程度上，王安石的文学观趋近于极端的功利主义，对文学的审美特性有所忽略，且将文章局限于治教政令类应用性文体，对文学创作带来了一定的负面影响。

### （二）文学创作

荆公新学对文学创作的影响，可以从思想内容、艺术风格、文学体式等方面来理解。[①]

在思想内容方面，王安石的诗文多与现实政治、美刺教化密切相关，这与其经世致用的经学理念相呼应。王安石的文章今存 62 卷，其中《书疏》1 卷，《奏状》1 卷，《札子》4 卷，《内制》4 卷，《外制》7 卷，《表》6 卷，《论议》9 卷，《杂著》1 卷，《书》7 卷，《启》3 卷，《记》2 卷，《序》1 卷，《祭文》2 卷，《神道碑》3 卷，《行状》《墓表》合 1 卷、《墓志》10 卷。从内容看，涉及“治教政令”的《书疏》《奏状》《札子》《内制》《外制》《表》《论议》《启》共 35 卷，而《杂著》《书》计 8 卷，也主要与政事相关，总共 43 卷皆属“治教政令”。而其所用体式，如奏疏制诰、墓志碑文等，皆为实用性极强的应用文体。王安石的诗歌，从内容上大致可以分为议论时政、交游酬唱、写景抒情等类别，亦注重发挥反映现实、美刺时政的功能，如《河北民》《兼并》《促织》《发廪》《元丰行示德逢》《后元丰行》等，对战乱、兼并、新法等社会现实予以披露，施以美刺，具有强烈的现实意义。在词的创作方面，王安石存词 30 首左右，多作于晚年，内容涉及怀古咏史、写景咏物、谈禅礼佛等，如《桂枝香·金陵怀古》《浪淘沙令》等也都具有一定的政治意义。

王安石在经学领域还强调发掘道德性命，认为道之在天，德之在我，道德

① 可参方笑一《论“经术”与王安石古文之关系》，《文艺理论研究》2008 年第 3 期。

与仁义无异;性情一也,性体情用。故而,王安石在文学创作中,强调以仁义为批评的准则,并注重情感的抒发。其"治教政令"类文章,议论时政之诗词,多是对社会弊政的批判与纠正,对民生疾苦的理解与同情,处处体现其仁义之思想。即如《送宋中道通判洺州》这样的赠别诗,其云:"余尝怜洺民,舄卤半不治。颇觉漳可引,但为谈者嗤。高议不同俗,功成人始思。夫子到官日,勿忘吾此诗。"所言也多是民瘼的关切。王安石交游酬答、写景咏物、抒怀言志的文辞,则是其喜怒哀乐情感的自然流露。或为友朋间惺惺相惜,同气相求,如"尚有故人能慰我,诗成珠玉每相投"(《次杨乐道述怀》);或为摹画景物,聊以咏叹,如"天质自森森,孤高几百寻。凌霄不屈己,得地本虚心。岁老根弥壮,阳骄叶更阴。明时思解愠,愿斫五弦琴"(《孤桐》),歌咏孤桐之风姿,称赏其高洁坚韧的品行;或为直抒胸臆,壮怀激烈,如《代答》:"破车伤马亦天成,所托虽高岂自营。四海不无容足地,行人何事此中行。"李壁注云:"此诗殆亦自况,可见公之自与素高,不恤浮言之意。"

茅坤《唐宋八大家文抄》卷八一《临川文抄引》有云:"王荆公湛深之识,幽渺之思,大较并本之古六艺之旨,而于其中别自为调,镵刻万物,鼓铸群情,以成一家之言者也。"这里指出了王安石诗文的立意、主旨与经学的联系。王安石的奏疏、札子等多引经据典来论事说理,如著名的《上仁宗皇帝言事书》,据《孟子》以立论,敦行变法,又援引《诗经》《尚书》《礼记》《周易》等文献来佐证,"滚滚万言,援据经术,操之则在掌握,放之则弥六合,诚千古第一奇杰文字"。[①]在王安石的诗文中,有一类翻案性质的作品,立意与前人看法不同甚或相反,文如《读〈孟尝君传〉》《读〈柳宗元传〉》《读〈江南录〉》等,诗如《明妃曲》《贾生》《杜甫画像》《金陵怀古》《乌江亭》等。这种情况,与王安石学识渊博、会通百家有关,更与其治经时怀疑传注、刻意求新形成的思维方式密不可分。由于长期浸淫儒家经典,不仅其诗文的立意、主旨,即便诗文的语言,也受到经典文辞古拙雅奥的影响。这种影响已不仅是对经典文辞的引用或化用,甚至表现在王安石诗文的语言风格方面。如在诗歌方面,有论者曾指出,王安石"在其诗歌创作过程中,常常会自觉地运用经学典籍中的文义和语言,使其诗歌与经学产生了深厚的渊源关系。据笔者不完全统计,源于《诗》的有 228 处,源于《左传》的有 111 处,《尚书》56 处,《礼》38 处,《易》32 处。王安石诗歌引用经学语汇主要有引用语汇、典籍典故、化用语句等情况"。[②] 由此,再结合下文所论王安石对诗文章法技巧的重视,我们就可以更好地理解严羽所谓"以文字为诗,以才学为诗,以议论为诗"(《沧浪诗话·诗辩》)在王安石创作中的体现,而这一面

---

① 张伯行编选,肖瑞峰校点《唐宋八大家文抄》,杭州:浙江古籍出版社,1994 年,第 477 页。

② 张锡龙《论经学对王安石诗歌创作的影响》,《东岳论丛》2010 年第 3 期。

貌的形成背后则是深层的经学根源。在散文方面，其语言时常表现出古奥奇崛的一面。如王安石用四言句结撰的哀祭文，吴北江评曰："四言之体，自退之后，唯介甫为工，不及韩之瑰怪恣肆，而矜炼崛兀，句法亦极错综变化，奥朴入古，最为可观。"[①]观《祭丁元珍学士》中"援挈覆护，免于阽危。雍培浸灌，使有华滋"，"有槩彼石，可志于丘。虽不属我，我其徂求"数句，不难察觉其语言的奇崛古奥。

从艺术风格而言，王安石的散文风格，刘熙载《艺概·文概》评为"简劲拗折"，是比较中肯的。这种风格的形成，与王安石经学注解的"言简意赅"有一定关联。王安石的散文有文辞简练而意蕴丰富的特点，而要在简短的篇幅中容纳深广的内容，就必须讲究行文的章法。而这又与其重视法度的思想密切有关。[②] 试看其《读〈孟尝君传〉》一文：

> 世皆称孟尝君能得士，士以故归之，而卒赖其力以脱于虎豹之秦。嗟乎！孟尝君特鸡鸣狗盗之雄耳，岂足以言得士！不然，擅齐之强，得一士焉，宜可以南面而制秦，尚何取鸡鸣狗盗之力哉？夫鸡鸣狗盗之出其门，此士之所以不至也。

此文旨在驳斥孟尝君能得士之说。作为驳论文，首句即提出靶子，亮出要批驳的论点，其后两句，是"世皆称孟尝君能得士"的两条证据，一为士人投靠其门，二为依靠士人之力从秦国逃归。紧接着，作者提出三条论据加以反驳，首先针对旧说的第一条证据，将"士"与"鸡鸣狗盗之徒"区分开来，正面指出孟尝君所得的并不是士，而是一些鸡鸣狗盗之徒。其次，针对孟尝君依靠门人从强秦逃归的史实，用假设法，从反面予以驳斥，说凭借当时齐国的强大国力，倘若得到一个真正的"士"，就可以南面称霸，制服秦国，而根本用不着这些鸡鸣狗盗之徒帮助他从秦国出逃。由此说明孟尝君未能真正得士。最后，在前文的基础上更进一步，指出孟尝君不能得"士"的原因恰恰在于鸡鸣狗盗之徒归其门下。全文仅仅四个长句，却是四个层次，一句一层，一层一转，融立论与驳论，正面论证与反面推理，现象描述与本质抽绎于一炉。尤其是第一长句，三短句一句一意，言简意赅地摆出要批驳的论点和论据。这些都表现出文辞精练而内蕴丰富的面貌。做到这一点，端赖其章法的谨严与绵密。正如楼钥《崇古文

---

① 高步瀛编选《唐宋文举要》，上海：上海古籍出版社，1980年，第963页。

② 王安石推行变法，志在"变风俗、立法度"，而在变法过程中，王安石也以"变风俗、立法度"为当务之急，显示出轻重缓急、秩序井然的一面。另外，王安石以"诗"为会意字，将其声旁"寺"视作表意符号，取其"法度"之意，从而将"诗"字解作为"法度之言"。（吕本中《童蒙训》卷下引述吴叔扬之语亦提及"《字说》：诗字从言从寺，诗者法度之言也。说诗者不以文害辞，不以辞害志"。）

诀》所评："转折有力，首尾无百余字，严劲紧束，而宛转凡四五处，此笔力之绝。"[①]至于王安石的诗歌风格，一般认为经历了由直截刻露到深婉不迫的转变。[②] 直截刻露与通经致用观念影响下发挥诗歌美刺教化功能的主张不无关系，而深婉不迫风格的另一面是讲究诗律用字，如叶梦得《石林诗话》卷上指出"王荆公晚年诗律尤精严，选语用字，间不容发"，这种情况与王安石讲究法度也有着内在的关联。

从文学体式来讲，王安石改革贡举，以经义试进士，并颁行《三经新义》作为取士的标准，直接催生了经义文的产生。徐师曾《文体明辨序说·义》指出：

> 其体有二：一则如《冠义》之类，一则如今明经之词（名曰经义），今皆录而辨之。夫自唐取士有明经一科，而宋兴因之，不过试以墨书帖义，徒取记诵而已。神宗时，王安石撰《周礼》、《诗》、《书》三经义颁行试士，旧法始变。彼其欲以己说一天下之士，固无是理；然其所制义式，至今仿之，盖不得以人废法也。厥后安石之义，废格不用；而《文鉴》所载，尚有张庭坚经义二篇，岂其遗式欤？[③]

由此可知，经义文因朝廷以《三经新义》试士而兴。而且，王安石直接创作了一批经义文，有力推动了经义文的繁荣。据方笑一考证，现存的经义文，比较可靠的有王安石《非礼之礼》《勇惠》《仁智》《夫子贤于尧舜》四篇，《刘左史集》载十七篇，《宋文鉴》载两篇，《经义模范》载十六篇，以及陆九渊二十五篇，陈傅良《止斋论祖》所载十七篇。[④] 这类经义文，往往包括冒子、原经、破题等部分，已经具备后世八股文的雏形。而关于王安石的经义文，清人俞长城说："制义（即经义文）之兴，始于半山。半山之文，其体有二，或谨严峭劲，附题诠释，或震荡排奡，独抒己见，一则时文之祖也，一则古文之遗也。"（《可仪堂一百廿名家制艺·题王半山稿》）此处指出王安石经义文的时文、古文之别，实际上二者只是是否以经义取士之下的名号之别，刘熙载《艺概·经义概》即指出："宋以前已有韩昌黎省试《颜子不贰过论》，可知当经义未著为令之时，此等原可命为古文也。"譬如《非礼之礼》一文，针对孟子"非礼之礼，非义之义，大人不为"一语发论，指出天下事变化多端，圣人贵乎权时之变，今人亦应效法，注重实质的古今相通。如果我们再将视野拓展一下，可以看到，王安石除了《非礼之礼》《仁智》等题目来自儒家经典的经义文以外，还有《周公》《季子》《夔说》《中述》等"准经

---

① 此处参考了戴伟华、汪俊《中国古代诗文鉴赏理论与实践》第 31—33 页对王安石《读〈孟尝君传〉》的分析。

② 参袁行霈主编《中国文学史》（第三卷），北京：高等教育出版社，2005 年，第 50—51 页。

③ 徐师曾撰，罗根泽校点《文体明辨序说》，北京：人民文学出版社，1962 年，第 139—140 页。

④ 参方笑一《北宋新学与文学——以王安石为中心》，上海：上海古籍出版社，2008 年，第 132 页。

义文”，这类文章主旨也在阐明经典中的某句话或某个观点，有时还提出了作者迥异他人的新见解。[①] 如《周公》一文，结合周公史事，针对荀子所记周公之言而发论，指出荀子所记乃虚妄之言，由此否定荀子为孟子之后的大儒。另外，王安石还撰有《性情》《原性》《性说》《性论》等篇，通过上文的分析，已不难看出其依经立义，批驳旧说、标举新说的一面。如《性论》一文，既援经据典，指出“欲明其性，则孔子所谓‘性相近习相远’，《中庸》所谓‘率性之谓道’，孟轲所谓‘人无有不善’之说是也”，又推陈出新，认为孔子所谓“上智与下愚不移”乃属于“才”的范畴，而前人，包括韩愈在内，都将之视为性之品。再如《性说》，援引孔子“性相近也，习相远也”之说，对孔子所言“中人以上可以语上，中人以下不可以语上，惟上智与下愚不移”加以阐释，提出“性善”“不善者习也”，并驳斥了韩愈的性三品说。上面所说的这些情况，都可看作是对韩愈、李翱等人作“五原”、《复性书》及《颜子不贰过论》等依经立义、附题诠义的延续和发展。

至于文学对王安石经学的影响，或许可理解为以精练畅达的文辞来阐明义理，促进传播。这不仅表现在王安石那些经义文、“准经义文”以及《性情》《原性》等篇中，也集中表现在官修的《三经新义》中。毫无疑问，这对于阐明王安石的经学见解，促进荆公新学的接受传播，标举和确立义理化经学的主导地位，是有积极意义的。如上引蔡卞《王安石传》所云“（王安石）初著《杂说》数万言，世谓其与孟轲相上下，于是天下之士，始原道德之意，窥性命之端”，可见王安石《杂说》（即《淮南杂说》）影响之大，而侯外庐等人甚至怀疑包含《性情》《原性》《性说》诸篇在内的《临川文集》卷六五至卷七〇诸卷就是《淮南杂说》。[②] 这种影响的扩大，不仅有赖于内容的深邃周详，同样也离不开文辞的峻切允当。

---

① 参方笑一《北宋新学与文学——以王安石为中心》，第142—145页。

② 侯外庐主编《中国思想史》（第四卷上册），北京：人民出版社，1960年，第446页。

# 《汪文定公集》及其价值

石 瑊*

**【内容提要】** 今存汪应辰诗文集有《汪文定公集》和《文定集》两个版本系统。以往学者因为《文定集》内容更完备，遂对《汪集》不甚关注。本文介绍了《汪集》的编刻、版式与存世情况，分析了《汪集》正文十三卷与附录一卷的价值，另辑考了其中的9篇宋代佚文。最后指出，要充分发挥《汪集》的价值，最根本的在于利用其以整理汪应辰诗文。具体有四条措施，而这正见出《汪集》相较于《文定集》所不可替代的原因。

**【关键词】** 汪应辰 《汪文定公集》 《文定集》 版本 辑佚

汪应辰(1118—1176)，字圣锡，信州玉山(今江西玉山县)人，南宋绍兴五年(1135)状元，曾任四川制置使、吏部尚书、翰林学士等职，以端明殿学士致仕，谥文定，《宋史》卷三八七有传。汪应辰文集，今有《汪文定公集》(以下省称"《汪集》")十三卷附录一卷和《文定集》二十四卷两个版本系统。以往学者因为《文定集》内容更完备，遂对《汪集》不甚关注。近年来，笔者因整理汪应辰诗文，而对后者有所了解和利用，注意到相较《文定集》，《汪集》在整理汪应辰诗文以及研究汪氏生平事迹等方面仍有不可取代的重要价值，同时《汪集》还保存了相当数量的佚文，可供辑考。

此前对《汪集》的研究，主要见于祝尚书《宋人别集叙录》和李冬燕《汪应辰文集版本源流考》。[①] 但二者的研究，主要在于考证汪应辰文集编刻的整体情况，是以涉及《汪集》的篇幅十分有限，无法详细讨论此本的具体情况与价值。这些问题，本文将专论之。

---

* 本文作者为湖南大学岳麓书院助理教授。

① 祝尚书《宋人别集叙录》，北京：中华书局，1999年，第942—944页。李冬燕《汪应辰文集版本源流考》，《上饶师范学院学报》，2010年第5期。

## 一、《汪集》的编刻、版式与存世情况

汪应辰文集，宋代目录如《郡斋读书志》《直斋书录解题》等均未著录，[①]而元代修编的《宋史》本传及《艺文志》中亦无提及。其最早见于目录，已在明代。《文渊阁书目》卷九著录"汪应辰《玉山文集》一部十三册，全"；[②]《内阁藏书目录》卷三同，称"凡四十三卷"，[③]而程敏政则称"五十卷"，[④]未详孰是。但可以肯定，汪应辰文集在明初宫廷已有收藏。元苏天爵《端明书院记》述至正十年(1350)，玉山监县寿安修端明书院，"访求公之世孙衍祖，得遗文一袭"。[⑤] 既云遗文一袭，而不称卷数，应是文集尚未编刻。据此，汪应辰文集的最初编订刊刻似在元末，而其初名为"玉山文集"。

明弘治六年(1493)，程敏政以此集"旧有刻本，今亡，而秘阁独存，尝请阅之，力不足尽钞也，手摘钞为十二卷"，题作"汪文定公集钞"。[⑥] 嘉靖二十五年(1546)，汪应辰之同乡夏浚据程氏《集钞》重加编次，首冠以廷试策一卷，又编附录一卷，刻为《汪集》十三卷附录一卷。[⑦] 夏浚本正文十三卷收廷试策 1 道、奏议 9 篇、内制 14 篇、策问 1 篇、记 7 篇、序 4 篇、说 1 篇、书简 65 封、题跋 62 篇、墓志铭 8 篇、祭文 5 篇、五言诗 19 首、七言诗 28 首，合计收文 177 篇、诗 47 首；又附录一卷收《宋汪文定公行实》(以下省称"《行实》")、宋楼钥《恭题汪逵所藏高宗宸翰〈绍兴五年御书廷试策问〉》、《宋史》本传、敕文四道、祭文四篇、《谥议》、《覆谥议》、苏天爵《端明书院记》、明李奎《重修端明书院记》及程敏政《题汪文定公集钞》。版式上，夏浚本半叶 10 行行 20 字，上下单边，左右双边，白口双鱼尾，[⑧]版心记书名、卷数及叶数。

此后，又有玉山后学董思王求母、夏九州伯功、徐自定慧侯、王元祉祚长等据夏浚本重加校勘，刻印行世。《中国古籍善本书目》著录此本为"明万历夏九州等刻本"，[⑨]而杜泽逊《四库存目标注》根据其中"校"避讳作"较"，认为

---

① 《郡斋读书志》著录有《玉山先生表奏》六卷，《直斋书录解题》著录有《玉山翰林词草》五卷、《玉山表奏》一卷，然此等皆是汪应辰所撰章奏制诰等文的汇聚，非一般所谓囊括众体、诗文兼备之文集。

② 〔明〕杨士奇等《文渊阁书目》，上海：商务印书馆，1937 年，第 109 页。

③ 〔明〕孙能传、张萱等《内阁藏书目录》，《续修四库全书》第 917 册，上海：上海古籍出版社，1996 年，第 35 页。

④ 〔明〕程敏政《题汪文定公集钞》，《汪文定公集》附录，明嘉靖二十五年夏浚刻本，叶 48。

⑤ 〔元〕苏天爵《端明书院记》，《汪文定公集》附录，叶 45。

⑥ 〔元〕程敏政《题汪文定公集钞》，《汪文定公集》附录，叶 48。

⑦ 〔明〕夏浚《刻汪文定公集叙》，《汪文定公集》序，叶 1。

⑧ 亦有版心下鱼尾处刻作"〇"者。

⑨ 《中国古籍善本书目・集部》，上海：上海古籍出版社，1996 年，第 321 页。

当刻于天启、崇祯间。[①] 其说甚是。内容上，夏九州本全同夏浚本。版式上，夏九州本半叶9行行18字，四周单边，白口无鱼尾，版心刻“汪集”二字并记卷数、叶数。

夏浚本，今国内国家图书馆、上海图书馆、重庆图书馆、南京图书馆、广东省立中山图书馆各藏一部，海外日本东洋文库藏一部。其中，南图藏本缺书前夏浚刊本序及附录，故《中国古籍总目》等目录仅著录为明刻本；[②]中山图书馆藏本缺附录一卷，《四库全书存目丛书》曾据以影印而未有补配；重图藏本品相不佳，曾遭水洇，且文字多有残损；国图与上图所藏二部则保存完足。而夏九州本，今上图与台北“国家图书馆”各藏一部。除刻本外，今《汪集》尚有国图所藏清钞本二部，[③]以及辽宁图书馆藏清乾隆间钞本一部。

《汪集》诸本，夏九州本与若干清钞本均属夏浚本之流衍，是以下文讨论、引用《汪集》，如无特别说明，皆据夏浚本而言。

## 二、《汪集》正文十三卷的价值

《汪集》十三卷自程敏政《集钞》而来，非全帙，故四库馆臣另据《永乐大典》辑得《文定集》二十四卷。《四库总目》云：“今考《永乐大典》所载，为程本不载者几十之四五。盖姚广孝等所据之本，即敏政所见之内阁本。而敏政取便钞录，所采太狭，故巨制鸿篇，多所挂漏。谨以浙江所购程本与《永乐大典》互相比较，除其重复，增所未备，勒为二十四卷。较五十卷之旧，业已得其大半。计其精华，亦约略具于是矣。”[④]引文所谓“程本”，即《汪集》，《浙江采集遗书总录》有著录。[⑤] 依馆臣之说，其辑佚时，已比对《汪集》，作了一番增收除重的工作。若然，则《文定集》在内容上应已囊括《汪集》；《文定集》出，《汪集》自可废矣。然今考之，事实并非如此。《汪集》实有《文定集》不可取代的价值。

先以正文十三卷而论。如果仔细比对《汪集》与《文定集》所收篇目，便可发现，《总目》所谓比对《汪集》的话语并不可靠：《汪集》卷四所收《郭振授武泰节度使制》《试林光朝馆职策问》二文以及卷一三所收《白雄鸡》《壬辰立春》《水云堂》《赠婺源汪氏》《怀玉山》《太甲山》《御殿瓦》等七首诗歌均不见于《文定集》。因此，《文定集》在篇目上并没能完全涵盖《汪集》。以上七首诗歌，《全宋诗》编纂时因利用了《汪集》，故已收入。而《全宋文》却因为只采用了《文定

---

① 杜泽逊《四库存目标注》，上海：上海古籍出版社，2007年，第2515页。

② 《中国古籍总目·集部》，北京：中华书局·上海：上海古籍出版社，2012年，第310页。

③ 其中索书号06209者，有清翁心存校并跋。

④ 《四库全书总目》，北京：中华书局，1965年，第1363页。

⑤ 〔清〕沈初等《浙江采集遗书总录》，上海：上海古籍出版社，2010年，第573页。

集》,所以没有收入以上二文。

其次,《汪集》收文在完整性上有优于《文定集》处。这又分为两种情况。一种是《汪集》载录汪氏本人文章更为完整,而《文定集》有缺漏。通检《汪集》,此类文字共有5段:(1)卷二《应诏言弭灾防盗事》开头多"臣准尚书省札子,三省、枢密院同奉圣旨:比来久雨,有伤蚕麦,及盗贼间发,虽已措置,未至详尽,可令侍从台谏条具消弭灾异之术、防守盗贼之策,各以己见,实封奏闻者"一段;[①](2)卷三《应诏陈言兵食事宜》开头多"右臣准尚书省札子,三省、枢密院同奉圣旨:以防秋事不远,事贵预备,足食足兵,宜有长策,可令台谏侍从,各以所见,条具奏闻者"一段;[②](3)卷四《试尚书吏部侍郎兼侍讲兼直学士院陈良祐乞许奉祠或州郡差遣不允诏》开头多"敕良祐:省所奉札子,叨窃过分,怨谤乘之,窃恐悔尤日积,他时重费保全,'欲望许臣奉祠,或与臣州郡差遣'事具悉"一段;[③](4)卷七《与汪叔嘉》结尾"幸甚"下多"抑祟之说,昔者所闻亦然,盖如启与有扈战于甘之野,以天子而与诸侯战,则其德衰矣,此皆不可考也"一段;[④](5)卷八《与吕逢吉》(其三)结尾"言也"下多"豹隐或意别有所谓,亦望见教,安南书盖附新江西周纯德提举,行可无虑也"一段。[⑤]

另一种是《汪集》在某些篇目的前后还保存了他人的一些文字,虽非汪氏手笔,但仍自有价值。这类文字在《汪集》中一般独立分段,低一格刻印,以示区别。其内容则多与文章的品鉴题跋相关,或是汪应辰题跋品题的对象,或是汪文前后他人的题跋。通检《汪集》,情况如下:《汪集》卷九《题〈司马温公宾次咨目〉》前录咨文,卷一〇《题〈宋宣献公帖〉》前录帖文、《跋〈程枢密答周侍郎书〉》前录书文;《汪集》卷九《跋苏东坡与巨济帖》后录朱熹跋文,卷一〇《跋李伯时〈孝经图〉》前录张九成跋文、后录朱熹跋文,卷一一《左朝散大夫直徽猷阁陈公墓志铭》后录张栻、郑鉴、朱熹三人跋文。[⑥] 除此之外,还有《汪集》卷一《廷试策》开头多"大意问吏道未肃,兵势未强,民力未苏"一句,[⑦]提示廷试策问的主旨。上述文字,馆臣以其不出于汪氏,遂不采入《文定集》。[⑧] 这当然可以理解,但《汪集》保存了这些文字,却能为读者理解汪文内容、考证书画递藏情况

---

① 《汪文定公集》卷二,叶3。

② 《汪文定公集》卷三,叶1。

③ 《汪文定公集》卷四,叶4。

④ 《汪文定公集》卷七,叶3。

⑤ 《汪文定公集》卷八,叶21。又以上诸文分见《文定集》卷一、二、八、一六、一四。

⑥ 以上诸文分见《文定集》卷一一、一〇、一二、一一、一二、二一。

⑦ 《汪文定公集》卷一,叶1。又同文见《文定集》卷七。

⑧ 考《永乐大典》所存残卷三一五〇,其钞引《汪玉山集》之《左朝散大夫直徽猷阁陈公墓志铭》下正有张栻、郑鉴、朱熹三人跋文,可知馆臣在辑佚时,舍弃了这部分原本存于《汪集》的他人题跋。

等提供帮助。[①] 且其中还包含有《宋宣献公帖》等5条佚文，有待辑补。

最后，《汪集》刊刻较早，且源出不同，其对于《文定集》本有校勘价值。而馆臣辑佚，凡遇违碍文字，一律改易删削。汪应辰作为南宋抗金时期的人物，其文章之相关字句在被辑入《文定集》时自不能幸免。因此，在今《永乐大典》十不存一，辑佚来源难以核对的情况下，《汪集》对于还原《文定集》中遭改易的文本面貌就有着特别的价值。除“夷狄”改作“敌人”、“虏”改作“敌”等较为简单常见的情况外，今以两集对勘还可发现，《文定集》于《廷试策》“明主可为忠言”以下删去“且欲以守之”5字，[②]《应诏言弭灾防盗事》“焉肯搜奇外死勤于我哉”删去“搜奇外死”4字，[③]《应诏陈言兵食事宜》“投鞭于江，足断其流”以下删去“晋人凛凛，有吾其左衽之叹”11字，[④]“武帝征伐四夷，穷极奢侈”删去“征伐四夷”4字，[⑤]“中原分裂，夷狄自相攻击，故边境始得以少宽而变故内起”删去“夷狄”至“宽而”15字；[⑥]《徽猷阁直学士右大中大夫向公墓志铭》“寇退，公随宜支移广籴军籍，复上言”改作“公上言”，[⑦]“在权臣”以下删去“则从之，利在夷狄”7字，[⑧]“夷狄盗贼交乱迭起”改作“变乱迭起”；[⑨]《祭张魏公文》“角巧力以为贤”以下删去“万姓涂炭，中原腥膻，岂夷狄之能为，盖感应召致而则然”22字，[⑩]“望公之貌者如见父母”以下删去“蠢彼犬羊，亦作人语，每问中国，用公与否”16字，[⑪]等等。此类之例多有，不悉举。当然，明人刻书在校勘上往往不及清代，缺漏讹误多有之，《汪集》也不例外。与校勘精审的《文定集》相比，它最重要的价值就在于恢复被改易删削文本的原貌。至于其他异文，则应具体情况具体分析，不可一概而论。

---

① 其实《文定集》亦有将此类文字一同辑入的情况。如《汪集》卷九《跋东坡书》：“此虽戏语，亦见苏公忠愤之气。陈无已与苏公书，云士于天下事，不当怀不平之气。彼盖有所见而云耳。”文句简练，针对性较强。若缺少了跋前所附的东坡书语“黄幡绰告明皇，欲作白打使，此官真快人意哉”，读者理解起来难免存在困难。所以馆臣将以上东坡书语与汪跋一同辑入《文定集》卷一一，应当也是注意到了这一问题。但他们却改变了东坡书语原有的格式，将其径直放置在汪跋之前。一般读者若不参考《汪集》，则较难发现此句原本并不属于汪跋，而是东坡文字。

② 《汪文定公集》卷一，叶8。又汪应辰《文定集》卷七，武英殿聚珍版丛书本，叶9。

③ 《汪文定公集》卷二，叶11。又《文定集》卷一，叶11。

④ 《汪文定公集》卷三，叶1。又《文定集》卷二，叶1。

⑤ 《汪文定公集》卷三，叶2。又《文定集》卷二，叶2。

⑥ 《汪文定公集》卷三，叶5。又《文定集》卷二，叶5。

⑦ 《汪文定公集》卷一一，叶3。又《文定集》卷二一，叶3。

⑧ 《汪文定公集》卷一一，叶9。又《文定集》卷二一，叶9。

⑨ 《汪文定公集》卷一一，叶9。又《文定集》卷二一，叶9。

⑩ 《汪文定公集》卷一三，叶1。又《文定集》卷二〇，叶3。

⑪ 《汪文定公集》卷一三，叶1。又《文定集》卷二〇，叶3。

## 三、《汪集》附录的价值

《汪集》附录所保存的《行实》《谥议》《覆谥议》及敕文等数篇稀见文献，同样颇有价值，而其中又以《行实》为最。由于此文篇幅较长，问题较多且复杂，笔者已专门撰有《〈宋汪文定公行实〉的性质与价值》，[①]讨论其作者、时代及性质等问题，分析其价值，并辑考了其中所存的28条佚文。是以下文介绍附录的价值，将省略《行实》的讨论，详细情况请参见笔者的专篇论文。

先介绍《谥议》《覆谥议》的情况。汪应辰谥封之事，正史缺载，此二议亦流传不广，[②]人们所知有限。因此，《汪集》附录收录二议全文，首先可以使今人了解宋朝官方对汪应辰的评价。下文对其已做辑录，供参看。此外，今人还可借此考知有关汪氏谥封更多的细节。《谥议》署"太常博士牟子才"撰，而《覆谥议》则未署名，不知何人所作。牟子才，字存叟，南宋理宗朝人。《谥议》云："故端明学士汪公应辰之殁，年逾七十有三矣。"[③]汪应辰卒于淳熙二年(1175)腊月，[④]丧闻于朝廷在三年二月，其后七十三年当在淳祐九年(1249)。[⑤] 考史书，其时牟子才任太常博士，[⑥]与《谥议》所署合。《谥议》又云："朝廷始从郡太守之请，下礼部奉常，命之谥。"[⑦]汪应辰是信州玉山人，而淳祐九年前后信州知州是平阳林栥。[⑧] 又《覆谥议》述复议理由云："或曰：绍兴执政尝谥斯矣，公奋其议，今以谥公，可乎？切以为不然。夏文庄初谥文正，驳之者温公也，其后还以谥温公，至今无有议之者。公何歉乎哉？"[⑨]按，"绍兴执政"即张纲。《宋史·张纲传》："初谥文定，吏部尚书汪应辰论驳之。"[⑩]未曾想，汪应辰曾经所驳议他人的

---

① 石珷《〈宋汪文定公行实〉的性质与价值》，《文献》，2019年第2期。

② 据笔者所知，今存古籍除《汪集》外，仅明朱希召所撰《宋历科状元录》于二议有所节录。

③ 《宋汪文定公行实》，《汪文定公集》附录，叶41。

④ 因为中西历法的差异，淳熙二年腊月已在西历1176年，但此处标注西历年份仍就整体对应而言。

⑤ 汪氏去世的两个时间点，前者出自《行实》，后者出自《宋史》本传。按，《行实》所载当为准确时间，而本传所记应是朝廷得报的时间。此可依周必大《祭汪圣锡尚书文》作于三年二月初一推得，但牟子才所云七十三年，必据朝廷得报之期而来。

⑥ 《宋史·牟子才传》："日食，诏求言，……入为国子监主簿兼史馆校勘，逾年，迁太常博士。"《理宗本纪》："太史奏来岁正旦日当食，诏……直言毋隐。(淳祐)六年春正月辛卯朔，日有食之。"如此，牟子才迁太常博士似在淳祐七年。《牟子才传》又云："主管崇道观，逾年，……(郑)清之卒之明日，诏子才还朝，迁著作郎。"按，郑清之卒在淳祐十一年，则牟氏主管崇道观，应是十年事。可知牟子才任太常博士约在淳祐七至十年之间。

⑦ 〔宋〕牟子才《谥议》，《汪文定公集》附录，叶41。

⑧ 李之亮《宋两江郡守易替考》，成都：巴蜀书社，2001年，第202页。

⑨ 《覆谥议》，《汪文定公集》附录，叶44。

⑩ 《宋史》，北京：中华书局，1977年，第11953页。

谥号，最后适安在了自己的身上。于是有人反对，但《覆谥议》以司马光当年反对夏竦谥文正，最后自己恰谥文正的例子说明此事并无不妥。以上种种，均可为汪应辰研究提供新的材料与线索。

《汪集》附录内收敕文《敕汪应辰授右朝议大夫依前充敷文阁待制》《敕汪应辰为吏部尚书》《敕汪应辰复充端明殿学士玉山开国伯》《敕汪应辰复充端明殿学士上饶郡开国侯》四道，同样对于考索汪应辰生平事迹具有重要意义。后二者，《全宋文》据《（道光）玉山县志》已收入，[①]今当改据《汪集》。

又考诸敕文，《敕汪应辰授右朝议大夫依前充敷文阁待制》无系年，据敕文"可特授左朝议大夫，依前充敷文阁待制、知福州军州事"，[②]知此文作在汪氏知福州而举敷文阁待制后。按，汪应辰举敷文阁待制在隆兴元年（1163），[③]而其自福州移四川在次年五月。[④]《行实》："隆兴元年，朝廷为四川谋帅，公再辞不获，遂奉命，且请入觐。面奉圣谟，眷遇甚厚，又特诏书抚谕。"[⑤]此处所云"诏书"或即上述敕文。《敕汪应辰为吏部尚书》亦无系年，敕文云"应辰省所奏辞免除吏部尚书兼侍读恩命事具悉"。[⑥] 按，汪应辰自四川入觐、陛对后，除吏部尚书，兼翰林学士并侍读。[⑦]《宋中兴学士院题名》："汪应辰，乾道四年（1168）十一月以吏部尚书兼权翰林学士。"[⑧]此道敕文或作在此时。当时汪应辰以其兄汪涓"以左史日侍清光"请辞，"以为'臣之职当坐，而臣之兄之职当立。弟坐兄立，不可以训'。诏公与兄轮日入侍，兄弟对掌内外制，缙绅荣之，时人谓之'二汪'"。[⑨]

《敕汪应辰复充端明殿学士玉山开国伯》，附录系年在乾道六年，《玉山县志》系在同年十月二十三日。敕文云："端明学士、左中奉大夫、提举江州太平兴国宫、玉山县开国伯、食邑九百户、赐紫金鱼袋汪应辰，……使所输之粟，公为夺攘，所董之人，连陷刑戮。靖言至此，职尔之由。……尔则自贻，尚充内省。可特降朝请大夫，依前充端明殿学士、提举江州太平兴国宫。"[⑩]按，《宋史》记汪应辰知平江府在当年四月，其后"平江米纲至，有折阅，事上，连贬秩，力疾

---

① 此二敕，《（道光）玉山县志》分别题作"降汪应辰朝请大夫敕"和"汪应辰中奉大夫致仕敕"。

② 《敕汪应辰授右朝议大夫依前充敷文阁待制》，《汪文定公行实》附录，叶 33 至 34。

③ 《宋汪文定公行实》，《汪文定公集》附录，叶 11。

④ 〔宋〕梁克家修纂《三山志》，福州：海风出版社，2000 年，第 279 页。

⑤ 《宋汪文定公行实》，《汪文定公集》附录，叶 11。

⑥ 《敕汪应辰为吏部尚书》，《汪文定公行实》附录，叶 34。

⑦ 《宋汪文定公行实》，《汪文定公集》附录，叶 22 至 23。

⑧ 〔宋〕何异《宋中兴学士院题名》，《续修四库全书》第 748 册，上海：上海古籍出版社，1996 年，第 402 页。

⑨ 《宋汪文定公行实》，《汪文定公集》附录，叶 23。

⑩ 《敕汪应辰复充端明殿学士玉山开国伯》，《汪文定公行实》附录，叶 34 至 35。

请祠”。[1] 上敕即为此事而作，《玉山县志》系年当可依据。《敕汪应辰复充端明殿学士上饶郡开国侯》，附录系年在淳熙二年，《玉山县志》系在同年二月初三。敕文云：“可特授中奉大夫，依前充端明殿学士致仕。”[2]《宋史》本传谓其因米纲事请祠后，自是卧家不起。[3] 结合上敕，知汪应辰自乾道六年后，又经五年，方才致仕。又敕文有“盖自顾保，以绥寿祺”字样，[4]而汪氏卒于年底，则恐其当时已老病交侵，风雨飘摇。

最后，附录有张栻、朱熹、吕祖谦、周必大祭文共四篇，其后还有一段话，不知出自何人。其文云：“少年首知公者喻子才，遂为世姻。其初所师事，则张无垢、吕紫微；其所从游，则胡致堂、五峰昆季；同学于无垢而为友者，则樊光远茂实、凌景夏季文也。仕于越也，事赵忠简公；倅于袁也，尚书王与道公、时为洪师；于静江也，徽猷陈国寿公为帅，皆相推重。如李仁伯、王龟龄、尤延之、周子充、刘文潜，则皆以臭味相投者也。……而张敬夫、朱元晦、吕伯恭又至交也。公之没，为文以致奠者数十人，……惟四夫子为最，……其次则尤延之、周子充、李仁伯，亦能言之士也。而陈明仲则国寿之子也，实为公僚，述公遗事。”[5]观其所述，似是当时文字，总括汪氏一生交游，简明扼要，却又较史书为详，足资参考。陈明仲名焞，陈国寿璹之次子。[6] 陈氏所述遗事，《行实》多采之，而注以“明仲遗事”“明仲述遗事”“明仲述事”“遗事”等，此亦为《行实》记事有征之一证。

## 四、《汪集》佚文辑考

以下辑录《汪集》所存佚文 9 篇，其中先辑正文十三卷所含佚文 5 篇并简要考证；再辑附录内佚文 4 篇，因上文已有介绍，遂不另附考证。至于《行实》内所存佚文，笔者已有专文辑录，遂不再重复。

1. 朱熹《〈汪应辰所跋苏东坡与巨济帖〉书后》：

> 窃观端明公所跋东坡帖，事有实迹，语无虚辞，有德之言盖如此，后学所当取法也。从表侄朱熹敬书。[7]

此《汪集》卷九《跋苏东坡与巨济帖》之后所附朱熹跋文。此跋，《朱子全

① 《宋史》，第 648、11882 页。
② 《敕汪应辰复充端明殿学士上饶郡开国侯》，《汪文定公集》附录，叶 35。
③ 《宋史》，第 11882 页。
④ 《敕汪应辰复充端明殿学士上饶郡开国侯》，《汪文定公集》附录，叶 35。
⑤ 《汪文定公集》附录，叶 40 至 41。
⑥ 《汪文定公集》卷一一，叶 17。
⑦ 《汪文定公集》卷九，叶 3。

书》据元刘有定《衍极注》卷五辑得，但脱去“窃观端明公所跋东坡帖”一句，因此无以知朱熹题跋的对象，仅定名为“玉山汪氏集古堂金石遗文跋后”，不确。今当据《汪集》重辑。又《朱子全书》按语云：“汪逵收藏金石书画宏富，《朱文公文集》卷八十四有朱熹为汪逵所藏金石书画作跋十三首，均作在庆元三年(1197)十月中，盖是月汪逵携金石书画来考亭请朱熹观题，此金石遗文跋后当亦作在其时。”[①]可从。

2. 章献刘太后《宋绶藏章献刘太后旨》：

> (适来说书处蓝御药传皇太后圣旨：)为皇帝后，苑射令进诗，仍着劝勉意，度元、奭、绶上资政侍郎。[②]

此《汪集》卷一〇《题〈宋宣献公帖〉》之前所录帖文。宋绶谥宣献，故称。其下汪应辰题曰：“仁宗皇帝初即位，章献太后同听政，以孙公奭、冯公元、宋公绶分侍讲。读今观此帖，虽从容射圃之际，太后辄使诸儒赋诗劝戒。”[③]因知此帖乃章献刘太后懿旨，书于纸上，为宋绶所保存者，而其旨或颁在天圣元年(1023)。

3. 程克俊《答周侍郎书》：

> 伏承委戒《提举施学士铭文》云云。“世以有名为不朽，以有子为不死”，提举妙学贤科，临人持节，嘉誉腾闻，而龙驹凤雏，清才膴仕，克家有继，哀荣终始，可以无恨矣。[④]

此《汪集》卷一〇《跋〈程枢密答周侍郎书〉》之前所录书文。程枢密名克俊，字元吁，饶州浮梁人。[⑤] 绍兴十二年十月签书枢密院事。[⑥] 汪跋云：“赣州李先之刚介寡合，言语确讱，而于施公相与特厚。宣和末，尝以书抵公曰：‘受形气于天地父母如圣扬，可以无恨。’盖自是二十馀年间，天下事数变，士亦竭其知力以应之。究其所成，能无负于初心者几人也？施公文学才谞不为后人，而审于处己，恬于自进，白首一节，全而归之。今资政殿学士程公亦以为可无恨者，盖其平日心之所存，力之所至，如赣州者，其有以知之矣。”[⑦]李先之，名

---

① 束景南考订《朱熹佚诗佚文全考》，《朱子全书》修订本第26册，上海：上海古籍出版社·合肥：安徽教育出版社，2010年，第746页。

② 《汪文定公集》卷一〇，叶1。

③ 《汪文定公集》卷一〇，叶1。

④ 《汪文定公集》卷一〇，叶5。

⑤ 〔明〕林庭㭿、周广总修《(嘉靖)江西通志》卷九，明嘉靖五年刻本，叶65。

⑥ 《宋史》，第557页。

⑦ 《汪文定公集》卷一〇，叶5。

朴，绍圣元年(1094)进士。施学士名舜显，字圣扬，曾从李先之游。[①] 以上书、跋俱论施舜显道德文章。《(嘉靖)江西通志》又有施舜显字彦光者，“永丰人，大观二年(1108)中上舍第，累官提举江西路茶盐常平使。东牟王右史谓其以仁义笃于躬，以德名著于朝，以治行之美化于乡党，虽位不称德，而闻风者悦之。其子炳卿亦有文”。[②] 其时代、官职接近，而籍贯与汪应辰同隶信州，又近李朴之籍贯赣州，或是一人有两字者。周侍郎疑即周聿，《(嘉靖)广信府志》云：“字德元，青州人，后徙居上饶。宋绍兴间召对，陈经纶康济策，称旨。自司农寺丞，累迁刑户部侍郎。所著有《春秋大义》《易说》等书。”[③]周聿亦信州人。以上书、跋可为宋代江西士人交往之鉴证。

4. 朱熹《〈汪应辰所跋李伯时《孝经图》〉书后》：

> 熹伏读范阳、玉山二先生跋龙眠《孝经图》，语有以见道。君子心目之间无非至理，非如好事者徒议工拙于笔墨间也。拜谒玉山先生墓下，公子逵出示此卷。恭想仪刑，不胜感涕，因敬书于其后云。从表侄朱熹。[④]

此《汪集》卷一〇《跋李伯时〈孝经图〉》之后所附朱熹跋文。范阳即张九成，其跋见《横浦集》卷一九，《汪集》亦存其形制而录其文于前。朱跋谓“拜谒玉山先生墓下”，考汪应辰去世后，朱熹曾前往祭奠，其祭文云“维淳熙三年岁次丙申三月朔二十七日壬申，从表侄宣教郎、主管台州崇道观朱熹，谨以香茶清酌，致祭于近故端明殿学士、尚书汪公之灵”，[⑤]则朱跋或作在此时。

5. 郑鉴《跋汪应辰〈左朝散大夫直徽猷阁陈公墓志铭〉》：

> 余戊戌岁来寓安国精舍，索居荒陋，惧不闻其过。尝记晦庵为余言陈侯官之为人，既接而情益亲，因得见其先徽猷墓志留稿，盖玉山公之文，而书之者南轩也。其文足信，其书足敬，所以能致文若书者，其父子之贤可知已。东导郑鉴谨跋。[⑥]

《左朝散大夫直徽猷阁陈公墓志铭》，汪应辰为陈璹所作，今见《汪集》卷一一。其下依次列有张栻、郑鉴、朱熹三跋。此一铭三跋亦同时见于《永乐大典》卷三一五〇，而朱跋又见《晦庵先生朱文公文集》卷一八。据铭文，陈璹卒后，

---

① 施学士，史料可供考其生平者甚少。除上文外，汪氏《跋李先之文》云：“右李公先之文，施圣扬见示。圣扬、毛季仲二公皆从公游。”又云：“某见圣扬，问所闻于季中者。圣扬曰：‘舜显与先之游从久，未尝一言及伊川也。’”以此知施学士姓字师承。

② 《(嘉靖)江西通志》卷一一，叶74。

③ 〔明〕张士镐、江汝璧纂修《(嘉靖)广信府志》卷一八，明嘉靖五年刻本，叶16。

④ 《汪文定公集》卷一〇，叶13至14。

⑤ 〔宋〕朱熹《晦庵先生朱文公文集》，《朱子全书》修订本第24册，上海：上海古籍出版社·合肥：安徽教育出版社，2010年，第4068—4069页。

⑥ 《汪文定公集》卷一一，叶18。

其次子陈焞来请铭。[①] 张栻跋曰："汪公为此铭十年矣，焞属栻书而立于墓。淳熙三年十有二月，始克书之。"[②]由此上溯，知汪氏撰铭之时乃乾道二年，而十年后方由张栻书之碑。郑鉴，字自明，号植斋，福州连江东导人，《宋元学案补遗》谓其处孝宗朝忠荩极谏，不顾一身，唯为天下虑，当时晦庵、南轩、东莱、艾轩诸公深敬之。[③] 跋文云戊戌即指淳熙五年，而陈侯官即陈焞，以其曾任侯官宰故称。[④] "既接而情益亲，因得见其先徽猷墓志留稿"云云，盖郑跋亦因陈焞之请而作。朱跋云："淳熙辛丑，因观汪公所撰志铭，书此以补其缺。时汪公薨已七年，而敬夫、明仲亦已下世，令人悲慨之深。"[⑤]辛丑即淳熙八年，时张栻、陈焞亦谢世。《汪集》朱跋下又有"公孙坦藏"四字，考陈璹有孙名坦，[⑥]是朱跋或由其请而作。今张跋、朱跋皆收入《全宋文》，惟缺郑跋，当据《汪集》补辑。

6.《敕汪应辰授右朝议大夫依前充敷文阁待制》：

> 敕班联次对，已酬方面之勋；法应陟明，此特彝章之旧。爰颁新命，奚复限员？左朝请大夫、充敷文阁待制、知福州军州事、提举学事、兼管内劝农使、充福建路安抚使、马步军督总管、玉山县开国男、食邑三百户、赐紫金鱼袋汪应辰，学到古人之心，文追作者之妙，整暇每见于职业，议论特出于绪馀。爰自甘泉，往镇闽峤。狱讼衰止，恩威流行。靡人不称，岂独郡政？有德者进，宜在朝廷。兹因积劳，适当会课。下此赞书之宠，为尔从橐之光。毋替远猷，益隆美誉。可特授左朝议大夫，依前充敷文阁待制、知福州军州事、提举学事、兼管内劝农使、充福建安抚使、马步军督总管，封赐如故。[⑦]

7.《敕汪应辰为吏部尚书》：

> 敕应辰省所奏辞免除吏部尚书兼侍读恩命事具悉。朕务求治道，思见良臣。俾虔召节之趋，亟赐燕朝之对。得闻其语，良副所期。度其明足以知人，故付之铨部；谓其论足以析理，故处之经帷。选用既精，听闻自服。胡为腾奏，姑欲守谦。尝思难遇之时，益励有为之志。摅而素蕴，体我至怀。所请宜不允，故兹诏示，想宜知悉。[⑧]

---

① 《汪文定公集》卷一一，叶 18。

② 同上。

③ 〔清〕王梓材、冯云濠《宋元学案补遗》，北京：中华书局，2012 年，第 2047 页。

④ 《宋元学案补遗》，第 2815 页。

⑤ 《汪文定公集》卷一一，叶 18。

⑥ 《汪文定公集》卷一一，叶 17。

⑦ 《敕汪应辰授右朝议大夫依前充敷文阁待制》，《汪文定公集》附录，叶 33 至 34。

⑧ 《敕汪应辰为吏部尚书》，《汪文定公集》附录，叶 34。

8. 牟子才《汪应辰谥议》:

议曰:故端明学士汪公应辰之殁,年逾七十有三矣。朝廷始从郡太守之请,下礼部奉常,命之谥。按,道德博文曰文,纯行不爽曰定,请以是易公名。惟公挺生昭代,毓秀玉山,天才最高,识见孔卓。而又培之岳镇之浑厚,瀹之涧瀍之清明。其乐易平旷,有前辈之风。其重深简重,有前辈之体。盖开之者既极其大,而聚之者又极其粹。故镇定大事,顾盼系轻重;敷建大论,呼吸判成败。信卓卓乎,其不可及也。

呜呼!公在绍兴,蔼伦魁之誉,联献纳之班;在乾道,掌书命之职,都紫殿之名,亦云显矣。而家无行实、彝志以考其文学行义,国无正传、附传以究其立朝大节,诚为缺典。然声名在天下,义理在人心,人谁不知之?宜不待历数以合"文定"之谥者,请粗陈其略。

南渡之初,群贤皆在。北方之学,馀论未衰。公款其门墙,请教殆遍,跻其堂奥,造诣独深。合诸老之议论,而齐其同异之偏;总一代之统纪,而揽其精微之会。故蓄而为学,则宏博深淳,包括融会,明吾道之正统;发而为文,则粹明温厚,平正典重,卓为斯文之正宗。泾时流之渭,韶人心之蛙者如此。盖不与世而交骛,不绝俗而孤骞者也,可不谓之文乎?公历事两朝,周旋四纪。或虑先根本,或动据宪章,或奋发谏议,或弥纶藏用。先后缓急,不失其宜。始而议和,既不诡随以附小人之党;终而论战,复不苟同以阿君子之徒。虽权势相攻,利欲交熏,而不以得丧累其心;虽三倅司马,洊镇藩方,而了无几微见于色。濩落丛祠之秩,荒寒萧寺之居,所处为甚毕,所取为甚狭。玩义经而高情澹泊,企骚赋而静观简书。又欲蝉蜕利欲之场,春融天理之妙矣,可不谓之定乎?

自后世去古甚邈,缀文之士诱之鞶帨,谐其音节,不出乎风云月露之状,道日益靡,文则文矣,非所谓道德博文之文也。清谈之士高说性命,阔视斯世,以天下事为不屑为,若枯木死灰然,定则定矣,非所谓纯行不爽之定也。而公则异于是,信有力于圣学,有功于世道也。"文定"之懿,今合辞以谥公,议者又何辞?谨议。[①]

9. 佚名《汪应辰覆谥议》:

议曰:昔龟山杨文靖公倡道宣和间,一见无垢张公意合,相与缔交。紫微吕公恭受中原文献之传,载而之南,闽士宗之。玉泉喻公讲明伊洛之学,转受其徒,遂穷其渊源,见古人之大体。故端明殿学士汪公应辰,师无垢,亲紫微,婿于玉泉之门,则学贯九流,道尊德备。融诸老之规模,揽一

① 《谥议》,《汪文定公集》附录,叶 41 至 43。

代之统纪。如朱文公、吕成公所言，信乎有本者如是。太常易公名曰“文定”，宜哉！

自王氏穿凿其说，簧鼓乎学者，人人同是，莫或非焉。公独辞而辟之，群雅正理赖以复明。妙年冠多士，谁不属目？方且束书裹粮，往海昌而就学。法从帅一道，谁不敛衽？犹且移书具礼，舍延平而质疑。此其道德博文所以谓之文也。方秦氏专国柄，轩轾乎士大夫，嗜进者竞趣焉。公独敬远之，宁三佐神州，耻涉墙庑。举世喑默，以言为戒。迁客之殁而归也，亲以文奠，不顾睨者梯祸。晚年出镇之奏牍，入朝之论疏，玉堂之诏命，金华之讲说，读之词严气直，凛凛前辈风骨。虽当时见惮者众，而是志终不可磨。此纯行不爽所以谓之定也。

或曰：绍兴执政尝谥斯矣，公奋其议，今以谥公，可乎？切以为不然。夏文庄初谥“文正”，驳之者温公也，其后还以谥温公，至今无有议之者。公何歉乎哉？非博士之私也。谨议。[①]

## 结　语

上文已对《汪集》的基本情况及其价值有所介绍。然而要充分利用《汪集》，最根本的还在于通过整理以实现其价值的最大化。对此，前人启其先，但还相对零散，不够全面。因此，利用《汪集》以整理汪应辰诗文、汇编其生平资料的工作仍有待展开。整理汪氏诗文，选取内容更为全面、校勘相对精审的《文定集》作为底本，同时应吸取已有的辑佚成果自不待言。而利用《汪集》，宜选用国图或上图所藏夏浚刊本，又国图所藏经翁心存校跋之清钞本亦有校勘价值。[②] 在此基础上，首先需补入《汪集》所独有的2篇文章、7首诗歌，而《行实》所存汪应辰佚文15条亦应与其他前人所辑佚文一并编排收入。其次，如《汪集》录文更为完整，而《文定集》有所缺漏，此部分文字当据补。其中文字虽不出自汪应辰，却可为阅读文章提供帮助者，宜以小注的形式在适当位置标明。其三，校勘上《汪集》是底本之外最重要的版本，需作通校，特别是利用其以恢复《文定集》内遭到改易删削文本的原貌。最后，《汪集》附录因收有《行实》《谥议》等稀见文献，有资考证，也当整理编排在汪应辰诗文之后，以便利用。以上四点，正是《汪集》相较于《文定集》所不可替代者。

重庆大学人文社会科学高等研究院袁敏副教授、中国社会科学院古代史

---

① 《覆谥议》，《汪文定公集》附录，叶43至44。

② 笔者曾利用此清钞本校夏浚本《行实》，发现确有多处异文可从前者。

研究所王天然副研究员、南京图书馆古籍部韩超先生曾为笔者查阅版本提供帮助，本文的撰写亦多得北京大学《儒藏》编纂与研究中心张丽娟研究员指导、杨韶蓉副研究员支持，谨此特致谢忱！

# 《蛟峰文集》版本考

陈光祖*

**【内容提要】** 方逢辰为南宋晚期状元，仕途不达，其著作多已失传。后人搜集遗文，编为《蛟峰文集》。其书实际包括方逢辰文集、方逢辰外集、方逢振文集、方逢振外集四部分，因四部分在卷次上未明确区分，后人据不同的统计方式，对其卷次著录互有差别。《蛟峰文集》的版本系统主要有洪武本、天顺本、万历本、顺治本及其康熙重修本、世恩堂宗祠本。洪武本久佚，天顺本为现存版本之祖本，又有弘治重修本、嘉靖递修本。万历本系重编天顺本而成的活字印本，在现存版本中质量最高。顺治本与天顺本在细节处差别较多，其文字基本为之后的清代印本所继承，而康熙本内容较顺治本多一卷，并非简单重印顺治本。世恩堂宗祠本附于《河南方氏宗谱》，为活字印本。印本之外，《蛟峰文集》的抄本主要来自天顺本、顺治本两大刻本系列。

**【关键词】** 《蛟峰文集》 方逢辰 方逢振 版本

方逢辰(1221—1291)，字君锡，浙江淳安人。逢辰原名梦魁，南宋淳祐九年(1249)乡举第一，淳祐十年(1250)省试第一等，同年廷对，被宋理宗擢为进士第一，并赐今名。历任秘书省正字、校书郎、瑞州知州、秘书少监、起居舍人、江西转运副使、吏部侍郎等职，咸淳七年(1271)丁母忧去职，遂绝意仕途。晚年隐居讲学于石峡书院，学者称之为“蛟峰先生”，至元二十八年(1291)卒，年七十一。

方逢辰，《宋史》无传，《宋元学案》附于《北山四先生学案》之后。方逢辰之弟方逢振，字君玉，景定三年(1262)进士及第，官至太府寺簿，宋亡后隐居于风潭。方逢振晚年亦讲学于石峡书院，学者称之为“山房先生”。《宋元学案》附其生平于方逢辰之后。

《蛟峰文集》，收录有方逢辰与方逢振二人的文集与外集。其中方逢辰文集，包括奏折、书、启、序、记、诗、讲义、策论等内容，外集包括朝廷任命及友人与其交往文字等内容；方逢振文集包括书、序、记、诗、说等内容，外集主要是友

---

* 本文作者为北京大学中文系古典文献专业2019级博士生。

人与其交往文字等内容。

## 一、明代刊本

### (一) 明代刻本

#### 1. 洪武刻本

关于方逢辰作品的编刻，文及翁所作《墓志铭》称："晚年隐居之日多，著《孝经解》《易外传》《尚书传》《中庸大学注释》，凡若干卷，刊于家塾。"①由此可知方逢辰晚年曾刊刻过自己的学术作品，而这些作品皆已佚失。这里未提文集，方逢辰生前是否编刻过自己的文集，已经无从得知。

明洪武七年(1374)，淳安知县陈又新为方逢辰文集作序称："乃裔淹以藏稿示余……缘校雠厘辑，分为八卷，内附山房先生一卷，谋付梨枣。"②这里值得注意的有两点，其一，方淹展示给陈又新的是"藏稿"，则文集之前是否刊刻未知；其二，"分为八卷，内附山房先生一卷"，则方逢振文集此时便已附录于方逢辰文集之内，共为八卷。③ 明弘治十六年(1503)，胡拱辰跋语称："先生玄孙淹……重汇其集以镌焉，于兹历年多矣。"④"重汇"可与陈又新序所言的"校雠厘辑"相互印证，而"以镌"则证实了"谋付梨枣"的最终实现。清顺治十五年(1658)，方嗣蕃跋语称："右《蛟峰集》，传自有宋，历元，明洪武初四世孙淹为县学训，曾重镌焉。"⑤既然称方淹是"重镌"，那就意味着文集在洪武本之前已经"镌"过了。不过考虑到方嗣蕃所处的时代晚于陈又新、方淹几百年，方嗣蕃所称的"重镌"并无实证，可能只是对胡拱辰跋语中"重汇其集以镌"的简括。⑥ 综合而言，洪武本可能是方逢辰文集最早的刻本，但该本久已佚失，无从考证。

#### 2. 天顺刻本

明景泰四年(1453)，商辂为文集作序称："兹先生裔孙渊来京，偕其侄辅持先生遗文见示，俾为之序。"⑦明天顺三年(1459)，夏寅作序称："先生五世孙渊

---

① 《蛟峰文集》外集卷三。

② 上图藏顺治本陈又新序。

③ 正如祝尚书先生《宋人别集叙录》(增订本)所言，"后来所传《蛟峰集》规模，是时已形成"。(北京：中华书局，2020年，第1440页。)

④ 国图藏天顺本胡拱辰跋。

⑤ 国图藏傅增湘校康熙本方嗣蕃跋。

⑥ 祝尚书先生《宋人别集叙录》(增订本)已指出，"方逢辰入元达十余年，谓其集'传自有宋'，不确"。(第1443页)

⑦ 国图藏万历本商辂序。

在太学时，勤求广访其遗文于散落之余，裁二百篇，录成，俾寅序。”[①]方渊“勤求广访其遗文于散落之余”，则洪武本此时已有残缺。明弘治十六年（1503），胡拱辰跋语称：“板帙散逸，又复重辑。自一至七，先生之文，五世从孙渊字文渊所集；其八乃先生之弟山房先生之文，其六世从孙辅字廷臣所集；而并续修于七世从孙中字大本，其版则大本之子天雨字济甫藏之家塾。文渊曾属拱辰序之，大本又属翰林钱先生、吏部夏先生序之于前，阁老陈先生序之于后，皆若干年矣。”胡拱辰跋语落款为“后四十三年癸亥夏四月晦前四日”，[②]这里回顾的是“若干年”前即天顺四年（1460）的情况，而跋语中的“钱先生”“夏先生”“陈先生”分别指钱溥、夏寅、陈循。在“又复重辑”的过程中，方渊重新辑录了方逢辰文集部分，即夏寅序所称的“裁二百篇”的内容，方辅重新辑录了方逢振文集部分，原书内容皆经重辑，可见“板帙散佚”情况的严重，洪武本此时或已残缺厉害。[③] 重辑之后，方中对方逢辰、方逢振文集进行了“并修”，但仍保持了洪武本八卷，附方逢振文集一卷的编排方式。

天顺七年（1463），钱溥作序称：“先生七世从孙中，举天顺丁丑进士，擢令玉山，尝得诸族所采诗文为《蛟峰先生集》，兹复累当时敕诰并存没所赠诗文为《蛟峰外集》。……而况先生有弟逢振……西江大参辅，其六世从孙也，得遗文一二，惧久而弗传，乃属玉山附诸《蛟峰集》后。”[④]据此，则方逢辰外集部分为方中所辑，方逢振文集与外集部分皆为方辅所辑，经过方中“并修”，此时已经形成《蛟峰文集》内部的方逢辰文集、方逢振文集、方逢辰外集、方逢振外集四部分内容。

天顺本正集八卷，前七卷为蛟峰集，卷八为山房遗文，外集四卷，前三卷为蛟峰外集，第四卷为山房外集。正集十行二十二字，[⑤]外集十一行二十二字，黑口，四周双边，黑鱼尾。前有陈循、夏寅、钱溥序，末有胡拱辰跋。正文前有《蛟峰集目录》、《蛟峰外集目录》，不含山房遗文、山房外集内容，目录中所列篇名与内容页不完全一致。

天顺本今存国图藏本、上图藏本两种。

国图藏本，凡一册，封底有黄虞稷题记，扉页和封底皆有刘喜海题记。刘喜海在扉页的题记中记述了该本收藏的脉络：“是集明天顺七年其七世孙方渊掇拾成书，剞劂行世，而流传颇罕。近日藏书家多即是本传钞。此本得之大兴

① 国图藏天顺本夏寅序。

② 国图藏天顺本胡拱辰跋。

③ 祝尚书先生《宋人别集叙录》（增订本）认为：“其实天顺本应是重刊洪武本，仅《外集》为重辑，而诸人序跋皆讳言之，或陈又新当时并未刊成，或事涉建文欤？其故不详。”（第1441页）

④ 国图藏天顺本钱溥序。

⑤ 祝尚书先生《宋人别集叙录》（增订本）误作“行二十字”。（第1441页）

朱少河先生淑花吟馆，旧为黄氏千顷堂所藏，简末有黄俞邰跋语，后归宛平。王相国、胡茨村俱有收藏印记。”据此，则此本历经胡介祉、黄虞稷、朱筠等人收藏，而后归于刘喜海。黄虞稷《千顷堂书目》卷二九所记“方逢辰《蛟峰文集》八卷，又《外集》四卷”，当即指此本。此本字迹漫漶之处多有，如正集卷三自《贺吴是斋入室启》至卷末。

上图藏本，凡二册，有孙毓修藏书印。字迹漫漶处较国图藏本更甚，多不可辨之处，如正集卷二《回鲁国正谢铭书》。

### 3. 弘治重修本

弘治十六年(1503)，胡拱辰跋语云：“江津陈君渭以弘治己未进士来知淳安县事，阅其版残缺者多，命工补刻，既完，又属拱辰识之余素，摹印以传。”[①]陈渭于弘治十四年(1501)至正德元年(1506)任淳安知县，[②]则“摹印以传”当即在此期间。胡拱辰跋之前已经提到，方中在天顺年间刊刻文集后，“其版则大本之子天雨字济甫藏之家塾”，则此次“摹印”即是在“补刻”方天雨藏板的基础上进行的。

弘治重修本，正文行格皆同天顺本，[③]前有钱溥序，末有胡拱辰跋。天顺本各卷首页写作“乙”，此本作“一”。天顺本正集版心题“蛟峰文集”，此本大抵相同，只有卷七部分页面版心题为“蛟峰集”。正文前有《蛟峰集目录》，目录之后为《蛟峰集》正文，与天顺本为《蛟峰外集目录》不同。

该本文字亦偶有与天顺本不同之处。《蛟峰集目录》内容与天顺本同，惟“卷之二书”后作“卷之二启”，后“二”字显系“三”字之误，而正文不误。卷七“策”部分，《问天文变异及中国夷狄君子小人德刑公私之异》，天头批注同，惟天顺本“××春秋”不可辨，此本可确知为“唐虞春秋”。“策题”部分，《问牲樂灌》，“樂”字此本写作“藥”。《问中庸妖孽之见动与夫天妖人妖将何术以去之》，天顺本并列之“去之”二字此本作“祛”。

天顺本弘治间重修本今存国图藏六册本、国图藏八册本、浙大图藏本。台北“国家图书馆”亦著录有两种。

国图藏六册本，有“席氏玉照”“铁琴铜剑楼”等印。书中时有墨迹脱落之处，如卷七《论礼法之大分》，“莫大于父”下空白，“极矣为天”下空白。

国图藏八册本，有陶湘、张寿镛藏书印。此本整体保存较六册本好，如卷七《论礼法之大分》，六册本空白处此本俱全。此本在书末附有方中之子方天

---

① 国图藏天顺本胡拱辰跋。

② 《(光绪)淳安县志》卷六。

③ 《北京图书馆古籍善本书目》误作“十行二十字”，北京：书目文献出版社，1987年，第2232页。

雨[①]的题识，称方中卒于“弘治辛亥七月”（弘治四年，1491 年），并称“越八年而先妣亦奄弃”，又记述了合葬等安排，则显系弘治十二年之后所写。

浙大图藏本，凡二册，有“汪士钟藏”等印。书末亦有方中之子方天雨的题识，内容与国图藏八册本相同。

台北“国家图书馆”分别著录有八册本、四册本两种，未见，《国家图书馆善本书志初稿》对其版本情况有记录。八册本，有“海盐胡氏家藏”“吴兴刘氏嘉业堂藏”“张燕昌印”等印。四册本，有“莚圃收藏”“曾经东山柳蓉邨过眼印”“汲古阁”等印。[②]

### 4. 嘉靖递修本

嘉靖十三年(1534)，胡宗明所作后序称：“时梅雨初霁，偕邑尹徐君庆衍循龙山麓而谒所谓石峡书院者，实蛟峰先生讲学处也。……明日，袖旧集二帙谒余曰：‘此即先生文集也。旧板岁久残缺，字复讹隐，漫不可读，乃遍求善本校阅，缺者补之，讹者正之，没者明之。集凡八卷，外集四卷，厥弟山房先生之文附焉，仍其旧也。今兹二逾月，且讫工，愿致一言。’……是集虽未足以尽先生也，安知不有缘是而旁搜博采，增其所未载，以成全集于异日者乎？”[③]这里的“旧板”即是经过弘治年间修补的方天雨藏板。徐庆衍于嘉靖十一年至十三年任淳安县令，[④]则其修补旧板当在此期间。胡宗明因阅文及翁所作墓志铭而感慨“集多未载，则他所遗者可知”，因而期待有人“成全集于异日”，也反映了此次修补工作“仍其旧”的客观限制。

嘉靖递修本行格同天顺本及弘治重修本。前有钱溥序，末有胡拱辰跋，同弘治重修本。内容总体上也与弘治重修本相近，如弘治本《蛟峰集目录》中“卷之二书”后误作“卷之二启”，为此本继承。但此本文字上亦偶有区别，如正集卷二，《通方宫使造黟侯祠书》，天顺本、弘治重修本“鸠三千”下皆有墨块，此本无墨块而有“芝”字。《答何毅斋求荐书》，天顺本、弘治重修本“留视东”下皆有墨块，此本无墨块而有“反”字。卷四《横域义塾序》，“域”字天顺本、弘治重修本皆为“城”字。

嘉靖递修本今存南图藏本、国图藏残本。

南图藏本，凡四册，因系公文纸印本，背面字迹明显。此本收藏印甚多，如

---

① “天”字已不可辨，据胡拱辰跋及《方氏宗谱》补。浙大图藏本亦缺“天”字。

② 台北“国家图书馆”编：《国家图书馆善本书志初稿》集部（一），台北：“国家图书馆”出版，1999 年，第 450—451 页。

③ 国图藏万历本胡宗明后序。此序内容不缺，万历刻本所收此序页一之后为页三，易被视为缺页（如《宋集珍本丛刊》影印明活字本、《四库提要著录丛书》所收明活字本皆于此处著有“原缺”），由南图所藏嘉靖递修本内容可证。

④ 《（光绪）淳安县志》卷六。

“曾经鲍以文眼”“教经堂钱氏章”“练江陈昂之印”“如皋祝寿慈藏书印”，等等。首页钱溥序处有大片红色印迹已不可辨，或即翰林院大印。[①] 此本在胡拱辰跋之后另有胡宗明跋，记述徐庆衍递修经过。

国图藏残本，凡二册，第一册为正集残本，存有卷三至卷六，第二册为外集残本，存有卷一至卷三。此本残缺污损严重，外集部分偶有墨笔圈点。

据今所见，明正德十二年(1517)《(正德)建昌府志》最早开始著录《蛟峰文集》。此后，高儒《百川书志》卷一二著录的“《蛟峰文集》七卷、奏札”，朱睦㮮《万卷堂书目》卷四著录的“《蛟峰集》八卷”，祁承㸁《澹生堂藏书目》著录的“《方蛟峰先生集》(诗文八卷，共十二卷，外集四卷，二册)”，当皆指天顺本系列。因对正集方逢辰文集七卷以外内容的统计方式不同，而记录卷次不同。《四库全书总目》所著录的亦是天顺本系列，武英殿本所记卷次作“《蛟峰文集》八卷、《外集》四卷”，文渊阁本作“《蛟峰文集》七卷、《附山房遗文》一卷、《蛟峰外集》三卷、《山房外集》一卷”，仅是详略之别。

至于明确区分天顺本系列的目录著录，张金吾《爱日精庐藏书志》卷三一载有“明天顺刊本”，汪远孙《振绮堂书录》卷三所载的“明景泰中刊本”，当亦指天顺本，系因商辂序落款为景泰年间而误判。张均衡的《适园藏书志》卷一二则明确载有“明弘治刻本”。孙星衍《平津馆鉴藏书籍记》卷二载“《蛟峰集》七卷、附《山房先生遗文》一卷、《外集》四卷”，言有胡宗明序，则当为嘉靖间递修本。

## (二)明代活字本

明万历三年(1575)，方世德重编文集，并作跋云：“《蛟峰先生集》，旧刻于诸高祖大本，本藏之家，三易世矣。严郡守檄其板，置公署，荐绅过者珍之，索无虚日，故其集益盛行于世，其板复易残敝。世德丱入乡校，知诵先生文，窃太息焉，几欲复之。顾家藏旧本多亥豕，甚至弥数简茫隐不可读者。既日访故老，搜善本，参互校雠，迄于今，乃获成编。……第念世德于先生宗也，生先生后，无以肖先生，乃先生遗文俾之坠佚，宁不滋后死者责哉。……世德往既校《文毅集》，梓之，可独靳先生也。旧集凡十二卷，今厘其卷十四，稍更大本公之次，重为订正云。万历乙亥冬至，十一世从孙世德百拜谨志。”[②]

---

① 《藏园订补郘亭知见传本书目》傅增湘所补“蛟峰集七卷、山房先生遗文一卷、蛟峰外集四卷”条有说明文字：“前天顺七年钱溥序，后胡拱辰跋，又嘉靖甲午胡宗明序。书板经弘治、嘉靖递修，用嘉靖官文纸印。钤鲍廷博印，又有翰林院印及钱犀庵印。”(莫友芝撰，傅增湘订补《藏园订补郘亭知见传本书目》第三册，北京：中华书局，2009年，第1269页)此本各条信息皆与傅增湘所言符合，独不可辨翰林院大印，而首页上半面残存之红色印迹或与翰林院大印有关。

② 保定市图书馆藏万历本方世德跋。

从方中刊刻到陈渭重修，再到徐庆衍递修，方中所编文集“三易世矣”。“严郡守檄其板，置公署”，板片可能是从陈渭“阅其版残阙者多，命工补刻”时取去的，后来徐庆衍应即是在公署中见到“旧板岁久残缺”的。“甚至弥数简茫隐不可读者”，在于原刻时即模糊，由今存天顺本系列可证。文毅指商辂，明朝淳安人，三元及第，校刻状元乡贤的文集之后，[①]方世德进而校刻同姓状元方逢辰的文集。经过校雠重编，方世德将天顺本系列文集八卷、外集四卷共十二卷的规模更改为十四卷，由此形成一个全新的版本系统。

这里需要略加说明的是，“世德于先生宗也”及“十一世从孙”两句话。考石峡世恩堂《河南方氏宗谱》，并无十一世从孙方世德，方世德并非高坊石峡派方氏后人，而是富山派方氏后人。石峡派方氏与富山派方氏同源于唐静乐先生方昊，方昊第一世，长子方祁迁居高坊，历十三世为方逢辰，次子方鄯居富山，历二十四世为方世德，故方世德自称方逢辰的“十一世从孙”。[②]

方世德，字可久，号伯求，别号作所，万历三年(1575)举人，生于嘉靖十二年(1533)，卒于万历十三年(1585)，自万历四年至十二年游于京师。[③]方世德跋文所署时间为“乙亥冬至”，则其编印文集在赴京师之前，即万历本在万历初期即已完成。

顺治十五年(1658)，方嗣蕃跋语云：“万历中，余伯祖作所公游京师，以先正慕其集，欲更订焉，亦未卒事。”[④]其中的“万历中”与方世德的编印时间不一致，但称“作所公”更订未成不免启人疑窦。其后的《河南方氏宗谱》印本亦收有方嗣蕃跋语，而文字作“至万历中，良臣公号见湖游京师，以先正慕其集，欲更订焉，亦未卒事”。[⑤] 由此则万历中更订未成的是“良臣公”而非“作所公”。考方良臣为方逢辰十世从孙，方瑞合所作《迪功郎见湖方公墓志铭》载：“见湖公，明山东济宁嘉祥县赞政，转任江淮迪功郎，讳良臣，字佐之者……公于天启二年十月十七日以疾卒于正寝，享年五十有二。”[⑥]据此，方良臣生于隆庆四年(1570)，卒于天启二年(1622)，一生恰好完整经历了万历时期(1573—1620)，康熙刻本“作所”或为“佐之”之误，而宗祠印本则有所订正。

万历本凡十四卷，前十卷为《蛟峰先生文集》，卷一一为《附山房先生遗文》，卷一二至一四为《附蛟峰外集》，其中卷一四后半部分有《附山房外集》，每卷首页题有“十一世从孙方世德重编”。十行行二十一字，四周单边，白口，双

---

① 明隆庆刻本《商文毅公集》卷三、卷九首页皆题有“庠生方世德同校”。

② 《方氏家乘》序，方才主编《方氏家乘》，北京：中国文史出版社，2014 年。

③ 《方氏家乘》，第 1275 页。

④ 国图藏傅增湘校康熙本方嗣蕃跋。

⑤ 石峡世恩堂《河南方氏宗谱》本方嗣蕃跋。

⑥ 石峡世恩堂《河南方氏宗谱》第十册卷三墓志。

对鱼尾。

前有钱溥、商辂、胡宗明序，末有胡拱辰。正文前有《蛟峰先生文集目录》，罗列全书内容篇名，包括《山房先生遗文》、《山房外集》目录。书名上，天顺本正集部分题作《蛟峰集》，万历本题作《蛟峰先生文集》，而且目录多修订与内容页一致。

正文卷一、二实为天顺本卷二、三，卷三为天顺本卷一，卷四、五为天顺本卷四、五。卷六为天顺本卷六的“题跋”“杂体”等内容，卷七为天顺本卷七的“碑”“行状”“墓志铭”等内容，卷八为天顺本卷七的“讲义”等内容。卷九为天顺本卷七的“策”“论”“策题”等内容，卷一〇为天顺本卷六的“律诗”“绝句”“古体”等内容。卷一一为天顺本卷八，卷一二、一三为天顺本外集卷一、二，卷一四为天顺本外集卷三、四。

万历本系活字印本，天顺本系列中的墨块此本一般作空格，天顺本系列中并列的文字此本一般不并列，天顺本的小字说明一般双行排列，此本小字皆单行排列，且往往省略。因为订正了天顺本系列“弥数简茫隐不可读”的情况，此本的总体质量要高于天顺本系列。

万历本今存国图藏本、保定市图书馆藏本两种。

国图藏本，凡六册，有张其煌、黄克文、莫伯骥等藏书印。此本许多篇章被圈出，并时有句读痕迹及批注。

保定市图书馆藏本，[①]凡四册，此本将胡拱辰跋编于卷前，书末另有方世德《志蛟峰先生集后》，记述了文集既往刊刻及其重编情况。有“莲池书院珍藏书籍印”等印。此本无圈点痕迹，保存状态较国图藏本好。

## 二、清代刊本

### (一) 清代刻本

#### 1. 顺治刻本

清顺治十年(1653)，商民宗序称：“公所作文章甚富，然以兵燹之余，残缺失次。其贤胤国祯、显庸、显韬、显策、显旭等裒辑遗文，得若干卷，重梓以传，征予为序。”[②]顺治十五年(1658)，侯良翰在序中追溯文集刊刻缘起：“幸李睦陵

① 《中国古籍善本书目》、《中国古籍总目》、《现存宋人别集版本目录》皆著录为“明万历三年方世德刻本”。《保定莲池书院善本图录》收有该书卷一首页书影，著录为“明活字印本”(北京：国家图书馆出版社，2014年，第399页)，《第三批国家珍贵古籍名录图录》著录同。

② 国图藏傅增湘校康熙本商民宗序。

登橘山南巘……为询先生后裔……亟命其后人缮写订补，暨《山房先生集》共厘正之，爰授剞劂氏。”[①]据此，则“缮写订补”及“授剞劂氏”似是在李睦陵的指令下完成的。方嗣蕃跋则称：“大清顺治甲午，以祠事奉司，李侯公、祖勘公雅慕先生之为人，而甚重其文，然模印已无征矣。”[②]李侯公即李睦陵，由“模印已无征”知当时并未完成“缮写订补”等工作，李睦陵的指令只是政府官员关注到文集“裒辑”的发端。顺治甲午即顺治十一年(1654)，由此亦可知方国祯等人请商民宗作序时并未完成“裒辑遗文”的工作，至于“重梓以传”更只是计划而已。

顺治十五年(1658)，此项工作才真正得以完成。淳安知县张一魁序称：“余役青溪，登石峡之堂，低徊不能去，爰为辑其集而重梓之。”[③]方嗣蕃跋详细记录了此次工作的实际展开：“戊戌春，会逢文宗谷霖苍先生有搜辑遗书之令，学训虞师长奉命觅先生遗编，乃裔显策眷旧集，参互校雠，谋之族昆国祯、显庸，付之梓人。其集具八：其一至六先生文也，其七乃先生之弟山房文也，其八则先生之外卷。”戊戌即指顺治十五年，“文宗谷霖苍先生”指浙江学政谷应泰，“学训虞师长”指淳安县训导虞世恺。据此，则此次编修是在谷应泰的指令下，由虞世恺等人搜集校雠，方氏后人共同参与的。虞世恺序与方嗣蕃跋所言相同。至于方显策跋所称的“荷司李侯公之厘正，暨尹畴虞师之订参，命策缮写完帙，印证成书”，[④]将李侯公与虞世恺并举，则只是对前后两次“裒辑”工作笼统言之而已。

顺治本凡八卷，前六卷为《方蛟峰先生文集》，第七卷为《宋方山房先生文集》及《山房先生外集》，第八卷为《方蛟峰先生外集》。九行二十二字，白口，左右双边，单鱼尾。

前有商辂、吕兆龙、张一魁、谢鼎元、虞世恺、商民宗等序。正文之前有《宋方蛟峰先生文集总目》，罗列各卷所包含小类，无具体篇名。第一卷为“石峡书院讲学”，第二卷为“书”，第三卷为“启”，第四卷为“序”“跋”“记”，第五卷为“诗”“杂著”，第六卷为“申状”“奏札”，第七卷为“山房先生文集”“外编附”，第八卷为“外编”。但正文与其目录并不一致，无目录中“申状”“奏札”部分内容。

该本各卷下有五项编修人员题名。前三项张一魁、谷应泰、侯良翰各卷同；第四项或谢鼎元、虞世恺并列，或单列其一；第五项则各卷均不同，先后出现的有显策、显旭、国祯、显庸、显述、守基、守绪、显韬等人。此本每卷都有部分页面版心底部有刊刻者姓名，其中卷五每页皆有。

---

① 国图藏傅增湘校康熙本侯良翰序。

② 国图藏傅增湘校康熙本方嗣蕃跋。

③ 国图藏傅增湘校康熙本张一魁序。

④ 国图藏傅增湘校康熙本方显策跋。

正文内容，卷一“石峡书院讲学”部分，天顺本原引经典文字为篇题，此本对引文加以概括，列其问题作篇题，如天顺本《子曰贤哉回也一箪食云云贤哉回也》，此本作《问衡门栖迟泌水乐饥箪瓢陋巷中人尽大贤与》。同时，此本在“讲义”各篇正文之后低一格有“后学虞世恺参曰”开头之批语。卷五有《河溪徐氏春濡堂记》，为天顺本所无。卷七，方逢振的《寿蛟峰先生七旬》《贺蛟峰先生得孙》，天顺本收入《蛟峰外集》，此本挪入《山房文集》。《山房文集》之后转页为《山房外集》，而连《续编》页。卷八，“牒诰敕”之后，转页为友人与方逢辰往来文字内容，其中新收入蒋凯、何梦桂、吕兆龙、侯良翰、虞世恺五篇纪念文字。此后转页为记、赞等文字，再转页为祭文等，其中新收入高鹏的《重建石峡书院记》，各部分皆连续编页。

顺治本文字与天顺本差别处极多，差别多由顺治本脱字、误字或另作他字等情况而来，故实际内容含义差别不大。对于天顺本中的缺字，顺治本一般据文义或补入文字或直接删去空格，加之内部分卷错乱且有缺失，其整体质量不如天顺本及万历本。

顺治本今存上图藏本、南图藏本两种。

上图藏本，凡四册，有“南城李氏宜秋馆藏”“王墒孙纪念物”等印。该本另有陈又新序。该本有批注，如卷七《寿蛟峰先生七旬》，眉批“以下抄本无”。据此，则是据抄本而校。

南图藏本，凡二册，有“曾经八千卷楼所得”等印。丁丙《八千卷楼书目》卷一五集部的“《蛟峰文集》八卷、《外集》四卷（国初刊八卷本）”，当即指此本，其中“《蛟峰文集》八卷”系就目录而言，“《外集》四卷”系就内容中的分页而言，故仍注为“八卷本”。该本另有侯良翰序，首页谢鼎元序缺最后一页，卷六缺第十页。

**2. 康熙重修本**

清康熙二十一年(1682)，方瑞合序云：“余总丱游乡塾时，侍先君子侧，闻先世有蛟峰先生，登宋淳祐进士第一人，颇记忆之。及长，攻举子业，读《性理大全》《或问》诸书，载有蛟峰方氏语录，知为传注功臣。然尔时志在科举，不离训诂习见，犹未尽窥先生底蕴也。迩因需次之暇，重修家乘，获睹先生年谱暨所藏文集。”[①]方瑞合所谓的“尔时志在科举”并不遥远，方瑞合即是此年中的进士。[②]

方瑞合在序中只提到了因“重修家乘”而获睹文集，却未说明具体的文集刊刻情况。道光二十三年(1843)，再次“重修家乘”时，方凤鸣跋云：“石峡本派

---

① 《河南方氏宗谱》本方瑞合序。

② 《(光绪)淳安县志》卷九。

裔孙象康公、志圯公重刊增修于国初庚午之春，旋复为祝融所祸，而城乡读书家是编正自寥寥。幸高坊与石峡同派，梁、栋二公支下虽曰式微，而全集八卷犹存。”[①]国初庚午为康熙二十九年(1690)，既言“重刊增修”，则是据顺治刻本有所增补，而“全集八卷犹存”，则增修本亦作八卷。此时距方瑞合作序已有八年，当年并未刊刻文集，可能是方瑞合序未提到具体情况的一个原因。

康熙刻本与顺治刻本时间较近，且方瑞合序无具体说明，不免让人怀疑康熙本只是简单重刊顺治本，据今存康熙本对比顺治本，可知二者尚有不同之处。其一，康熙本与顺治本目录相同，皆有“申状奏札”，俱为八卷，但顺治本正文并无“申状奏札”，康熙本正文在“卷之二”之后有“又卷之二”，补入“申状奏札”，故实为九卷。其二，顺治本与康熙本每卷下皆有虞世恺等一系列编修人物题名，但康熙本全面清除谢鼎元的痕迹，无谢鼎元序及其在每卷前的题名。

顺治本刻于顺治十五年，当时为文集作序的淳安县在任官员有张一魁、虞世恺、谢鼎元。顺治十五年县令张一魁离任，顺治十二年至十八年期间虞世恺任淳安县训导，顺治十二年至康熙四年期间谢鼎元任淳安县教谕，谢鼎元在淳安任职最久。[②]

张一魁任淳安县令期间，曾重刻过商辂的《商文毅公文集》，编修过《淳安县志》，二书皆有张一魁等三人的题跋，其中《商文毅公文集》，谢鼎元序所署时间为顺治十年，[③]则在尚未就职淳安之前。《淳安县志》收有颇多虞世恺所作内容，亦不乏张一魁的文字，而无谢鼎元所作文字。县志前谢鼎元序云：“幸张父母捐资重修，令汇成一书，甚盛举也。咸曰在余不可以无序，余谓志非一人之私刻也。……时顺治十五年冬月之吉。”[④]谢鼎元在序中称赞张一魁修志为“盛举”，并强调志书非“私刻”，而颇有意味的是“咸曰在余不可以无序”，为自己写序作解释。张一魁、虞世恺二人序所署时间皆为夏，而谢鼎元序署为“冬月”，则此时张一魁或已离任。

谢鼎元序后有佚名题识道：“谢教谕当修志时，张知县以虞世恺宿儒博学，命之操笔，而谢谕以举人秉铎，置身局外，不无愧恨。张知县又派之捐银五两助剞劂之工，谢分毫不出。张怒，故修志之役不附其名，谢亦无可奈何也。及知县升开州知州去淳安之后，谢乃自将志书印板补刻入己名。志书每一面字十行，而首一面乃十一行，是谢教官夹入己名，故多一行也。又作叙一篇补刻

---

① 石峡世恩堂《河南方氏宗谱》第十二册书末。

② 《(光绪)淳安县志》卷六。

③ 见《商文毅公文集》顺治十五年刻本。

④ 《顺治淳安县志》，收入《上海图书馆藏稀见方志丛刊》第八十六册，北京：国家图书馆出版社，2011 年，第 49—54 页。

人，而文理最不通，徒出丑耳。"[①]今验其行款，题识所言每面十行而首面十一行符实。县志凡六卷，每卷下有编修人员题名，一般为张一魁、谢鼎元、虞世恺、张鸣珂、王鉴五人，五人各一行，共十一行，而人员题名部分无界行；唯卷四人员题名部分无谢鼎元，而有与下文一致之界行，共十行，与全书体例亦一致。同时，各卷首页编页皆作"乙"，而卷四首页编页作"一"。由此，题识所言谢鼎元事当可信。

"自将志书印板补刻入己名"的行为无法完全隐瞒，这可能是谢鼎元强调"咸曰在余不可以无序"的原因。不过，谢鼎元"置身局外"的或不止编修县志这一件事。考顺治时期刊刻方逢辰文集所作的诸多序跋，述说编修过程的内容颇多，张一魁、虞世恺等人皆被反复提及，而无一言及谢鼎元者；谢鼎元所作序文亦未提及文集编刻过程。如此看来，编刻方逢辰文集，谢鼎元虽未必是私下补刻入己名及作序，却与之关系不大。康熙年间重刻方逢辰文集时，谢鼎元已从淳安离任，方氏后人便未保留文集中的谢鼎元痕迹。

康熙重修本行格、目录皆同顺治本。顺治本各卷首页页码写作"乙"，康熙重修本同，只有所补"又卷之二"首页页码写作"又乙"，且该卷各页码前皆加"又"字(版心仍刻"卷之二")。至于所补的"又卷之二"，原系天顺本卷一内容，内部篇章次序亦同天顺本。该本各卷下五项编修人员题名，大抵同顺治本，而亦略有区别。至于所补入的"又卷之二"，第五项题为廷献。顺治本的刊刻者姓名，此本全同。

康熙重修本序跋众多，今存各本保存多寡、装订先后不一。书前有陈又新、商辂、商民宗、张一魁、虞世恺、吕兆龙、侯良翰序。各本皆无谢鼎元序，而另有方瑞合序。书后有胡拱辰、方嗣蕃、方显策、方际泰、方显庸跋。

康熙重修本今存国图藏四册本、国图藏八册本、上图藏本、浙大图藏本、上海辞书出版社图书馆藏本五种。[②]

国图藏四册本，为傅增湘校本，有"藏园校订群书"等印。此本原书前有傅增湘抄补的三篇序跋，依次是钱溥序、胡拱辰跋(原书亦有此跋)、方天雨题识。书后有傅增湘所列此本与天顺本系列刻本目次调整之大略。随后是傅增湘的《校方蛟峰集跋》:"《蛟峰集》明天顺刻本，半页十行二十字，黑口，四周(空格)栏。集凡八卷，外集四卷。……今以顺治裔孙嗣蕃等刻本校之，明本卷七今为卷一，明本卷一、二今合并为卷二，而山房遗文列第七，明本外集四卷今并为第八，此改并之大略也。"傅增湘所言"二十字"系"二十二字"之误，所称"顺治裔

① 《(顺治)淳安县志》，第54页。

② 上海辞书出版社图书馆藏本，据《中国古籍善本书目》《现存宋人别集版本目录》著录，未见，下文不单列。

孙嗣蕃等”只出现于康熙本，所谓“明本卷一、二今合并为卷二”亦只是康熙本的情况，故傅增湘所校实为康熙本。至于用以校勘的明本，当即是傅增湘《双鉴楼善本书目》卷四所载的“《蛟峰集》八卷，《外集》四卷，明天顺刊本”。

国图藏八册本，总体保存较好，但仍有残损，如卷五缺《童会卿墓铭》。此本部分篇章有批校，如卷一“策一道”下批注：“《吹剑录》外集：淳祐十年改用三月初省试，中秋日廷试，九月六日唱名，状元严州方梦魁，赐名逢辰，右足跛左目瞽。”

上图藏本，凡四册，在书末其他跋文之前另有《侯太尊谳语（附）》，内容是关于方氏子孙争夺祀田的一段公案。

浙大图藏本，凡三册，有“星渚王元仲珍藏书籍”“九世传经”等印。此本前有缺页，自虞世恺序开始，其后为商民宗序，无其他序跋。

### （二）清代活字本

道光二十三年（1843），方凤鸣跋云：“凤鸣曾见《四库全书总目》载有《蛟峰集》八卷……癸卯夏，石峡世恩堂宗祠续辑谱牒……议将蛟峰公文集俟谱事告竣，招集各派，同然解汇捐资，刷印数十余部，分给各宗支以广其储，庶可以世守而弗失，诚善举也。惜旧本字迹模糊处不可晓，又有帝虎鲁鱼杂糅不能句，�之不暇校，亦不敢专，爰以全集过高坊示余，属为校正。……盖信传信，疑传疑，即如四库所采、西湖文澜阁所藏，亦未必无阙文衍字也。……若乃理学之渊源，文章之典雅，与夫言治经济，诵读下令人敬服，则族祖斋峰前辈序之详矣，无俟凤鸣赘。”①

方凤鸣跋文对此次编印情况记述颇详，初因修方氏族谱而动议，所据“旧本”即康熙刻本，后经方暎之、方凤鸣、方凤举等人订正而重新活字印刷。方凤鸣跋文中提到了“曾见《四库全书总目》”，而“族祖斋峰前辈序”即方卿云所作序亦称“本朝编入于四库”，②可知方逢辰文集编入《四库全书》被方氏视为盛事。但方凤鸣所见仅是《四库全书总目》，并有“即如四库所采、西湖文澜阁所藏，亦未必无阙文衍字也”的怀疑，可知此次编印并未见参照四库本。

此次编印的宗谱未见，今见光绪年间重印本。清光绪十九年（1893），石峡世恩堂宗祠印有方作彪、方丙等纂修的活字本《河南方氏宗谱》。全书四函十二册，大开本，宗谱部分共四卷十一册，第十二册为《宋方蛟峰先生文集》八卷。十二行行二十八字，白口，四周双边，单鱼尾。

宗祠本卷次、目录全同康熙重修本，内容也大体延续康熙重修本。除行格

① 《河南方氏宗谱》本方凤鸣跋。

② 《河南方氏宗谱》本方卿云序。

不同外，在编排上也略有区别。康熙重修本各序跋、目录、各卷皆单独编页，宗祠本序、目录、卷一连续编页，卷二、又卷之二、卷三连续编页，卷六、卷七连续编页，其余各卷单独编页，书末前五篇跋文连续编页，而方凤鸣跋单独编页。各卷首所题编修人员与康熙重修本亦时有不同。

该本前有方卿云、钱溥、陈又新、商辂、商民宗、张一魁、吕兆龙、侯良翰、虞世恺、方瑞合序，后有胡拱辰、方嗣蕃、方显庸、方显策、方际泰、方凤鸣跋。

宗祠本与康熙重修本在具体文字上亦略有区别。如卷三，《回南班冬》《回南班正》，"班"字不同于康熙重修本的"斑"字。卷八，《重修石峡书院记》，作者署"巘牟"，为"牟巘"二字之颠倒。至于书末所收各跋，则与康熙重修本文字差别较多。

宗祠本今见国图藏本。正文内容部分偶有批校。如卷一《问衡门栖迟泌水乐饥箪瓢陋巷中人尽大贤与》，"天所以我之镃基"，"我"字旁墨笔补入"予"字。

## 三、抄本

### (一) 明天顺本系列

天顺本系列之抄本，今存《四库全书》本、北大藏七卷本、南图藏四卷残本、上图藏八卷本、静嘉堂文库本五种。

《四库全书》本，文集位于《四库全书》"集部四"之"别集类三"，书前有馆臣所作提要，无篇章目录。抄录天顺本系列正集、外集全部内容。黑格，八行二十一字。正集各卷下题"宋方逢辰撰"，外集各卷题"宋方中续辑"。[①] 天顺本系列之墨块或空格处，抄本注"阙"，亦有天顺本系列不缺而抄本注"阙"之处。

北大藏七卷本，四册，抄录天顺本系列正集卷一至卷七。上图所藏顺治本卷七后注"以下抄本无"，则其据以校阅的抄本，当即是此本。无格，十行二十二字。有李盛铎藏书印。首页为钱溥序，序文前半残缺。正文前有《蛟峰集目录》。此本似是影抄天顺本系列，原书并列字、天头批注，也一并保留。天顺本系列原刻模糊之处，此本先留空白而后据其他版本补入。此本有校注。对于抄写误字，一般注于原字旁，对于原刻缺字，亦多有补。如卷二《答何毅斋求荐》，"留视东"下补"都"字。所补未必恰当，如卷二《送物与陈宜中丞相》，"凉非风宜"此本补后作"凉非风上"。不过对于不可知之处，一般仍留空格。

南图藏四卷残本，一册，抄录天顺本系列之《蛟峰外集》，存卷一至卷三。

① 方中为明人，天顺本系列刻本正集、外集均无题名，此系四库馆臣新添。

抄写于印有行格的纸张上，双边，白口，双鱼尾，后部分边栏多模糊。十行行二十三字。有“钱唐丁氏正修堂藏书”“万卷楼藏书记”等印，丁丙《八千卷楼书目》卷五史部的“《蛟峰外集》三卷（不著撰人名氏，抄本）”，当即指此本。正文前有《蛟峰外集目录》。天顺刻本系列空格，抄本多予以保留。如卷二《谒蛟峰先生书》，文中“公惟某官”下有连续空格，“大钧”下有连续空格。部分篇章有校，且有多处对文字描摹或涂改。如卷一《贺蛟峰先生提刑江东书》，“烦公驱驰”，“驱”字描摹于“飞”字之上。

上图藏八卷本，三册，抄录天顺本系列正集卷一至卷八。抄录于印有行格纸张上，蓝格，双鱼尾，左右双边，十行二十二字，每页边栏外题有“李氏宜秋馆精钞本”。有李之鼎印。抄本无目录，有朱墨两色校注，两色相参互补。注文说明“以张一魁刊本校”，当即指上图所藏的印有“南城李氏宜秋馆藏”的顺治本。抄本还参考了其他内容，如卷一《再乞假札子》，“备数馆”下空格朱笔补入“底”字，眉批“底，文据库本增”。

静嘉堂文库本，二册。《皕宋楼藏书志》卷九二集部著录有《蛟峰文集》八卷、《外集》四卷，明天顺刊本。《静嘉堂文库汉籍分类目录》在该条目下说明此本系陆心源十万卷楼旧藏，但却只著录有抄本。[①]《静嘉堂秘籍志》在“蛟峰集”条下著录有抄本，并在《皕宋楼藏书志》所记“天顺刊本”后注有“刊本今佚”。[②]如此，则皕宋楼刊本或已不传，而此抄本据天顺刊本抄录，则亦属于天顺本系列之抄本。日本京都大学人文科学研究所藏有昭和四十二年（1967）据该抄本影照本。

### （二）清顺治本系列

顺治本之抄本，有上图藏正集七卷外编一卷本。五册，九行十八字，所用纸张有行格，无鱼尾，左右双边。有“谦牧堂藏书记”等印。首页为商辂序，序文前半残缺。前有《蛟峰集总目》，以列书中小类为主。各卷前有“方蛟峰集目录”，列卷中篇名。此本有朱墨两色校，卷首注云“壬午闰三月，依知不足斋藏本校阅”，当即指南图所藏的印有“曾经鲍以文眼”的嘉靖递修本。校注内容，如卷一《问逊志时敏日就月将知与能必以日月为程候与》，“醉死梦生”贴条注“本作醉生梦死”。多有文字互乙处，亦偶有失校之处。

康熙重修本之抄本，有国图藏八卷本。二册，九行行十九字，无格。因将康熙本卷二“书札”、又卷之二“申状奏札”合并为卷二，故无“又卷之二”而内容

---

① 《静嘉堂文库汉籍分类目录》，东京：静嘉堂文库，1930 年，第 684 页。

② ［日］河田羆编《静嘉堂秘籍志》卷三八，日本大正六年刻本，收入贾贵荣辑《日本藏汉籍善本书志书目集成》第七册，北京：北京图书馆出版社，2003 年，第 771—772 页。

同康熙本。有“知圣道斋藏书”“南昌彭氏”等印。首页为商辂序,之后为《蛟峰方先生文集目录》。各卷下题“方蛟峰先生文集”,其中第二卷题名多一“宋”字。此本批校内容颇多,而亦颇有失之明显者,如卷六《晚宋尚书余公二首》,“晚”当为“挽”。全书末尾有《侯太尊谳语(附)》,内容与上图所藏康熙本同,或即据之抄录而来。

## 结 语

通过对各大图书馆的收藏情况进行考察,我们对《蛟峰文集》的版本源流等情况有了一个总体的认识。

就流传而言,方氏家族,特别是方氏后人取得功名后编修刊刻方逢辰文集,是其得以流传的一大原因。方中,天顺元年(1457)进士,天顺七年刊刻文集;方天雨,弘治十五年(1502)进士,[①]约在此前后重修天顺本;方世德,万历三年(1575)举人,同年刊刻文集;方瑞合,康熙二十一年(1682)进士,同年编修族谱并开始留意方逢辰文集。

就今存各种版本系统言,以万历本的质量为最高。天顺本及其递修本、顺治本及其康熙重修本,受到的关注较多,而万历本、世恩堂宗祠本受到的关注较少,这也与各个版本系统文集留存的多寡有关。至于文集的收藏情况,国图、上图、南图收藏较多。

同时,各种目录书籍著录的《蛟峰文集》卷数往往彼此歧异,通过版本考察,也许可以作出解释。就天顺本系列而言,或据目录,[②]或据内容,[③]或据版心[④],遂使得天顺本系列刊本的卷数在不同的目录书籍中颇有差异。实际上,书中正集卷七、外集卷三之后皆有“终”字,而其他卷后无“终”字,则刊刻时本已将全书分为《蛟峰集》七卷、《蛟峰外集》三卷、《山房遗文》一卷、《山房外集》一卷。就顺治本系列而言,卷八方逢辰外集内部又分为四部分,各部分之间留有分页,而未加分类或分卷标志。故依据不同统计方法以及不同卷页上的不同题名,各目录书籍对顺治本系列刊本的著录不同。[⑤]

最后,《蛟峰文集》的版本源流情况,我们可以归纳为下图。

① 《(光绪)淳安县志》卷九。

② 如《述古堂藏书目录》所著录十卷本。

③ 如《中国古籍总目》、《中国古籍善本书目》、《现存宋人别集版本目录》所著录文集七卷、山房遗文一卷、外集四卷本。

④ 如《四库全书总目》武英殿本著录为文集八卷、外集四卷。

⑤ 如《中国古籍善本书目》著录为文集六卷、山房文集一卷、外集一卷。《北京图书馆古籍善本书目》著录为文集八卷。《中国古籍总目》分别著录为文集六卷、山房文集一卷、外集一卷本,文集八卷本。《现存宋人别集版本目录》分别著录为文集七卷、外集一卷本,文集六卷、山房文集一卷、外集一卷本。

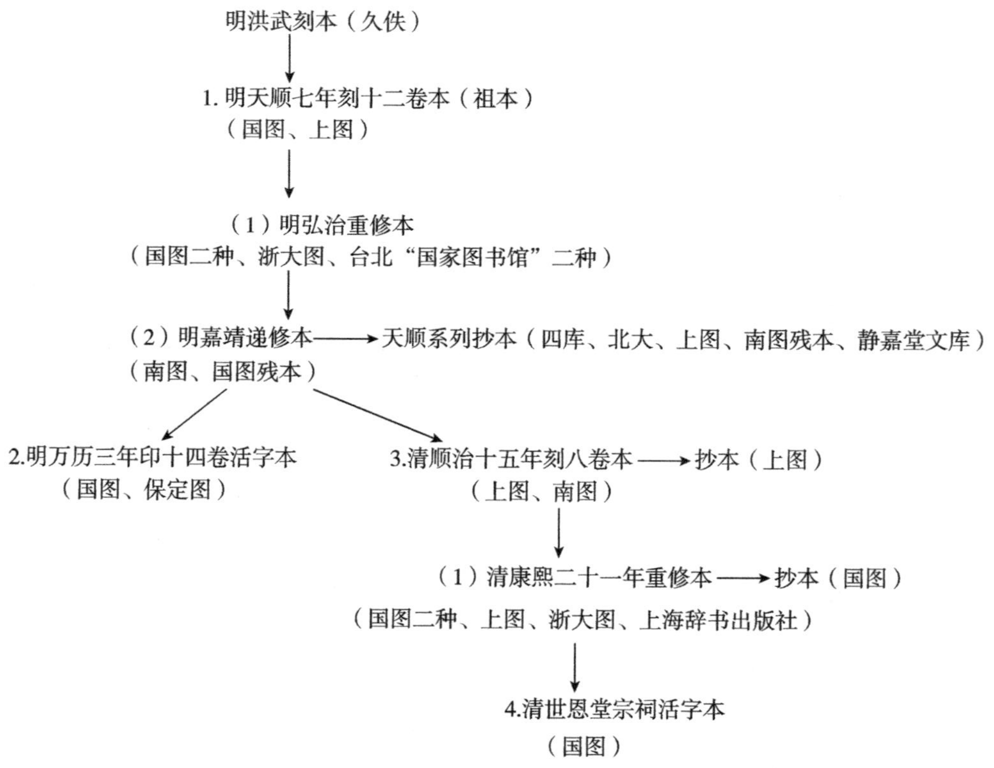

明洪武刻本（久佚）
1. 明天顺七年刻十二卷本（祖本）
（国图、上图）
（1）明弘治重修本
（国图二种、浙大图、台北“国家图书馆”二种）
（2）明嘉靖递修本
（南图、国图残本）
天顺系列抄本（四库、北大、上图、南图残本、静嘉堂文库）
2.明万历三年印十四卷活字本
（国图、保定图）
3.清顺治十五年刻八卷本
（上图、南图）
抄本（上图）
（1）清康熙二十一年重修本
（国图二种、上图、浙大图、上海辞书出版社）
抄本（国图）
4.清世恩堂宗祠活字本
（国图）


**《蛟峰文集》版本源流图**

# 《锦绣万花谷后集》宋刊本所存宋人佚诗辑补

李　更*

【内容提要】《锦绣万花谷后集》出自书商之手，在南宋及后世翻刻中形成了复杂的版本系统，内容亦有参差。过云楼旧藏本、国图宋本两种宋刊本存留了通行本所不载或存在残缺讹误之内容，其中不乏宋诗资料。本文比勘上述两种宋刊本，结合其录诗体例，辑录《全宋诗》未收作品85首（句），涉作者38家，并对其他可资考证的零散信息进行简单梳理。

【关键词】《锦绣万花谷后集》　过云楼旧藏本　国图宋本　宋人佚诗

宋代类书《锦绣万花谷》编者不详，面世后广受欢迎并为坊贾所追捧，翻刻、续编不一而足，不仅形成了前、后、续、别四集一百五十卷的规模，其流传演变及版本间的复杂关系，亦堪称早期商业化出版之典型。其编纂虽难称严谨，毕竟留下了当时所知所见的文献面貌。明秦汴基于会通馆活字印本与所见宋本之显著差异，重行校印（以下简称秦汴本），在糅合两种宋本系统的同时，也对二者均有背离，使得此书的版本问题更加扑朔迷离，所存资料亦颇见错综。关于此书的版本源流及隐藏在版本背后的坊贾运作，学者已多有探究，作了全面梳理和详尽考察，[①]兹不赘述。

而同时，由于秦汴本面世后广泛通行，且近年因影印、进入古籍数据库而使用极为便利的文渊阁《四库全书》本（以下简称四库本）也出自这一系统，使之在事实上成为古今学者普遍使用的学术资料，其间文献信息的脱落讹变却未得到充分重视。如二十世纪八九十年代《全宋诗》编委会对《锦绣万花谷》前后续三集进行辑佚时，所据即四库本；其后虽有学者对宋刊本别集、续集的诗

---

* 本文作者为北京大学中文系、北京大学古文献研究副教授。

① 包括芳村弘道《唐代の诗人と文献研究》第三部第五章《本邦传来の宋版〈锦绣万花谷〉》，（日本）中国艺文研究会，2007年；王岚《〈锦绣万花谷·别集〉编刻考》，《文史》2009年第三辑；李更《渊源与流变——从〈锦绣万花谷续集〉看南宋坊贾之类书编刻》，《中国典籍与文化论丛》第十四辑，南京：凤凰出版社，2012年；张丽娟《关于过云楼旧藏〈锦绣万花谷〉》，《版本目录学研究》第四辑，北京：北京大学出版社，2013年；李新新《〈锦绣万花谷后集〉宋代版本新探》，《北京大学中国古文献研究中心集刊》第二十辑，北京：北京大学出版社，2020年，等等。

歌资料作进一步掇拾，[①]但就全书而言，宋本独有信息的钩稽仍不充分，特别是《后集》部分，因版本差异不及《续集》突出，重视不足而始终未经详核。

客观而言，大量袭用《初学记》《白孔六帖》等通行类书本就在一定程度上降低了此书的资料价值，且宋刊本的绝大部分内容在秦汴本系统已有呈现，新资料总量并不太多。但勘核之后，依然可见因秦汴本删略而不为人知或因其他因素未被录入的作品，及有价值的异文、诗题等信息。例如，被认为是《锦绣万花谷》现存最早版本的过云楼旧藏本[②]卷三八“竹·诗”所录唐代诗人杜荀鹤散句“才拆凤毛三四叶，便胜庭木百本花”，即不见于据国图所藏宋刻本（以下简称国图宋本）摆印之明弘治五年（1492）华燧会通馆铜活字本（以下简称会通馆本）[③]及秦汴本，亦未见于他书，类似情况的宋代篇章散句则更多。还可见如过云楼旧藏本有五联而国图宋本有删削以致该本、秦汴本及其后诸本皆仅存三联，《全宋诗》整理者曾对其完整性提出疑问的宋咸《牡丹》诗；因四库本文字讹变为“何逊”“孙向”以致《全宋诗》失收的孙何《秋》《道士》诗，诸如此类。同时，宋本所存留的编排、署名的细节情况，也有助于了解其早期面貌与原始体例，不仅可以增加宋诗资料，也有助于对相关问题做出更准确的分析推断。

本文以《锦绣万花谷后集》宋刊本所存佚诗的辑录为主体，按照是否拥有直接证据证明作者确为宋人，分为“失收作品”和“疑似录”两部分。佚诗编排上，作者已为《全宋诗》所收录或生平可考者，以时间为序；生平不详者，先列过云楼旧藏本所载，再列国图宋本佚诗，其下各以在书中出现之位置先后为序。最后，对宋本所存可资补充订正通行本之零散信息，略作梳理。

## 一、《全宋诗》失收作品

### 1. 王禹偁

#### 江

嶓冢倾来一派长，风亭彻底见毫芒。浓陪极目闲无际，乞与渔人作钓乡。

过云楼旧藏本卷五“江·诗”

---

① 王岚《〈锦绣万花谷·别集〉宋佚诗考》，《北京大学中国古文献研究中心集刊》第十辑，北京：北京大学出版社，2011年；李更《〈锦绣万花谷续集〉“别本”宋代佚诗考》，《北京大学中国古文献研究中心集刊》第十二辑，北京：北京大学出版社，2013年；李更《〈锦绣万花谷续集〉“别本”及其文献价值——以“拾遗”诸卷为中心》，《版本目录学研究》第四辑，北京：北京大学出版社，2013年。

② 过云楼旧藏《锦绣万花谷》前集四十卷、后集四十卷，今藏南京图书馆，本文所据为凤凰出版公司2015年影印本，下不一一注明。

③ 国家图书馆藏宋刻本《锦绣万花谷后集》，善本书号A00492，《北京图书馆古籍珍本丛刊》《中华再造善本》均据以影印，本文所据为《北京图书馆古籍珍本丛刊》。宋刻所缺之卷一、卷三八至四〇，该本以秦汴本配补，本文考证中改用会通馆本（国家图书馆藏，善本书号A05413）。下不一一注明。

按：本诗仅见于过云楼旧藏本，未直接署名，其前一首（二年为吏向江滨）署"王禹偁"，其后一首（一路翠烟垂柳驿）下注"同前"。国图宋本、秦汴本均前后两诗连录，不载此诗。国图藏本于前一首下注"王禹偁"，后一首下注"同前"；秦汴本两首之间以"〇"相隔，后注"并出王禹偁"。其前一首见《小畜集》卷七，题作《再泛吴江》，《全宋诗》册二卷六三页六九四已有收录；后一首《全宋诗》亦据《锦绣万花谷后集》卷五录于卷七一页八〇七。

**史馆**

三百年来学不振，直从韩柳到孙丁。而今便合教修史，二子之才似六经。

过云楼旧藏本卷一一"史馆·白衣充修撰"

按：本诗国图宋本、秦汴本同。原文作："白衣充修撰：丁谓初与孙何齐名，翰林学士王禹偁延誉于帝，曰：'谓与何可使白衣充修撰。'由此声名籍甚，禹偁尝与诗曰云云。"《职官分纪》卷一五有相同记载，该书为本书重要资料来源之一，疑本书即录自《职官分纪》。

**2. 孙何**

**秋**

鹰隼初增气，松篁乍得风。住僧山色里，行客叶声中。卧木晴粱涧，轻云昼粉空。何当归旧隐，乘月啸维嵩。

过云楼旧藏本卷三"秋·诗"

按：本诗过云楼旧藏本署"孙何"，国图藏本、秦汴本卷同，四库本署"何逊"，未详何据。孙何，已见《全宋诗》册二卷八八页九七八，录诗十四首，其中据《锦绣万花谷后集》收录《僧》诗。

**句**

寺凉僧耳目，店冷客衣裘。秋

过云楼旧藏本卷三"秋·诗"

按：本诗仅见于过云楼旧藏本，署"孙何"。

**道士**

相逢岂偶然，标格是神仙。角弁峨秋顶，筇枝阁暮肩。结茅休买地，跨鹤合冲天。莫讶长耽酒，曾权子母钱。

过云楼旧藏本卷二六"道士·诗"

按：本诗过云楼旧藏本署"孙何"，国图藏本、秦汴本卷二七"道士"类同，四库本署名误作"孙向"。

### 3. 宋咸

#### 牡丹

轻雾欲笼藏暮碧,断霞初怨误朝红。实时苦待千枝烂,计日先愁一树空。外客定闻琼宴赏,护春长把锦帷蒙。夭桃谢早情因愧,仙果生迟意似同。已托黄堂深得地,合教青帝别施功。

过云楼旧藏本卷三七“牡丹·诗”

按:本诗署“宋贯之”,国图藏本、秦汴本仅有前三联。宋咸,字贯之,已见《全宋诗》册三卷一七七,并据《锦绣万花谷后集》收录其前三联于页二〇二九,有按云:“疑中缺二句。”今按,此诗当属长律之节略,国图藏本、秦汴本所载又经二次删削。

#### 莲

三百里余衣自绿,一千年外骨犹香。宝宫露晓珠盘定,仙府风天羽盖香。

#### 句

阳师去后云空碧,阿母来时鸟尽青。莲

以上过云楼旧藏本卷三七“莲·诗”

按:以上诗、句仅见于过云楼旧藏本,署“宋贯之”。

### 4. 张俞

#### 隐逸

无才不敢谒宸居,适楚犹能赋子虚。且学相如观七泽,还同贾谊赋三闾。秦人未识连城璧,宋客空多舐痔车。三令相招有何乐,巴东醅酿汉江鱼。

过云楼旧藏本卷二二“隐逸·诗”

按:本诗仅见于过云楼旧藏本,署“张少愚”。张俞,字少愚,已见《全宋诗》册七卷八三二页四七一四,录诗二十九首,无此篇。

#### 观

独宿澹泊境,杳然心事空。爱兹清溪月,复有三松风。内虑苟不息,外缘乃无穷。能知静默理,可与论幽通。

龙首耸江上,上峨曾城宫(秦汴本作嵯峨层城宫)。仙源暗雾雨,石殿鸣松风。天际白云起,人间神鼎空。飘飘见遗像,还欲驾冥鸿。

过云楼旧藏本卷二六“观·诗”

按:此二诗连录,中空一格,后署“张少遇”。国图藏本、秦汴本卷二七“宫观”类同。《古今合璧事类备要》前集卷五一“道教门·道观”亦二首连录,署

"张少遇",当袭自《锦绣万花谷后集》。明彭大翼《山堂肆考》征集卷三〇"道观"之"澹泊居"条引第一首首联,称"张少愚道观诗云云",清厉荃《事物异名录》二七、张英《渊鉴类函》卷三五四同。汤华泉《全宋诗辑补》页六二七据《山堂肆考》补于张俞名下。今姑录于此,以备考证。

### 5. 尹迁

#### 观

参差楼阁半天中,六月清风百尺松。隐约斋坛低晓月,五云深处一声钟。

过云楼旧藏本卷二六"观·诗"

按:本诗署"尹介叔",国图藏本、秦汴本卷二七"宫观"类同。宋刘跂《学易集》卷一有《寄尹迁介叔》诗,有"二尹山东秀,一第安足贺"云云。刘跂为刘挚长子,元丰二年(1079)进士,尹迁与之同时,则亦北宋中后期人。又宋高似孙《纬略》卷六有尹迁诗"晓雨催花信,春衣污酒痕",亦为《全宋诗》所不载。

### 6. 晁补之

#### 春

双燕有期知自至,野花无主为谁开。沙鸥斗食穿芦去,粉蝶寻香过水来。

#### 句

风拂旗亭垂柳暗,雨余官路落花深。春

以上过云楼旧藏本卷三"春·诗"

按:以上诗、句过云楼旧藏本署"晁无咎",国图宋本、秦汴本同。晁补之,字无咎,已见《全宋诗》册一九卷一一二一至一一四二,未见以上篇句。

### 7. 释惟清

#### 月

玉兔步虚碧,冰轮碾太清。广寒宫有路,桂子落无声。

过云楼旧藏本卷一"月·诗"

按:本诗过云楼旧藏本署"灵源",会通馆本、秦汴本同。《全宋诗》册一七卷一〇二九页一一七五二据本书收于"释灵源"名下,传云:"释灵源,早参晦堂和尚于黄龙,有清侍者之名。事见《罗湖野录》卷一。"录有出自《罗湖野录》的《寄黄鲁直》《偈三首》,及本诗。核《罗湖野录》原文作"灵源禅师早参承晦堂于黄龙,而清侍者之名著闻丛林"。则"灵源禅师"的法号末字为"清",灵源乃其别号。今查《五灯会元》卷一七"南岳下十三世上·黄龙心禅师法嗣"第一人即"隆兴府黄龙灵源惟清禅师,本州岛陈氏子,印心于晦堂。云云",应即其人。

释惟清，已见《全宋诗》册二〇卷一一九三页一三四八九，传云："释惟清（？—1117），字觉天，号灵源叟，俗姓陈，武宁县（今属江西）人。住隆兴府黄龙寺。为南岳下十三世，黄龙宝觉心禅师法嗣。徽宗政和七年卒，赐号佛寿。《禅林僧宝传》卷三〇、《五灯会元》卷一七有传。""释灵源"当并入"释惟清"。

**8. 陈元老**

**句**

惜花携酒唤人吃，爱月把琴和露弹。月

过云楼旧藏本卷一"月·诗"

按：本诗过云楼旧藏本署"城山"，会通馆本、秦汴本同。四库本署"义山"，未详何据。他书未见。按明黄仲昭《八闽通志》卷七二"人物·文苑·宋"载："陈元老，福安人，学者称为城山先生，有《城山集》行于世。"应即其人。本文于陈元老名下所辑诗句皆署"城山"，下不一一注明。陈元老，已见《全宋诗》册二二卷一二八三页一四五一二，小传未涉此号，亦未收录出自《锦绣万花谷后集》之作品。

**石泉寺**

五度金莲出世来，法堂重向石泉开。水边猿鸟寻前侣，石上松杉认旧栽。黄印使君精晓供，紫云禅客立香台。人传朱顶千年鹤，昨夜辽东柱上回。

**寺**

海边楼阁梵王家，一水横桥一路斜。密竹弄风敲璧玉，怪松摩日起龙蛇。岩猿绕槛偷秋果，石鼎临窗煮露芽。中有高僧倦迎送，白头无事老烟霞。

红檐青瓦院西隅，隔断尘寰一事无。兔弄半光来佛案，月收斜脚入茶炉。帘垂讲磬秋声远，门掩吟灯夜影孤。见说虎溪流水急，不劳禅侣酒重沽。

以上过云楼旧藏本卷二七"寺·诗"

按：以上诸诗署"城山"，国图宋本、秦汴本同。

**牡丹**

白帝工夫缕彩霞，肯将颜色弄韶华。酒粘织女秋衣薄，风动嫦娥鬓髻斜。霜露莫摧今日蕊，轮蹄争看异时花。阴阳自古栽培地，不趁春光有几家。

过云楼旧藏本卷三七"牡丹·诗"

按：本诗国图宋本、秦汴本同。又见《分门纂类唐宋时贤千家诗选》卷九，亦署"城山"。

**村**

藤萝攀尽入烟村，踏破苍苔半路纹。满地翠岚千嶂合，一溪流水两州分。

国图宋本卷二六“村·诗”

按：本诗秦汴本同，过云楼旧藏本无此类。

**桥**

画桥新跨六鳌头，雄固应齐日月休。寄语相如好题柱，太平天子待封侯。

**句**

珠船夜系重湖月，宝骥春嘶小石桥。桥

以上国图宋本卷二六“桥·诗”

按：以上诗、句秦汴本同，过云楼旧藏本无此类。

**舟航**

绿竹撑篙上小滩，满篷秋色照人寒。雨沾沙鹭毛毛雪，风卷岩枫叶叶丹。

国图宋本卷二六“舟航·诗”

按：本诗秦汴本同，过云楼旧藏本无此类。

**句**

两桨破云寻范蠡，一竿摇月趁严光。

添价买船充钓艇，趁时栽竹制渔蓬。舟航

国图宋本卷二六“舟航·诗”

按：前句秦汴本同，后句仅见于国图宋本。

**9. 王铁**

**路径**

津头短短长长柳，陌上朱朱白白花。一段风烟三百里，杜鹃愁绝客思家。

国图宋本卷二五“路径·诗”

按：本诗署“王承可”，仅见于国图宋本，过云楼旧藏本、秦汴本无。《全宋诗》册三〇卷一七二五页一九四二六有王铁，字承可，应即其人。又《宋诗纪事》卷四八据“《锦绣万花谷》”录此诗于王铁名下，《全宋诗》失收。

### 10. 欧阳凯士

#### 夏

沙(国图宋本、秦汴本作莎)草放茵深护砌,海榴喷火巧横墙。纹鳞引子跳银海,紫燕呼雏语画梁。

过云楼旧藏本卷三"夏·诗"

按:本诗署"彦成",国图宋本、秦汴本同。《全唐诗》卷七五九成彦雄名下,据《吟窗杂录》收为二散句。今核《吟窗杂录》未见。按《锦绣万花谷后集》"彦成"署名两见,又卷三七"牡丹·诗"(漫山桃李占春光)署"欧彦成",当为同一人。宋欧阳凯士,字彦成,《全宋诗》册三三卷一九〇二页二一二五一有其人,张如安等《全宋诗订补》据本书补《牡丹》于其人名下。

#### 楼

花时多病少欢游,午醉醒来上小楼。心事十分谁会得,满川烟雨替人愁。

过云楼旧藏本卷二四"楼·诗"

按:本诗署"彦成",国图宋本、秦汴本同。

### 11. 赵彦端

#### 牡丹

一枝初出殿芳春,唤起骚人意思新。为引深杯酬地主,恨无佳句答花神。

过云楼旧藏本卷三七"牡丹·诗"

按:本诗仅见于过云楼旧藏本,无署名,其前一诗(浅红酽绿各新样)署"诚斋",后一诗(沉香亭北无消息)署"介庵",此本于一人数诗连录时,常间以空格,仅于末首署名,则当从后者。宋代以"介庵"为号者有多人,仅见于《宋人传记资料索引》及《宋人传记资料索引补编》之"宋人别名字号封谥索引"者,即多达十余人,未知孰是。以其后"沉香亭北无消息"一诗,《全宋诗》已据《锦绣万花谷》后集卷三七录于册三八卷二一〇三页二三七四四赵彦端,今姑补录于其人名下。

#### 梅

颇怪梅花不肯开,岂知有意待春来。灯前玉面披香出,雪后春容取胜回。触拨清诗成走笔,淋漓红袖趣传杯。望尘俗眼那知此,只买夭桃艳杏栽。

过云楼旧藏本卷三八"梅·诗"

按:本诗仅见于过云楼旧藏本,署"介庵"。《梦粱录》卷一八"花之品"有

"王介甫咏曰云云",文字相同。《全宋诗》册一〇卷五七七页六七八一据以录于王安石名下,题作《咏梅》。又元郭豫亨《梅花字字香》后卷有尾联首句,署"花谷",而其上一人名正为"介庵",疑有窜乱。今录于此,以备异说。

**12. 陆游**

**秋**

半钩初挂黄昏月,一镜新磨碧汉秋。蝉女拽声过古木,雁奴排阵起沧洲。无端一笛侵云杪,愁杀当年赵倚楼。

过云楼旧藏本卷三"秋·诗"

按:本诗署"陆仓",国图宋本、秦汴本同。按《锦绣万花谷》后集引录"陆仓"诗十余首,除本诗及以下二首外,皆可见于陆游《剑南诗稿》。陆游曾于淳熙年间任江南西路提举常平,朱熹在与黄商伯的书信中曾言及为白鹿洞书院筹集藏书一事并提及"陆仓",[①]其时间与陆游提举江西常平亦相对应,似时人以"陆仓"称之。本诗及以下二首《全宋诗》未收,亦未见他书有载。

**冬**

青烟已过满炉红,庭树三更战北风。浊酒初温煨栗熟,今宵欢喜到衰翁。

过云楼旧藏本卷三"冬·诗"

按:本诗署"陆仓",国图宋本、秦汴本同。

**梅**

移来春晚二三月,羞落枝头千万花。日暮溪桥数竿竹,月明茅舍半窗纱。

过云楼旧藏本卷三八"梅·诗"

按:本诗署"陆仓",国图宋本、秦汴本同。元郭豫亨《梅花字字香》前卷引有首句,亦署陆仓。

**13. 王思明**

**室**

寻春夜过山人家,山家延我溪上宿。一樽白酒煮黄精,映月横琴并青竹。溪山人物总潇洒,三弄笛终松露下。寄语嫦娥且少留,冰轮缓度西园头。

国图宋本卷二三"室·诗"

按:本诗署"竹庵集",秦汴本同,过云楼旧藏本无此类。按《全宋诗》册二

---

① 〔宋〕朱熹《晦庵集》卷六"书·黄商伯",《四部丛刊》景明嘉靖本。

七卷一五八一页一七九二六，有释可观，字宜翁，号竹庵，有《竹庵集》。然此诗不似僧家语，似非其人。今查元孟宗宝《洞霄图志》卷五载："王思明，号竹庵，临安人。为王冲素弟子。性嗜书，编录满案。余闲寄兴风雅，与龚冲妙、章清隐、潘怡云结山中吟社，当世重之。宁宗庆元间赐纯素大师，同领宫事。放翁陆公游喜与交，为撰《洞霄宫碑》。《谢别放翁》诗云：'还丹一粒如粟大，点铁成金金不坏。服之冲举骑苍龙，直上九霄观世界。君藏此药天下知，鬼神正眼那得窥。归磨苍石宝君施，文章与此元无异。'真迹尚在。寿七十余卒，有《竹庵诗稿》《栖真洞神光记》。"传赞之末云"有可传者，竹庵集诗"，疑即此人。按此人亦见《宋诗纪事》卷九〇，生平极简，有诗一首，《闻蝉》（变化南风里），出《洞霄诗集》。《全宋诗》未收王思明其人其诗，汤华泉《全宋诗辑补》页四〇二六据《洞霄图志》《宋诗纪事》辑补《谢别放翁》《闻蝉》。

**14. 袁枢**

**题南浦桥**

白虹千尺卧长滩，人在金鳌跃锦鞍。借问何人题此柱，茂陵（秦汴本作林）赋客出长安。

国图宋本卷二六"桥·诗"

按：本诗秦汴本同，过云楼旧藏本无此类。《全宋诗》册四五卷二三九七页二七七一七袁枢，据《舆地纪胜》卷一二九录《题建宁南乡桥》诗，作"玉龙倒影卧寒潭，人在云霄天地宽。借问是谁题此柱，茂陵词客到长安"。当为同诗而差异颇大，录以存异。

**15. 张镃**

**重九**

几向他乡逢九日，不须把酒已沾巾。眼前景物年年异，只有茱萸似故人。

过云楼旧藏本卷四"重九·诗"

按：本诗署"约斋"，国图藏本、秦汴本同。张镃，号约斋，已见《全宋诗》册五〇卷二六八一至二六九〇，无此诗及以下诸篇。

**梅**

朝见一枝吐，暮吟疏影寒。亭亭不解语，助我青毫端。

毫端直似林逋鬼，千年万年作知己。孤山忆有咏残枝，洗尽铅华对寒水。

过云楼旧藏本卷三八"梅·诗"

按：以上二诗仅见于过云楼旧藏本，二诗连录，后署"约斋"，《全宋诗》张镃卷不载。元郭豫亨《梅花字字香》卷上第十七首，有第二首之末句，亦署约斋。按《全宋诗》册十四卷一三〇八页一四八五七谢逸名下《墨梅》二首，即此二诗，出《永乐大典》卷二八一三。未知孰是，姑录备考。

**台**

谁栽篁竹抱空台，台上烟云昼未开。只有山僧向人说，梅山曾此炼丹来。

国图宋本卷二四“台·诗”

按：本诗秦汴本同，过云楼旧藏本不载。

**舟航**

两行吴树翠如烟，细酌春醪望晚天。千里有家谁恋恋，万金无信益悬悬。钟声未断斜阳寺，鸿影仍随下水船。听得篙人自相语，明朝可到钓台边。

国图宋本卷二六“舟航·诗”

按：本诗秦汴本同，过云楼旧藏本不载。

**16. 王子俊**

**夏**

炎官驾日照人低，燕处征行总不宜。商略人间可人处，蕲州笛竹卷琉璃。

过云楼旧藏本卷三“夏·诗”

按：本诗署“王三松”，国图宋本、秦汴本同。《全宋诗》册五〇卷二六七九页三一四九五有王子俊，“字才臣，号格斋，吉水（今属江西）人。与周必大、杨万里、陆游、朱熹游。尝应蜀帅黄畴若辟。宁宗嘉定七年（一二一四）辞归（《桯史》卷一五《淳熙内禅颂》），辟三松书院。有《三松类稿》等，已佚。今存《格斋四六》（一名《格斋先生三松集》）一卷。事见《诚斋集》卷七七《送王才臣赴秋试序》，清光绪《吉水县志》卷二二有传”。录诗十首，无本诗及以下诸篇。又《文章辨体汇选》卷六八八明解缙《溪涧周先生墓表》有“若胡淡庵、周平园、杨诚斋、李复斋、王三松，又皆朱子之同志，吉之人士所传之实有源流哉”云云，应即同一人。

**竹**

年种十竿竹，今成百亩阴。只愁风月夜，剩要短长吟。

过云楼旧藏本卷三八“竹·诗”

按：本诗仅见于过云楼旧藏本，署“王三松”。

**室**

隔田知是谁欹屋，种竹浑如我所家。室

国图宋本卷二三“室·诗”

按：本诗秦汴本同，过云楼旧藏本无此类。

**句**

闻道江南有归棹，自携破箧候江头。舟航

国图宋本卷二六“舟航·诗”

按：本诗秦汴本同，过云楼旧藏本无此类。

**17. 任希夷**

**竹**

瘦石嵌崎向小岑，分行种竹未成林。丁宁莫斫春来笋，留待新稍补缺阴。

**孤竹**

根露苍龙脊骨寒，叶盘丹凤尾稍端。风雷未化秋塘影，鱼鳖长猜是钓竿。

以上过云楼旧藏本卷三八“竹·诗”

按：以上二首前者无署名，后者下注“孤竹”。其前一署名为“高明甫”，其后为“数十琅轩足辟尘”“挺挺霜中节”二诗，后署“斯庵”，《全宋诗》已据本书收录于册五一卷二七二七任希夷。按此处署名情况与卷三七“海棠·诗”之“海棠花上问春归”（注：海棠开雪作）、“宛转风前不自持”（注：垂丝海棠）、“山碧花尤好”、“红妆翠袖一番新”四首连录，末注“斯庵作”，情形完全相同，而该处四首《全宋诗》已据本书收入卷二七二七。故本文收录于此。又《佩文斋咏物诗选》卷三三五收后一首，称“宋阙名《新竹》”，可备异说。

**18. 谭俊明**

**句**

晓寒花外浅，春意柳边多。春

过云楼旧藏本卷三“春·诗”

按：本诗过云楼旧藏本署“谭俊明”，国图宋本、秦汴本同。宋戴复古《石屏诗集》（《四部丛刊续编》景明弘治刻本）卷二有《谭俊明雪中见访从而乞米》，则其人与戴复古同时。以过云楼旧藏本署名惯例，此时段作者多以字号称；从戴复古诗题看，其人至少平辈论交，亦不宜径称其名。则俊明或为其字，其名尚待考证。

**19. 翁定**

**路径**

草草荆扉向水开，半栽松竹半栽梅。丁宁稚子扫花径，不是诗人莫与来。

国图宋本卷二五“路径·诗”

按：本仅见于国图宋本，署“翁定”。翁定，号瓜圃，《全宋诗》册五九卷三〇八七页三六八二二，已据《锦绣万花谷后集》录诗四首五句，无本诗及以下散句。

**句**

岂能鄽隐都无事，不作溪行安有诗。市

国图宋本卷二五“市·诗”

按：本仅见于国图宋本，署“翁定”。

**20. 萧𣂏**

**句**

紫盖黄旗外（秦汴本作下），朱楼绿水中。楼

过云楼旧藏本卷二十四“楼·诗”

按：本诗署“大山”，国图宋本、秦汴本同。按《全宋诗》册六二卷三二七四页三九〇二九有萧𣂏，字则山，号大山，泰来（小山）兄。

**21. 南宫靖一**

**室**

猎穷傅侯水边家，毡帽狐裘畏日斜。千年风采凌烟阁，百代儿孙宰相家。

国图宋本卷二三“室·诗”

按：本诗署“坡山”，秦汴本同，过云楼旧藏本无此类。四库本署名作“后山”，《全宋诗》不载。《渊鉴类函》卷二八五“人部·贵”云“苏轼诗”，未详何据，疑因《锦绣万花谷后集》此前一署名为“东坡”而误。按明嘉靖《宁州志》卷一七“人物·文苑·宋”有“南宫靖一，字仲靖，犀津人，登端平二年（1235）进士。尝著《小学》《史断》二卷……自号坡山主人”。当为本诗作者。

**22. 月湖**

**阁**

山中初建乘槎阁，想得夜闻河汉声。天上风波应更恶，不如且住小蓬瀛。

过云楼旧藏本卷二四“阁·诗”

按：本诗署“月湖”，国图宋本、秦汴本同。《全宋诗》册三八卷二一二七页三四〇四八有何异，号月湖，有《月湖诗集》；册五四卷二八三八页三三七九四有史定之，号月湖老樵，有《月湖集》；册五九卷三一〇三页三七〇三一，释本真，亦有号曰月湖半颠。此外，册五〇卷二六四九页三一〇四三许锡，亦有此号，小传未及。未知孰是，姑录备考。

**句**

断桥逢野店，远岭见人家。桥

国图宋本卷二六“桥·诗”

按：本诗秦汴本同，过云楼旧藏本无此类。

## 二、疑似录

《锦绣万花谷后集》各门类“诗”的部分，收录作品或署作者姓名、字号，或署书名、集名，情况不一，其中相当一部分因文献不足，尚无法考知确切身份，甚至一些标称是别号或集名、是总集或别集，亦未可知。但从过云楼旧藏本的总体情况看，标称虽非严谨，规律尚大体清晰：沿自《初学记》的作品题署一仍其旧，此外唐至宋初人多用姓名，偶有用字者，如李白、杜甫、韩愈、王禹偁，亦可见李太白、柳子厚，但不见李青莲、柳河东之类；[①]北宋中期以降则多用别号，如东坡、山谷、斯庵等，姓名则偶见，如陆游，除前文所涉“陆仓”外，还可见放翁、陆放翁、陆务观等多处，而“陆游”于全书仅两见。这与祝洙《方舆胜览跋》所谓“本朝名贤不敢书其讳，依《文选》例，谨以字书之”[②]的处理思路相一致，可能在当时是一种较为普遍的做法。《锦绣万花谷后集》的这种状态，更多地是来自“源”文献原有的署名形态，还是本书编者的自觉处理，尚无法判断。但无论是哪种情况，都在客观上带来了虽非百分百全书一贯，但仍有规律可循的实际效果。

然而，这种本就存在折扣的体例或规律，在国图宋本又有所破坏。在该本所独有的门类或增益的作品，可以见到一些南宋人诗作采用了题署姓名的方式。如前文所涉翁定，卷三“春”、卷九“参政”、卷一三“知县”所录诸诗同时见于过云楼旧藏本和国图宋本，均署“瓜圃”；而出自国图宋本卷二六特有门类的“垂虹桥”“舟航”，以及前文所辑“路径”“市”，则署“翁定”。由于涉及门类的调整增益，这些作品显然是国图宋本所增益而非过云楼旧藏本删削的，“新”“旧”

---

① 例外者仅见卷一“月·诗”之“金波绚彩丽初筵”一首，署“玉川”，清孙之騄《玉川子诗集注》已据《锦绣万花谷后集》补于卷五之末，然除此号之外，是否确为卢仝诗亦别无可证。

② 〔宋〕祝穆撰，祝洙增订《方舆胜览》，北京：中华书局，2003年，第1238页。

两种署名，不同来源，国图宋本操作时显然并未考虑署名的“学问”，其随意性一目了然。秦汴本糅合二本，也承袭了这种参差的状况，这无疑给后人判断原书署名规律带来了很大困扰。有相当多以字号署名的作品《全宋诗》未见收录，推其缘由，或即与四库本所呈现的错杂状态相关。此处所录即是这部分作品，亦即在《锦绣万花谷后集》早期版本中以字号署名的“当代人”，大多为三个版本系统所共有。换言之，客观而言，现在并未找到直接证据表明这些诗的作者是宋人，但这种可能性非常大，故录以备考。

此外，个别以姓名题署者，包括个别来自“诗”以外之条目的，以其人其事不见于前代文献，亦酌录于此。

**1. 克斋**

**雪**

天公有诏催滕六，夜半痴风号古木。试卷虾须看万山，千山万山头尽秃。因思王大访山阴，反忆孙三勤夜读。何如帐下拥金钗，浅注羔儿低唱曲。

过云楼旧藏本卷二“雪・诗”

按：本诗国图宋本、秦汴本同。《全宋诗》未收。以爱如生中国基本古籍库检索，唐以前人未见以“克斋”为号者，而宋代使用颇多。仅《宋人传记资料索引》、《宋人传记资料索引补编》之“宋人别名字号封谥索引”合计，即多达十二人，且皆南宋人。其中石𡼖、陈文蔚等五人见于《全宋诗》。朱熹曾为石𡼖作《克斋记》，从中可知“以克名斋”源自理学家对“克己复礼”的阐释与推崇。此号在南宋的流行时间与这一特点亦相吻合，即“克斋”成为广受追捧的堂号，乃理学影响力不断扩大的结果。因此，目前虽无法确定其具体身份，但大体可定此“克斋”为宋人。

**2. 江西**

**句**

齿软不禁寒食饧。饧粥

过云楼旧藏本卷四“寒食・饧粥”

按：过云楼旧藏本原文作：“饧粥：寒食煮大麦粥，研杏仁为酪，别造饧沃之（《玉烛宝典》）。又江西诗云云。”国图宋本、秦汴本同。《锦绣万花谷后集》引“江西”“江西集”诗多处，皆不见于他书。考五代王仁裕有《西江集》，或记载为《江西集》，而《锦绣万花谷后集》卷三八“梅・诗”所引有“溪边帘幕暗香飘”“时有暗香来袭人”云云，以“暗香”为梅花之典故，当非宋以前人。又杨万里《江西道院集》，亦简称《江西集》，然并无作品与之相合。此“江西”是何人何书、别集或总集，尚待考证。

**桂**

月照十分满，高林亦未开。有心攀玉树，须信谪仙才。水麝翻轻叶，瑶英点绿苔。

过云楼旧藏本卷三八“桂・诗”

按：本诗署“江西”，会通馆本、秦汴本同。

**菊**

移从攒玉砌，放蕊耿疏篱。泣露悲秋日，含风发几时。

过云楼旧藏本卷三八“菊・诗”

按：本诗署“江西”，会通馆本、秦汴本同。

**梅**

溪边帘幕暗香飘，惭愧春归慰寂寥。横笛不须吹破月，一林清瘦雪初消。

定自青阳陇首归，山根溪曲卧横枝。不辞折作江南信，只恐天寒驿使迟。

冷蕊扶疏寒涧滨，眼看冰雪乱其真。风前一笑水天碧，时有暗香来袭人。

过云楼旧藏本卷三八“梅・诗”

按：过云楼旧藏本第一首署“江西集”，后两首连录，署“江西”；会通馆本、秦汴本均三首连录，署“江西”。

**室**

历险不自怯，玩幽到山家。弯环一径幽，宛宛千峰斜。

我家县东双剑峰，霜磨雪错明秋空。祝融天柱浪嗟赏。何如此地巢云松。

国图宋本卷二三“室・诗”

按：国图宋本署“江西集”，秦汴本同。过云楼旧藏本无此类。

**山市施逵**

林光断处吹青旗，行人往来如蚁移。农家卖薪不买米，满蓝博得鱼虾归。

**句**

一番笋蕨远趁市，无数草花生绕门。市

以上国图宋本卷二五“市・诗”

按：以上诗句仅见于国图宋本，署“江西诗”。

**句**

积水光摇人坐席，子规声苦客愁村。村

国图宋本卷二六“村・诗”

按：国图宋本原文作：“客愁村：月挂客愁村。又江西诗云云。”秦汴本同。过云楼旧藏本无此类。

**寺院**

涧竹欲萌烟蕨菜，不妨招饼(四库本作饮)野僧家。从今相遇几日事，更试南窗谷雨茶。

占寺长廊院里(原缺，据秦汴本补)行，云房处处称幽情。明窗净榻无人到，卧听春禽百种声。

**句**

谁忆僧窗岑寂处，衣寒庭际月清光。

梨花雪白柳条青，山寺楼台展翠屏。寺院

以上国图宋本卷二八“寺院・诗”

按：以上四诗连录，署“江西”，秦汴本同。过云楼旧藏本无。

**村**

稻获陪刍牧，牛羊卧郊丘。村村自击鼓，野老欣相求。

**句**

荆扉野梦绕，村径深盘纡。

桑村麦陇漫遮眼，满树晚烟相映深。

客路蔬为肉，江村水作春。

日日雨声晴复昏，鸟声北郭与南村。村

以上国图宋本卷二六“村・诗”

按：以上诗句连录，国图宋本署“并江□”，秦汴本署“并出江人”。过云楼旧藏本无此类。爱如生基本古籍库仅见于此书，《全宋诗》未载，疑亦所谓“江西”者，姑录备考。

**3. 翀峰**

**句**

明月归传花底拆，和风不动柳边尘。县尉

过云楼旧藏本卷一三“县尉・诗”

按：本诗仅见于过云楼旧藏本，署“翀峰”。“翀峰”，似以地名为号。今考永福县(今福建永泰)有翀峰，南宋孝宗乾道二年(1166)状元萧国梁即此地人；又安徽婺源亦有翀峰，明戴铣曾隐居于斯并用以为号。宋人尚未见以“翀峰”

为号之直接记载，此诗作者究竟何地何人，尚待考证。

**4. 王方臣**

**楼**

城西有高楼，屋粱染朝曦。楼居者佳人，餐淡足充饥。有时吐佳句，笔下明霞出。他馈谨勿羞，羞之挽(秦汴本作浼)群笔。

过云楼旧藏本卷二四"楼·诗"

按：本诗署王方臣，国图宋本、秦汴本同，国图宋本仅录前四句。尚未见他书有载。

**5. 李士杰**

**句**

一种天香分外奇。牡丹

过云楼旧藏本卷三七"牡丹·一种天香"

按：本诗出自"一种天香"条，但云"李士杰诗云云"，国图宋本、秦汴本同。以"天香"称牡丹，始自唐代。本诗作者是唐人或宋人，尚待考证。

**6. 运甓**

**句**

浅白才舒霜后蕊，深黄又绽水边丛。菊

过云楼旧藏本卷三八"菊·诗"

按：本诗会通馆本、秦汴本同。

**7. 三槐**

**句**

三径定交陶靖节，孤村取友陆龟蒙。菊

**菊**

经秋不脱黄金彩，涉岁重抽碧玉丛。飧蕊只缘心澹泊，枕花能疗眼昏蒙。

以上过云楼旧藏本卷三八"菊·诗"

按：本诗会通馆本、秦汴本同。

**8. 锦江**

**梅**

云坞不胜香浩荡，夜窗时见影横斜。收来笔底词章侈，散入杯中肺腑清。

过云楼旧藏本卷三八"梅·诗"

按:本诗署“锦江”,会通馆本、秦汴本同,然仅有首联。又按薛涛有《锦江集》,然此诗“影横斜”云云,似用林逋“暗香疏影”之名句,则当出宋以后人。

**9. 高明甫**

**竹**

世人不爱竹,只为时花能夺目。篱边桃脸红似霞,陌上梨花白于玉。偶因一夜风雨多,红霞散尽玉消磨。却来此轩看此竹,行看坐看看不足。

过云楼旧藏本卷三八“竹·诗”

按:本诗会通馆本、秦汴本同。疑“明甫”为字,姓名待考。

**10. 德夫**

**句**

政事资参决,枢机赖典司。参政

国图宋本卷九“参政·诗”

按:本诗秦汴本同,过云楼旧藏本无。“德夫”于《锦绣万花谷》仅此一见,似为字号。《全宋诗》所载字德夫者多达八人,《宋人传记资料索引》、《宋人传记资料索引补编》之“宋人别名字号封谥索引”合计达二十人,本诗作者究系何人,尚待考证。

**11. 黄氏**

**室**

家住龙洲绿树东,晓窗晴日见庵峰。而今落泊湖溪上,却望庵峰夕照中。

国图宋本卷二三“室·诗”

按:本诗秦汴本同,过云楼旧藏本无此类。

**12. 岳降**

**台**

晨兴窗床自推开,忽见桃花糁碧苔。客里不知春已晚,家山辜负小亭台。

国图宋本卷二四“台·诗”

按:本诗秦汴本同,过云楼旧藏本无。“岳降”,原书作“嶽降”,疑为别号。

**13. 瓜园**

**村**

卜筑溪村亦自奇,傍园蔬圃砌荷池。日高窗影犹眠熟,午炊庖烟醉不知。

国图宋本卷二六“村·诗”

按:本诗秦汴本同,过云楼旧藏本无此类。“瓜园”身份尚待考证,亦疑为

"瓜圃"之讹。

**14. 囊锦**

**句**

近村得雨远村同，上圳流波下圳通。村

国图宋本卷二六"村·诗"

按：本诗秦汴本署"锦囊"，过云楼旧藏本无此类。《全宋诗》据本书收于册一八卷一〇六九页一二一六七郑至道（有《锦囊四集》）名下，因四库本沿秦汴本之误也。又明杨慎《丹铅余录》卷一九"梅圣俞诗"、清仇兆鳌《杜诗详注》卷六《曲江对酒》注，引此句皆称李若水诗。《全宋诗》李若水诗不载。

**15. 于兼叔**

**句**

笋舆直入白云去，夜宿白云深处村。村

国图宋本卷二六"村·诗"

按：本诗秦汴本同，过云楼旧藏本无此类。

**16. 横江**

**舟航**

夜半桥边系小舟，黎明登岸雾才收。杖藜欲去仍回首，忽有渔舫出荻洲。

国图宋本卷二六"舟航·诗"

按：本诗秦汴本同，过云楼旧藏本无此类。

## 三、其他可资考证的信息

**1. 佚名诗**

《锦绣万花谷后集》出自坊贾，编刻均不精细，录诗署名缺脱错乱，所在多有。缺脱发生在"诗"的中间位置，往往与承前省或蒙后省相混淆，前文所录亦有部分作品因类似问题而存在不确定性；如发生在"诗"之末，因其录诗不以时代为序，编排位置无助于推断其时代，则文本表面全无线索。后一种情况在书中相当多，其中一部分为人们耳熟能详的名家名作，如卷五"河·诗"末则"解通银汉应须曲，才出昆仑便不清"为罗隐《黄河》之名句，"湖·诗"末则"八月湖水平"一首乃孟浩然《临洞庭》，诸如此类，考证判断并不难；而一些作品与该类其他内容一并袭自《初学记》，如卷一八"祭祀""郊丘""宗庙""社稷"等与皇室、朝廷密切关联的类别，全部内容皆取自《初学记》，虽"祭祀·诗""郊丘·赋"

"宗庙·诗""宗庙·歌"之末首署名皆不可见,但因二书内容对应性强、取用率高,两相对比,即可知分别是"陈叔达《州城西园八斋祠社诗》""晋郭璞《南郊赋》""梁张率《太庙斋夜诗》""隋褚亮《宗庙九德之歌辞》",握了这一规律,如按图索骥,可轻松解决;还有一些虽然不是那么著名,但仍可见于他书,如卷三五"茶·诗"之"开缄试火前"一首,于《苕溪渔隐丛话》《瀛奎律髓》亦可见于其散句或全诗,可知为丁谓诗,亦属可考;而如卷三七"桃·诗"之《千叶桃》(灼灼开元销恨花)、《桃》(云锦章春坞),过云楼旧藏本、国图宋本、秦汴本皆无署名,而四库本署"韩子苍",未详何据,《全宋诗》录于册二五卷一四四三页一六六三九韩驹,也算已据未必可信的资料做了处理。但此外,仍有相当数量处于悬疑状态,如过云楼旧藏本卷三五"棋"诗末首"天迥人空远,洞虚枰尚存。何时方对奕,惊俗便冲轩。羊恐多成石,桃应别有源。愿逢柯任烂,长得侍灵尊"。其前一诗署"杨元素",此诗则无任何标注;国图宋本卷九"参政·诗"末则"显奉宸纶宠,参陪国论公",其前"政事资参决,枢机赖典司"一句署"德夫",此句署名阙如。本书是目前可见唯一、或最早引录者,据现有资料无法做出有意义的考证,数量不少,兹不枚举。

此外,还存在"特例",即李新新在《〈锦绣万花谷后集〉宋代版本新探》里面提到的位于过云楼旧藏本卷八"妃嫔·诗",而内容与该门类不符,格式亦与全书不谐的《四时闺怨》:

**春**

东风昨夜来南国,垂柳梢头染金色。天涯芳草又逢春,墙角桑柔已堪摘。玉颜凋尽愁如织,对看菱花不相识。倚楼无语望征人,落井金瓶断消息。

**夏**

晚来天气人新浴,香汗微微湿红玉。莺雏点破柳梢青,舴艋分开池面绿。采莲女伴相催促,折得荷花淡如肉。归来窗下理琵琶,暗写相思三两曲。

**秋**

寒蝉落日鸣高树,霜叶翻空已无数。酒侵腮角艳蕊红,愁入眉头远山聚。藁砧塞外几经年,一夜征袍手亲絮。明年若更未还家,愿作飞云逐君去。

**冬**

鸣机轧轧重门闭,挑尽孤灯不成寐。屏帷惨淡篁色寒,轩砌萧条雪花坠。朔风吹断征鸿字,衣袖斑斓染红泪。折梅欲寄陇头人,尽日开门无驿使。

过云楼旧藏本此类"诗"仅录此一组四首，未署作者，题材是在宋诗中并不突出的"征人""思妇"，与"妃嫔"门类明显不对应，而其载录体式采用了"一级题、二级题、正文"的书写格式，亦不同于他处的"诗正文＋署名(或有诗题)"。颇疑为编纂者或其周边人之拟作，然亦无法论证。

类似情况仍有待进一步探索，暂不多述。或许随着古籍资料在未来的深入发掘，这些无头案也可以有机会印证其自身价值。

**2. 零散信息**

通过与两种宋本的比勘可以发现，如前文所呈现，秦汴本录诗或与过云楼旧藏本内容略同，或与国图宋本略同，而又有删削，亦可谓在一定程度上对宋本诗歌作了选择性收录。同时，省略诗题的现象也十分突出。

例如三十七"海棠·诗"所录"海棠花上问春归，岂料春风雪满枝。应为红妆太妖艳，故施微粉着胭脂"一首，秦汴本无诗题，《全宋诗》册五一卷二七二七页三二〇八七任希夷名下据类名题作《海棠》。而过云楼旧藏本诗下有注云"海棠开雪作"，精准呈现了此诗写作的特定场景，显然信息更为丰富和准确。比勘可知，此处首先删略这一诗题的是国图宋本，秦汴本仍之，二本均失落了这部分信息。

再如过云楼旧藏本后集"职官部"各类之"诗"，存有诗题的占了很大比重，其卷一二"郡守"存诗 28 首(句)，其中 15 首带有诗题，国图藏本有其中 27 首，仅少杜甫《送陵州路使君》(王室比为难)一首，而有题者仅五首；秦汴本录诗与过云楼旧藏本同，十首存有诗题，数量较国图本为多，而亦有两宋本皆有而该本无者。如三本同样录于末首之诗：

> 天生守令与斯民，本是同胞一样亲。莫把脂膏为尔禄，当思痌痒切吾身。此邦只似唐时古，我辈当为汉吏循。今夕湘潭一卮酒，重烦分散十分春。

过云楼旧藏本、国图藏本均署"真西山潭州宴属官席上作"，秦汴本仅署"真西山"。核之《全宋诗》，册五六卷二九二一页三四八四六据《西山先生真文忠公文集》卷一收有《会长沙十二县宰》：

> 从来守令与斯民，都是同胞一样亲。岂有脂膏供尔禄，不思痛痒切吾身。此邦只似唐时古，我辈当如汉吏循。今夕湘春一卮酒，直烦散作十分春。

划线部分为存在异文之处，虽数量不少，但显为同诗。无论哪一种文本，这都是一首说教性很强的诗，真德秀于宁宗嘉定十五年(1222)迁湖南安抚使兼知潭州，此诗正是他作为路府官员对下辖各县县令的教诲。相较之下，《西山先生真文忠公文集》之诗题中，上对下的视角十分清晰，并有确切的与会人数，当出当事者本人；而《锦绣万花谷后集》所存诗题侧重在作诗场合，与宴者身份更以"属官"概之，似出"他者"视角，更可能是民间流传的文本。而诗中的异文，或亦类之。考索宋代文献，此诗多书有载，文字互有参差，而以《锦绣万花谷后集》异文最多，其中独有的异文如"天生""痫痒"，固不无价值，而其他有异文处，他书亦多可见不同文字。如首联之"本是"与《鹤林玉露》所引同，颔联"莫把""当思"《鹤林玉露》作"既有""须知"，尾联"重烦"《鹤林玉露》作"便烦"，提示这些位置是早期文本纷歧的"重灾区"。而有些异文，或有助于分析判断别集之误，如《西山先生真文忠公文集》尾联"春"字两见，其前者"湘春"，《两宋名贤小集·西山先生诗集》作"湘滨"，《四库全书》之《永乐大典》辑本《云庄集》误收此诗，作"相携"，《鹤林玉露》卷一三作"湘亭"，而《锦绣万花谷后集》与《梅硐诗话》同为"湘潭"，[①]虽不能确定孰为原貌，但此处文字很早就有问题，流传中多变动，似为值得注意的事实。《西山先生真文忠公文集》虽源自宋本，但编刊始末不详，今通行者为明刊本，《全宋诗》底本即为据明嘉靖元年黄鞏、张文麟刻本影印之《四部丛刊初编》本，就此诗而言，《锦绣万花谷》虽为类书，但其编纂距诗的写作不超过三十年，两种宋代刊本无疑提供了一种不宜忽视的早期面貌。

类似的细节信息，也是《锦绣万花谷后集》宋刊本资料价值的重要所在，散在全书，情形各异。本文限于篇幅，仅稍举数例，以贻同好。当然，编纂粗疏，翻刻变化大，书中信息讹错所在多有，不可尽信，也是用书者需要留心之处。

本文撰写过程中，得到北京师范大学文学院李新新同学资料上的支持，谨此致谢。

---

① 〔宋〕刘爚《云庄集》卷一，影印文渊阁《四库全书》本；〔宋〕韦居安《梅硐诗话》卷中，宛委别藏本。

# 《日藏宋元禅僧墨迹选编》所见宋僧佚诗辑考*

赵　昱**

**【内容提要】** 宋元时期，中日两国禅宗僧侣的往来交流频繁而密切，直接促成了宋元禅僧墨迹在今日日本的大量保存。针对这批数量巨大、藏所分散、类型特殊的珍贵文献，当代中日学人皆有力求全面的关注、搜集与整理成果，既揭示了墨迹资料之于文史研究的重要意义，也为学界的参考、利用提供了极大的方便。本文主要围绕《日藏宋元禅僧墨迹选编》一书中的宋代禅僧墨迹，辑录《全宋诗》失载的僧诗作品，并结合总集编纂的具体实践，就墨迹文献在与传世典籍的内容对比中所体现的校勘、考证价值，略做探讨分析。

**【关键词】** 《日藏宋元禅僧墨迹选编》《全宋诗》　僧诗　辑佚　考证

古人的书画真迹，作为悠久历史长河里的珍贵遗珠，既是文物中的艺术佳品，又具有一定的文献史料价值，于人物生平交游之考察、诗文的校勘与辑佚等皆有助益，可补传世典籍所载之未备。

宋、元两朝，佛教在中华文化的内在融合和对外交流两个维度上都产生了显著而深入的影响。内在融合方面，丛林文学承继唐五代形成的禅门偈颂传统，诗僧群体不但人数规模持续扩大，而且对于偈颂的吟咏、使用也几乎到了信手拈来、无处不在的程度。对外交流方面，中日两国僧侣渡海传法、求法，直接促进了禅宗思想、制度、典籍在东瀛的传播，同时也为禅僧墨迹在日本的大量留存提供了可能。①

据学者统计，“今天，藏在日本各大博物馆、美术馆、禅宗名刹以及个人收

---

* 本文为教育部人文社会科学重点研究基地北京大学中国古文献研究中心“十三五”重大项目“《全宋诗》失收诗人诗作及专卷汇编”(项目批准号：16JJD750004)阶段性成果。

** 本文作者为武汉大学文学院特聘副研究员。

① “‘墨迹’一词在日本最初是指传入日本的中国高僧的书法作品。后来，该词的使用范围逐渐扩大，……现在，‘墨迹’在日本基本是指禅僧的书法作品。”江静《日藏宋元禅僧墨迹选编·序言》，重庆：西南师范大学出版社·北京：人民出版社，2015 年，第 4 页。

藏者手中的墨迹有600余件,涉及宋元高僧100余人"。[①] 而依照墨迹作者赴日传法与否,又包括赴日僧墨迹作品至少190件、未赴日僧墨迹作品458件,其中主要内容类型之一,是禅宗僧侣的诗歌和偈颂。[②] 20世纪50至70年代,"曾任日本文部省国宝鉴定官的田山方南,对藏于各地的禅林墨迹进行了全面的调查与整理,最后整理成《禅林墨迹》、《续禅林墨迹》、《禅林墨迹拾遗》3部凡9册陆续出版","收录中国禅僧墨迹556件"。[③] 21世纪以来,中国学者江静更在亲自走访日本大量寺院、图书馆、博物馆的基础上,发现了不少田山方南书中未曾收录的禅僧墨迹,进而选择已经被日本政府列为重要文化财的180幅作品,在原图之外辅以"录文"和"解题",荟萃成《日藏宋元禅僧墨迹选编》(以下简称"《选编》")一册,收入《域外汉籍珍本文库》系列丛书而问世。

《选编》所录宋僧墨迹,计有未赴日之释道潜、释克勤、释宗杲、释咸杰、释德光、释慧性、释居简、释文礼、释道冲、释妙堪、释师范、释普济、释心月、释智愚、释祖智、释大观、释妙高、释如珙、释德敷、释妙深、释德宁、释惟衍、释惠融、释可宣、释妙用、释广泽、释居泾、释若楫和赴日之释普宁、释道隆、释正念、释祖元,凡32家、105则(另有宋末元初禅僧释如芝,《选编》列入"未赴日元僧",亦可视作宋僧[④]);内容种类涉及尺牍、印可状、法语、诗歌、偈颂、序跋、题额等,尤以尺牍、诗歌、偈颂为多。对于宋代僧人所作诗、歌、偈、赞、颂,《全宋诗》已经根据宋代及其后的历代别集、总集、方志、笔记、诗话、类书、佛教史传、僧人语录、山志、寺志等各类文献广泛辑录,"长编短制,细大不捐,断章残句,在所必录",[⑤]网罗囊括818家释子的上万首作品,[⑥]依然百密一疏,仍有遗漏。而针对宋代的禅僧诗(诗、偈、颂、颂古、赞及有韵法语等),朱刚、陈珏《宋代禅僧诗辑考》(以下简称"《辑考》")广泛搜罗禅僧语录、灯录、传记、别集、总集、笔记、杂著等,在《全宋诗》的基础上做了更加全面、翔实的辑录,形成了《全宋诗》僧诗部分的有益增补。[⑦] 只是无论《全宋诗》还是《宋代禅僧诗辑考》,僧诗辑佚的出处范围都主要限于传世典籍(特别是中国本土久佚而日本仍有传存的域外珍稀汉籍,如《新撰贞和分类古今尊宿偈颂集》《重刊贞和类聚祖苑联芳集》《中兴禅林风月集》《江湖风月集》《无象照公梦游天台石桥颂轴》等,《辑考》也

① 江静《日藏宋元禅僧墨迹的文献与史料价值》,《国际中国文学研究丛刊》(第二集),上海:上海古籍出版社,2013年,第71页。

② 江静《日藏宋元禅僧墨迹选编·序言》,第5、9页。

③ 江静《日藏宋元禅僧墨迹的文献与史料价值》,《国际中国文学研究丛刊》(第二集),第71页。

④ 朱刚、陈珏《宋代禅僧诗辑考》,上海:复旦大学出版社,2012年,第627页。

⑤ 《全宋诗·凡例》,北京大学古文献研究所编《全宋诗》,北京:北京大学出版社,1998年,第1册,第23页。

⑥ 许红霞《〈全宋诗〉所收僧诗致误原因探析》,《中华文史论丛》2007年第4期,第239—240页。

⑦ 朱刚、陈珏《宋代禅僧诗辑考·前言》,第1—11页。

都已经纳入考察并合理吸收)，墨迹资料尚乏关注。笔者近年集中从事《全宋诗》的订讹补阙工作，尤其对新发现、新披露的宋代诗文材料多有留心，在翻览《选编》的过程中，又检得宋僧佚诗10余首。今不揣谫陋，析为“《全宋诗》已收诗僧之佚作”和“《全宋诗》失收诗僧诗作”两部分，各家之下间存个人按断，以就正于方家。

## 一、《全宋诗》已收诗僧之佚作

**1. 释德光(1首)**

**与正瑛偈**

正瑛求颂要修行，日用应须痛着鞭。会得个中端的意，从教日午打三更。①

(《选编》第20—21页)

按：释德光(1121—1203)，号拙庵，赐号佛照，临江军新喻(今江西新余)人。为南岳下十六世，大慧宗杲禅师法嗣。释德光诗，《全宋诗》册38卷2104据《古尊宿语录》卷四八《佛照禅师奏对录》、《续古尊宿语要》卷五《佛照光和尚语》、《禅宗颂古联珠通集》等辑录37首，《辑考》又从《禅宗杂毒海》《重刊贞和类聚祖苑联芳集》《新撰贞和分类古今尊宿偈颂集》等续辑5首。

此诗后署名“佛照老僧”，有释德光花押，并钤“佛照禅师”方印。《选编》称其“为淳熙三年(1176)至六年期间拙庵德光送给正瑛(生平不详)的偈颂”，②《全宋诗》失收。

**2. 释文礼(2首)**

**与顽极行弥偈**

弥兄肄业，越上虞舍珠山，开轩窗，名扁为“顽极”，非别图号，以自尊也。过茅庐，出无准、北磵两蜀老颂，索鄙俚以和云：

铁围周固几千年，劫火吹灰忽变迁。摩荡风金成又坏，这炉执㑩只凝然。

(《选编》第28—29页)

---

① 此诗韵脚“行”“更”为庚韵字，“鞭”为仙韵字，相隔较远，似已出韵。然而根据鲁国尧《宋元江西词人用韵研究》(胡竹安、杨耐思、蒋绍愚编《近代汉语研究》，北京：商务印书馆，1992年)的考察，宋元江西词人的作品中，寒先部(或包括监廉部)可与个别庚青部字通叶，这其实反映了宋代江西方言中收-n尾和收-ng尾的混同现象。那么，释德光作为江西籍禅僧，或也存在以方音入韵的情况，《与正瑛偈》即是。这里涉及的音韵学、方言学问题，武汉大学文学院熊桂芬教授和北京大学中文系雷瑭洵博士后均提供了思路上的启发和材料上的支持，谨向他们表示诚挚谢意！

② 江静《日藏宋元禅僧墨迹选编》，第21页。

### 诗一首

禁烟后，出苏公旧堤，与曲江上舍分一韵，得舟字四韵，寄诸士友。

韶光索去曷遮留，过了清明强出游。翠榭烟华因雨瘦，满城风絮为春愁。已多燕紫翻楼尾，未见鹂黄到陌头。两岸日沉歌舞散，尽将云水赴渔舟。

（《选编》第30—31页）

按：释文礼(1167—1250)，号灭翁，临安（今属浙江）天目山人，别号天目。为南岳下十九世，松源崇岳禅师法嗣。释文礼诗，《全宋诗》册54卷2829据《禅宗颂古联珠通集》及明清两朝《天童寺志》辑编为一卷，《辑考》又从《枯崖漫录》《南宋元明僧宝传》《禅宗杂毒海》《重刊贞和类聚祖苑联芳集》《新撰贞和分类古今尊宿偈颂集》等续辑20首。

《与顽极行弥偈》后有“嘉熙四载，岁行庚子，王正权辈，廿有六日，书于梁渚西峰寺横漪沼竹际。天目樵者文礼”，“嘉熙四载”当公元1240年。释行弥，号顽极，曾住明州阿育王寺，为南岳下二十世，痴绝道冲禅师法嗣（明释文琇《增集续传灯录目录》）。《诗一首》后仅署“天目樵者书”。《全宋诗》皆失收。

**3. 释道冲(1首)**

### 与悟兄偈

当年误作住山翁，如兽在槛禽在笼。禽已翱翔九霄外，兽今超逸万山中。愿回笼槛羁縻手，转作乾坤造化工。毕竟行藏无二致，只将此法报群公。

（《选编》第36—37页）

按：释道冲(1169—1250)，号痴绝，武信长江（今四川遂宁西北）人。为南岳下十九世，曹源道生禅师法嗣。释道冲诗，《全宋诗》册54卷2837据《痴绝道冲禅师语录》及《禅宗颂古联珠通集》等辑编为一卷，《辑考》又从《重刊贞和类聚祖苑联芳集》《新撰贞和分类古今尊宿偈颂集》等续辑4首。

此诗后有“山偈谢诸勋贵，并送虎丘专使悟兄都寺。淳祐丙午八月二十日，痴绝道冲借凤台方丈书”，“淳祐丙午”当宋理宗淳祐六年(1246)。据《痴绝道冲禅师语录》附《径山痴绝禅师行状》：“淳祐甲辰，诏移灵隐，说法飞来峰下。追念密庵、松源旧游，方思所以振起祖风，而魔事出于意料所不及，难以口舌争，遽动终老故山之志，伐鼓亟去。虽京兆尹节斋赵公致书力挽，堂帖有虎丘之命，升师虚斋赵公以蒋山起之，俱莫能回其意。”[①]则道冲“终老故山之志”，

---

① 〔宋〕赵若琚《径山痴绝禅师行状》，见《痴绝道冲禅师语录》书后附，《卍续藏经》据藏经书院版影印，台北：新文丰出版公司，1976年，第121册，第564页。

"堂帖有虎丘之命……俱莫能回其意",正与此诗写作缘由("山偈谢诸勋贵,并送虎丘专使悟兄都寺")、正文内容("当年误作住山翁,如兽在槛禽在笼","毕竟行藏无二致,只将此法报群公")等相契合。《全宋诗》失收。

**4. 释妙堪(1首)**

**与辕洲翁古稀贺偈**

松郁郁,石齿齿,盘石乔松两相倚。君不见徂徕百尺松,冰霜久历摩苍穹。又不见南山一片石,岁月不改逾坚白。桃溪溪北辕洲翁,清风劲节松石同。今年古稀值初度,角巾华发颜如童。闭门著书阅今古,歌风啸月轻王公。烟露泉石总适意,琴樽杖屦何从容。不特貌古□亦古,[①]试比聃老人中龙。愿期遐算越百岁,花甲两度重相逢。

(《选编》第42—43页)

按:释妙堪(1177—1248),号笑翁,四明(今浙江宁波)人。为南岳下十七世,无用净全禅师法嗣。释妙堪诗,《全宋诗》册55卷2919据《武林梵志》《四明丛书》辑录2首,《辑考》又从《枯崖漫录》《禅宗颂古联珠通集》《禅宗杂毒海》《重刊贞和类聚祖苑联芳集》《新撰贞和分类古今尊宿偈颂集》等续辑37首。

此诗后仅署"比丘妙堪"。《全宋诗》失收。

**5. 释师范(1首)**

**径山万年正续院创建劝缘偈**

本院开山特赐佛鉴圆照禅师,昨蒙圣恩宣押入内,升座,锡赉金帛,并五处住持所得施利,就寺之中途,创建接待一所,延接往来云衲,以崇报上之意。继蒙宸翰,赐"万年正续之院"。寺宇已成,惟大佛宝殿、法宝藏殿未能成就。谨持短疏,仰扣大檀,伏望开广大心,成殊胜事,幸甚幸甚。

堂堂殿宇斯雄哉,须是颖林梁栋材。举似知音轻领话,行看轮奂耸崔嵬。

(《选编》第52—53页)

按:释师范(1177—1249),号无准,赐号佛鉴,梓潼(今属四川)人。为南岳下十九世,破庵祖先禅师法嗣。释师范诗,《全宋诗》册55卷2916—2918据《无准师范禅师语录》中的偈颂、颂古、赞等辑编为三卷,《辑考》又从《禅宗杂毒海》《重刊贞和类聚祖苑联芳集》《新撰贞和分类古今尊宿偈颂集》等续辑6首。

径山寺万年正续院创建、重建之事,又见释道璨《径山无准禅师行状》:"明年寺毁。先是师梦有烈丈夫授以明珠二十一颗,莫知谓何。及寺焚,则四月二十一日也。……三年寺成。又六年复毁,师不惊不变,不徐不亟,而多助云至。

---

① "□",《选编》录文作"心"。

荆湖制师孟侯珙蜀之思播二郡，与夫海外日本，皆遣使委施。不数年，寺宇崇成，飞楼涌殿，如画图中物矣。去寺四十里，筑室数百楹，接待云水。堂殿楼观，凡丛林所宜有者悉备。皇帝亲御宸翰，赐额曰'万年正续'。市良田九千亩，奏其徒以甲乙主之。正续西数百步，结庵一区，为归藏所。上建重阁，秘藏后先所赐御翰。"[①]释师范移住径山，在宋理宗绍定五年(1232)，次年四月二十一日，寺毁于火。[②]"三年寺成"，当在端平三年(1236)；"又六年复毁"，则是淳祐二年(1242)。关于复毁的时间，释师范在给日僧圆尔辩圆的信中也说："山中壬寅二月复罹火厄，荷圣君洎朝廷降赐及檀越施财，今幸有绪，不劳念及也。"[③]圆尔辩圆得知之后，捐助板木千片，以助重建，[④]即所谓"与夫海外日本，皆遣使委施"。由此可知，宋理宗赐额"万年正续之院"与释师范为了修建大雄宝殿、法宝藏殿而劝缘题偈，皆当在淳祐二年以后。《全宋诗》失收。

**6. 释智愚(3 首)**

**颂　古**

江北李季三省元为母登山设冥，请普说。升座，举"佛在王舍城中，舍利弗入城，见月上女出城"公案，辄成一颂，以资冥福。

相逢摆手上高峰，四顾寥寥天宇空。一曲渔歌人不会，芦花吹起渡头风。

(《选编》第 92—93 页)

**奉谢无极法兄二首**

饱丛林底白头翁，片舌无非破六宗。不是老来张意气，顶门有眼辨鱼龙。

自惭劣弟已成翁，衰顿无心绍正宗。唤马作驴颠倒辊，果然棒上不成龙。

(《选编》第 104—105 页)

按：释智愚(1185—1269)，号虚堂，四明象山(今属浙江)人。为南岳下二十世，运庵普岩禅师法嗣。释智愚诗，《全宋诗》册 57 卷 3015—3019 据《虚堂智愚禅师语录》及《禅宗颂古联珠通集》《虎丘志》等辑编为五卷，《辑考》又从《江湖风月集》《禅宗杂毒海》《重刊贞和类聚祖苑联芳集》《新撰贞和分类古今尊宿偈颂集》等续辑 20 首。

---

① 〔宋〕释道璨《径山无准禅师行状》，见《无准和尚奏对语录》书后附，《卍续藏经》据藏经书院版影印，第 121 册，第 968 页。

② 〔宋〕刘克庄著，辛更儒校注《刘克庄集笺校》，北京：中华书局，2011 年，第 13 册，第 6321 页。

③ 江静《日藏宋元禅僧墨迹选编》，第 48 页。

④ "又荷远念山门兴复重大，特化千板为助，良感道义。"见江静《日藏宋元禅僧墨迹选编》，第 50 页。

《颂古》诗后署“景酉至节虚堂智愚书”，“景酉”即景定辛酉，为宋理宗景定二年(1261)。然此诗又见《全宋诗》册37卷2051页23057释法全《颂古十九首》(其一〇)，“摆”作“把”，“吹”作“飞”，出宋释法应、元释普会《禅宗颂古联珠通集》卷二八。释法全(1114—1169)为南宋高宗、孝宗时人，早于释智愚。《禅宗颂古联珠通集》中，释法全诗系于“岩头值沙汰，于鄂渚湖边作渡子”这一公案下的“续收”部分，较之其他禅僧的作品，似与“舞棹呈桡”“婆子弃儿”等主题内容并无直接关联。而据释智愚自序，江北李季三为亡母做超度佛事，请他说法，于是他举出“舍利弗入城，遥见月上女出城”的公案，“辄成一颂”。因此或可视为一首具有完整背景的新作，录于释智愚名下。

《奉谢无极法兄二首》之后题署：“敬遵严韵奉谢前佛陇无极法兄和尚，末属虚堂叟智愚再拜。”据胡建明《宋代高僧墨迹研究》，“佛陇寺是台州天台山佛陇寺，无极和尚，名净观。……无极年长于虚堂，故虚堂尊称其为法兄”，“此墨迹虽未有年月记录，但从诗偈内容来看，应是其晚年在净慈或径山住持时期的墨迹”。[①]《全宋诗》皆失收。

## 二、《全宋诗》失收诗僧诗作

### 1. 释祖元及其《佛光国师语录》

南宋中期以降，禅僧东渡传法渐兴，极大地推动了禅宗在日本的发展繁荣。无学祖元便是其中时代较早、声名最著的人物之一。

释祖元(1226—1286)，字子元，号无学，庆元府鄞县(今浙江宁波)人。俗姓许。理宗嘉熙二年(1238)失怙，往杭之净慈，随北磵居简禅师祝发受戒。淳祐二年(1242)，登径山，谒无准师范禅师。后历参石溪心月、偃溪广闻、虚堂智愚、物初大观、退耕德宁诸禅师。度宗咸淳五年(1269)，住持台州真如寺。恭帝德祐元年(1275)，移雁山能仁寺。端宗景炎二年(1277)，访鄞之天童。日本弘安二年(1279)，住日本建长兴国禅寺。五年，移住日本圆觉兴圣禅寺。九年九月示寂，年六十一，僧腊四十八。谥号“佛光国师”“圆满常照国师”。为南岳下二十世，无准师范禅师法嗣。有《佛光国师语录》十卷。事见释如芝《无学禅师行状》、释觉明《无学禅师行状》、揭傒斯《佛光禅师塔铭》、日释静照《佛光禅师行状》等。

日本现藏无学祖元墨迹22件，《选编》收录14幅，包括《锁口诀》一首：

---

① 胡建明《宋代高僧墨迹研究》，杭州：西泠印社出版社，2011年，第234—235页。释净观，南岳下十八世，空叟宗印禅师法嗣，《全宋诗》失收其人，《辑考》以“释观”立目，据《增集续传灯录》新辑1首，失其法名上字。

(前阙)世尊拈花,达磨分髓。曹溪南岳,百丈临济。杨岐白云,圆悟妙喜。洎至应庵,五十一世。或开或遮,或权或体。或逆或顺,或净或秽。或明或暗,或行异类。激扬铿锵,波流岳逝。如狮子筋,如象王鼻。如天鼓声,如鸩鸟尾。百千机缘,河沙妙偈。出没卷舒,三昧游戏。深慈痛悲,布无缘施。绝见绝闻,绝情绝谓。曰放曰收,控恶马辔。曰错曰综,夺魔王帜。箭掷空鸣,风行尘起。龙蛇天渊,迷悟金屎。不入此宗,徒劳拟议。

(《选编》第210—211页)

按:诗后题署:"右《锁口诀》,老夫在大唐雁山兵难中作也。每见《参同契》,妙绝今古,吾一读三叹不已。不敢并古,追前圣遗踪,聊述吾见云。时弘安九年七月廿五日,学翁书于得月楼。""弘安"为日本后宇多天皇年号,"弘安九年"当元世祖至元二十三年(1286),是这幅墨迹的书写时间。而整首歌诀的创作时间,大致是南宋恭帝德祐二年(1276),当时释祖元正在温州雁荡山能仁寺避难。① 全诗亦见于《佛光国师语录》卷二,"世尊拈花"之前还有"诸佛妙门,列祖的旨"等28句112字,但无墨迹所见诗后题署。②《全宋诗》失收其人。

核《佛光国师语录》十卷,卷一、卷二为住大宋台州真如禅寺语录,包括入院法语、上堂法语、拈古、"天童首座秉拂"、《锁口诀》、"礼祖塔"6则、往来偈颂百余首;卷三、卷四分别为住日本建长兴国禅寺、圆觉兴圣禅寺语录;卷五、卷六、卷七、卷八径题"佛光圆满常照国师语录",包括"建长普说"、"普说"、"法语"、"请教问答心要"、"佛祖赞"、"自赞"、偈颂等不同类型的内容;卷九为拾遗杂录,主要是《告香普说》、上堂语(两则)、示众语(两则)、书简、偈赞、小佛事、法语、序跋、附录、行状等,最为庞杂;卷一〇为年表杂录,先为年谱,次为塔铭。从各卷内容上看,卷一、卷二诚为释祖元的宋末言行记录(卷一开篇即称"师于咸淳五年十月初二日……住持真如禅寺"③),而诸如《锁口诀》、④《寿物初师兄》(释大观,1201—1268,号物初)、《送横川主雁山灵岩》(释如珙,1222—1289,号横川,宋度宗咸淳四年(1268)为临安府净慈寺首座,继领瑞安府雁荡山灵岩寺,八年移住雁荡山能仁寺)、《悼净慈断桥和尚》(释妙伦,1201—1261,号断桥)、《寄无文和尚》(释道璨,1213—1271,号无文)、《送僧承天见退耕》(释

① 〔元〕释如芝《无学禅师行状》:"乙亥,拂袖归雁山能仁。次年天兵压境,寺众鼠匿,师一榻兀坐。军士以刃加颈,神色不少变,为说偈曰:'乾坤无地卓孤筇,喜得人空法亦空。珍重大元三尺剑,电光影里斩春风。'"见《佛光国师语录》卷九,[日]高楠顺次郎等编《大正新修大藏经》,台北:财团法人佛陀教育基金会出版部,1990年,第80册,第238页。

② 《佛光国师语录》,[日]高楠顺次郎等编《大正新修大藏经》,第80册,第141页。

③ 同上书,第129页。

④ 《全宋诗》中亦有一定数量的诗诀、歌诀类作品,或三言,或四言,或五言,或七言。例如,册1卷55晁迥名下收录《并用存心微妙诀》《四方观练深心诀》《禅道同功修养诀》《自晓存心诀》,册28卷1631陈楠名下收录《金丹诗诀》100首,册60卷3141白玉蟾名下收录《金丹火候诀》《金丹大药诀》,等等。

德宁,? —1270,号退耕)等作品,以及前引释祖元在能仁寺避难期间面对元兵压境时的诗偈,又皆可确凿断定成于宋亡之前。因此,释祖元的生平活动主要在南宋后期,宋亡之际东渡赴日,最后终老异乡;他在南宋期间和赴日之后都有诗作流传,依《全宋诗·凡例》"凡宋亡以前有诗者,将其入元以后所作之诗一并收录",[①]宜以《佛光国师语录》为底本,旁及他书文献的蒐采辑佚,重新整理其人其诗。

**2. 释德宁(1首)**

**与双峨宁上人上堂法语**

群阴剥尽一阳生,不涉阴阳作底形。铁眼铜睛如不荐,又和春色上梅英。

(《选编》第132—133页)

按:释德宁(? —1270),[②]号退耕。初住嘉兴崇圣寺,次迁姑苏报恩、承天、慧日、万寿,后居杭州灵隐寺。为南岳下二十世,无准师范禅师法嗣。事见明释文琇《增集续传灯录》卷四。《全宋诗》失收其人,《辑考》据《增集续传灯录》《禅宗颂古联珠通集》二书辑录7首。

此诗后有"双峨宁上人觅语就书,冬节上堂,以塞其请。景定壬戌,万寿住山退耕德宁","景定壬戌"为宋理宗景定三年(1262),释德宁其时仍居万寿寺。

**3. 释可宣(1首)**

**与南浦绍明饯行偈**

南浦明知客访别,复还日本故国,谩以廿八字饯行。[③] 宋鄞金文住山可宣。

玻璃盏子验同盟,谁向钱唐敢进程。千里同风一句子,明明举似到山城。

(《选编》第138—139页)

按:释可宣,号无示,曾住庆元府蓬莱山及金文山惠照禅寺。与南宋后期入宋日僧无象静照、南浦绍明等皆有交。为南岳下二十一世,虚堂智愚禅师法嗣。《全宋诗》失收其人。

此诗后有"咸淳戊辰夏孟下浣书于大圆镜","咸淳戊辰"为宋度宗咸淳四年(1268),其时释可宣住鄞县金文山惠照禅寺,作诗送别就要返回故国的入宋求法日僧南浦绍明(1235—1308)。同样,就在咸淳三年秋冬之交至咸淳四年初夏之间,从南浦绍明向其师虚堂智愚表达归国之意并获赠送别偈开始,一大

---

① 《全宋诗》第1册,第23页。

② 卒年据朱刚、陈珏《宋代禅僧诗辑考》,第603页。

③ 原作"廿十八字","十"当为衍文,删。

批与之有交的僧人纷纷创作了送别的诗偈，这些作品结集成帙，便是今天见存日本的一部重要的南宋僧诗总集《一帆风》。不过，释可宣的这首饯行之作，并未收录于《一帆风》之中，幸赖墨迹的流传而得以保存下来。[①]

**4. 释妙用(1首)**

**与白云慧晓道号颂**

白云悠悠无定度，舒卷纵横常澹泞。舒兮密密包乾坤，卷兮绵绵浑不露。如今舒卷皆自由，大唐锁断山无数。一声平地轰怒雷，天风吹还日本去。溶溶曳曳拨难开，散作甘霖润焦苦。

(《选编》第140—141页)

按：释妙用，号断溪。为南岳下二十世，无准师范禅师法嗣。《全宋诗》失收其人。《重刊贞和类聚祖苑联芳集》、《新撰贞和分类古今尊宿偈颂集》二书载录其诗，去其复重，共计23首。[②]

此诗后有"右为日本晓禅翁题白云雅号。咸淳己巳，住越东山断溪老樵妙用拜手"，"咸淳己巳"为宋度宗咸淳五年(1269)，"晓禅翁"即入宋日僧白云慧晓(1227—1298)。

**5. 释广泽(1首)**

**与白云慧晓道号颂**

卷舒出没自闲闲，一色明来早自瞒。勿谓无踪又无迹，等闲遮却面前山。

(《选编》第142—143页)

按：释广泽，号溪西，曾住天台国清寺。为南岳下二十世，大歇仲谦禅师法嗣。事见明释文琇《增集续传灯录》卷四。《全宋诗》失收其人，《辑考》据《江湖风月集》《新撰贞和分类古今尊宿偈颂集》二书辑录3首。

此诗后有"日本晓上人以白云为号，佛日溪西广泽证以二十八字。咸淳己巳上元后二日书"，明确揭示作于宋度宗咸淳五年(1269)正月十七日。

---

① 关于《一帆风》的内容、成书、版本及其所呈现的南宋中日禅僧文化交流诸问题，陈捷《日本人宋僧南浦绍明与宋僧诗集〈一帆风〉》(《中国典籍与文化论丛》第九辑，北京：北京大学出版社，2007年，第85—99页)、侯体健《南宋禅僧诗集〈一帆风〉版本关系蠡测》(《中国典籍与文化》2009年第4期，第15—17页)、许红霞《日藏宋僧诗集〈一帆风〉相关问题之我见》(《中国典籍与文化论丛》第十三辑，南京：凤凰出版社，2011年，第150—166页)和衣川贤次撰、金程宇译《南宋送别诗集〈一帆风〉成书考》(《域外汉籍研究集刊》第十一辑，北京：中华书局，2015年，第254—266页)等文章已有详细讨论、辨正。其中，许文据日本学者田山方南《禅林墨迹》的书影明确言及释可宣的这首送别诗偈，更进一步考证推断南浦绍明的归国时间为咸淳四年五月底六月初以后，传统的咸淳三年之说实误。

② 常妍《〈重刊贞和类聚祖苑联芳集〉与〈新撰贞和分类古今尊宿偈颂集〉的对比研究》，北京大学硕士论文，2013年，第72—73页。

**6. 释如芝(3 首)**

**与幽禅人饯别偈**

幽禅人久参天目狮岩老子,今为天台石桥之游,过门求语,书以饯之。

策下狮岩作胜游,十分佳致在东州。悬崖泻瀑飞晴雪,巨石梁宫跨碧流。金磬声闻何处寺,昙华芗绽瀹茶瓯。相逢尊者烦伸问,底事神通逞不休。

(《选编》第 214—215 页)

**与铁牛景印偈**

"铁牛"号为印禅人赋。

可是浑钢铸得成,四蹄踏地角峥嵘。劫空田地掀翻尽,无复横身异类行。

(《选编》第 216—217 页)

**与正堂士显偈**

"正堂"号为显侍者赋。

弹击偏邪振始音,月当松顶夜沉沉。灼然宗教如真举,青草何妨一丈深。

(《选编》第 218—219 页)

按:释如芝(1245? —?),[①]号灵石。初住嘉禾兴圣寺,次迁台州涌泉寺、嘉兴本觉寺,后居杭州净慈寺。元顺帝后至元元年(1335)仍在世(《月江正印禅师语录》书后跋语)。为南岳下二十一世,虚堂智愚禅师法嗣。事见明释文琇《增集续传灯录》卷五。《全宋诗》失收其人,《辑考》据《重刊贞和类聚祖苑联芳集》《新撰贞和分类古今尊宿偈颂集》二书辑录 6 首。

《与幽禅人饯别偈》后有"至治壬戌春仲旦,本觉灵石如芝","至治壬戌"为元英宗至治二年(1322),释如芝其时尚居嘉兴本觉寺;《与铁牛景印偈》后有"致和戊辰春仲望,南山净慈八十有三老衲灵石如芝书于宗镜堂","致和戊辰"为元泰定帝致和元年(1328),是时已居杭州净慈寺宗镜堂;《与正堂士显偈》后有"天历庚午孟春望,南屏净慈八十六岁老衲灵石如芝书于宗镜堂","天历庚午"为元文宗天历三年(1330)。此三诗皆作于元代中期、释如芝晚年,而《重刊贞和类聚祖苑联芳集》《新撰贞和分类古今尊宿偈颂集》中保存的 6 首作品,写

① 释如芝生年,《辑考》据明释无愠《山庵杂录》卷下"泰定初,宣政院起嘉兴本觉灵石芝禅师主净慈,师已年八十有四",断为"约生于 1241 年前后"。然而根据《与铁牛景印偈》《与正堂士显偈》二诗之后释如芝自己的署名,致和元年(1328),时 83 岁,天历三年(1330),时 86 岁,则约生于 1245 年。至治、泰定、致和三个年号前后相连,据《与幽禅人饯别偈》诗后署名"至治壬戌春仲旦,本觉灵石如芝",可知释如芝泰定初移住净慈之事可信,但年龄并非"八十有四"。《山庵杂录》杂取《罗湖野录》《云卧纪谭》诸书,"又不能旁询博采,故多遗失"(释无愠《山庵杂录序》),文献价值自然不及作为原始材料的本人墨迹题署。

作年代不详，考虑到释如芝生于宋亡之前三十余年，依《全宋诗·凡例》"如其诗写作时代难以确定，则从宽收入"，[①]暂列于此。

## 三、结语

日藏宋元禅僧（本文主要涉及宋代禅僧）墨迹的文献价值，在于补遗、校勘、考证等方面。

关于补遗，江静曾以大慧宗杲墨迹为例，列举(1)现藏东京畠山记念馆的其绍兴十七年(1147)至十八年流放衡州期间写给道友的信函、(2)现藏东京国立博物馆的其绍兴二十年至二十六年谪居梅州期间写给无相居士邓子立的尺牍、(3)现藏东京国立博物馆的其绍兴三十年住持径山寺期间写给法属禅师的回函、(4)现藏兵库县神户市香雪美术馆的其晚年写给万寿寺才长老的回函、(5)现藏东京畠山记念馆的其晚年写给法侄性禅人的回信等五件墨迹，指出它们的内容都不见于现存的《大慧普觉禅师语录》《临安府径山宗杲大慧普觉禅师语要》《正法眼藏》《大慧普觉禅师宗门武库》当中，补遗作用不言而喻。[②] 而上文亦从文献整理的角度，针对《全宋诗》这部断代诗歌总集的续补工作，辑录日藏宋元禅僧墨迹所见宋僧佚诗至少 17 首，这也是补遗价值的充分体现。

关于校勘，江静具体分为以墨迹校补脱文、以墨迹校理乱文、以墨迹校正诗题、以墨迹校核作者等四点。[③] 而以墨迹内容与禅僧语录中的对应文字相校，我们还能够注意到，墨迹的正文之后，往往会交代写作的时间、地点、缘由等要素，但在语录当中，这些信息则付之阙如（释祖元《锁口诀》墨迹后的"右……老夫在大唐雁山兵难中作也"，即证）。除此之外，我们再就宋代僧诗由单篇作品而及文本结集的过程，试举一例：

《选编》（第 25 页）收录了南宋禅僧北磵居简的《登承天万佛阁》一诗，又见《全宋诗》册 53 卷 2796 页 33185，题《承天万佛阁》，"蛾"作"峨"，"疑"作"如"，"突兀"作"峭峙"，"英"作"僧"，"弗与"作"不为"，出《北磵诗集》卷七。据《登承天万佛阁》诗后题署"己丑仲冬几望"，殆宋理宗绍定二年(1229)所作。而《北磵诗集》九卷（今有宋刻本存世，原为德富苏峰成篑堂旧藏，现藏日本御茶之水图书馆）"应该是在居简去世前已经编好的，并且经过居简自己的删改"，属于作者生前亲自编订的类型，"编纂的时间一定是在嘉熙二年(1238)之后至淳祐

① 《全宋诗》第 1 册，第 23 页。

② 江静《日藏宋元禅僧墨迹选编·序言》，第 20—21 页。

③ 同上书，第 21—23 页。

六年(1246)居简去世之前这段时间内”。[1] 那么显然,墨迹的写作要更早于诗集的编定,因而《登承天万佛阁》这首作品在收入《北磵诗集》时,经由作者本人之手,才最终形成了文本的确定面貌,并产生了与墨迹原稿之间的几处异文。当然,以存真复原的校勘目的视之,《登承天万佛阁》墨迹与《北磵诗集》卷七所收《承天万佛阁》的内容差异,不是发生在版本流传期间出现的文字错讹,不涉及校异同、定是非的问题,而是初稿(或原稿)与定稿的文字区别(墨迹内容固然是诗作的原初样貌,但不能与《北磵诗集》编定之际收录《承天万佛阁》的诗作原貌相混同),反映了作者的修改意图。

关于考证,前引释如芝《与铁牛景印偈》《与正堂士显偈》二诗之后的作者自题,推定其生年约当1245年,《山庵杂录》既为晚出文献,不可径信。类似的,径山寺万年正续院两度遭遇祝融之厄的情况,又见刘克庄《后村集》卷一六二“墓志铭”之《径山佛鉴禅师》:“绍定壬辰秋,奉诏住径山,师先梦龙君来迎,既而果然。次年四月,寺毁于火,有旨出内帑,俾师葺废。……师以朝廷锡赉,公卿士庶檀信之资,悉力拮据,不三年寺还旧观。师旦过,时以寺距京百里,中涂靡所次舍,至是,即梁渚作大兰若,且市良田六十亩,廪其徒世守之,宸翰书其扁曰万年正续之院。及淳祐辛丑,寺再毁于火……”[2]“淳祐辛丑”为理宗淳祐元年(1241),径山寺再毁于火,但这与释师范自述“壬寅二月复罹火厄”明显不合;且据行文先后,理宗赐额“万年正续之院”又在“再毁于火”之前,亦误。今天研究古人生平,行状、墓志铭都是首选的传记材料,然而一旦两者记载相互抵牾,像这些传主本人的尺牍、诗偈等珍贵墨迹,无疑可为具体的分析、考辨提供更加直接也更加充分的证据。

最后,如果以是否赴日传法这一经历加以区分,我们还会发现,上述释德光、释文礼、释道冲、释妙堪、释师范、释智愚、释德宁、释可宣、释妙用、释广泽、释如芝诸家,均属未赴日禅僧,甚至他们的有些墨迹(如释文礼《与颃极行弥偈》《诗一首》、释道冲《与悟兄偈》、释妙堪《与镶洲翁古稀贺偈》、释师范《径山万年正续院创建劝缘偈》、释智愚《颂古》《奉谢无极法兄二首》等)在主题、内容上更与赴宋求法的日本禅僧毫无关联。但若置之中日禅宗文化交流史的更广阔背景,禅宗在宋代开枝散叶,蔚为大观,其中临济宗一脉,自北宋中期就与士大夫群体往来密切——像苏轼、黄庭坚等人,由于与禅林释子多有交往,更被纳入佛教灯录的传法谱系,与此同时,他们在诗文创作之外又兼擅书法,形成一代书风,影响而及禅僧墨迹的风格。到了南宋,临济宗自大慧宗杲的出现而

① 许红霞《北磵居简著作的编纂流传及与日本僧人的密切关系》,《北京大学中国古文献研究中心集刊》第十辑,北京:北京大学出版社,2011年,第48页。

② 〔宋〕刘克庄著,辛更儒校注《刘克庄集笺校》,第13册,第6321页。

独盛。所以在孝宗、光宗、宁宗、理宗、度宗这一段相当长的时期内，赴宋求法的日本僧侣几乎都是投身临济宗门下参谒学禅，等到他们归国的时候，又将这些南宋高僧大德的书法作品带回，从而直接促成了宋代禅僧墨迹的东传扶桑与长久流存。至于无学祖元，他在宋末元初的动乱背景下东渡日本，住持名山，开宗立派，终老异乡，却也随之成为中日古代文化交流的重要使者。他的墨迹流传至今，对于我们结合《佛光国师语录》的相关记载，更进一步地深入了解、研究其人其事，提供了最有价值的宝贵资料。

# 洪亮吉遗文拾补*

吕东超**

【内容提要】 洪亮吉为清乾嘉名宿，于政、学二界均影响深巨。近年来，学界对洪氏关注颇多，其集外文字，先后经刘德权、赵厚均等学者搜讨，屡见刊布。本文在前人基础之上，复检得洪氏遗文四十篇，其中不乏可补正《年谱》者，于了解洪氏其人其学不无裨益。今汇录成篇，略加按语，以供研究者参考。

【关键词】 洪亮吉 辑佚 年谱 交游

洪亮吉(1746—1809)，字君直，一字稚存，号北江，江苏阳湖人，曾入朱筠、毕沅幕府。乾隆五十五年(庚戌，1790)进士，未散馆即出任贵州学政。嘉庆四年(己未，1799)因言获罪，遣戍伊犁。次年赦还，改号更生居士。自此退居里中，专意著述，撰有《春秋左传诂》《十六国疆域志》《北江诗话》《卷施阁诗文集》《更生斋诗文集》等。近年来，学界对洪氏关注颇多，其集外文字，举凡诗歌、序跋、题辞、书札、批注等，迭经刘德权①、赵厚均②、许隽超③、冉耀斌④、孙振田⑤、李金

* 本文系陕西师范大学中央高校基本科研业务费专项资金项目“乾嘉汉学视域中的《春秋左传》学研究”(立项号:18SZYB30)的阶段性成果。

** 本文作者为陕西师范大学历史文化学院讲师。

① 〔清〕洪亮吉撰，刘德权点校《洪亮吉集》第五册“辑佚”，北京：中华书局，2001年，第2321页。

② 赵厚均《〈洪亮吉集〉佚文一篇》，《江海学刊》2008年第2期；《〈洪亮吉集〉佚文又一篇》，《江海学刊》2008年第4期；《〈洪亮吉集〉集外诗文补遗十三则》，《古典文献研究》第12辑，南京：凤凰出版社，2009年。

③ 许隽超《洪亮吉的一篇佚文——兼谈与刘大观的交谊》，《中国典籍与文化》2008年第4期。按：许氏《国家图书馆藏洪亮吉致黄易四札考释》云：“《黄小松友朋书札》中，有洪亮吉致黄易书札四通，可看作洪亮吉的四篇佚文，于黄易生平亦多发覆，迄今未见时贤论著征引。兹参以相关史料，勉力系年，略加考释，就教于学界同仁。”(《江苏理工学院学报》2018年第1期，第19页)实则陈鸿森先生已将此四通书札录入《洪亮吉北江遗文辑存》。

④ 冉耀斌《洪亮吉佚札六通——兼谈洪亮吉与杨芳灿、杨揆兄弟之交游始末》，《飞天》2010年第22期。

⑤ 孙振田《〈洪亮吉集〉补遗一篇》，《江海学刊》2011年第1期。

松[①]、刘青山[②]、陈鸿森[③]、陈开林[④]诸家之搜讨，屡见刊布，嘉惠学林不少。李金松先生编制《洪亮吉年谱》，在利用洪氏遗文佚篇之余，又汇集诸家辑佚为年谱附录，殊便观览。[⑤] 笔者近于董理旧文之暇，又检得洪氏集外文字四十篇，其中不乏可补正《年谱》者，于了解洪氏其人其学不无裨益，特稍加考释，移录如下，以供研究者参考。文中所涉交游，凡已见《年谱》者不复赘述，未见者则略作介绍，未详者亦如实注出，以就教于博学君子。

## 一、赠梅屋先生二首

竹屋数层通月影，纸窗三面映溪流。不妨梅树高于栋，约客看花只上楼。

破寒同访林居士，千点疏英六出花。犹记孤山三日住，石床晓梦最清华。

辛丑暮春梅屋研长先生属题，阳湖弟洪亮吉。（录自葛嗣浵《爱日吟庐书画别录》卷一，《续修四库全书》影印民国二年葛氏刻本，第1088册第632页）

按：可补入《年谱》乾隆四十六年（辛丑，1781）。梅屋先生，未详。

## 二、怀陆祁孙二首

同居冷巷听严更，细草春来欲上城。绝忆绿晖桥畔路，两株松下一书生。

奇才朴学我兼师，辛苦高斋论述时。他日许教儿辈拜，臧生经术陆郎诗。

（录自陆继辂《合肥学舍札记》卷一“稚存先生诗”条，《续修四库全书》影印清光绪四年兴国州署刻本，第1157册第296页）

---

① 李金松《洪亮吉的一首佚诗》，《江海学刊》2011年第3期。按：李金松《洪亮吉的一则佚文及其与金学莲交谊始末》云：“在撰著《洪亮吉年谱》的过程中，我曾将今人所搜辑的洪亮吉的佚文汇编在一起，作为附录。然而，检视撰著年谱所准备的资料时，发现还有洪亮吉的佚文一则，未曾录入《洪亮吉年谱》的‘佚文汇编’中，现移录如下……”（《中国典籍与文化》2016年第4期，第145页）所谓“佚文”《三李堂集序》，实即洪氏《更生斋文乙集》卷三之《金秀才学莲三李斋诗序》，并非佚文。

② 刘青山《法式善研究》第四章第三节《法式善与洪亮吉、赵怀玉之互动》，上海师范大学文学院2011年博士学位论文，第119页。按：该文后以《洪亮吉与法式善交游考述：兼及洪亮吉的一首佚诗》为题，发表于《特立学刊》2012年第5期。

③ 陈鸿森先生《洪亮吉北江遗文辑存》，《中国文哲研究通讯》2013年第23卷第4期。按：陈先生辑得洪氏佚文八十余首，蔚为大观。其中个别篇章与大陆学者所辑偶有重合，《拟两晋南北朝乐府自序》《唐宋小乐府跋》已见于刘德权校点本《洪亮吉集》。

④ 陈开林《清代名家佚文三辑——以吴伟业、魏裔介、周亮工、洪亮吉为例》，《图书馆工作》2019年第2期。

⑤ 李金松《洪亮吉年谱》附录“佚作汇编”，北京：人民出版社，2015年。

按：陆氏云此诗为“乾隆庚戌，稚存先生计偕入都，有诗见怀”，[①]知作于乾隆五十五年（庚戌，1790），可补入《年谱》。又云：“臧生者，在东镛也。后读《卷施阁集》，无此二作，询之孟慈，云：‘以吾家庭树乃古柏三株，诗中误作“两松”，故削之也。’”

## 三、题武连听雨图

**阿兄曾校阁，余仲亦监门。昆弟头衔古，东西列宅尊。素心吾自许，友谊尔尤敦。好作连床会，行踪与细论。**（录自张政等《（民国）剑阁县续志》卷九下“艺文下”，《中国地方志集成·四川府县志辑》影印民国十六年铅印本，第20册第723页）

按：《（民国）剑阁县续志》卷一〇引《悔斋杂记》云：“张船山有《武连听雨图诗序》云：‘少与亥白兄流寓汉阳，奔走衣食饥寒中，时时离别。戊申，余举顺天乡试，亥白举于乡。明年同试礼部，下第后并马西归，偶宿剑州武连驿，阻雨三日。荒山土屋中，对酒移灯，慨然有遗世出尘之想，因各题二绝句志之。是年腊月有父母之命，复计偕北上，重宿武连。默计同举以来，三年中相聚之日惟在道路。回忆山中诗酒，汉上穷困，飘忽如梦，如何可言。今亥白又南游岭海，予独居京师，相隔者又将一年矣。月夜不寐，作四诗寄怀云。’此图今存遂宁张氏，余曾见之，上有洪稚存、孙渊如数十人题识，惟纸色黯故耳。”[②]考张问安（亥白）于乾隆五十五年（庚戌，1790）五月随周兴岱离京赴粤，[③]所谓“相隔者又将一年”，则诗序必作于五十六年。既云“武连听雨图诗序”，似当时已有图。然张问陶《京朝集》有《题武连听雨图王椒畦作》《武连听雨图成作诗寄寿门》诗，前者有小注云：“图有二，亥白一，船山一。”[④]据集中系年，知此二诗作于五十八年，而《武连听雨图》即由王学浩（椒畦）于是年绘成。张问安亦有《武连听雨图椒畦作》，[⑤]据集中次第，知亦作于五十八年。《张问陶年谱》“乾隆五十八年”条云：“王学浩所绘《武连听雨图》，今尚存一幅，存于遂宁市博物馆。”[⑥]然王学浩绘成《武连听雨图》既在五十八年，何以五十六年张问陶已有《武连听雨图诗

---

① 〔清〕陆继辂《合肥学舍札记》卷一“稚存先生诗”条，《续修四库全书》影印清光绪四年兴国州署刻本，第1157册第296页。

② 张政等《（民国）剑阁县续志》卷一〇“丛谈”，《中国地方志集成·四川府县志辑》影印民国十六年铅印本，第20册第744页。

③ 胡传淮《张问陶年谱》，成都：巴蜀书社，2005年，第65页。

④ 〔清〕张问陶《船山诗草》卷一〇，北京：中华书局，1986年，第238页。

⑤ 〔清〕张问安《亥白诗草》卷四，《清代诗文集汇编》（上海：上海古籍出版社，2010年）影印清嘉庆二十一年刻本，第448册第83页。

⑥ 《张问陶年谱》，第92页。

序》？岂五十六年或之前，张氏已有自绘之图亦题曰“武连听雨”？此不可得而知者也。《续志》卷九下所录洪诗之后，尚有孙星衍《集方雪斋送亥白归遂宁观武连听雨图即以图中句分韵赋诗得间字》、彭蕙文《武连听雨图》，[①]均为佚诗。考张问安《亥白诗草》卷四有《集方雪斋同渊如惕甫容堂砚农兰士船山分韵得有字》，[②]顾王霖《五是堂诗集》卷三有《何兰士水部道生招同孙渊如比部、张船山检讨、何研农农部元烺、王惕甫孝廉芑孙饯张亥白孝廉问安归蜀，亥白出〈武连听雨图〉索题，分韵得兄字》。[③] 张问安诗作于五十八年癸丑，时张氏落第南旋，与孙、顾二诗皆合，知孙、顾二诗亦作于是年。如此，则孙、顾二诗应题于亥白藏图之上。岂今存遂宁博物馆者，乃亥白藏图？若能一览此图，则以上诸疑，或可得释。《续志》所载诸资料，似未见学界利用，故特为揭出，以供参考。

## 四、题古今钱略

我爱倪居士，华年已二毛。苦辞新令尹，时当得大令而坚乞假。惟重古泉刀。满箧余科斗，忘机弃桔槔。淮南卜居好，何事客劳劳。丙辰四月送韭瓶出都，又赠联云：“百样泉刀归箧底，九江潮汐出门前。”（录自倪模《古今钱略》卷三二“师友题赠”，《四库未收书辑刊》第6辑影印清光绪五年倪文蔚刻本，第11册第803页）

按：洪氏嘉庆元年（丙辰，1796）送倪模（韭瓶）出都事《年谱》未载，可补入。姚文田《凤阳府教授倪君墓志铭》云：“丁未（乾隆五十二年，1787）考充景山官学教习，满以知县用。君自以性迂戆，恐不谐于时，弃不就。及嘉庆己未（四年，1799）成进士，例仍得县令，君笑曰：‘五斗折腰，吾能为之乎！……’”[④]据此，知倪模得知县不赴事凡两次。张惠言题赠《古今钱略》云：“乾隆壬子、癸丑间，韭瓶三兄与余同教习官学，过从无虚日。时韭瓶方锐意蓄古泉货，手一囊彳亍街市购之，虽隆冬盛暑不辍。未几，韭瓶以期满去，余亦南归。”[⑤]王引之《倪教授行状》云：“倪教授模……与余同榜进士……应礼部试不第，载古书五千余卷以归，其好学如此。教习期满，当得县令而不就，曰：‘与其俯仰时趋，孰

---

① 《（民国）剑阁县续志》卷九下“艺文下”，第723页。按：彭蕙文，洪氏诗集作彭蕙交，当作彭蕙芰，生平详《（民国）丹棱县志》卷六，卒年参谭平国《伊秉绶年谱》嘉庆元年条。

② 《亥白诗草》卷四，第84页。

③ 许隽超、胡传淮《张问陶资料汇编》，北京：中华书局，2016年，第287—288页。

④ 〔清〕姚文田《邃雅堂文集续编》，《续修四库全书》影印清道光八年刻本，第1482册第610—611页。

⑤ 〔清〕倪模《古今泉略》卷三二，《四库未收书辑刊》第6辑影印清光绪五年倪文蔚刻本，第11册第803页。

若归田著书之为乐乎！'"[①]江尔维《倪迂存先生年谱》"乾隆五十七年"条："七月教习期满，王大臣以学优课勤，题奏引见，以知县用。"[②]此诗小注"时当得大令而坚乞假"云云，未详所指何次。《倪迂存先生年谱》系于嘉庆元年落榜五月出都时。[③]

## 五、夜雨

**一夜潇潇雨，开门水倒流。乱云穿斗栱，野鸟宿帘钩。兵甲真堪洗，欃枪尚未休。似闻宵旰虑，仍在益梁州。**（录自伊秉绶《留春草堂诗钞》卷二，《续修四库全书》影印清嘉庆十九年秋水园刻本，第1475册第713页）

按：此为伊秉绶《夜雨和洪稚存编修》所附洪氏原作，谭平国《伊秉绶年谱》将此诗系于嘉庆元年（丙辰，1796），所据即伊、洪二诗。[④] 然谭谱该年对《留春草堂诗钞》卷二之系年多误，如二月条云："十一日，如皋陈嵩将归里省亲，有诗赠行。陈嵩之归，洪亮吉撰序送行，翁方纲、赵怀玉亦有赠诗。"所据为伊氏《东风行送陈肖生山人嵩归扬州》，并引及洪氏《送奎文阁典籍陈嵩归里省亲序》[⑤]。考洪序有"柔兆执徐之岁，予自黔中入都……越岁二月，陈君将归"云云，[⑥]"柔兆执徐"为嘉庆元年丙辰，次年为丁巳，李谱即将此文系于嘉庆二年丁巳。[⑦] 又考翁方纲《谷人音田皆以花朝前二日南归适陈肖生亦以是日来辞行索诗戏为此》、[⑧]赵怀玉《送陈奎文嵩归如皋》[⑨]于集中次第均在嘉庆二年，沈津《翁方纲年谱》亦据翁诗系于嘉庆二年。[⑩] 再如五月条："金学莲饮于卷施阁，大醉未归，伊秉绶致书慰之，其有答诗。"并引金学莲《答伊大墨卿》及自注"来书云：足下大醉，宿卷施阁，极可乐事"云云。[⑪] 然依《留春草堂诗钞》卷中次第，此诗似当作于二年。李谱嘉庆二年七月十一日条引洪氏《十一日同人集卷施阁醉后作》小

---

① 〔清〕王引之《王文简公文集》卷四，《续修四库全书》影印民国十四年罗氏铅印高邮王氏遗书本，第1490册第404页。

② 〔清〕江尔维《倪迂存先生年谱》卷上，《北京图书馆藏珍本年谱丛刊》影印清光绪十五年望江倪文蔚两勉强斋刻《迂存遗文》本，第118册第96页。

③ 《倪迂存先生年谱》卷上，第103—104页。

④ 谭平国《伊秉绶年谱》，上海：东方出版中心，2017年，第117—118页。

⑤ 《伊秉绶年谱》，第113页。

⑥ 《洪亮吉集·卷施阁文乙集续编》，第399页。

⑦ 《洪亮吉年谱》，第241页。

⑧ 〔清〕翁方纲《复初斋诗集》卷五〇，《续修四库全书》影印清刻本，第1455册第124页。

⑨ 〔清〕赵怀玉《亦有生斋集·诗》卷一五，《续修四库全书》影印辽宁省图书馆藏清道光元年刻本，第1469册第435页。

⑩ 沈津《翁方纲年谱》，台北："中研院"中国文哲研究所，2002年，第352页。

⑪ 《伊秉绶年谱》，第118页。

注云“金手山等皆留宿阁中”,[①]金氏《三李堂集》亦系此诗于丁巳年,[②]知确为二年事也。又如谭谱将伊氏《洪稚存招同人祭诗》系于元年十二月廿九日,且有考证云:“吴树萱并未与会,然《霁春堂集》有《题张船山画贾仙祭诗图》、《小除夕洪稚存同年斋中祭诗,题庚戌岁船山稚存两人祭诗图》,细绎诗意,应为嗣后洪亮吉属其为乾隆庚戌(1790)、嘉庆丙辰(1796)两次祭诗图所题。”[③]然依集中次第,伊氏此诗当作于二年。殆嘉庆元年、二年,洪氏均曾招同人于卷施阁祭诗,[④]吴氏所预者,乃二年者也,而伊诗所咏者,亦为此次。今考洪氏此诗次于《题湖山归养图送吴榖人侍读假归》《东风行送陈肖生山人嵩归扬州》后,《香山散直同赵味辛舍人游卧佛寺》前。[⑤]吴氏假归在二年二、三月,[⑥]陈氏南旋亦在此时。复检赵氏诗集有《重九后一日同伊比部秉绶游普觉寺》诗,[⑦]普觉寺即卧佛寺也。据集中系年,知赵诗作于二年,则洪诗亦当作于二年矣。

## 六、题竹柏楼居图

竹柏之图,伊谁所画。我亦鲜民,泪随言下。云是今孝子,筑楼表其亲。母为曹大家,儿亦袁愍孙。开窗东崦西崦,绕屋南溪北溪。佳哉是母是子,乃尔朝斯夕斯。楼前山色青无已,楼下水波清见底。课儿读书窗甫启,我欲上楼先顶礼。(录自袁廷梼《霜哺遗音》卷四,国图藏清嘉庆刻本,第10b—11a页)

按:洪氏有《竹柏楼记》云:“余顷以罪谪伊犁,不半岁,蒙恩释归。”[⑧]考李谱嘉庆六年(辛酉,1801)五月下有“题袁廷梼《移居载书图》”“题袁廷梼所集明东林诸贤及黄道周手札之长卷”两条。[⑨]洪氏赦还归里在五年九月,[⑩]《竹柏楼记》及此诗虽具体作时不详,然不妨即系于六年相关条下以并观。

---

① 《洪亮吉年谱》,第253页。
② 〔清〕金学莲《三李堂集》卷三,《清代诗文集汇编》影印清嘉庆十一年刻本,第508册第154页。
③ 《伊秉绶年谱》,第128页。
④ 《洪亮吉年谱》,第239页、第259页。
⑤ 《留春草堂诗钞》卷二,第712—713页。
⑥ 刘欢萍《吴锡麒年谱》,《乾嘉诗人吴锡麒研究》附录,南京:凤凰出版社,2016年,第431页。
⑦ 《亦有生斋集·诗》卷一五,第441页。
⑧ 《洪亮吉集·更生斋文甲集》卷一,第967—968页。
⑨ 《洪亮吉年谱》,第338页。
⑩ 《洪亮吉年谱》,第327页。

## 七、罗敷媚 题写韵楼遗集后并简山民待诏二首

人间奇福都曾占，朗是兰成，妾是双成，读画敲诗岁屡更。 三生慧业终难昧，写韵前生，用韵今生，尚剩灵根付再生。

当时分调吟花柳，花也精神，柳也精神，共向楼头羡璧人。 如今七夕中秋节，星也含嗔，月也含嗔，拌得黄昏静掩门。（录自吴琼仙《写韵楼诗集·题辞》，国图藏清道光刻本，第3b—4a页）

按：此二首又载《黎里志》，诗题作“题子佩夫人写韵楼遗诗调罗敷媚”①。吴琼仙为徐达源（山民）妻，洪氏为撰墓铭。② 据词意，吴氏似已作古。洪氏嘉庆八年（癸亥，1803）三月十八日与徐达源书云：“《写韵楼诗》已读一过，恐无副本，今并《状略》缴上。”③疑题辞即作于此时，不妨系于一处以并观。

## 八、赠王述庵

珠街泾口落帆迟，五载重逢慰所思。硕果近看余一老，削瓜早见历三司。百千著录偏能记，门下弟子极多。八十研经不废诗。却望西南洗兵马，荩臣风度总忧时。（录自王昶《春融堂集》卷二四，《续修四库全书》影印上海辞书出版社藏清嘉庆十二年塾南书舍刻本，第1437册第615页）

按：此为王昶《寒夜洪稚存见访》诗所附洪氏原作，据集中次第，知作于嘉庆八年（癸亥，1804），是年王昶八十。王诗“闻说云山开讲习”句下小注云：“时将主宁国书院。”访王昶事年谱未载，可补入。

## 九、题空山听雨图二首

不散天花不习禅，此中楼阁小如船。山居莫厌高寒甚，记是修真谢自然。

花枝如绣草如梳，尚忆东风二月初。万点两声千仞壁，最无人处一帘疏。

甲子冬杪舟过梁溪，韵香主人属题。更生居士洪亮吉。（录自《〈空山听雨图〉册题咏选》，《中国书画》2011年第9期，第24页）

---

① 〔清〕徐达源等《黎里志》卷一四“艺文”，清嘉庆十年禊湖书院刻本，第15b—16a页。

② 《洪亮吉集·更生斋文甲集》卷三，第1017—1018页。按：又载《写韵楼诗集》卷首。

③ 《洪亮吉北江遗文辑存》，第240页；拙稿《李著洪亮吉年谱补正》，《中国典籍与文化论丛》2017年第18辑，第274—275页。

按：可补入《年谱》嘉庆九年（甲子，1805）。关于此图及韵香其人，可参蔡卫东《空山独对数峰青——女冠韵香及其〈空山听雨图〉册》、[①]毛慧《清代梁溪女冠王韵香研究》。[②]

## 十、题邗江游草二首

何须十万贯缠腰，方到扬州念四桥。只觉故人清福好，花刚迎面柳垂条。

心香一瓣奉南丰，诗老仍推大阮工。乐煞隔江文待诏，文章太守值欧公。宾谷、芸台、墨卿皆倾倒君才。

学弟洪亮吉题。（录自《紫藤花馆藏帖》，北京：当代中国出版社，2001年，第37页）

按：诗题据《紫藤花馆藏帖》卷首目录，此二首又载《黎里续志》。[③]《山民先生年谱》"嘉庆十二年"条："新正有维扬之行，……过毗陵小泊，就洪太史亮吉话旧。元夕抵邗江，……此游得诗前后共五十余首，别为《邗江游草》，洪太史、尤大令、郑茂才璜皆有题句。"[④]

## 十一、题铁崖前辈家庆图二首

筑室遥邻宣武坊，五云深处景偏长。南荣早署南陔字，绝胜人间昼锦堂。

浮荣争羡黑头公，当与君家拜下风。亲发未斑孙已抱，几生修得到图中。

铁崖老前辈属题家庆图，即求诲正。阳湖馆后学洪亮吉。（录自马钦忠《滂沛寸心：清代名贤诗文稿集萃》，北京：国家图书馆出版社，2013年，第310—311页）

按：此图当时题咏者甚夥，参《伊秉绶年谱》"嘉庆元年"条。[⑤] 徐立刚，字铁崖，又字条甫，号百云，[⑥]上虞人。乾隆乙未（四十年，1775）进士，官翰林院编修，尝典试湖南，督学安徽，缘事左迁，著有《五经旁训》《辨体合订》《铁崖诗文集》等。[⑦]

---

① 蔡卫东《空山独对数峰青——女冠韵香及其〈空山听雨图〉册》，《中国书画》2011年第9期。

② 毛慧《清代梁溪女冠王韵香研究》，江南大学人文学院2016年硕士学位论文。

③ 〔清〕蔡丙圻等《黎里续志》卷一三"集诗"，清光绪二十五年禊湖书院刻本，第7a页。

④ 〔清〕佚名《山民先生年谱》，《上海图书馆藏珍本年谱丛刊》影印民国九年吴江柳氏红格钞本，第13册第145—146页。按：亦可参《伊秉绶年谱》"嘉庆十二年"条。

⑤ 《伊秉绶年谱》，第115页。

⑥ 〔清〕朱士黻等《（光绪）上虞县志》卷四"选举表"，《中国方志丛书·华中地方》影印清光绪十七年刻本，第63号第136页。

⑦ 〔清〕潘衍桐《两浙輶轩续录》卷一一，《续修四库全书》影印清光绪十七年浙江书局刻本，第1685册第288页。

## 十二、题秋夜读书图

半宵已有读书声，莲漏参差出凤城。带得二分明月色，第三厅上数秋更。（录自杨钟羲《雪桥诗话三集》卷一〇，北京：北京古籍出版社，1991 年，第 415 页）

按：《雪桥诗话三集》卷一〇："嘉庆辛酉（六年，1801），甘泉程寿龄漱泉，为仪征程定甫按察赞清绘秋夜读书图，同以壬戌（嘉庆七年，1802）入翰林。洪北江、法梧门、吴谷人、山尊诸君皆有题诗。北江两绝句，其一云……不见集中。"据此知洪氏题诗实有两首，《诗话》仅录其一。

## 十三、赠凌芝泉

卓荦鸿才笼九有，尚搜活东注蝌蚪。当代畴操月旦评，惟君合置风华首。原知终与凤鸾群，何幸不遗牛马走。笔阵千军背水陈，词源三峡奔雷吼。平居镂□□裁云，到处嘲桃还谑柳。但会庄生外物心，宁希邹氏谈天口。鸱鸮一任吓鹓雏，桃梗无妨笑土偶。秀气攸钟本岳河，虚名罔济空箕斗。只愁青镜换朱颜，转瞬黄童成白叟。分阴当惜我同然，赠句难工君恕否。火候虽输九转丹，推敲亦费八叉手。润笔无须白打钱，酬庸好醉黄封酒。（录自凌霄《快园诗话》卷四，《续修四库全书》影印清嘉庆二十五年刻本，第 1705 册第 289 页）

按：凌霄（1772—1828），一名延煜，字一飞，一字芝泉，江宁人，官州判。尝入毕秋帆幕，工书画，善篆刻，有《快园诗话》《芝泉集》。[①]

## 十四、赵篴楼宿寒石丈室诗清远可爱赋此以佐清况

矫矫岭头松，苍翠落寒石。只有文殊翁，留宿净名客。钟敲莲漏残，月出四山白。（录自吴翌凤《吾与汇编》卷六"投赠诗篇上"，《稀见清代四部辑刊》第 1 辑影印清嘉庆二十一年刻本，第 83 册第 251—252 页）

按：赵慎畛（1762—1826），字遵路，号篴楼，晚号蓼生，嘉庆元年（丙辰，1796）进士，选庶吉士，授编修，生平详姚莹《太子少保兵部尚书都察院右都御

① 李浚之《清画家诗史》戊集上，《海王邨古籍丛刊》，北京：中华书局，1990 年，第 257 页。

史云贵总督谥文恪武陵赵公行状》。[①]《清史稿》卷三七九、[②]《清史列传》卷三三有传。[③]

## 十五、徐山民修俟斋先生祠堂作

平望湖头水，蘋花采尚新。松杉今佛屋，香火古遗民。师友渊源雅，须眉想像真。一家忠孝备，尤足励宗人。(录自蔡丙圻等《黎里续志》卷一三"集诗"，清光绪二十五年禊湖书院刻本，第7a页)

## 十六、与蒹斋书

年余叛袂，时切驰思，敬惟年大兄大人宦履绥和，官斋集庆，曷胜遥祝。惟闻夏秋间引河开浚，工务贤劳，知抵化疆，尚未旬日，念甚念甚。弟以家务纷纭，至十月中方克抵汴，一切托荫粗安。在里中束装时，吴次升兄属问近祺，渠大约岁初始能诣贵治耳。藉便顺候升安，余不宣。蒹斋年大兄老先生阁下，年愚弟洪亮吉顿首。(录自株式会社东京中央拍卖2015年春季拍卖会"古籍善本"专场图录)

按：蒹斋，未详。吴阶(1757—1821)，字次升，号礼石，武进人。生平详陆继辂《山东曹州知府吴君阶墓志铭》、[④]宗稷辰《吴曹州家传》。[⑤] 许隽超《国家图书馆藏黄易致洪亮吉四札考释》曾引及此札，并考订作年为乾隆五十一年(丙午，1786)，[⑥]可补入《年谱》。

## 十七、与邵二云书三通

洪亮吉顿首，二云先生执事：奉到七月初一手书，知文从已抵都中，日来想眷属亦当到寓，惟动定安和，谭府万福是祝。舍甥汪生未识已来受业否？祈切实教之是感！来人怔忪，附问兴居，不宣。亮吉再顿首。

---

① 〔清〕姚莹《东溟文后集》卷一二，《续修四库全书》影印清同治六年姚浚昌安福县署刻《中复堂全集》本，第1512册第593—598页。

② 赵尔巽等《清史稿》卷三七九，北京：中华书局，1977年，第11599—11601页。

③ 〔清〕佚名《清史列传》卷三三，北京：中华书局，1987年，第2582—2585页。

④ 〔清〕陆继辂《崇百药斋续集》卷四，《续修四库全书》影印清道光四年合肥学舍刻本，第1497册第95—96页。

⑤ 〔清〕宗稷辰《躬耻斋文钞》卷九，《清代诗文集汇编》影印清咸丰元年刻本，第576册第344—345页。

⑥ 《国家图书馆藏黄易致洪亮吉四札考释》，第20页。

如在冬杪，则亮吉亦由汴入都之局。此间岑寂无事，笺《左传》日可得数条，惜师资在远，不及一二觅之为歉也。舍甥谅时来问业，幸切实诲之，并问起居，不宣。洪亮吉顿首启，又七月廿六日。

数日不趋晤，想谅雨后起居清快也。闻永清周公所刊《历朝年号图》，老前辈处有副本，可否恩赐一章？又教习诸同年有来谒见者否？并希示知。后学洪亮吉手肃。（录自朱兰《南江先生年谱初稿》，收入《朱兰文集》，杭州：浙江大学出版社，2015年，第342、345页）

按：永清周公即周震荣（1730—1792），字青在，一字筤谷，嘉善人，乾隆十七年（壬申，1812）举人，尝聘章学诚纂修《永清县志》，生平详章氏《周筤谷别传》。[①] 朱兰《南江先生年谱初稿》将前两札系于乾隆五十一年（丙午，1786），有考证云："玩两札语气，北江与先生上年实同在汴中，此时北江尚未离汴，故属是年。"且谓第二札"上页似失去"。[②] 末一札系于乾隆五十五年（庚戌，1790）。

## 十八、与武虚谷书

补著"司甲"，精核之至，弇山尚书亦深钦佩也。恐即欲付木工，是以送上。惟题签四字稍觉近时，弟妄拟一名，并乞钱君为篆就呈正。同门至好，当不以为妄耳。附问眠食，不。黄门小弟洪亮吉顿首上，虚谷先生同门。十三日晨刻。贻伯大兄并希候好。（录自中国嘉德2018秋季拍卖会"笔墨文章—信札写本"专场图录）

按：此札有藏者题识云："此二札致偃师武虚谷，壬子夏丰县李问渠赠于青门。"惜图录所示，仅此一札。武亿《三礼义证·周礼夏官》"司甲"条云："稽周典缺，率由犷秦。司甲既佚，孰网旧文。缀之缉之，俨遗制存。行为射的，莫我一身。用御其侮，尚托仁人。为补甲制证释，凡条目区别者为数三十有三。"[③] 所谓"补著'司甲'"即指此篇。贻伯即王思均，王增之子。[④] 札云"贻伯大兄并希候好"，则知武氏尚馆于王增怀庆府通判署中。考武氏初馆王氏官署，在乾隆五十二年（丁未，1787）夏，次年二月因洪氏引荐，转入毕沅幕府，同年五月以病辞去，复馆于王氏署中，直至五十五年，[⑤] 则此札当作于五十二年夏至五十五

---

① 〔清〕章学诚《章学诚遗书》卷一八，北京：文物出版社，1985年，第179—180页。

② 〔清〕朱兰《南江先生年谱初稿》，收入《朱兰文集》，杭州：浙江大学出版社，2015年，第342页。

③ 〔清〕武亿《三礼义证·周礼夏官》，《续修四库全书》影印清道光二十三年刻本，第110册第22页。

④ 陈鸿森《武亿年谱》，《"中央研究院"历史语言研究所集刊》2014年第85本第3分，第520页。

⑤ 《武亿年谱》，第512—522页。

年之间矣。既云“弇山尚书亦深钦佩也”，则洪氏似在毕沅幕中。五十二年春，洪氏计偕北上，落榜里居，直至年末方赴毕沅幕府；五十三年在毕沅开封、武昌节署；五十四年后不复入幕，直至五十五年获隽。[①] 据此，则此札或作于五十二年年末洪氏至毕沅幕府后至次年二月武氏至毕沅幕府前，或作于五十三年五月武氏离开后。洪氏钱姓友人工篆书且曾入毕沅幕府者，唯钱坫、钱泳二人。钱坫于五十二年夏秋间任咸宁知县，[②]离汴赴秦，似与此不合，而钱泳当时恰在毕沅开封幕中，则此钱君或即钱泳。考钱泳于五十二年十月底抵开封，次年八月中旬以事南归，[③]则钱、洪共居幕府之时为五十二年年末至次年八月，可进一步推定此札或作于五十二年年末洪氏至毕沅幕府后至次年二月武氏至毕沅幕府前，或作于乾隆五十三年五月武氏离开毕沅幕府后至八月钱泳离开前。

## 十九、与黄小松书

小松九兄足下：前奴子回南，曾泐一行，奉问起居，谅登记阁。日来搜采金石又得几种？有副本能惠一二册否？弟现商刊《乾隆府厅州县图志》，如能告竣，定当先寄呈左右耳。来春家累从水路北来，道经贵治，幸一切照拂之是感。玉琴试竣回南，颇窘于费，足下知好有素，定能为之料理一切耳。藉便附问升安不备。伯母前为请安。愚弟洪亮吉顿首。（录自秦明《吴湖帆旧藏〈黄小松功德顶访碑图卷〉考鉴》，《故宫学刊》2016年第2期，第274页）

按：玉琴即储润书（1745—1811），已见年谱。[④] 札云“前奴子回南”，“来春家累从水路北来，道经贵治”，“玉琴试竣回南”，则洪氏时居北京，黄易已在山左，且该年有会试。考黄易于乾隆五十四年（己酉，1789）十月任山东兖州府运河同知，[⑤]至六十年夏丁忧南返，[⑥]其间五十四年、五十五年、五十八年、六十年均有会试，而洪氏于五十四年落第后旋即回南，五十五年得隽后始留都门，至五十七年八月有贵州学政之命，复离都赴黔，则知此札必作于五十五年矣。然李谱“乾隆五十六年”条云：“春，王复自汴中至京，集于惜阴秉烛山房，并送储润书南归，罗聘作图纪事，有诗。”则与拙说似相龃龉。考李谱所据为洪氏《卷

---

① 《洪亮吉年谱》，第135—154页。

② 陈鸿森《钱坫年谱》，《中国经学》第9辑，桂林：广西师范大学，2012年，第145页。

③ 李国强《钱泳年谱》，湖南师范大学文学院2017年硕士论文，第26—36页。

④ 《洪亮吉年谱》，第164页。按：李谱谓储氏生卒年不详，殆未利用《清代人物生卒年表》。《年表》所据为《宜兴丰义储氏分支谱》，今据储氏诗集及所附储廷英《小秋兰馆诗草》所考与《年表》同。

⑤ 杨国栋《黄易年谱初编》，《当代山东书学研究丛书》，济南：山东画报出版社，2017年，第152页。

⑥ 《黄易年谱初编》，第205页。

施阁诗》卷九《王大令复自汴中来邀同人小集惜阴秉烛山房罗布衣聘作图纪事是日并送储明经润书南归分韵得租字》"官满趋金阙，春浓买玉壶"句，并有按语云："此会似在辛亥年春，因而姑系于此。"[①]陈金陵《罗聘年谱》亦将此诗系于五十六年。[②] 考储润书《秋兰馆烬余剩稿》卷二有《王秋塍大令招同崔筠客宫赞杨六士仪部洪稚存编修孙渊如水部徐惕稚太守汪剑潭国博万华亭大令张莼楼余伯扶孝廉罗两峰山人集惜阴秉烛之堂。两峰作图以载酒有人问字打门无吏催租分韵得打字》诗，知与洪氏所记者为同次聚会。储诗云："天寒催雪至，叶落如雨打。"[③]后即《夜行任邱道中》《过雄县》《车中即事》等诗，应在南下途中。《夜行任丘道中》云："霜月凝沍中，寤寐各参半。""日出寒愈严，县近声乃涣。"[④]《车中即事》云："鸡鸣月当午，寒气交于途。""风铦欲堕指，冰柱乃在须。"[⑤]纪行之作，当为实写，知储氏南返，必在冬日。且据储诗，知与会者有万应馨（华亭），而万氏已于五十五年底离京赴粤。[⑥] 若在五十六年春，则万氏何能与会？又考洪诗次于《送万大令应馨之官广东》前，此又一旁证也。惜未及检汪端光（剑潭）、杨梦符（六士）、余鹏年（伯扶）诸人诗集以相质证。[⑦] 吕培《洪北江先生年谱》"乾隆五十六年"条云："四月，蒋宜人率眷属由水路抵都。"[⑧]马振君《孙星衍年谱新编》[⑨]、《黄易年谱初编》[⑩]均将《清代名人手札》所载黄易来札系于五十六年，札中有"储玉琴来，接兄与稚存兄手书……稚存兄宝眷想早已抵都"云云，亦与此札"来春家累从水路北来，道经贵治"相合。储氏既于五十五年冬离京，则"王复自汴中至京"亦当在五十五年矣。检王复《晚晴轩稿》卷五有《都门旅舍与家少林司马夜话》《同罗两峰山人徐惕庵太守洪稚存编修杨六士比部汪剑潭学正崔云客编修储玉琴明经余雪村孝廉集孙渊如比部寓斋分韵得轩字》等诗，[⑪]殆即作于是年入都之后。

---

① 《洪亮吉年谱》，第163、164页。

② 陈金陵《罗聘年谱》，收入《清史浅见》，沈阳：辽宁民族出版社，2013年，第349页。

③ 〔清〕储润书《秋兰馆烬余剩稿》卷二，清道光十年经畬堂刻本，第10b—11a页。

④ 《秋兰馆烬余剩稿》卷二，第11a页。

⑤ 《秋兰馆烬余剩稿》卷二，第11b页。

⑥ 《洪亮吉年谱》，第162页。

⑦ 此条撰毕，始知许隽超先生撰有《汪端光年表》。检《年表》，亦将储诗系于五十五年（《明清文学与文献》第3辑，北京：社会科学文献出版社，第205页）。

⑧ 〔清〕吕培《洪北江先生年谱》，《洪亮吉集》附录，第2340页。

⑨ 马振君《孙星衍年谱新编》，黑龙江大学文学院2015年博士论文，第153页。

⑩ 《黄易年谱初编》，第168页。

⑪ 〔清〕王复《晚晴轩稿》卷五，《清代诗文集汇编》影印清乾隆刻本，第422册第368—369页。

## 二十、与朱树堂书

洪亮吉顿首，肃启树堂先生广文足下：阔别三十年，忽奉手书，并颁近刻，雒诵数过，清如玉壶之冰，润如金掌之露，丰神奕奕，仙骨珊珊，洵足以坛坫艺林，楷模来学，钦佩奚似。亮吉中岁以来，学殖日落，昨蒙圣恩，得以旋里。方且杜门思过，不敢孤天地之恩；于野力耕，稍可贡太平之税。如是而已。承以大集序文见诿，此时尚未敢涉笔，容日构成请教。儒官俸薄，然最可从容著书，羡甚羡甚。附便率复，即问起居，并谢大教，不尽欲言。壬戌新正十日亮吉又顿首。（录自朱滋年《树堂诗钞》卷首，清嘉庆刻本）

按：可补入《年谱》嘉庆七年（壬戌，1802）。朱滋年，字润木，号树堂。拔贡，官来安教谕，著有《树堂诗文钞》等。[①]《树堂诗钞》卷二、卷三卷首均有"阳湖洪稚存先生鉴定"字样，知曾经洪氏审阅。卷二《赠洪稚存亮吉用昌黎石鼓歌韵》、卷七《怀稚存阳湖》，皆可见二人交谊。

## 二十一、与张兰渚书

自使节频历东南，久疏笺启，然闻中戚友回南，未尝不敬询台祺。又欣悉圣眷优隆，舆情爱戴，田间野叟，曾荷帡幪，未有不时时南望卿云，为额手称庆耳。亮吉自蒙恩放归，皆藉笔耕糊口，所幸筋力未衰，尚可以衣食于奔走。儿子辈又尚不能谋食归养，以此为恨耳。承询及宋板书籍，亮吉既无力藏书，又此时江浙大僚购之者颇众，遂致书估居奇，旧家增价，而完善可呈进者亦少。惟闻李冬彩前辈尚有十余种，此时现掌蕺山书院，便中或作札问之。渠本欲待价而酬，定当欣然从命耳。他处如有善本，亮吉亦当不时留意。容再驰启，藉便先肃问崇安。寒序乍来，惟望一切为国自爱，不尽欲言。治年愚弟洪亮吉顿首肃启，兰渚公祖大人同年阁下。（录自中国嘉德 2016 年春季拍卖会"古籍善本"专场图录）

按：张师诚（1762—1830），字心友，一字兰渚，浙江归安人。乾隆五十五年（庚戌，1790）进士，改庶吉士，授编修。生平详《一西自纪年谱》。[②]《清史稿》卷

---

① 鲁式谷等《（民国）当涂县志》，《中国地方志集成·安徽府县志辑》影印民国钞本，第 40 册第 80 页。

② 〔清〕张师诚《一西自纪年谱》，《北京图书馆藏珍本年谱丛刊》影印清道光间归安张氏刻本，第 126 册。

三五九有传。[①] 考张氏于嘉庆十一年(丙寅,1806)十月调任福建巡抚,十二月始抵闽,[②]而洪氏于十四年夏五月十二日作古,[③]可知此札当作于十一年至十四年之间。札中既云"自使节频历东南,久疏笺启,然闽中戚友回南,未尝不敬询台祺",则张氏已上任有年,似不当作于十一年矣;又云"寒序乍来",而洪氏又于十四年夏作古,则此札必作于十二年或十三年。李冬彩,未详。考李尧栋字东采,山阴人,乾隆三十七年(壬辰,1772)进士,于洪氏为前辈,生平详陈用光《资政大夫前湖南巡抚李公神道碑铭并序》,[④]不知是否一人。

## 二十二、与徐山民书

颁到手言,始悉足下近又奉生母太夫人之忧,为之惋愕频年。足下连有骨肉之丧,可云遭家不造矣。然尚有老亲在堂,幸节哀自爱为属。至一切日用酬应,足下读礼之余,均当亲自检点,简之又简,则并当旧业,或尚可为善国。亮吉幼孤赤贫,是以颇知稼穑之艰难,人情之冷暖,知好有素,亦愿足下如此耳。馆事羁身,不能即行吊唁,究候之另日也。《黎里志序》制就寄正,先此布问孝履,不尽欲言。亮吉顿首启山民先生待诏阁下。

天中节后二日雨窗。(录自《紫藤花馆藏帖》,第37—38页)

按:《山民先生年谱》嘉庆九年条:"二月二十二日,生母姚太安人卒。"[⑤]洪氏《黎里志序》末署"嘉庆九年岁在甲子长至前一日"。[⑥] 考嘉庆九年(甲子,1804)五月十五日癸卯为夏至(长至),前一日已在天中节五月五日之后,似与此札矛盾。或札中虽云"制就",实则并未完篇,待信札寄出时已在序成之后,故序文时间晚于书札;或今传序文为后来改定之本,非随札邮寄者。然无论如何,此札作于嘉庆九年五月五日则断无可疑。关于徐达源之生卒年,李谱谓不详,[⑦]实则《清代人物生卒年表》已据《明清江苏文人年表》考为"乾三二——道二六(1767—1846)"。[⑧] 今检徐氏年谱,知生于乾隆三十二年十二月十七日,公历为1768年2月5日,《年表》小误。

---

① 《清史稿》卷三五九,第11360—11361页。

② 《一西自纪年谱》,第63—64页。

③ 《洪亮吉年谱》,第522页。

④ 〔清〕陈用光《太乙舟文集》卷八,《续修四库全书》影印浙江图书馆藏清道光二十三年孝友堂刻本,第1493册,第424—427页。

⑤ 《山民先生年谱》,第141页。

⑥ 《黎里志》卷首,第2a页。

⑦ 《洪亮吉年谱》,第370页。

⑧ 江庆柏《清代人物生卒年表》,北京:人民文学出版社,2005年,第646页。

## 二十三、检讨端峰张公家传

检讨名谔，字廷一，端峰其别署，浙之海盐人也。高祖给谏讳惟赤，曾祖主政讳皓，祖赠公讳芳溶，本生祖比部讳芳湄，父赠公讳宗松。赠公生六子，先生次第三，生而敦敏，无子弟之过，孝友肫笃，内行重于乡里。早岁补博士弟子员，绩学能文，困于场屋，年几耄，应己酉恩科乡试，同考官开化令杜君得先生卷，叹为实学，荐之不售。大吏奏请，赐举人。明年应会试，赐翰林院检讨。乙卯入都，恭预千叟宴，赐杯杖、缎匹、荷包等物，阅数载卒于家。先生为海盐望族，家有涉园，林泉绝胜，为六世祖大白先生读书处，藏书之富，甲于东南。先生家居力学，兄弟自相切劘，能编诵经史百氏之言。生平有所述作，最矜慎，不轻下笔，必求字字合于古人，顾暗淡潜修，世无知者。同时有吴君澹川，与先生皆耆年硕学，浙西称鲁灵光。澹川遇毕弇山尚书，罗致幕府，为之延誉于四方宾客，以是老而知名，先生独不介交游以自通。当是时，海内名公巨卿多负人伦藻鉴，举凡高才俊民，一艺之长，莫不求通声气，博称誉，交相引重，以取传于当世，而先生悠然养晦，独以老儒宿学自全其天，不乐一时之浮名，卒之年登大耆，神明不衰，躬逢盛世，身膺旷典。其学问之深醇，虽不见用于时，而天之所以报其若志者，亦良厚矣。先生娶李氏，秀水诸生讳承曾女，有淑德，治家有法，是以先生得专力于学。子二：长贵裕，国学生；次书圮，诸生，皆以孝友称，能继其家学。

论曰：余丙午过吴门，访潘君榕皋，榕皋为余言端峰之笃学。适端峰自其弟山阳官署还浙，余因得订交舟中。后端峰往来山阳，道出兰陵，余必出所著以相质，端峰亦以所为文示余。余曰："君之学，流俗何能识之。"端峰曰："吾但计学之至不至，初不计人之识不识也。"呜呼，此可以知端峰矣！余自塞外归，知君已下世，因其孤之请为之传，盖益深老成难再之慨已。（录自张寿康《海盐张氏族谱》卷三，清光绪二十五年刻本，第40a—41b页）

按：张谔生康熙庚子（五十九年，1720）十一月初九日，卒嘉庆丁巳日（二年，1797）七月十五。① 洪氏此文作年不详，既云"自塞外归"，则不妨系于嘉庆五年（庚申，1800）赦还返里之后，②以见二人之交谊。洪氏访潘榕皋并与张谔订交事，可补入乾隆五十一（丙午，1786）年春。

---

① 〔清〕张寿康《海盐张氏族谱》卷七《十六世至二十世敬哉公支》，清光绪二十五年刻本，第82页。

② 《洪亮吉年谱》，第327页。

## 二十四、白纻山人稿跋

大集五言，气息之雅，纯乎古人，近时作手，罕见其比。诗家正法眼藏，七律清雄华茂，极尽能事；咏古诸什，尤为擅场；歌行杂体，导源骚选，博综韩苏，大者澜回，细者波皱，而一泽以古音。大雅之材三十一，非君其谁与归？戊戌祀灶前一日阳湖弟洪礼吉(榜名亮吉)拜跋。(录自《树堂诗钞》卷首)

按：可补入《年谱》乾隆四十三年(戊戌，1778)。

## 二十五、洪节母蒋太孺人诔跋

先母懿德，述之累幅难尽。名公巨卿所赠传赞志铭，辄洒洒数千言，君独以少为贵，出以矜炼，殆高揖群言、博约而温润者与？洪稚存。(录自朱滋年《树堂文钞》，国图藏清嘉庆刻本，第39b页)

按：朱滋年《洪节母蒋太孺人诔》云："乾隆四十一年丙申(1776)十月二十六日，洪君礼吉榜名亮吉丧其母蒋太孺人。越二年戊戌十二月五日归葬，以状投其友朱滋年……"[①]《年谱》未载，可补入。

## 二十六、瘦人诗馀跋

余与瘦人交二十年矣。忆戊戌夏，偕江都汪容甫访瘦人于剪湘巢水榭。时瘦人方临流授徒，意气闲雅，然不数十语即握别，未暇窥其撰述也。今年秋复来白门，瘦人年已七十余，精力尚若少壮时，因日与游于城南胜地。瘦人间出其所著诗余示余，余反复读之，其境地之清远，音律之谐切，于南渡后可以追白石、玉田，即在近时，亦可颉颃竹垞、红友，非用功数十寒暑，不能臻此意境，洵必传之技矣。余幼喜为词，始意偶欲脱略绳检，不拘拘于格律。每一篇出，亦尝为里中艳传。然自知非正格，以是中岁即辍。今见瘦人词，益瞠然自失耳。嘉庆三年七月晦日，北江同学弟洪亮吉跋。(录自冯乾《清词序跋汇编》卷六，《古典文献新视野丛书》，南京：凤凰出版社，2013年，第2册第621页)

按：可补入《年谱》乾隆四十三年(戊戌，1778)、嘉庆三年(戊午，1798)。李

① 《树堂文钞》，第39a页。

葵，字瘦人，江宁人（今南京），工诗善书，[①]著有《瘦人诗馀》。

## 二十七、梅花喜神谱跋

余将放舟至吴门，偶于闲坊中得宋末郑所南井中《心史》，爱其咏梅诸绝，冷峭异常。今观宋器之《梅花谱》，又在所南之前，诗笔疏放，亦略相似，皆南宋中逸格也。更生斋居士洪亮吉跋于士礼居。（录自黄丕烈旧藏《梅花喜神谱》卷末，《中华再造善本》影印上海博物馆藏宋景定二年刻本）

按：据黄氏跋语，知此书乃嘉庆六年（辛酉，1801）北上计偕时购于琉璃厂。洪跋前为孙星衍嘉庆六年辛酉十二月初四日跋，后为张敦仁七年壬戌八月初四日观款，知洪跋即作于辛壬间，但不知是否与孙氏同时耳，不妨补入《年谱》嘉庆六年末以并观。

## 二十八、小峨近稿跋

运思新奇，落笔生动，闺中人又称劲敌，此乐恐神仙不如也。余适有赠君句云："官爵偶同文待诏，倡随欣得管夫人。"然以诗格而论，工丽或逊徵仲先生，风骨则不如今待诏也。更生居士洪亮吉读并跋。（录自《紫藤花馆藏帖》，第36页）

按：标题据《紫藤花馆藏帖》卷首目录，[②]徐达源又号小峨山人。[③]"官爵偶同文待诏，倡随欣得管夫人"句出洪氏嘉庆七年（1802）《赠徐达源待诏》。[④]既云"适有"，殆跋文即作于此诗后不久，不妨系于一处。

## 二十九、红雪词甲稿弁言

三英鼎立，伯为大冯。金石文秘，乐府才洪。小调柔转，长篇浩充。朝海浮碧，夜山闻钟。藐焉游散，林豁天风。璇思琅骨，古人今逢。词集冠世，名珍巨公。

集李阳冰书《侍郎碑》，洪亮吉题。（录自《清词序跋汇编》卷六，第2册第570页）

---

① 〔清〕蒋启勋等《（同治）续纂江宁府志》卷一四之四"人物"，《中国方志丛书·华中地方》影印清光绪六年刊本，第1号第255页。

② 笔者所据影印本拓片"峨"字无法辨识，此据林拯民《翰墨飘香 文采风流——〈紫藤花馆藏帖〉石刻考识》（《历史教学问题》，1989年第2期，第58页）补录。

③ 《山民先生年谱》，第123页。

④ 《洪亮吉年谱》，第370页。

按：冯云鹏(1765—1839)，字扶九，号晏海，又号红雪词人，崇川人(今江苏南通)，著有《红雪词》《扫红亭吟稿》，与弟云鹓合撰有《金石索》《崇川金石志》《古今钱谱》等。

## 三十、梅叶阁文钞题辞

沉着痛快处，其调则光英朗炼，此杜樊川、孙可之绝调也。庸音聒耳，得此如听成连之雅矣。稚存弟洪亮吉读。(录自陆鼎《梅叶阁文钞》卷首，《清代诗文集汇编》影印清刻本，第448册第2页)

## 三十一、广雅疏证跋及批注

卷一上卷末：

己未四月廿七日校竟。时借寓京师铁厂戴同年敦元寓，是日陶孝廉登云始迁去，儿子饴孙戊午同年也。先是，偕从舅氏蒋先生蘅暨表甥程璐并儿子五人自三月十六日从贡院南太清宫小寓移至此。舅氏以年过八十恩赏检讨，前六日与程甥由水路面南。时儿子亦遣往南宫、深州，有所索，尚未还，独居校书，斜日在牖，颇有闲趣。

乙丑六月十八日早凉校。在泾川志馆。

按：蒋蘅，字曙斋，乾隆壬午(二十七年，1762)科副榜贡生，事详《外家纪闻》。[①] 程璐为蒋蘅次女之子，与洪饴孙同举戊午(嘉庆三年，1798)乡试。[②]

卷一下卷末：

端午前一日点竟。新雨初晴，冷暖适中。是日饭后至实录馆定凡例条目，拟于初七日移寓内西华门外南池子关帝庙，以便至馆咫尺。

六月十九日志馆校。

卷二上卷末：

五月十一日点竟。时移寓内西华门外南池子关帝庙。是日奏派教习庶吉士，分教汤金钊等十三人，同里张君惠言预焉。午后，日微阴，风甚劲。

廿日巳刻校。蚤凉曾往北关看泾水，时久晴，水势乍缓，清澈可见底也。

---

① 《洪北江先生年谱》“乾隆十九年”条，《洪亮吉集》附录，第2325页。

② 〔清〕洪亮吉《外家纪闻》，清光绪三年授经堂刻本，第3b页。

卷二下卷末：

十五日未刻点竟。时炎暑，颇忆江南水乡，差喜无蚊蚋耳。

廿一日晨刻校。时天气久晴，禾苗甚茂。

卷三上卷末：

廿四日未刻点竟。时南中续寄到冬夏衣共五十件，曝于庭，气候炎煦，已若六月矣。

廿二日午后校。六月中此日最热。昨湾沚族侄西序寄到西瓜十八校、花红一篓。

卷三下卷末：

廿九日未刻点竟。时酷暑。前半日崔二礼卿来访。

廿三日巳刻校。大热。时翰林朱理、琦之祖欲入乡贤，因大宴宾客，满室满堂，又别宴余于义学三碧轩，地稍凉爽。

按：检《（嘉庆）泾县志》卷一九上有"朱武勋字燕侯"者，其文云"曾孙理、琦并入词林"，[①]知即朱理、朱琦之祖也。

卷四上卷末：

六月初二日申刻点竟。是日酷暑，课所派教习庶吉士，到者十一人，留饭始去。内白镕、朱菉二人以事未至。题为"夹竹桃赋""五星连珠五言诗八韵"。

廿四日午校竟。晴热。

按：白镕（1769—1842），[②]字冶原，号小山，晚号小迂，通州人，嘉庆四年（己未，1799）进士，选庶吉士，授编修。生平详汤金钊《大理寺卿前经筵讲官工部尚书小山白公墓碑》。[③]《清史稿》卷三七五有传。[④] 朱菉即朱渌，已见《年谱》。

卷四下卷末：

六月初四日未刻点竟。早间雨，午后酷暑。

廿五日巳刻校。晴热。

---

① 〔清〕洪亮吉《（嘉庆）泾县志》卷一九上"懿行"，《中国方志丛书·华中地方》影印民国三年重印本，第231号第1579—1580页。

② 陈鸿森《〈清代人物生卒年表〉订补（上）》，《中国典籍与文化》，2019年第4期，第135页。

③ 〔清〕汤金钊《寸心知室存稿》卷六，《清代诗文集汇编》影印清咸丰刻本，第507册第447页。

④ 《清史稿》卷三七五，第11561—11562页。

卷五上卷末：

初九日申刻点定。时积雨乍晴，气颇凉爽。

廿六日晨刻校。乍曙即起，乘早凉出泾县东门瑞道坊看白荷花甚盛，回途又诣赵家宗祠，并关神武庙看荷花。

卷五下卷末：

十三日未刻点竟。晴爽。

廿六日饭后校。阴云满空，或将甚雨，又冀一涤烦暑也。

卷六上卷末：

十六日申刻点竟。炎暑。早间得赵安阳希璜札，云已为亡友黄仲则全刊诗集至八百首，可喜也；并索其所作词，行当作书促其子一生以本寄来，再付赵君耳。时一生在兴化令颜君崇椝处。

二十八日辰刻校。自十三不雨迄今日，山田望泽殊甚，断屠沽已两日，望之望之。

丙寅六月廿四日，在宣城志馆又校至此，亦望雨殊切。

按：一生即乙生，黄仲则子，已见《年谱》。

卷六下卷末：

十七日申刻点竟。晴明无雨。法祭酒饷银鱼。

廿九日巳刻校。时半月不雨，山田待泽甚殷，不仅炎暑□人也。两广文来访，赵明经绍祖亦来。

廿五日又校。望雨之至。

按：“□”，模糊不可辨识，疑为“困”字。

卷七上卷末：

廿二日未刻点竟。时大雨新霁。

廿九日饭后校。雷声在檐，或当有雨。甫书毕，雨已骤下，约半寸而止。堂廨爽豁，殊服清凉散也。

廿六日日昃校。昨大雨达旦，震雷激电，彻夜有光。今午后雷声又在檐矣，岁事可十分也。

卷七下卷末：

七月初四日铺时点竟。酷暑已十日矣，江南不过尔尔。

又六月初二日巳刻校。连日得雨，人心已定矣，天宇亦稍凉。王教谕崇兰将以早晴觞我于学宫荷花池上。

七月初二日日昃校至此。时连雨二日，围田又虑浸没，幸向晚有晴意矣。

按：《（嘉庆）泾县志》纂修姓氏有泾县教谕名黄崇兰者，[①]当与王崇兰为同一人，已见《年谱》。

卷八上卷末：

七月十七日申刻点竟。秋雨乍凉，颇有季鹰之思。时已定于九月杪恭送纯皇帝梓宫后乞假挈儿子南下矣。

又六月初四日未刻校。时三日不雨，山田又复望泽。书竟忽急雨从东南来，约半寸许，暑气亦少收。雨后又雨，多者至四五寸不等。

丙寅七月七日又校。昨始游三天洞回，得诗六首。时天宇晴爽，望家中食物未至。

卷八下卷末：

十九日铺时点竟。大雨如注，承尘漏者三处。

初五日昃校。时雨后承尘亦漏数处，家中遣香桂奴子至此。

卷九上卷末：

七月廿八日申刻点竟。自实录馆回，热甚。

初五日申刻大雨中校。雨彻夜不绝，三田大足矣。

初八日午校竟。晴，大热。

卷九下卷末：

八月初三日申刻点竟。是日午刻，扬州旧友潘茗庵、汪剑潭及剑潭二子相率见访，因留饮，至申刻甫散，并记。

又六月六日申刻校。雨连绵不绝。

七月初九日又校。晴。

按：梅成栋《津门诗钞》选录潘逢元诗三首，其小传云："逢元字茗庵，扬州人，选拔贡生。按：茗庵游幕津门，擅填词，落魄江湖，怀才不遇，尝自镌印石曰'不堪回

① 《（嘉庆）泾县志》卷首"泾县志纂修姓氏"，第 17 页。

首'，坎壈以终，乡人为返其柩。"[①]《淮海英灵续集・辛集》卷二："汪桐音字琴声。剑潭妹，诸生潘逢元室。"[②]则潘逢元为汪剑潭妹婿。《(嘉庆)重修扬州府志》载潘氏著有《茗庵诗集》四卷。[③]

卷一〇上卷末：

上半卷系己未八月廿日外校，未几即获罪，蒙恩遣戍伊犁，此册即怔忪入箧中，为儿子饴孙携归。至癸亥长夏甫检得之，始获校竣。隔别五六年，往还三万里，又死生忧患间之，可慨也矣。

又六月初九日未刻校竟。时积雨乍晴，坐冰鉴堂中，颇觉烦燠。日昨家中遣奴子双桂来，以儿子符孙欲娶妇索费，以修志金乙百不足，复以卖文钱补之，初七早方遣回也。

十一日又校。晴，热。

卷一〇下卷末：

八月十一日午初校竟。秋气阴沉不雨。前六日家仆不戒于火，延烧墙门西廨三间，幸工匠在家，又水龙五皆坌至，得以扑灭。虽事由仆夫，余则引以为己咎也。

又六月十二日未刻，坐冰鉴堂校竟。秋气瑟然，盖后日即立秋矣。拟于立秋日宴客，用一品菜。一品菜者，俗所云佛跳墙也。

七月十四日校竟。是夕将宴客，十六日又将自宣城往泾县也。天甚晴，热。

卷一上眉批：

**道天地王皇……大也 王念孙疏证："《汉书・地理志》'隆虑'，《荀子・强国篇》作'临虑'矣。"** 此避汉帝讳。

卷四上眉批：

**襮裔方外旌表也** 案："襮""暴"不可云义同，"襮"字下亦不当引《左传》。此条盖"暴露"之"暴"从曰字生义，与《孟子》之"一暴十寒"同，《说文》"暴，晞也"是矣。若"表襮"之"襮"则从衣字生义，衣故有表里之异。曹大家注

---

① 〔清〕梅成栋《津门诗钞》卷二八，清道光四年思诚书屋刻本，第15b页

② 〔清〕王豫、阮亨《淮海英灵续集・辛集》卷二，《续修四库全书》影印复旦大学图书馆藏清道光间刻本，第1682册第447页。

③ 〔清〕姚文田等《(嘉庆)重修扬州府志》卷六二"艺文志一"，清嘉庆十五年刻本，第25b页。

《幽通赋》、高诱注《吕览·忠廉篇》并云“襮,表也”是矣。《毛诗》“素衣朱襮”,疑“襮”亦当训从表,《易林》亦云“衣素表朱”。

按:此条批注后收入《晓读书斋杂录·四录》卷下。[①]

卷六上眉批:

**腜腜**膿膿夏夏酓酓**濯濯臏臏肥也**　　案:“腜腜”与“膴膴”同,故毛传及张载注皆云“美也”。郑笺云“膴膴然,肥美”,盖字皆从月,故《广雅》亦训腜腜为肥。若莓字从屮,故《说文》云“艸盛上出也”。杜注《左传》当亦采用《说文》,其失在不就原田立说,而反以为喻晋君盛美,则其误耳。至其以艸盛解莓莓,则不可□其失也。盖腜与莓音虽同而义则异,自应各从其本训,不可牵合。

按:此条后收入《晓读书斋杂录·初录》卷上,[②]又见《春秋左传诂》卷八僖公二十八年传“原田莓莓”诂文。[③]“□”,模糊不可辨识,《晓读书斋杂录》作“讥”。

卷一〇下夹签:

**孑孓蜎也**　　孑分为蟲。孑分,污水中无足虫也。(录自国家图书馆藏洪亮吉旧藏《广雅疏证》,清嘉庆刻本)

按:此书书衣有洪氏亲笔题识云:“广雅疏证己未四月十日怀祖给事贻本。”[④]知为王念孙于嘉庆四年(己未,1799)四月十日贻赠洪氏者。每卷卷末均有洪氏跋语,通篇有洪氏朱笔点读,然批注无多,仅见五处。[⑤]据跋语时间,知洪氏曾三次阅读《疏证》,第一次为四年(己未)四月二十七日至八年(癸亥)八月十一日,其间于四年八月二十八日读至卷一〇上半卷后,旋因言获罪,遣戍伊犁,直至八年长夏始克续读;第二次为十年(乙丑)六月十八日至又六月十二日;第三次为十一年(丙寅)六月二十四日至七月十四日。吴郁生跋《新刻临川王介

---

① 〔清〕洪亮吉《晓读书斋杂录·四录》卷下,《续修四库全书》影印中国科学院图书馆藏清道光二十二年刻本,第1155册第645页。

② 《晓读书斋杂录·初录》卷上,第592页。

③ 〔清〕洪亮吉《春秋左传诂》卷八,北京:中华书局,1987年,第332页。

④ 此书钤印有“翔鸾阁”“陶光”“日利”“翔鸾阁精鉴鉥”“国立北平图书馆收藏”,知为陶光舊藏,后归国家图书馆。书衣有吴葆俭题识云:“同治甲子除夕读于婺州试院。后学吴葆俭恭志。”卷九上第6ab页为钞配,天头处有诸可宝题识云:“校缺此页,依敝藏原印本照录以补之。又书首尚有段玉裁序一页又一行半,书后尚有曹宪《博雅音》校定本十卷为一册坿刊,此本盖属初印,故皆无之。庚辰八月诸可宝注。”卷九下第10b页“元妄六二”天头处有诸可宝批注云:“‘无妄’讹作‘元’,应改。光绪六年八月,诸可宝记。”

⑤ 其中一处在卷二下第24a页,因只有一“误”字,故未移录。

甫先生诗文集》云:"昔人读书,每于卷尾记时日,或附记节气寒暖及是日所值之事,虽属闲文,别饶意趣。"[①]洪跋即此类也,虽与学术关系甚微,然所记如入实录馆定凡例、奏派教习庶吉士、因言获罪、朱琦之祖欲入乡贤大宴宾客、赵希璜刻黄景仁诗集等,均富史料价值;即所述日常琐琐如移寓、寄冬衣、儿子娶妇索费、宴客用一品菜等,亦颇见洪氏之生活细节,弥足珍贵。凡此种种,均可补入《年谱》。

## 三十二、惕甫时文稿评语

评《大学之道》:"独得雄直气,发为古文章",风檐中安能得此高议卓识。卷施阁弟洪亮吉跋。

评《邦君之妻一章》:另泥丹灶,烘染五色之霞,吾疑其为《香雪集》中逸篇也。亮吉。

评《公都子不能答》:此题闱中阅文每嫌枯窘,得此伟论,可谓石破天惊,然又非于题外生枝节也。亮吉。(录自国家图书馆藏王芑孙《惕甫时文稿》稿本)

按:《大学之道》题下注云"壬子拟墨",文末有王芑孙跋云:"李怿学士自叹再从乡举,未必不落第,安能与英俊作准格。矧予之未尝一得焉者,而为之拟墨乎。灯下闻京兆试题,辄复作此。吾友稚存、兰士诸君方为同考官,俟其出,当以示之。此荐卷乎,抑落卷也。壬子八月十日,惕甫自记。"王跋后即上录洪跋及何道生(兰士)跋。《公都子不能答》题下注云"壬子拟墨",后有上录洪跋及何道生跋。据王芑孙自记,则洪、何二人跋语似即作于乾隆五十七年(壬子,1792)八月十日以后。《邦君之妻一章》题下注云"庚子旧作"。考洪、王二人订交于五十六年秋,[②]庚子年(四十五年,1780)尚未相识。因五十七年壬子科乡试试题为"大学之道"一句、"邦君之妻"一节、"公都子不"一句,[③]亦有"邦君之妻"一节,故王氏未拟新作,而以庚子旧作出示洪氏。

## 三十三、陶山文录评语

评《春秋传说》:据事直书而褒贬自见,朱子之论甚当。若谓因史文次《春秋》绝无褒讳抑损,是断烂朝报也;若云口诛笔伐擅二百四十年南面之权,是素

---

① 陈先行、郭立暄《上海图书馆善本题跋辑录》,上海:上海辞书出版社,2017 年,第 556 页。

② 《洪亮吉年谱》,第 167 页。

③ 〔清〕法式善《清秘述闻》卷八,北京:中华书局,1982 年,第 290 页。

王自诩也，患在未熟复经文耳。此文可谓抉经之心。洪稚存。

评《送何星田南归序》：读此文可知交道之重。洪稚存。（录自唐仲冕《陶山文录》卷二、卷五，《续修四库全书》影印浙江图书馆藏清道光二年刻本，第 1478 册第 328 页、第 387 页）

## 三十四、月满楼文集评语

评《读贾谊新书》：逐步破解，卓有成见，侃侃凿凿，按事而谈，足与苏论并传。（录自顾宗泰《月满楼文集》卷五，《续修四库全书》影印上海辞书出版社图书馆藏清嘉庆八年瞻园刻本，第 1459 册第 595 页）

## 三十五、月波台壁题名

嘉庆六年岁次辛酉六月既望，偕丹徒王豫、仪真下萃文、栖霞僧慧超、本寺方丈僧巨超避暑孝然祠，三宿月波台下题壁。阳湖洪亮吉记。（录自吴云《（同治）焦山志》卷八“碑刻”，《故宫珍本丛刊》，海口：海南出版社，2001 年，第 247 册第 278 页）

按：可补入《年谱》嘉庆六年（辛酉，1801）。此条下又云：“越明年五月，于征士子道、冒文学心田为刻石置山中，识其后者，嘉定钱大昕也。”①《焦山志》卷一：“月波台在焦公祠右佛香楼下。嘉庆四年，禅堂僧如初捐百金买归，以奉香火。向有台，久废，阳湖洪太史亮吉同翠屏洲王山人豫避暑山中，访方丈僧清恒，重建如旧式，因名之曰月波，顾鹤庆书额。”②《焦山志》卷一七载王豫《选刻京口三上人集序》：“一日，洪君稚存自玉关归，来焦山访豫，同宿月波台，清恒、慧超咸出诗就正，豫因以清梵诗乞序，君阅竟抚予肩曰：‘三上人之诗，语本性情，足以感人，即韩公、欧阳见之，且亟引为友，而予咸得友之，快何如耶！’豫谓君曰：‘此三上人者，不幸托于空门，仅以性情发为文章，不得以经济见也。使为吾徒，其措而为经济者，畴能及之？则吾徒之逐空虚而遗实行者，闻三上人风，独能无愧于心耶？’君闻豫言既首肯，清恒、慧超亦跃然起曰：‘子真知我三人者。’因合刻其诗，并乞洪君序之。……辛酉秋七月朔日。”③洪序即文集中之《三山僧诗合刻序》，④检李谱未系入，不妨与王序同录于本年七月。《焦山志》卷一一引王豫《惜阴笔记》云：“巨超上人《菜圃》云：‘吾虽非老圃，学种傍东林。四海无饥色，何人知此心。根香连雪煮，叶嫩怕霜侵。莫作寻常看，登盘味最

---

① 〔清〕吴云《（同治）焦山志》卷八，《故宫珍本丛刊》，第 247 册第 278 页。

② 《（同治）焦山志》卷一“建置”，第 176 页。

③ 《（同治）焦山志》卷一七“艺文”，第 367 页。

④ 《洪亮吉集·更生斋文甲集》卷一，第 971—972 页。

深。'洪太史谓予曰:'此诗何如?'予曰:'此范文正抱负也。'"[①]虽不知此次对话为何时,但不妨以按语形式表出,以见诸人交游论诗之情景。又《焦山志》卷一:"还石山房在海西庵右,扬州潘司马景伯建,以贮五石图石刻,洪亮吉书额。"[②]

## 三十六、巨公崖题记

巨公住持此山者十五年,今岁抉剔沙石,复得此崖,即土人所云罗汉洞也。余适与缪征君镔、于征君宗林、张学仁、卞萃文、王豫三文学,暨及门于渊避暑崖下,以其名不雅,爰易之曰巨公崖,并与同人赋诗绘图,以志一时胜事。崖正面翠屏洲,他日桃花盛开,尚当携蜡屐过此,一览其胜耳。时迟达瑛诗僧不至,因放舟至萸湾精舍访之。时嘉庆七年岁在壬戌六月十二日,阳湖洪亮吉记。(录自镇江焦山碑刻博物馆《焦山碑林典藏精品图录》,北京:文物出版社,2014年,第28页)

按:可补入《年谱》嘉庆七年(壬戌,1802)。此记又见《焦山志》卷八,[③]文字小有讹误。陈文述《巨公崖赠巨超上人》"洪崖题壁处"小注:"洪稚存太史所题。"[④]

## 三十七、黄小松汉石经残字拓本题识

乾隆丙午七月朔日,阳湖洪亮吉为小松主人题汉石经一百二十七字拓本后,时在河南使院嵩阳吟馆。(录自故宫博物院《蓬莱宿约:故宫藏黄易汉魏碑刻特集》,北京:紫禁城出版社,2010年,第61页)

按:可补入《年谱》乾隆五十一年(丙午,1786)。黄小松《汉石经残字》拓本尚有洪氏题诗一首,此识语即诗末所署者。题诗已收入洪氏诗集(即《黄州倅易得汉石经尚书论语拓本残字共一百二十七因自绘象于后索赋一篇》),[⑤]兹不赘录。

---

① 《(同治)焦山志》卷一一"杂识",第304页。
② 《(同治)焦山志》卷一"建置",第176页。
③ 《(同治)焦山志》卷八"碑刻",第278页。
④ 《(同治)焦山志》卷二六"艺文",第464页。
⑤ 《洪亮吉集·卷施阁诗》卷八,第615页。

## 三十八、黄小松紫云山探碑图册题识

秋盦先生自济宁寄访图碑属题，时余将从大梁赴楚，怔忪应命。戊申中秋前五日，卷施弟洪亮吉。（录自端方《壬寅销夏录》，《续修四库全书》影印中国文物研究所藏稿本，第1090册第212页）

按：黄小松《紫云山探碑图册》尚有洪氏题诗一首，此识语即诗末所署者。题诗已收入洪氏诗集（即《黄通守易访得汉武梁祠堂石刻圣贤画象既为亭覆之又绘访碑图索诗》），[①]兹不赘录。《年谱》将此诗系于乾隆五十三年（戊申，1788）七月二十八日前，非是。[②]

## 三十九、明徐枋仿关仝山水轴题识

丁卯元夕前一日，洪亮吉读于更生斋。（录自葛金烺《爱日吟庐书画录》卷二，《续修四库全书》影印清宣统二年葛氏刻本，第1088册第422页）

按：可补入《年谱》嘉庆十二年（丁卯，1807）。

## 四十、毕焦麓仿高彦敬云山图轴题识

此幅颇似宣、歙间山水夏雨欲来、烟岚出没之状。更生居士亮吉。（录自庞元济《虚斋名画录》卷一〇，《续修四库全书》影印清宣统元年乌程庞氏上海刻本，第1090册第603页）

附识：西大赵阳阳兄、武大李寒光兄对拙稿助益匪浅，谨致谢忱。

① 《洪亮吉集·卷施阁诗》卷七，第601页。
② 《李著洪亮吉年谱补正》“乾隆五十三年”条，第270页。

# 《音释西厢记》字音部分的文献与语音问题*

张　凯**

**【内容提要】** 熊龙峰本《音释西厢记》与徐士范本在字音部分并非完全相同,体现在字数、内容、讹误、次序等多方面,由此可见熊本并不是对徐本的简单翻刻。《音释西厢记》字音部分具有重要的语音特点,比如声母方面知庄章合流且与精组对立、知三章与见组混注、浊音清化、日泥混注,韵母方面-m尾韵消失、歌豪混注、支鱼混注、-n-ŋ两尾韵不分、存在入声等,通过比较推知该语音特点具有典型的徽语性质。同时结合文献考证,我们认为字音部分并非徐士范所作,其应成于徽州黟县人至少是徽州人之手。

**【关键词】** 《音释西厢记》　徐士范本　熊龙峰本　徽语

## 一、问题的提出

《重刻元本题评音释西厢记》(下文简称《音释西厢记》)是现存六十种左右明刊《西厢记》中的一类,属于"题评音释"系统,该系统与碧筠斋古本系统、"重校北西厢记"系统、"时本"系统并列为明刊本四大系统。① 目前可见的《音释西厢记》主要有徐士范本(成书于万历八年,1580)、熊龙峰本(成书于万历二十年,1592)及刘龙田本(成书于万历二十九年,1601),②由此可知徐士范本当为"题评音释"系统中最早的刊本。

"题评音释"系统的刊本结构上都有"音释"(释义+字音)这个部分。至于

---

* 本文是中国博士后科学基金面上项目"《字类标韵》的文献整理与语音比较研究"(编号:2020M673331)、陕西省社会科学基金年度项目"《字类标韵》系列字书的文献整理与音韵比较研究"(立项号:2020K001)的阶段性成果,得到国家社科基金重大项目"汉语方言音系汇纂及方音对照处理系统研究"(项目号:14ZDB096)及枣庄学院"青檀学者"人才项目经费资助。

** 本文作者为枣庄学院文学院副教授,陕西师范大学文学院博士后。

① 陈旭耀《论明刊〈西厢记〉的版本系统》,《励耘学刊》(文学卷),2016年第1期,第192页。

② 黄冬柏《日本内阁文库藏〈重刻元本题评音释西厢记〉考》,《中国文学研究》,2017年第1期,第130页。

这三个刊本的音释内容，黄冬柏比较后发现，"'释义'和'注音'的部分，从内容、形式到文本中所处的位置，刘龙田刊本和熊龙峰刊本完全一致"，"关于释义和注音的内容和所在位置，徐士范刊本以'北西厢记释义大全'为题放在下卷最后，熊龙峰刊本和刘龙田刊本则以《释义》为名附在每出正文之后，内容三刊本完全相同"。[①] 我们在全面比较后发现，徐士范本与熊龙峰、刘龙田二刊本在字音的内容上存在较大差别，并非如黄文所言的那么简单，因此很有必要作逐一陈述。再者，《音注西厢记》虽然得到了文学、文献学等学科领域的广泛关注与深入研究，但其字音内容却被完全忽视。这些字音材料因为是针对近代说唱文学——戏曲的注音，因而具有很强的时代性与口语性，若对之加以考查，将有利于近代汉语语音史的历史建构。此外，以语音特征判断该字音内容成于何人之手，结论更加科学准确，这对于《音释西厢记》的文献研究大有补益。

本文研究使用的徐士范、熊龙峰二刊本分别是民国八年影印的刘世珩本及日本内阁文库本。据蒋星煜介绍，万历年徐士范本今藏于国家图书馆和上海图书馆。[②] 经过多次查询，未见上海图书馆藏有此书。国家图书馆藏有徐士范本，但非万历刊本，而是刘世珩本。庆幸的是，晚清民国时期的刻书家刘世珩(1875—1926)只是把"徐士范本的《释义大全》和《字音大全》合并为徐士范撰《西厢记释义字音大全》，刻入《汇刻传剧》"，[③]据此可知，刘世珩仍维持了徐士范本的字音全貌，因此我们使用刘世珩本研究徐士范本的字音内容虽属无奈，但并无不妥。此外，鉴于刘龙田本与熊龙峰本在注音内容上完全一致，本文不再提及刘龙田本，全文仅作徐士范本(简作"徐本")与熊龙峰本(简作"熊本")的比较与研究。特此说明。

## 二、字音部分的文献问题

根据统计，徐本所列被注字的总数为 504 个，熊本的则为 443 个，二本完全相同的字音例共计 333 个，各占自身总数的 66.07%(333/504)及 75.17%(333/443)，不同处则各占自身总数的 33.93%及 24.83%。二本的差异主要表现为以下 4 个方面：

**1. 所列的字音数量不同**

熊本较徐本在字音总数上少了 61 个。除此之外，每一出的具体字数也不同，如表 1 所示：

---

① 黄冬柏《日本内阁文库藏〈重刻元本题评音释西厢记〉考》，《中国文学研究》2017 年第 1 期，第 159—161 页。

② 张人和《徐士范本〈西厢记〉并非"孤本"》，《文献》，1986 年第 4 期，第 29 页。

③ 蒋星煜《〈西厢记〉的文献学研究》，上海：上海古籍出版社，1997 年，第 54 页。

**表 1　每出所辖被注字数量对比表**

| 刊本 | 出序 | | | | | | | | | |
| --- | --- | --- | --- | --- | --- | --- | --- | --- | --- | --- |
| | 一 | 二 | 三 | 四 | 五 | 六 | 七 | 八 | 九 | 十 |
| 徐本 | 63 | 46 | 34 | 26 | 67 | 18 | 35 | 30 | 22 | 28 |
| 熊本 | 63 | 42 | 0 | 10 | 53 | 17 | 36 | 31 | 18 | 33 |
| 刊本 | 出序 | | | | | | | | | |
| | 一 | 二 | 三 | 四 | 五 | 六 | 七 | 八 | 九 | 十 |
| 徐本 | 11 | 17 | 12 | 11 | 17 | 17 | 13 | 18 | 12 | 11 |
| 熊本 | 18 | 26 | 28 | 20 | 10 | 17 | 0 | 10 | 0 | 10 |

比较表中每出的字数可知，仅有第一出及第十六出两本是相同的，除此之外，全不相同。尤其是熊本的第三、第十七、第十九出仅有释义，并无字音，成为与徐本最大的不同之处。此外，徐本有 139 例是熊本所没有的，同样熊本有 81 例被注字是徐本所没有的。至于熊本字数减少的原因，蒋星煜认为“这是因为校正者、刊行者一定要刻全版面，如果不是正好一面结束，就把不满一面的内容全删除了”[①]所致，此说可资参阅。

**2. 注音的内容有部分出入**

(1)被注字相同，而注音字不同者共计 30 例，如：

被注字“衠”(第二出)，注音字徐本作“均”，熊本作“谆”；

被注字“飐”(第五出)，注音字徐本作“站”，熊本作“丢”；

被注字“袒”(第五出)，注音字徐本作“罗上声”，熊本作“坦”。

(2)被注字不同，注音字也不同，共 2 例，如：

徐本作“膊音博(第五出)”，熊本作“膞音转”。致使二者差异的原因是被注字“膊膞”形近。

徐本作“筋音金”(第十八出)，熊本作“觔音斤”。“ 觔”，《正字通・角部》“与筋同”，此处属于书写不同。

**3. 各自的讹误不尽相同**

除了徐、熊二本皆误的，如“螫音折”(第六出，“螫”当作“蜇”)外，二本不同的讹误表现为以下两个方面：

(1)徐本是，熊本误

“蠹音督”(第五出)，徐本是，熊本作“肾”，有误。

“袟音至” (第九出)，徐本是，熊本作“袟”，有误。

---

① 蒋星煜《〈西厢记〉的文献学研究》，第 82 页。

“控音空去”(第九出),徐本是,熊本作“埪”,有误。

(2)熊本是,徐本误

“鞓音汀”(第六出),熊本是,徐本作“江”,有误。

“爪音抓”与“抓音爪”(第十八出),熊本是,徐本爪皆作“瓜”,有误。

**4. 部分被注字间的次序不一致**

上文所述,除了第一出、第十六出的被注字数量及次序是完全一致之外,余下的各出不仅存在数量上的差别,即便是相同的被注字,在排列次序方面也存在着不同程度的差异。如数量几乎对等的第七出,徐本的顺序为:偻聒瞧諕趓妳棘豁袄扢搭㴒㩜窨窄揾喽啰挫酡哑猜懦谜㒬颤搓欃蹬挺餔啜抛咨悠,而熊本的顺序为:偻聒瞧股諕趓妳棘豁袄扢搭鞶蹩㩜㴒窨窄揾㒬垛疴喽啰挫酡哑谜颤搓欃蹬赚挺餔啜。比较二本中相同字的排列顺序后可知它们稍有差异,带“○”的字便是二本顺序不同的地方。其余各出多存在类似情况。

综上所知,徐、熊二刊本的字音部分存在不少差异之处,它们并非完全相同,由此可见熊本并不是对徐本简单机械的翻刻。

## 三、字音部分的语音问题

鉴于徐、熊两个刊本的音注材料同中有异,所以接下来我们在论述语音特点时以共有的字音材料为主要研究对象,同时辅以各本独有的材料加以佐证,并对这些材料的来源加以标注。

### (一)声母方面

**1. 知庄章组合流,少数庄组字并入精组**

中古知庄章精组声母字在《音注西厢记》中已发生了重组,主要表现为以下几个方面:

(1)知庄章组声母的合流

此类混注共计 31 例,占三组声母被注字总数(121 例)的 25.62%,其中两个刊本共有的 16 例,徐本独有的 14 例,熊本独有的 1 例,详情如下:

酎禅尤①音紬澄尤、敞昌养音泉彻养、嗤昌之音痴彻之$_2$、踅集:彻祭音制章祭、篆澄祢音穿去声昌线、

① 对所列例字的声韵地位均以《广韵》为据(出处不再标出),特殊情况下依据《集韵》(标记“集”)、《古今韵会举要》(标记“古”)、《五音集韵》(标记“五”)、《中原音韵》(标记“中”)、《洪武正韵》(标记“洪”)、《字汇》(标记“字”)、《改并四声篇海》(简称“改”)、《篇海类编》(标记“篇”)。标记声韵时使用双行合一的方式,如“酎禅尤”,表示该字的《广韵》读音是禅母尤韵。右下角注的数字代表该例出现的次数,如“嗤昌之音痴彻之$_2$”表示“嗤音痴”出现 2 次。本处说明全文皆同。

绸澄尤音酬禅尤、赘章祭音坠澄至、铛初庚音称昌蒸、撑彻庚音称昌蒸$_2$、蘸庄陷音站知陷$_2$、槎崇麻音茶澄麻、煠崇洽音闸篇：澄狎、揰澄脂音初回反初灰①、馋崇咸音上咸切禅咸；

【徐本】咒章宥音昼知宥、啜知薛音拙章薛、衝昌钟音冲澄东、伫澄语音竖禅麌、竚澄语音竖禅麌、榇初震音秤昌证、参初侵音嗔昌真、岑崇侵音辰禅真、差初支音笞彻之、骤崇宥音纣澄有、颤章线音沾知盐、罩知效音抓去声庄效、查崇麻音茶澄麻、摘知麦音昃集：庄职；

【熊本】椿集：知江音粧篇：庄阳。

上述混注例仅涉及知庄章三组，且规模不小，表明三组声母已经合流。另其与精组不涉，则又表现出与精组对立的格局。

(2)少数庄组字并入精组

在庄组表现出整体与知章组合流的大势下，有少数庄组字为精组字注音，共计 8 例，占精组被注字总数(90)的 8.89%，尽数列举如下：

鲰集：精侯音邹庄尤、珊心寒音山生山、寺邪志音事崇志；

【熊本】喒集：精感音斩庄豏、猜清咍音钗初佳、撒集：心曷音杀生黠、嗽心候音搜生尤、趱从旱音斩庄豏。

本组混注被注字全部为精组字，而庄组字全部为注音字，未见知章组字与精组字混注的情况。总体而言，精组的独立性很强，有少数庄组字并入精组。

综上两个方面来看，中古知庄章精四组声母在《音释西厢记》中呈现出知庄章合流重组并与精组对立的格局，另见少数庄组字并入精组的情况。

**2. 知$_{三}$章组与见组声母的混注**

此类现象共有 5 例，如下：

椽澄仙音拳群仙、券溪愿音串洪：昌线；

【徐本】迍知谆音均见谆、衠篇：章谆音均见谆$_2$。

根据上文知章组声母重组的类型来看，此类 5 例混注的本质当是见组声母腭化作舌面前音 tɕ 组声母后读同知章组声母，原因如下：

首先，知$_{三}$组声母的中古读音为 ʈ 组，章组声母的中古读音为 tɕ 组，后知$_{三}$

---

① “初回切”乃近代音切，初母灰韵，这种声韵关系与《广韵》音切不符，但是此处不讨论声韵间的关系，仅涉及声母关系，故暂从之。后面的“上咸切”与此相同。

组并入章组，仍读作舌面音 tɕ 组，如知$_{三}$章组声母在宋代合流后读作 tɕ 组，元代时仍然如此。至明代时，此类字开始向 tʂ 组或者 ts 组演变，在不同的汉语方言中表现不一。至今仍有部分方言保留 tɕ 组读音的痕迹，如今吴方言中的靖江、宁波、黄岩、温州、永康等地方言及徽州的歙县话等。因此，元明时期的知三章组字读作 tɕ 组音是完全可能的。

其次，见组细音字具备腭化的条件并且其腭化符合汉语演变的进程。上述 5 例所涉的三个见组字“拳、券、均”均属于细音字，具备腭化的条件，且在《汉语方音字汇》所调查的 20 个方言点中至少有 11 处已腭化为 tɕ 组声母。[①] 在汉语语音史上，虽然学界对见组细音字发生腭化最早时间的看法不一，但是在元明时期已经发生腭化应是不争的事实。据黎新第考证，北方音系见晓精系字腭化全面形成于 16、17 世纪。[②] 汉语声母腭化的一般性规律是，“见系比精组更容易腭化”，[③]换言之，在汉语语音史上见组腭化早于精组，因此，认定元明时期有些方言中见组声母发生腭化是站得住脚的。

再者，就历史文献而言，知三章与见组声母的混注较为常见。早在南宋时期昆山人龚明之便在笔记《中吴纪闻》中描述了吴地将“织里桥”讹作“吉利桥”的情况，[④]“织”乃章母字，“吉”乃见母字，二者音同表明“吉”已腭化。另在 15 世纪中后期江苏太仓人陆容（1436—1494）的笔记小说《菽园杂记》中便载有湖广人读溪母“去”为昌母字“处”音的现象，[⑤]这是溪母腭化的结果使然。成书于 16 世纪后期的《金瓶梅词话》中亦有见系声母腭化的现象。此外，反映明末清初之际北部吴语（常熟、常州）音的《吴音奇字》及海盐吴音的《玉篇直音》中均有见晓组声母与知$_{三}$章组声母混注的例子。[⑥]

**3. 全浊声母清化**

中古並、奉、定、澄、船、禅、崇、从、邪、群、匣 11 个全浊声母在注音材料所含的被注字中皆有分布，只不过所辖字的多少不同罢了。每个声母所辖的被注字数量及与清声母混注的情况如表 2 所示：

---

① 北京大学中国语言文学系语言学教研室编《汉语方音字汇》，北京：语文出版社，2003 年，第 273、301 页。

② 黎新第《见精组声母合流应已见于明清以前的方言口语》，见《中国音韵学研究会南京研讨会论文集(2006)》，南京：南京大学出版社，2008 年，第 195 页。

③ 许宝华、潘悟云《不规则音变的潜语音条件——兼论见系和精组声母从非腭音到腭音的演变》，《语言研究》，1985 年第 1 期，第 32 页。

④ 〔宋〕龚明之《中吴纪闻·正讹》，见《宋元笔记小说大观》，上海：上海古籍出版社，2001 年，第 2913 页。

⑤ 〔明〕陆容《菽园杂记》，见《明代笔记小说大观》，上海：上海古籍出版社，2005 年，第 401 页。

⑥ 可参见：张凯《〈吴音奇字〉中知、庄、章、精组声母问题刍议》，《语言研究》，2015 年第 2 期，第 67 页；张凯《〈玉篇直音〉语音研究》，复旦大学博士学位论文，2018 年，第 124—126 页。

**表 2 中古全浊声母混注情况统计表**

| 全浊声母 | 並 | 奉 | 定 | 澄 | 船 | 禅 |
|---|---|---|---|---|---|---|
| 总数 | 7 | 4 | 21 | 18 | 1 | 3 |
| 清化混注 | 0 | 1 | 8 | 5 | 0 | 0 |
| 清化比例 | 0% | 25% | 38.1% | 27.78% | 0% | 0% |
| 全浊声母 | 从 | 邪 | 崇 | 群 | 匣 | |
| 总数 | 9 | 4 | 14 | 8 | 23 | |
| 清化混注 | 2 | 0 | 5 | 2 | 4 | |
| 清化比例 | 22.22% | 0% | 35.71% | 25% | 17.39% | |

表中除了並、船、禅、邪四母字作为被注字时未出现清化的情况外，其余七母均出现了清化的现象，且比例不低，尤其是定、崇二母几近40%的比例，这足以说明此七母已经发生了程度较重的清化音变。此外，並、邪母的清化率为零仅代表其作为被注字的情况，另有3例並母字为滂母字注音，2例邪母字为心母字注音的情况，这也证明了並、邪母存在清化的事实。至于船、禅母，或许与辖字太少有关，未见为清声母注音的例子。

既然全浊声母存在清化的音变，那么音变的规律是什么呢？我们列举混注超出5例的定、澄、崇三母的清化情况，为保证结论的科学性，同时列入其作为注音字为清声母注音的情况，比较如下：

(1)定母(共11例)

挺定迥音汀上声透迥、鬏定锡音的端锡、恸定送音栋端送、蹬定嶝音凳端嶝、逗定候音透透候、袒定旱音坦透旱、褪古：透恩音屯上声定恩、忐五：透感音袒定旱；

【徐本】挺定迥音厅上声透迥、玷集：端桥音殿定霰；

【熊本】颓定回音推透灰。

(2)澄母(共8例)

篆澄狝音穿去声昌线、搥字：澄脂音初回反初灰、绽澄裥音站知陷、棹澄效音罩知效、忏初鉴音绽澄裥、赘章祭音坠澄至；

【徐本】衝昌钟音冲澄东；

【熊本】赚澄陷音站知陷。

(3)崇母(共 6 例)

谗[崇咸]音产平声[生产]、欃[崇咸]音杉[生咸]、寨[崇夬]音债[庄卦]、骤[崇宥]音皱[庄宥]、煠[崇洽]音扎[庄黠]；

【熊本】皱[庄宥]音骤[崇宥]。

比较上述混注例可知：

(1)定母平声字清化为送气音的 2 例，定母仄声字清化为送气的 5 例、不送气的为 4 例；

(2)澄母平声字清化为送气音的 2 例，澄母仄声字清化为送气的 2 例、不送气的为 4 例；

(3)崇母平声字清化为擦音生母的 2 例，崇母仄声字清化为不送气的 4 例。

总体而言，定、澄、崇等全浊声母清化的规律与通语音变的“平送仄不送”的规律并非不吻合。反过来，如果不计平仄的条件而仅看清化的结果的话，定母清化为送气的为 7 例，澄母清化为送气的为 4 例，这与今客、赣及徽州方言较为相似。

**4. 微、疑、以等母与影母合流**

此类混注的例子不多，微母 1 例、疑母 2 例、以母 2 例，共计 5 例，如下：

挽[微阮]音碗[集：影缓]、硬[疑诤]音应[影证]、镒[以质]音益[影昔]；

【熊本】握[影觉]音岳[疑觉]、擁[影肿]音勇[以肿]。

上述例子虽为数不多，但比较典型，尤其是微母，作为被注字仅此 1 例。这绝非偶然，若非与影母高度合流的话，不可能会出现仅使用 1 例且与影母混注的情况。

微、疑、以等母与影母合流是近代汉语声母演变的一个大势，壮大了近代汉语中零声母字的队伍。

**5. 日泥混注**

日母与泥母间的混注仅有 1 例，徐、熊二本皆有：撚[泥铣]音然上声[日狝]。

日泥相混虽在通语语音史上较为少有，但是在方音史中并不鲜见。在吴音史上，明末昆山人王应电撰写的吴音字书《同文备考》中也存在“日泥疑三母细音相混”的现象。① 反映 17 世纪杭州话读书音的《谐声品字笺》中也记录了日泥(娘)相混的语言现象。② 即便是现在，日母在吴方言各地中的白读音 ȵ 音

① 丁锋《〈同文备考〉音系》，福冈：中国书店，2001 年，第 246 页。

② 张咏梅《〈谐声品字笺〉的音系研究》，成都：巴蜀书社，2011 年，第 84 页。

与泥母字读音相同。[①] 就赣方言而言，周德清《中原音韵正语作词起例》中以"让有酿"为例进行方音辨证，李军对此认为，"江西赣方言日泥相混宋元以来就存在"。[②] 今江西吴城方言中仍然存在日母白读音作 ȵ 音与泥母相混的情况。[③] 以徽州方言来论，反映明末徽州方音的《律古词曲赋叶韵统》（成书于1614 年）中存在较为普遍的日泥相混现象，[④]今安徽歙县徽州方音（如向杲、大谷运等地）中仍然存在此类现象。

据此可知，《音释西厢记》中的日泥混注应是南方方言中的一个重要特征。

**6. 泥疑混注**

泥母与疑母间的混注仅有 1 例，见于徐本第三出，[⑤]如：蹑$^{\text{泥}}_{\text{叶}}$音业$^{\text{疑}}_{\text{业}}$。

泥以混注在现代方言中是较为普遍的语言现象，我们以抽取几对泥疑母字为例，如表 3 所示：

**表 3 部分泥疑母字的现代方言读音**

| 例字 | | 方言 | | | | | | | |
|---|---|---|---|---|---|---|---|---|---|
| | | 西安 | 成都 | 苏州 | 温州 | 长沙 | 南昌 | 梅县 | 歙县$_{\text{大谷运}}$ |
| ① | 聂$^{\text{泥}}_{\text{叶}}$ | ȵie | ȵie | ȵiɪʔ | ȵi | ȵie | ȵiɛt | ȵiap | ȵiei |
| | 业$^{\text{疑}}_{\text{业}}$ | ȵie$_{\text{白}}$ | ȵie | ȵiɪʔ | ȵi | ȵie | ȵiɛt | ȵiap | ȵiei |
| ② | 腻$^{\text{泥}}_{\text{至}}$ | ȵi | ȵi | ȵi | ȵi | ȵi | ȵi | ni | ȵi |
| | 义$^{\text{疑}}_{\text{置}}$ | i | ȵi$_{\text{文}}$ | ȵi | ȵi$_{\text{文}}$ | ȵi | ȵi | ȵi | ȵi |
| ③ | 宁$^{\text{泥}}_{\text{青}}$ | ȵiŋ | nin | ȵin | ȵiaŋ | ȵin | lin | nɛn | ȵiəŋ |
| | 迎$^{\text{疑}}_{\text{庚}}$ | iŋ | in | ȵin | ȵiaŋ | in | in$_{\text{文}}$<br>iaŋ$_{\text{白}}$ | ȵiaŋ | ȵiəŋ |

比较上表中的例字读音可知，以"聂业"为例，泥疑相混均见于吴、赣、客、湘、徽州方言及北方方言区的西安、成都话。若就整体的 3 对泥疑母字而言，唯独苏州、温州所代表的吴方言及歙县大谷运所代表的徽州方言中，泥疑二母

① 钱乃荣《当代吴语研究》，上海：上海教育出版社，1992 年，第 9 页。

② 李军《江西赣方言历史文献与历史方音研究》，北京：商务印书馆，2015 年，第 245 页。

③ 肖萍《江西吴城方言语音研究》，济南：齐鲁书社，2008 年，第 107—108 页。

④ 高永安《明清皖南方音研究》，北京：商务印书馆，2007 年，第 210 页。

⑤ 此类现象熊本未见并不代表熊本不认可，很大的可能是因刊刻时字音被整体删除而致，毕竟熊本的第三出字音缺失。

是完全相混的，这表明泥疑混注在吴、徽两地方言中更为典型。

泥疑混注在汉语史上也并不鲜见，反映明末徽州方音的《律古词曲赋叶韵统》中存在较为普遍的泥疑相混的现象，①反映18世纪江西临江赣方音的《辨字摘要》中也记录了这一现象。② 在吴方音史上，元初于潜的《齐乘释音》反映了14世纪的苏州吴音面貌，其中便有泥疑相混的音变现象，③之后陶宗仪的《射字法》中也有泥疑相混的现象，④明清时期吴方音中这种现象更是常见。

## (二) 韵母方面

### 1. -m尾韵消失

中古深、咸二摄的-m尾韵在《音释西厢记》中表现为消失的特征，这主要体现在此类韵母与-n、-ŋ两类韵混注的情况，如下：

(1)您(改：泥寝)音宁上声(泥迥)、稔(日寝)音忍(日轸$_2$)、沁(清沁)音信(心震)、瘮(影沁)音应(影证)、逡(清谆)音侵(清侵)；

【徐本】岑(崇侵)音辰(禅真)、参(初侵)音嗔(昌真)、筋(见欣)音金(见侵)；

【熊本】岑(崇侵)音枨(澄庚)、玲(来青)音林(来侵)、棂(集：来青)音临(来侵)、轸(章轸)音枕(章寝)；(共13例)

(2)参(清覃)音餐(清寒)、嫌(匣添)音贤(匣先)、谗(崇咸)音产平声(生山)、恹(影盐)音烟(影先)、忏(初鉴)音绽(澄裥)、缆(来阚)音烂(来翰)、赚(集：澄陷)音绽(澄裥)、忐(五：透敢)音袒(定旱)、喒(集：精感)音赞上声(精旱)、揝(集：精感)音赞上声(精旱)、檀(定寒)音谈(定谈)、瘫(字：透寒)音贪(透覃)、绽(澄裥)音站(知陷)、颤(章线)音占(章艳)、腆(透铣)音忝(透忝)；

【熊本】趱(从旱)音斩(庄豏)、甜(定添)音田(定天)；

【徐本】贬(帮琰)音扁(帮铣)、赚(集：澄陷)音绽(澄裥)、忏(初鉴)音铲(初谏)、耽(端覃)音单(端寒)、玷(集：端忝)音殿(定霰)、颤(章线)音沾(知盐)。(共23例)

根据统计，在徐、熊二本共有的注音材料中，深摄阳声韵被注字共计13个，其中有5个被-n、-ŋ类韵字注音，占总数的38.46%；咸摄阳声韵被注字共计36个，其中有11个被山摄字注音，占总数的30.56%。这两个混注比例较高，足以表明-m尾韵已经消失。

---

① 高永安《明清皖南方音研究》，第215页。

② 李军《江西赣方言历史文献与历史方音研究》，第59页。

③ 张凯《〈齐乘释音〉的声母特点与元代苏州吴音》，《语言研究》，2014年第4期，第27页。

④ 鲁国尧《鲁国尧语言学论文集》，南京：江苏教育出版社，2003年，第226页。

**2. 歌豪混注**

中古效摄洪音与果摄洪音是对立的，而在《音释西厢记》的字音材料中二者却可以混注，如下：

魔明戈音茆明巧、娜泥哿音挠泥巧、播帮过音豹帮效、傲疑号音卧疑过、凹集：影肴音窝字：影戈；

【徐本】摩明戈音茅明肴、抛滂肴音波帮戈。

上述 7 例为数不少，比较集中而且典型，参与混注的果摄字为歌戈韵一等洪音字，效摄字多数为二等洪音字，有 1 个是一等号韵字。此类现象与诗词文用韵中的“歌豪通押”现象近乎相同。所谓“歌豪通押”，指的是中古效摄开口一等（也有少量的二、三、四等字）字与果摄歌戈韵相押。刘晓南在探究宋代福建文士用韵时总结歌豪通押多达 80 例，并指出歌豪通押的历史可推至唐代，其本质是豪读同歌音。[①] 钱毅通过总结宋代潼川诗人用韵，认为该地区的诗人用韵中歌豪通押有一定的数量，乃本土方音的自然流露。[②] 张令吾也发现北宋江浙地区的诗人用韵中已存在歌豪通押的现象。[③] 由此看来，歌豪通押在宋代诗文用韵中是较为普遍的现象。即便是现代方言中，我们依然可见歌豪音同的例证，今闽地的福州、厦门、莆田、永安、仙游等地方言中“歌高”“何豪”“罗劳”“摩茅”等字仍是一组组同音字。再如今徽州方言区的寿昌等地，“婆炮”皆读作 pʻəɯ，“磨毛”皆读作 məɯ；在屯溪、海阳镇、溪口等地徽语中，“婆炮”皆读作 pʻo，“科敲”皆读作 kʻo。

综上，无论是过去，还是现代，效、果二摄的洪音字音相同可以在闽、潼川（作者按：据钱毅研究，宋代潼川大致包括今川东、渝西南、滇东北、贵西北等地，该地区的现代方言无法印证宋时的歌豪通押）、江浙、徽州等地方言中得到综合印证，这足以反证该效、果二摄间洪音的混注现象应该不属于通语的特征。

**3. 支鱼混注**

“支”指的是《广韵》止摄四韵（支脂之微）系及蟹摄齐韵系、祭废两韵的大部分，“鱼”指的是《广韵》遇摄鱼虞模三韵系，见于《音释西厢记》注音材料中的，共计 2 例，如：【徐本】趣清遇音粹心至；【熊本】觑清御音砌清霁。

支鱼混注不仅是中古及近代汉语诗文用韵中的普遍现象，也是音注材料、韵书字典中常见的语音特征。宋代江浙诗歌、诗人用韵中的支鱼通押共计 261

---

① 刘晓南《宋代闽音考》，长沙：岳麓书社，1999 年，第 168—173 页。

② 钱毅《宋代诗文用韵研究》，北京：人民出版社，2017 年，第 74—77 页。

③ 张令吾《北宋诗人徐积用韵研究》，《古汉语研究》，1998 年第 1 期，第 53 页。

例，涉及101位诗人，乃宋代江浙方言的一大特色。[①] 宋代福建文士用韵中有66例支鱼通押，涉及文士33人。[②] 反映明末徽州方音的《律古词曲赋叶韵统》及代表近代徽州方音的《山门新语》中均有支鱼混注的现象。[③] 反映近代长沙方音的《训诂谐音》《湘音检字》等韵书中也载有支鱼相混的现象，均涉及了"趣觑"等遇摄字。[④] 总体来看，支鱼混注在吴、闽、湘及徽语等南方方言中极为普遍。

**4. -n、-ŋ 两尾韵不分**

中古臻、深摄与梗、曾摄的阳声韵间存在部分混注的现象，共计9例，如下：

嗔昌真音称昌蒸、衬初震音称昌证、𪏰影沁音应影证、您改：泥寝音宁上声泥迥；

【徐本】榇初震音秤昌证；

【熊本】榇初震音称昌证、岑崇侵音枨澄庚、玲来青音林来侵、棂集：来青音临来侵。

此类混注现象的本质是-n、-ŋ两尾韵不分，这在汉语史上是极为常见的现象，宋词韵中，侵寻、真文、庚青3部常相混叶，且词人遍布于河南、江西、广东、福建及吴越等地。[⑤] 反映明末宣城吴音的《音韵正讹》中列林韵以统摄中古臻、深、梗、曾四摄，至清代乾隆年间的《泾县志》亦列神、人、行等字组以表明此时的宣城吴音里古臻、深、梗、曾四摄已经合流，代表晚清徽州方言的《山门新语》中的经韵包括中古的梗、曾、深摄，[⑥]这表明-n、-ŋ两尾韵不分在徽州方音史上也是存在的。反映18世纪江西临江方音的《辨字摘要》将中古臻、深、梗、曾四摄并为一类，这表明其已合流为-n尾。[⑦] 在现代方言中，此类现象也依然存在，且多见于西南、江淮官话及徽州方言、吴、赣等方言中。

**5. 开合混注**

中古开合口韵在《音释西厢记》的注音材料中存在界限不清的情况，表现为开合混注，主要如下：

傲疑号音卧疑过、凹集：影肴音窝字：影戈、魔明戈音茆明巧、播帮过音豹帮效、挫精过音错清铎$_2$、狈帮泰音背帮队、侃溪旱音款溪缓、腔溪江音匡溪阳、諕晓陌音赫晓陌、忑五：透德音秃透屋、逡清谆音侵清侵、恳

① 钱毅《宋代诗文用韵研究》，第88页。

② 刘晓南《宋代闽音考》，第179页。

③ 高永安《明清皖南方音研究》，第232、286页。

④ 田范芬《近代长沙语音研究》，南京大学博士学位论文，2004年，第57页。

⑤ 鲁国尧《鲁国尧自选集》，郑州：河南教育出版社，1994年，第147页。

⑥ 高永安《明清皖南方音研究》，第180、294页。

⑦ 李军《江西赣方言历史文献与历史方音研究》，第80页。

溪很音困上声溪混、峻心稕音信心震；

【徐本】摩明戈音茅明肴、抛滂肴音波帮戈；

【熊本】唾透过音拖去声透箇、娑心歌音梭心戈、覰清御音砌清霁。

此类开合混注的情况为数不少，有些反映了果摄歌、戈韵无别的音变现象，与近代通语的演变结果相同，如唾音拖去声、娑音梭；有些是前文已经论及的支鱼混注及果、效二摄间的混注，如覰音砌、傲音卧、凹音窝、魔音茆、播音豹、摩音茅、抛音波，带有典型的南方方音特征；余下的也很突出，如侃音款、腔音匡、逡音侵、悬音困上声、峻音信等例，它们于通语中非同音的关系，但是在南方方音中可得到或多或少的参证。“款”在今合肥、温州、长沙等地方言中读开口呼，“匡”在今歙县向杲方言中读作开口呼，“困”在今温州、福州、建瓯等地方言中读作开口呼等，这些为解释此类现象为方音现象提供了方言参证。

**6. 洪细不分**

仅有 1 例，见于徐本第三出：①楞来登音凌来蒸。

“楞”属于中古一等，今普通话读开口呼，“凌”属于中古三等，今普通话读齐齿呼，“楞凌”音同，与普通话不吻合，在北方方言中也较为罕见，但多见于南方方言中。以《汉语方音字汇》中所列的“棱来登凌来蒸”为例，二者于长沙音中皆读作 lin，于双峰音中皆读作 liɛn，于梅县音中皆读作 lin，于广州、阳江、厦门音中皆读作 lɪŋ，于潮州音中皆读作 leŋ，于建瓯音中皆读作 leiŋ。此外，在徽州方言歙县大谷运音中“楞凌”皆读作 liəŋ⁵⁵。比较这些南方方音可知，“楞(棱)凌”音同的模式有两种：一是洪音细化，如长沙、双峰、梅县、广州、阳江、厦门、歙县等地皆读作齐齿呼；另一类是细音洪化，如潮州、建瓯等地皆读作开口呼。

上述诸地方言的读音进一步证明了“楞音凌”例应是南方方音的属性，尤其是今歙县大谷运的读音为该混注例提供了精准的参证。

**7. 入声韵的重组**

《广韵》的入声韵在《音释西厢记》中进行了重组，主要表现为：

(1)摄内的混注，如下：

鹄匣沃音谷见屋、蹴集：清屋音促清烛、秃透屋音他笃反透沃、箓来烛音六来屋、撇滂屑音普灭反滂薛、揭见月音结见屑、煠崇洽音闸篇：澄狎、嗑匣盍音合匣合；

① 与声母第 6 点泥疑不分的情况相同，此例虽仅徐本所有，但不代表熊本没有。因为熊本的第三出字音被删除了，故不得而知。

【熊本】蹙集：清屋音促清烛。

(2)摄际的混注，如下：

刺来曷音腊来盍、剌来曷音蜡来盍、挞透曷音塔透盍、煠崇洽音扎庄黠、霎生洽音煞生黠、刹初鎋音插初洽、刮见鎋音括见末、抹明末音没明没、忑五：透德音秃透屋、珏见觉音各见铎、索生陌音色生职、窄庄陌音昃庄职、窄庄陌音侧庄职、呖来锡音栗来质、褶禅缉音折禅薛、棘见职音戟见陌、臆影职音乙影质、镒以质音益影昔；

【徐本】搦泥觉音女厄反泥麦；

【熊本】撒集：心曷音杀生黠、霎生洽音杀生黠、捏泥屑音聂泥叶、搦泥觉音搤影麦。

由上述混注例可知，《广韵》入声韵在《音释西厢记》中发生了重组音变，仅就摄际间的混注而言，其主要规律是山、咸摄的入声韵相互混注重组，梗、曾、深、臻等摄的入声韵相互混注重组。导致此类入声韵间混注重组的原因无非两个：一是韵尾相同，一是主要元音相同。此时韵尾到底是喉塞音-ʔ还是已经完全消失了呢？通过比较，我们认为此时应是喉塞音韵尾-ʔ，主要原因如下：

首先，以共有音注材料为统计对象，作为被注字的入声韵数量为 58 个，与阴声韵混注的仅有 1 例，占 1.72%，比例甚低，这表明入声韵独立成类。

其次，有 5 例明确标注“入声”身份，如“磪音柯入声、豁音花入声、扎音查入声、突音推入声、窟音魁入声”，这表明入声与阴声是对立的。

再者，有 6 例阴入混注，如：曳以祭音液以昔、挫精过音错清铎$_2$、扢见薛音槩见代、【徐本】划匣麦音画匣卦、溢以质音裔以祭，这表明有些入声韵已经读同了阴声韵。在完全演变为阴声韵之前，喉塞音韵尾-ʔ乃必经的阶段。

最后，从历史文献的角度来看，此时的汉语方音尤其是南方方音中入声仍是普遍存在的，且以喉塞音韵尾-ʔ为主要特征(可参见下文表 4)。

上文通过分析，总结出《音释西厢记》字音部分体现的 13 条语音特点，其中声母方面 6 条、韵母方面 7 条。总体来看，这些声韵特点与南方方音高度吻合，与通语的性质大相径庭。

## 四、字音部分的成书问题

至于这些字音材料成于何人之手，目前尚未见到学界有明确的介绍。

据黄冬柏考证，万历间的徐本为安徽歙县虬村多名黄氏刻工合作刊刻而成，徐本较弘治本增加了几百条字音，此乃徐士范所做的贡献。[①] 然而该字音内容是否是徐士范独立创作的，该文未作明确说明。张人和则认为："《释义大全》并非徐士范本所原有，它形成的时间比题评和行批要早，很可能是从其他刊本移植来的，《释义大全》的出目也当另有所本，但至今不得而知，有待进一步查考。"[②]徐本的《释义大全》包括字音部分，由此来看，张文认为字音部分非徐士范所作，成书时间更早。不过字音为何人所为，惜张文语焉未详。

至于熊本题注"上饶余泸东校正 书林熊龙峰绣梓"，据蒋星煜考证，余泸东即余桂萼。[③] 另《上饶县名人》《上饶县志》等文献中均载有余桂萼著《音释西厢记》一说。熊本字音的内容是否为余泸东所作，学界尚无结论。不过结合徐、熊二本字音内容的绝大多数重复以及熊本后出等因素可推知，"余泸东所做的'校正'工作，实际上是不多的"。[④]

关于徐、熊二本的关系，黄冬柏认为熊本和徐本是根据同一元刻本（祖本）重刻的，只不过熊本在刊刻时有可能参照了徐本而已。[⑤] 结合熊本与徐本在字音内容方面同中有异的特点以及熊本的题注中未提及徐士范等因素，我们认同黄冬柏的主张，熊本并不是根据徐本翻刻的，两个本子应该有一个共同的祖本。那么问题来了，祖本到底成于何人之手？要回答这个问题，内因——语音的特征可助一臂之力。虽然字音部分的具体作者信息是难以通过文献考证确定，不过我们可以通过语音比较来确定作者的方言区归属，借此来为确定作者提供参考。

上文总结了字音部分的 13 条特征，现将徐、熊本共有的特征细化为 14 点：①知庄章合流且与精组对立；②少数庄组字并入精组；③知三章组读 ʨ 组；④见组声母腭化；⑤全浊声母清化，多数读作送气清音；⑥微、疑、以等母与影母合流；⑦日泥混注；⑧-m 尾韵消失；⑨歌豪混注；⑩支鱼混注；⑪-n、-ŋ 尾韵不分；⑫开合混注；⑬洪细不分；⑭入声韵演变为阴声韵但作为独立调类存在。

首先将《音释西厢记》与元明乃至清时期的历史方音文献进行比较，因为它们皆属于历史文献，于今皆可视作古，故可将此看作广义上的共时比较。比较详情如表 4：

---

① 黄冬柏《日本内阁文库藏〈重刻元本题评音释西厢记〉考》，《中国文学研究》2017 年第 1 期，第 150 页。

② 张人和《徐士范本〈西厢记〉的出目》，见《〈西厢记〉论证》，长春：东北师范大学出版社，1995 年，第 189 页。

③ 蒋星煜《〈西厢记〉的文献学研究》，第 79 页。

④ 蒋星煜《〈西厢记〉的文献学研究》，第 82 页。

⑤ 黄冬柏《日本内阁文库藏〈重刻元本题评音释西厢记〉考》，《中国文学研究》2017 年第 1 期，第 164 页。

**表 4 共时比较表**[①]

| 方音文献 | | 语音特征 | | | | | | | | | | | | | |
|---|---|---|---|---|---|---|---|---|---|---|---|---|---|---|---|
| | | ① | ② | ③ | ④ | ⑤ | ⑥ | ⑦ | ⑧ | ⑨ | ⑩ | ⑪ | ⑫ | ⑬ | ⑭ |
| A | 《韵略易通》 | + | — | — | — | * | * | — | — | — | — | — | — | — | — |
| | 《韵略汇通》 | + | — | — | + | * | * | — | + | — | — | — | — | — | + |
| B | 《同文备考》 | * | * | — | — | — | — | + | — | — | — | + | + | + | — |
| | 《玉篇直音》 | * | * | + | + | — | * | + | + | — | + | + | + | + | + |
| C | 《律古词曲赋叶韵统》 | + | + | — | * | + | + | + | + | — | + | — | — | ○ | + |
| | 《音声纪元》 | * | — | — | ○ | — | + | ○ | + | — | — | — | + | ○ | + |
| | 《韵法直图》 | + | — | — | ○ | * | + | ○ | + | — | — | — | — | ○ | + |
| | 《新安乡音字义考正》 | + | + | + | + | * | + | + | + | + | + | — | + | + | — |
| D | 《辨字摘要》 | * | * | — | — | * | + | + | + | — | + | + | + | ○ | — |
| | 《类字蒙求》 | — | * | + | + | * | + | + | + | — | + | + | + | ○ | * |
| E | 《训诂谐音》 | — | * | + | + | * | * | — | + | — | + | + | + | — | — |
| | 《湘音检字》 | — | * | + | + | * | * | + | + | — | + | + | + | — | — |
| F | 《六音字典》 | ○ | ○ | ○ | ○ | ○ | ○ | ○ | + | — | ○ | + | ○ | ○ | — |
| | 《汇音妙悟》 | — | * | — | — | * | * | — | — | — | — | — | ○ | ○ | * |
| | 《安腔八音》 | — | * | — | — | * | — | + | — | — | — | — | ○ | ○ | — |

表 4 所列的历史文献可分为 6 类(A—F),依次属于通语、吴、徽、赣、湘、闽等性质,根据表中统计,"+"号最多的(11 个)是属于代表徽语黟县话的《新安乡音字义考正》,其次是属于代表吴语海盐话的《玉篇直音》(9 个),再次是属于代表赣语南昌话的《类字蒙求》(8 个)和属于代表徽语黟县话的《律古词曲赋叶韵统》(8 个),然后就是属于代表湘语长沙话的《湘音检字》(7 个),其余的均少于此。

从"+"的数量来说,以《新安乡音字义考正》为最(11 个);就方言相似度而

① 表中所涉历史文献的语音特征分别来自:张玉来《韵略汇通音系研究》,济南:山东教育出版社,1995 年;、张玉来《韵略易通研究》,天津:天津古籍出版社,1999 年;丁锋《〈同文备考〉音系》,福冈:中国书店,2001 年;张凯《〈玉篇直音〉语音研究》;高永安《明清皖南方音研究》;李军《江西赣方言历史文献与历史方音研究》;田范芬《近代长沙语音研究》;马重奇《汉语音韵与方言史论稿》,北京:人民出版社,2015 年。表格中"+"号代表具备对应的语音特征,"—"号代表不具备对应的语音特征,"*"代表不完全符合对应的语音特征,"○"代表不明确是否具有对应的语音特征。

言，以《新安乡音字义考正》《律古词曲赋叶韵统》代表的徽语黟县话最为接近。如此看来，《音释西厢记》之字音部分体现的语音特点更近似于徽语黟县话，这从侧面反映出字音部分的作者当是徽州黟县人，同时也否定了乃徐士范所为的看法。徐士范，明人王骥德在《新校注古本西厢记·自序》中提到其乃毗陵(今常州)人，常州方言属于吴语，尤其保留了中古全浊音声母，与《音释西厢记》字音的特点抵牾，故而可否定徐氏所为。此外，以下三个方面可用于佐证黟县人所为的观点：

(1)如上文所述，据黄冬柏考证，万历间的徐本为安徽歙县虬村多名黄氏刻工合作刊刻而成，这说明徐本的祖本应该是流行在歙县地区的文献。歙县、黟县同为徽州六县，二地相接，祖本在歙县流行，也极有可能在黟县流行。

(2)熊本的题注为上饶余泸东校正，余氏之所以能够校正祖本，说明该祖本在上饶地区容易得到。上饶地接古徽州府，祖本流行于上饶地区自在情理之中，可从侧面印证祖本的流行地区。

(3)徽州地处皖、赣、浙交汇处，徽语被吴、赣等方言包裹。而从语音相似度因素来看，与字音特点第二相似的便是吴语和赣语。这绝非巧合，正印证了字音材料成书于徽州人之手。

上面三个因素均印证了徐、熊二刻本的祖本应是在徽州地区广为流行的事实，可佐证上文论及的字音内容为徽州黟县人所为的观点。如果再退一步讲，认为该字音部分为徽州人所作应是没有问题的。

# 元末明初散曲家新考二题*

都刘平　鲁玥含**

【内容提要】　徐孟曾、杨彦华均为元末明初的散曲家，其名见载于《录鬼簿续编》，后者作品尚存四个套数，其中三套为北曲，一套为南曲，体现了元明之际南北曲盛衰交替的历史实况，在元明散曲演变史上具有一定的代表性。然二人的家世及生平事迹，以往仅有《续编》的简略记载，孙楷第《元曲家考略》亦未曾考索。现检元明人别集及其他文献，参证《续编》的记述，可大致勾勒二人生平，以供学界同仁参照研讨。

【关键词】　散曲家　徐孟曾　杨彦华　家世生平

## 一、徐孟曾

### （一）

徐孟曾是元明易代之际的散曲家，名见载于《录鬼簿续编》，依照《续编》的撰写体例，孟曾应是其字，未记其名。其家世、事迹未见有学者考证，有关元曲的书籍在介绍其人时，也仅引用《续编》的简括记述。《续编》云：

> 徐孟曾，兰陵人，号爱梦。世业医。幼而颖悟，书史涉猎，医家诸书背诵。治人之疾，一诊视间决死生，犹烛照龟卜，士大夫多称誉之。平居好吟咏，乐府尤工。然其气岸高峻，时人以为矜傲，呼为"戆斋"。日与东廓唐永铭先生辈更唱迭和，浅斟低唱，以适其所乐而终焉。①

这里记他是兰陵人，古代称兰陵的地方有两处，一是江苏武进县，一是山东峄县。王绍曾、宫庆山二位先生编《山左戏曲集成》，将徐孟曾作为"元代山东散

---

* 本文系河北省社会科学基金项目：《元曲家行状考辨及佚文辑存》（项目编号：HB21ZW019）阶段性成果。

** 都刘平，河北大学文学院讲师。鲁玥含，河北大学文学院助理研究员。

① 〔明〕贾仲明《录鬼簿续编》，王钢《校订录鬼簿三种》，郑州：中州古籍出版社，1991年，第180页。

曲作家"列入附录《山左戏曲家评论及有关资料》中,[①]显然是认定《续编》记载的"兰陵"为山东兰陵。

按:王㒜《思轩文集》卷九有《赠世医徐伯旸序》:

> 吾毗陵称世医家,其传次之久,皆无如徐氏。盖自国初以来,累世业医,一本刘守真、张子和二家之学。以汗、吐、下三法治人疾疢,皆应手取效,郡中籍籍称贤之。盖不徒专攻于医,而尤兼通于儒。故其书有名儒门事,亲者谓与吾儒者之道相表里,有非粗工妄人之所能窥测也。前三十年,予犹及见其长老如孟恂、孟伦、孟颛三数人。至于孟恂之兄孟曾、孟安,孟颛之父前医学正科彦常,又予所不及见。然闻其风与观其为人,其纯德雅道,皆卓然前辈老成人,又非后生晚进之所能跂而及之也。当是时,人之求医者徒知有徐氏,为医者徒知有刘、张之学。近数年来稍稍徙之别族,而其学亦有转而他求,如李明之之类者。独伯旸不然,曰:"此吾父祖之业也。"于是深探二家之旨,而尤注意于仲景伤寒之一论,其意又以为百病之急无逾伤寒,此古人之说而亦吾父祖之用心也。伯旸,孟颛之子,彦常之孙也。其贤如此,庶几克承家学,以益永其传者矣。予客游京师,与伯旸别甚久,乃者予兄廷序以书来,属文曰:"愿有以赠伯旸也,伯旸治吾伤寒而愈,而不受馈,此其功不可忘,其义不可掩也。"[②]

毗陵是常州的古称。王㒜(1424—1495),字廷贵,常州武进人。赠序是其"客游京师"时,乃兄廷序来书,嘱其为答谢徐伯旸治其"伤寒而愈,而不受馈"而作。据此,可以辨明《录鬼簿续编》所记之兰陵乃常州兰陵(即今武进县)。据徐溥《王公神道碑铭》[③]及李东阳《王文肃公传》[④],王㒜于正统甲子(1444)举南京乡试,景泰辛未(1451)礼部会试,中进士第三名,授翰林院编修,甲戌(1454),丁父忧。赠序中说"予客游京师,与伯旸别甚久",指的当是正统十年到景泰元年(1445—1450)这六年间。序又云:"前三十年,予犹及见其长老如孟恂、孟伦、孟颛三数人。至于孟恂之兄孟曾、孟安,孟颛之父前医学正科彦常,又予所不及见。"知孟曾有兄弟行孟恂、孟伦、孟颛、孟安数人,彦常则其伯叔辈。由景泰甲戌(1454)上推三十年,是为永乐二十二年(1424),时王㒜方出生,"犹及见"徐孟恂、孟伦、孟颛三人,而"不及见"徐孟曾、徐彦常,则孟曾卒年

---

① 王绍曾、宫庆山编《山左戏曲集成》(下册),上海:上海古籍出版社,2007年,第2217页。

② 〔明〕王㒜《思轩文集》卷九,《续修四库全书》(第1329册),上海:上海古籍出版社,2002年,第502页。

③ 〔明〕徐溥《谦斋文录》卷四《故南京吏部尚书进阶荣禄大夫致仕赠太子太保谥文肃王公神道碑铭》,《景印文渊阁四库全书》(第1248册),台北:台湾商务印书馆,1986年,第639页。

④ 〔明〕王㒜《思轩文集》附录,《续修四库全书》(第1329册),第675页。

不会迟于永乐二十二年。

王赠序谓毗陵徐氏“累世业医”，“治人疾疢，皆应手取效，郡中籍籍称贤之”，除此之外，于儒家典籍也多兼通精熟，“与吾儒者之道相表里”，不同于一般的“粗工妄人”。这当然也包括视王偁为“前辈老成”的徐孟曾，与《录鬼簿续编》记孟曾不仅“世业医”，“治人之疾，一诊视间决死生，犹烛照龟卜，士大夫多称誉之”，而且“书史涉猎”，“平居好吟咏，乐府尤工”，正好相互印证。

又《（万历）常州府志》卷一五、《乾隆武进县志》卷一〇、《光绪武进阳湖县志》卷二六记载有徐孟曾、孟恂、孟伦三兄弟之事，后两县志根据《常州府志》转录，多有疑误，现引《常州府志》卷一五《人物・方伎》如下：

> 在毗陵，以医著姓者，称徐、蒋、汤、丁云。徐之先世为毗陵人，元兵屠城，获脱，复被虏至燕，居久之，得常州织局官以归。生二子，长曰养浩，博通儒书，始业医名世，任无锡州医学教授。子仲清，继其业尤精，任湖州路医学教授。子矩，用荐两任襄县、黄县教谕。是生三子：长曰述，字孟鲁；次曰迪，字孟恂；又次曰选，字孟伦。述善诊，迪善意。述诊决人生死，旦夕岁月若神；迪所治不尽责效于汤液醴酒，率以意为之。述尝过市，市人靳之，跃而逾柜请诊。述曰：“子肠已断，法当死。”市人曰：“吾方饱食而出，本无疾，乌得死。”至暮，果死。其他病甚且瞑，述与其生，血肉华色，动履如常。①

据前引王偁《赠世医徐伯旸序》，知徐孟曾有二胞弟孟恂、孟伦，则《（万历）常州府志》中的“孟鲁”当是“孟曾”形近之误。借此，也得知徐孟曾名述，孟曾其字。其胞弟分别名迪（字孟恂）、选（字孟伦）。府志所记徐氏“先世”在蒙古灭南宋之际，“元兵屠城，获脱”，竟而被掳掠至燕京（大都），后得常州“织局官以归”诸事，在后文所引的王偁《陕西略阳知县徐公墓志铭》（《思轩文集》卷一九）、邵宝《故上高训导徐君东之墓志铭》（《容春堂后集》卷五）等文献中可以得到进一步证实，且知此“先世”为徐孟曾的高祖，名烨（详见后文）。蒙古军队屠城常州发生在元至元十二年（1275）十一月，《元史》卷一二七《伯颜传》载：“（至元十二年十一月）壬午，伯颜军至常州。先是常州守王宗洙遁，通判王虎臣以城降，其都统制刘师勇与张彦、王安节等复拒之，推姚訔为守，固拒数月不下。伯颜遣人至城下，射书城中招谕：勿以已降复判为疑，勿以拒敌我师为惧。皆不应。乃亲督帐前军临南城，又多建火炮，张弓弩，昼夜攻之。……宋师大溃，拔之，屠其城。”②

府志中间记载的是徐迪“以意为之”而治愈乡人疾病的几件例证，更因为

① 《（万历）常州府志》卷一五《人物・方伎》，明万历四十六年刻本。

② （明）宋濂《元史》卷一二七《伯颜传》，北京：中华书局，1976 年，第 3107 页。

用针"尤多神效",以致有"徐神仙"之称。接着写到三人之品行:

> 然三人者,皆负意气,好施与,博物洽闻,于诸家多所刳心。[①] 述,尤工天文,[喜吟诗]。[②] 选,更以孝友称。……述尝夜读《岳武穆传》,[③]怒甚,持挺起,无所洩忿,碎其盎于爨下。邻人惊问之,曰:"吾方切齿于桧贼也。"

"喜吟诗",读《岳武穆传》,与王偁《赠世医徐伯旸序》谓其兼通儒家典籍,以及《录鬼簿续编》记其"平居好吟咏,乐府尤工"云云,颇能吻合。

《常州府志》又云:"洪武中,述、迪皆以他医累,当远戍,选赘,得免。述、迪将奉母行,选不忍也,遂同行,艰苦备尝者廿年,不以为劳。"此所指究为何事呢?

按:徐孟曾有同族兄弟名孟铭者,明王行《半轩集》卷六《赠徐孟铭序》云:

> 医,活人术也,故操其术者,恒以活人自任,而用其术者,亦以活人任之。则医之能活人也必矣。然死生非细事,要不可不自慎也。毗陵徐孟铭,盖所谓能自慎者。予闻之矣,其族祖仲清,尝侨吴城中,时四方大夫士多萃吴下,家惟无病,病必延仲清视之,仲清之名籍甚。去归其乡,今十五年矣,而又闻孟铭之声焉。徐氏何多贤耶!徐氏之先,有以药济人者,见于《神仙家书》,岂其泽至今犹未泯与?矧闻孟铭不独精于医,又能读儒家书,好赋咏,则其人又可知矣。[④]

王序中提到的徐孟铭的"族祖"仲清,正是上引《(万历)常州府志》中徐孟曾的祖父,序称"族祖",说明徐孟铭与孟曾是旁系兄弟。但家风传统显然是一脉相承的,"孟铭不独精于医,又能读儒家书,好赋咏"。而这位同族兄弟曾因官司远戍"海隅",最后客死异乡。谢应芳《龟巢稿》卷八《悼徐孟铭》诗云:

> 读书轩岐上古书,憣然读律应时需。一官再调炎州幕,二竖交攻瘴海隅。赖有故人收白骨,归来乡国瘗黄垆。杏林花落纷如雨,何树哀啼五尺孤。[⑤]

谢应芳(1296—1392),字子兰,号龟巢,亦常州武进人,曾为徐孟曾刊刻的陈北溪《经训启蒙》作跋(《龟巢稿》卷一四),又曾与徐孟曾讨论诗歌(卷一七《独孤公桧诗并序》),文中谢应芳称孟曾为"郡人"。由谢诗可知,徐孟铭好读书,可

---

① "刳心",《(乾隆)武进县志》卷一〇、《(光绪)武进阳湖县志》卷二六均作"会心"。

② "喜吟诗",《(万历)常州府志》无,据《(光绪)武进阳湖县志》补。

③ "岳武穆传",《(光绪)武进阳湖县志》作"《宋史·岳飞传》"。

④ 〔明〕王行《半轩集》卷六,《四库全书》(第1231册),第363页。

⑤ 〔明〕谢应芳《龟巢稿》卷八,杨镰主编《全元诗》(第38册),北京:中华书局,2013年,第218页。

能参加过科举，不利，改而“读律”（即学习律法、律令）从吏，做过炎州幕府，为竖子小人所陷，远谪“海隅”（海南），客死他乡。徐孟曾、孟恂兄弟“皆以他医累，当远戍”，“艰苦备尝者廿年”所指的可能正是因同族兄弟徐孟铭之官司而牵连被远戍。《（万历）常州府志》记此事发生的时间是“洪武中”，按谢应芳《经训启蒙跋》记徐孟曾见自己收藏的陈北溪《经训启蒙》，谓“明珠暗投”，于是谋划刊梓，谢跋署时在洪武己巳（二十二年，1389）九月，而谢应芳卒于洪武二十五年（1392），所以徐孟铭戍“海隅”，孟曾以同族兄弟而受到牵连“当远戍”应在洪武二十二年至二十五之间（1389—1392），下限所以在洪武二十五年，因为洪武二十五年谢应芳即逝世，此后他不可能作《悼徐孟铭》诗。由洪武二十二年至二十五下推“廿年”，约在永乐十年（1412），此时的徐孟曾应该已步入生命的晚年，亦无意仕进，《（万历）常州府志》载“文皇帝尝召见述，欲官之，不果，厚赐金帛以归”。《录鬼簿续编》亦云：“日与东廓唐永铭先生辈更唱迭和，浅斟低唱，以适其所乐而终焉。”可能正是辞却了文皇帝的赏官，才会有《续编》记载的“时人以为矜傲，呼为‘戆斋’”的事情。

然而《（万历）常州府志》又记载：“正统初，（徐）述语族子曰：‘天象如此，不越三年，万乘其蒙尘乎？’既而曰：‘其在己巳也。’是年，果有‘土木之变’。”正统己巳为正统十四年（1449），正是“土木之变”发生的时间。这样，徐孟曾不但活到了明英宗正统十四年，且预言到该年发生的“土木之变”。《（乾隆）武进县志》相信了这个话，把《（万历）常州府志》“文皇帝尝召见述”中的“文皇帝”改为“景帝”（即明代宗朱祁钰，“土木之变”后次月即皇帝位），而《（光绪）武进阳湖县志》对于前面两个方志的不同记载似拿不定主意，干脆既不说“文皇帝”，也不说“景帝”，直接改为“帝”。按《（万历）常州府志》在记述徐孟曾、孟恂、孟伦三兄弟“皆负意气”之后，依次载：“洪武中，述、迪皆以他医累，当远戍”——“正统初，述语族子曰”云云——“文皇帝尝召见述，欲官之，不果”。这里的叙述涉及三个时间节点：洪武、正统、文皇帝（永乐），叙述的顺序与对象本身的时间顺序是不统一的，这显然不合逻辑，只能理解为插入在“洪武”与“文皇帝”中间的“正统”段事迹是后来人添加的。之所以要添加“正统”一段的内容，可能是受《（万历）常州府志》记载“述，尤工天文”的影响，因而附会其关于“土木之变”的预言。

## （二）

徐孟曾除了有两位胞弟孟恂、孟伦外，同族中尚有数人可考索。前文所引王偁《赠世医徐伯旸序》中提到的徐彦常是徐孟安、徐孟颛的父亲，徐伯旸的祖父，孟安、孟颛，从命名的特点判断，二人显然是孟曾的同辈旁系兄弟。王行《赠徐孟铭序》及谢应芳《悼徐孟铭》诗中的徐孟铭自然也是孟曾的同辈。兄弟辈中还有叫徐孟容者。谢应芳《龟巢稿》卷一四《跋〈经训启蒙〉》云：

曩避兵东吴，得此书三十馀载。郡人徐孟容、孟曾等见而宝之，谓明珠暗投，良可惜也。是用版刻以广其传。[①]

末署时间为洪武己巳九月重阳日，洪武己巳即洪武二十二年(1389)。又《龟巢稿》卷七有《云林书舍》诗，注云："为徐孟容作。"诗云：

东家领军鞋一屋，西家买妓倾珠玉。寂寞南州高士孙，灯火小窗书夜读。羲皇画卦龙负图，蝌蚪此时无简牍。神农本草轩岐语，为是传家先烂熟。唐虞三代二千载，六经圣贤常在目。牙签插架日益多，蔗境渐佳心未足。便便腹笥贮琅玕，齿颊霏霏吐珠玉。钟期骨冷呼不醒，谁复赏音听此曲。青林不着软红尘，只许白云檐下宿。云乎云乎知不知，封胡羯末森如竹。白眉之良众所称，能绳祖武栖幽谷。清河有颂泰阶平，应着先鞭驾黄鹄。[②]

"南州高士孙"，是将徐孟容看作是东汉名士徐孺子的后裔，这是古人攀名人为本家的惯常做法，可不必深究。"神农本草轩岐语，为是传家先烂熟"，道出了徐孟容医业传家、谙熟医学典籍的出身背景，显然与"世业医"，"医家诸书背诵"的徐孟曾系出同脉。更可贵的是，徐孟容与孟曾一样，不仅精熟医学，还能兼通"六经圣贤"，谢应芳甚至以己为孟容"赏曲"的知音。另外，徐孟容的妻子亦以医擅名。《(弘治)无锡县志》卷二〇《人物志·方技》条载：

陆氏，医士徐孟容妻，善医，名闻于朝。永乐丁酉，遣中使召入宫，既老遣归，赐赉甚厚，仍蠲其丁役。"[③]

永乐丁酉即永乐十五年(1417)，徐孟容与徐孟曾属同辈兄弟，其妻陆氏在永乐十五年以"善医"召入宫，可以作为证实《(万历)常州府志》所记"文皇帝尝召见述，欲官之"的一个旁证。相反，《(乾隆)武进县志》改"文皇帝"为"景帝"，应属后人妄加附会之举。

又王僎《思轩文集》卷一九《陕西略阳知县徐公墓志铭》载：

公徐氏，讳起，字贵昇，先世淮人。赵宋时有讳克正者，明经及第，后以母老不仕，卒谥"节孝"。季克忠，滁州同知。再传而至季明，始徙居晋陵。季明生烨，德祐间，元兵屠城，居民有伏积尸中得脱者七人，烨其一也。仕至常州路织染局提领，公高祖也。曾祖养源。祖潢。考翰，字彦贞，洪武间举人材，拜大理寺丞，与都御史詹徽论事不合，免归，后起知宁

---

① 〔明〕谢应芳《龟巢稿》卷一四，《四库全书》第1218册，第315页。

② 〔明〕谢应芳《龟巢稿》卷七，杨镰主编《全元诗》(第38册)，第184页。

③ 《(万历)常州府志》卷一五、《(康熙)常州府志》卷三〇记载相同，惟"医士徐孟容"前多"无锡"二字。

海州。娶金氏、蔡氏、曾氏，生四子，公其季也，曾出。六岁失怙，母抚育之，教之读书，遣游邑庠。时先公兵部府君方为予姊择配，盖居与公相邻，知其贤，遂以妻焉。公屡游场屋不偶，而家益贫，学益励，养母极甘旨，实予姊有以相之。正统辛酉，中应天乡试，壬戌会试，授兖之城武教谕。……秩满，用工部尚书王公复荐，升郓城知县。……三载，丁内艰，服除，调汉中略阳县。……又三载，竟谢事归，时成化己丑，公年甫六十，并谢家事，日居城南之别墅，曳杖逍遥陇亩间。……其平生勇于行义，于恤族尤厚。盖自为校官，已收养族孙之贫者四人：曰敩、敏、政、歆，皆毕婚娶，教使成立。……配王氏，即予姊，柔和贞顺，表著闺闱，先公十二年卒，生二子：瑞，太学生；……瑛，义官。……侧室张氏、王氏，生二子：瑭，……珑……孙男五：淑、滂、潜、渊、泾。①

撰者王㒷是墓主的内弟，且同为武进籍，所记墓主的家族谱系与事迹自然是可信的。所谓"德祐间(1275—1276)，元兵屠城"，"伏积尸中得脱"，后"仕至常州路织染局提领"的徐烨，即《(万历)常州府志》中记载的"元兵屠城，获脱，复被虏至燕，居久之，得常州织局官以归"的徐述的"先世"。《府志》记徐述的"先世""生二子，长曰养浩"，则《陕西略阳知县徐公墓志铭》中徐起的曾祖养源，即徐烨的次子。徐起与徐述、徐迪、徐选是同辈，而王㒷《赠世医徐伯旸序》中提到的孟颙的父亲彦常，与徐起的父亲徐榦(字彦贞)是同一代。虽然徐起与徐述属同辈，却是同出一个高祖，谱系已经比较远，所以年岁相差也比较大。墓志铭记徐起"寿七十有四，成化癸卯九月十五日卒"，成化癸卯即成化十八年(1483)，寿七十有四，则生年在永乐八年(1410)，这已经是徐述的晚年了。徐起比内弟王㒷长15岁，所以王㒷在《赠世医徐伯旸序》中回忆自己幼年时期已"不及见"徐孟曾。

王㒷《徐公墓志铭》记徐起之父榦先后任大理寺丞、宁海知州，而徐起本人自幼读书，"游邑庠"，似与以医学传家的常州徐氏子弟大异。其实不然。《思轩文集》卷二一《亡姊孺人王氏墓志铭》载：

徐故比邻，贵昇早以才俊有名，遂纳聘焉。时其父彦真(贞)已殁，故所业医弃之，而业儒，为邑庠生。②

由于徐起"六岁失怙"，乃父所"业医"无法传授给他，其母只能另谋出路，令其"业儒"。徐起科举及第，而他的下一代，自然是要令其"业进士举"，即便是学业不精者，也要"输粟授义官"。

---

① 〔明〕王㒷《思轩文集》卷一九，《续修四库全书》(第1329册)，第623页。

② 〔明〕王㒷《思轩文集》卷二一，第653页。

邵宝《容春堂后集》卷五《故上高训导徐君东之墓志铭》：

> 越数月，君弟鸿，以其孤本及婿潘溱来告葬，且出段主事子辛状请铭。……君讳淮，字东之，别号静轩，徐其氏也，系出汉南州高士稚元。有讳烨者，仕为常州路织染局提领，因籍武进，于君为高祖。曾祖用，国朝以明医征。祖遂，医学正科。父镕，母黄氏。君幼警敏，成童能属文，弱冠为郡庠诸生，有才望，于是君之世父文式以进士及第，为翰林编修，没未久，而君继起。……君凡八举不利，始应弘治戊午岁贡，以母老请就禄，得训导江西上高，居八年，母病失明，遂有致仕之请。……所著有《静轩稿》藏于家。①

墓主名徐淮，字东之，别号静轩。“生景泰丙子(1456)”，“卒于正德丁丑(1517)”，享年62岁。《墓志铭》称墓主徐淮“系出汉南州高士稚元”，与前引谢应芳《云林书舍》诗谓徐孟容是“寂寞南州高士孙”一样，都是托名人为祖先。从命名特点来看，墓主徐淮及其弟徐鸿，应与《陕西略阳知县徐公墓志铭》的墓主徐起的孙辈徐淑、徐滂、徐潜、徐渊、徐泾同辈，徐淮之祖父徐遂则与徐述、徐迪、徐选、徐起为同代人。如此排序起来的话，“仕为常州路织染局提领”的徐烨就不是徐淮的“高祖”了，而是六世祖。《墓志铭》中提到的徐淮之“世父文式”，即徐辖，字文式，景泰五年(1454)进士第三名，授翰林院编修。②

## （三）

综合上文的考察，可以对徐孟曾的家世及行迹作个小结：徐孟曾名述，孟曾其字，号爱梦。卒年不迟于永乐二十二年(1424)，与胞弟“迪俱以高年终”。③先世淮人，五世祖季明始徙常州，高祖烨当宋元易代之际，于蒙古伯颜军队至元十二年(1275)屠城时得脱，复被虏至大都，后得官常州路织染局提举，占籍武进。曾祖养浩始以业医名世，除无锡州医学教授。祖仲清，任湖州路医学教授。父矩，两任襄县、黄县教谕。述兄弟三人，两胞弟迪(字孟恂)、选(字孟伦)，俱以善医名乡里，俗有“徐神仙”之称。约洪武二十三四年(1390—1391)，因同族兄弟徐孟铭之官司受到连累，述、迪、选三人奉母远戍，“艰苦备尝者廿年”。永乐年间，徐述以能医召入官，“欲官之，不果，厚赐金帛以归”。常州府武进县徐氏虽以医业传家，但至迟到徐孟曾这一代，在谙熟医学，“医家诸书背

① (明)邵宝《容春堂后集》卷五，《景印文渊阁四库全书》(第1258册)，第288页。

② 《万历常州府志》卷一一下《选举》条。

③ 《光绪武进阳湖县志》卷二六。

诵”的同时，还能兼通儒学，徐孟曾本人不仅有医学著作《难经补注》(佚)，[①]且“喜吟诗”，曾与同籍名诗人谢应芳讨论诗作，并与同族兄弟孟容版刻陈北溪的《经训启蒙》，以广其传。“乐府尤工”，晚年更是与乡老“更唱迭和，浅斟低唱，以适其所乐而终焉”。惜其所作散曲今不存。徐孟曾的同辈兄弟中，无论是同胞的孟恂、孟伦，还是旁系的孟容、孟铭、孟安、孟颛，同样在精熟医业的同时，兼通儒学。随着时代的推移变迁，徐氏后代子孙已有弃医业者，“其学亦有转而他求”(王偁《赠世医徐伯旸序》)。

## 二、杨贲

### (一)

杨贲之名见于《录鬼簿续编》与《太和正音谱》，谢伯阳先生编《全明散曲》，从《北宫词纪》《词林摘艳》《群音类选》等明人曲选中辑录其套数四套，其中三套为北曲，一套为南曲，正显现出元末明初南北曲交融并盛的历史事实。孙楷第先生遍览元代文献，考证有元一代曲家身世履历，却未见有杨贲，近代学人亦未见有考索者。《录鬼簿续编》记杨贲字彦华，自号春风道人。滁阳(今安徽滁州)人。按清万斯同《明史》卷一七六《杨元杲传》有杨彦华的简略记载：

> 元杲有子贲，尤博学强记，以词翰知名。荐授大名知县，至周府纪善。[②]

又卷一三六《艺文志四》：

> 杨贲《春庵集》。字彦华，滁州人。中书省右司郎中杨元杲子，官楚府纪善。[③]

前者记载杨彦华“至周府纪善”，后者却谓其“官楚府纪善”，所记当有误(详考见后文)。随后的王鸿绪、张廷玉等人在万斯同所撰《明史》的基础上编成《明史》，[④]是为官修，其中关于杨彦华父子的记载沿用了万斯同《明史·杨元杲传》的记述。张廷玉《明史》卷一三五《杨元杲传》载：

---

① 《(万历)常州府志》卷一五《人物·方伎》，《千顷堂书目》卷一四“医家类”，万斯同《明史》卷一三五《艺文志三》。

② 〔清〕万斯同《明史》卷一七六，《续修四库全书》(第327册)，第350页。

③ 〔清〕万斯同《明史》卷一三六，《续修四库全书》(第326册)，第489页。

④ 〔清〕张廷玉等《明史》卷首“出版说明”，中华书局，1974年，第1页。

杨元杲、阮弘道，皆滁人，家世皆儒者。从渡江，同为行省左右司员外郎，与陶安等更番掌行机宜文字。元杲以郎中擢理军储于金华，而弘道亦于是岁以郎中从大都督文正守南昌，皆有功。二人皆于太祖最故，又皆儒雅嗜文学，练达政体，而元杲知虑尤周密。帝尝曰："文臣从渡江，掌簿书文字，勤劳十馀年，无如杨元杲、阮弘道、李梦庚、侯元善、樊景昭者。"其后，元杲历应天府尹，弘道历福建、江西行省参政，皆卒官。元杲子贲，博学强记，以词翰知名，荐授大名知县，仕至周府纪善。[①]

所谓"从渡江"，指元至正十五年(1355)，明太祖朱元璋渡长江、占太平路，《明史·太祖本纪一》：至正十五年"五月，太祖谋渡江"，"遂乘胜拔太平，执万户纳哈出"，改太平路为太平府，置太平兴国翼元帅府，自领元帅事，召陶安参幕府事。至正十六年(1356)攻集庆路，同年七月，太祖称吴国公，置江南行中书省，自总省事，置僚佐。杨元杲出身"家世儒者"，"练达政体"，"知虑周密"，"掌行机宜文字"，深得太祖的信赖赏识，任江南行中书省左右司员外郎，总理军需储备，累官应天府尹。杨彦华出身于这样的家庭氛围中，自幼读书，接受的也是传统士大夫经史诗文的教育，《录鬼簿续编》谓其"滁阳宦族也"，"八岁能属文，甫弱冠，明《五经》。酷好吟咏，尝访桂潭和尚，一茶之顷，赓和百篇"。其父历任应天府尹，杨彦华应当是跟随乃父居住在金陵。《北宫词纪》选录杨彦华【正宫·端正好】《春游》散套，写的是早春时节江南游览的盛况，其中【脱布衫】曲云："一处处仕女游嬉，一攒攒客醉尊罍，一簇簇笙歌韵美，一步步管弦声沸。"【小梁州】【幺篇】云："江南自古繁华地，胜追游尽醉方归。"【尾声】："游春不觉金乌坠，乘兴还随玉兔回。倒玉颓山醉似泥，相赏休违，莫负芳菲，看了这万紫千红，端的是画图里。"[②]充满着强烈的欣喜和新鲜感，可能正是乃父官应天府尹时，杨彦华随父初次来到金陵，喜悦之馀写下了这首《春游》散套。

《录鬼簿续编》又记杨彦华"洪武辛巳，以明经擢濮阳令"，按洪武辛巳即明建文三年(1401)。考《明史·恭闵帝本纪》，建文三年未开科举试，建文二年(1400)三月，赐胡广等进士及第、出身有差。那么《续编》所记"洪武辛巳"会不会是"洪武庚辰"(建文二年)之笔误呢？但"辛巳"二字，似很难笔误为"庚辰"，因此这个假设也就难以成立了。按《明史·太祖本纪》：洪武四年辛亥(1371)三月，始策试天下贡士，赐吴伯宗等进士及第、出身有差。又十四年辛酉(1381)八月，"诏求明经老成之士，有司礼送京师"。《续编》所记"洪武辛巳"可能是"洪武辛亥"，或"洪武辛酉"之误吗？这里提供几条证实此说的旁证与反证：(一)杨彦华在任赵府纪善时，唐文凤为其同僚，为彦华先后作有《跋杨彦华

① 〔清〕张廷玉等《明史》，第3921页。

② 谢伯阳编《全明散曲》，济南：齐鲁书社，1994年，第207页。

书虞文靖公苏武慢词后》(《梧冈集》卷七)、《春庵杨纪善见子之喜,有诗,次韵奉贺三首》(卷三)一文一诗,跋文称杨彦华为其“僚友”,杨彦华年岁当与唐文凤相近。据文凤五世孙唐泽撰《高祖梧冈先生墓表》:“先生殁于宣德壬子,享年八十有六。”宣德壬子为宣德七年(1432),享年86岁,则唐文凤生年在元至正七年(1347)。设杨彦华与唐文凤年岁相若的推测成立,洪武四年辛亥(1371),彦华时年约25岁,正是风华正茂之年,与前引其在金陵所作【正宫·端正好】《春游》散套所表现的积极乐观、轻松喜悦的心态,正相互吻合。(二)《续编》记彦华“甫弱冠,明《五经》”,那么25岁时,以明经中第自然是情理中事。(三)杨彦华永乐年间任赵王府纪善(详后),赵王朱高燧是成祖嫡三子,永乐二年受封(《明史·诸王世表四》)。倘若杨彦华是建文帝三年的进士,燕王朱棣在“靖难”成功、登基帝位后,也不会任命杨彦华做赵藩府的纪善,杨彦华本人出于“忠贞”思想的影响,也不能同意。(四)至于《续编》所记“洪武辛巳”是否是“洪武辛酉”(十四年,1381)的推测,也难成立。因为假若是洪武辛酉年,时杨彦华约35岁,显然与《明史》记载的“老成之士”不符。故我们推定杨彦华于洪武四年以明经中进士第,擢濮阳令,《续编》所记“辛巳”乃“辛亥”之误。

万斯同及张廷玉各自主修的《明史·杨元杲传》,均记载杨彦华“荐授大名知县”,而《录鬼簿续编》载其“擢濮阳令”。按张氏《明史·地理志一》:洪武二年四月,以州治濮阳县省入开州,开州隶大名府。所以《明史》与《续编》的记载并不冲突。

## (二)

万斯同《明史·杨元杲传》记杨彦华“至周府纪善”,而在同书《艺文志》中却又记其“官楚府纪善”,张廷玉奉诏修《明史》时沿用了万氏《明史·杨元杲》的记载,亦谓彦华“仕至周府纪善”,嘉庆年间修《大清一统志》时,直接搬用了张氏《明史》的记载。现代学者著述,如台北“中央图书馆”编撰的《明人传记资料索引》、谢伯阳先生编《全明散曲》“杨贲”小传,也都沿用张氏《明史》的记述。与杨彦华同时代的《录鬼簿续编》作者记载的“永乐初,改除赵府纪善”的文献,和正史相比起来,似乎完全不足取信。事实果真如此吗?

唐文凤《梧冈集》卷七《跋杨彦华书虞文靖公苏武慢词后》:

> 今按:调寄【苏武慢】词十二阕,盖和冯尊师所作。其自序经阅累岁而成,飘飘然有出尘想,如在九霄之上,下视世纷胶扰,曾不足以入其灵台丹府。所谓不吃烟火食,所道乃神仙中人语也。史称南岳真人降生,岂其然乎!余僚友杨春庵酷嗜此词,喜而书之,联为巨轴。字体萧散俊逸,有晋唐人气。或遇风清月霁之夕,冯、虞二公有知,当乘云御风而来,寻歌审

音，玩书留迹，亦复绝倒也。故跋以归之。[①]

"余僚友杨春庵"，"春庵"自然是文题中杨彦华的号。《万历滁阳志》卷一二《列传》，记彦华"晚号春庵"，虽未必是晚年所号——《录鬼簿续编》记彦华号"春风道人"，这可能是他晚年仕途失意，遁入黄冠后的自号——但也证实杨彦华确曾号"春庵"。唐氏跋文是为杨彦华书虞文靖公（虞集）【苏武慢】词而作，称彦华"字体萧散俊逸，有晋唐人气"，知彦华除作散曲外，亦善书，与《万历滁阳志》卷首张瑄弘治癸丑序，谓杨彦华"书法遒劲恣媚，可亚赵松雪（即赵孟頫）"，[②]正相互印证。

又《梧冈集》卷三《春庵杨纪善见子之喜，有诗，次韵奉贺三首》：

> 乏嗣承宗亦可羞，掌珠喜见瑞光浮。家声有绍惟杨震，天道无知只邓攸。贺客每传诗志喜，夸人不用酒消忧。他年好绍箕裘业，才俊当推第一流。
>
> 津津喜色上眉头，宾主持杯互劝酬。有酒何烦说罍耻，无钱安用效囊羞。应门岂比李泰伯，生子当如孙仲谋。欲验寸心窥造化，百年春雨长松楸。
>
> 意令与国助租丁，自是承宗德泽馨。祥凤已知生鸑鷟，小虫何必负螟蛉。阳回气候生邹律，春蔼芝兰满谢庭。父子祖孙传百代，此心安用测沉冥。[③]

唐文凤诗是次韵杨彦华"见子之喜，有诗"而作，杨原诗已佚。据唐文凤《跋白云吴公诗》，其授赵府纪善在永乐元年（1403）夏，[④]而《明史·成祖本纪》及《诸王世表》，成祖始封赵王在永乐二年（1404）四月，盖敕命在永乐元年，而实封则在次年。据唐泽《高祖梧冈先生墓表》，知唐文凤生于元至正七年（1347），永乐二年（1404）已58岁，杨彦华年岁应与之相近。故唐诗说"乏嗣承宗亦可羞"。正因为杨彦华是老年得子，故而"喜色上眉头"，视为"掌珠"，邀请同僚好友"持杯"相贺，并赋诗"志喜"。唐文凤次诗一方面为僚友得子送上祝福："他年好绍箕裘业，才俊当推第一流"，同时还有劝慰的意思："父子祖孙传百代，此心安用测沉冥"。《录鬼簿续编》谓杨彦华在赵府"不遂所志"。似杨彦华在赵府并不十分如意，仕途亦不显。纪善系藩府属官，"掌讽导礼法，开谕古谊，及国家恩义大节，以诏王善"。"凡宗室年十岁以上，入宗学，教授与纪善为之师"。秩正

---

① 〔明〕唐文凤《梧冈集》卷七，《景印文渊阁四库全书》（第1242册），第626页。

② 《万历滁阳志》卷首，明万历四十二年刊本。

③ 〔明〕唐文凤《梧冈集》卷三，《景印文渊阁四库全书》（第1242册），第578页。

④ 〔明〕唐文凤《梧冈文稿》卷二七，《唐氏三先生集》本，《北京图书馆古籍珍本丛刊》（第115册），北京：北京图书馆出版社，1998年，第773页。

八品。(《明史·职官志四》)唐文凤是安慰说,一时的困顿并不要紧,子孙必然能为你传名后世。

按唐文凤(1347—1432),字子仪,歙县(今属安徽省)人。与父唐桂芳、祖唐元俱以文学名世。建文元年,授兴国县尹,三载受代,擢赵府纪善。《高祖梧冈先生墓表》载:

> 时王日侍天颜,官僚得同朝臣出入禁近。先生积诚辅导,随事箴规,或进讲,或应制,寓忠爱于言表。文庙优重之,王亦深知敬信。在朝诸名硕若学士王公景彰、杨公士奇、祭酒徐公旭、状元曾棨辈,皆与缔文字交,赓酬倡和,殆无虚日。①

按赵王朱高燧永乐二年(1404)受封,洪熙元年(1425)就藩彰德府(今河南安阳)(《明史·诸王世表》)。实际上赵王二十馀年都是在京城北京,《高祖梧冈先生墓表》也说:"王尝奉敕留守北京数年,先生以道翊赞,宣上德,达下情,号令严明,仁恩敷洽,畿甸以宁,雅称文庙简擢之意。"故而唐文凤、杨贲,作为赵府的属官,得以与"在朝名硕"赓酬倡和,"缔文字交"。《录鬼簿续编》记杨彦华任赵府纪善时"凡有著述,举皆右让,亲王亦礼重"。成祖本人既雅好词曲,身边聚集着诸如汤舜民、杨景贤、贾仲明一批曲家。赵王将曲家杨彦华揽在幕下,自然也有投父所好的意思。

《万历滁阳志》卷一二《列传》、《(康熙)滁州志》卷二二《人物》均载录杨彦华《赠武佥事征交趾》诗:

> 日日炎荒只苦吟,吟边②谁识老臣心。半窗斜月侵寒幕,一榻清风拂素琴。海阔水声流入梦,山高雁影杳来音。名贤本是霜台客,暂且乘骢过郁林。

末联"名贤本是霜台客"云云,表明赠诗对象本来是御史台属官。按唐文凤《梧冈诗稿》卷二三有《送佥宪武本大之官闽南》,可能与杨彦华赠诗写的是同一个人。诗云:

> 拜命新除被宠光,观风持节镇炎方。三山恩煦绣衣日,八郡威凝白简霜。冰盌沉红尝荔子,晓盘摘绿荐槟榔。圣朝求治苏民瘼,肯让澄清说范滂。③

据唐文凤该诗,知杨彦华诗题中的"武佥事"名武本大,任巡按福建监察御史佥

---

① 〔明〕唐泽《高祖梧冈先生墓表》,《唐氏三先生集》附录,《北京图书馆古籍珍本丛刊》(第115册),第833页。

② 《康熙滁州志》卷二二"人物"条,"吟边"作"边疆"。

③ 〔明〕唐文凤《梧冈诗稿》卷二三,《北京图书馆古籍珍本丛刊》(第115册),第734页。

事。"征交趾"之事应在永乐四五年间,张氏《明史·外国列传五》:永乐元年,占城国王朝贡大明,告安南(即交趾)侵略,请求降敕戒谕。帝可之,遣使者至安南,赐纱罗绸缎。四年(1406),占城复告安南之难,"帝大发兵往讨,敕占城严兵境上,遏其越逸,获者即送京师。五年攻取安南所侵地,获贼党胡烈、潘麻休等献俘阙下"。[①]

《录鬼簿续编》记杨彦华在赵府"终不遂所志,快快成疾而逝",《(万历)滁阳志》卷一二记杨彦华"仕终赵府纪善","才浮于位,识者惜之"。《(成化)中都志》卷八载录杨贲《水濂洞避暑记笔》诗一首,署题"杨彦华纪善",也表明赵府纪善是杨彦华最后的官职。按唐泽《高祖梧冈先生墓表》载:"宣德初,汉庶人谋不轨,宣庙亲董六师征之,词连赵府,卒之转危为安者,先生(指唐文凤)之功也。一时宫僚多得罪,而独以屡谏全责。"《明史·宣宗本纪》载:宣德元年(1426)八月,汉王朱高煦反,宣宗亲征之,高煦出降。九月,锢高煦于西内,法司鞫高煦同谋者,词连晋王、赵王,诏勿问。《本纪》虽记对受到"词连"的晋王、赵王"诏勿问",但二王最终还是受到了牵连。晋王济熿于宣德二年四月,"废为庶人"(《明史·宣宗本纪》)。《诸王列传·朱高燧传》载:"及(汉王)高煦至京,亦言尝遣人与赵通谋。户部主事李仪请削其护卫,尚书张本亦以为言。帝不听。既而言者益众。明年(宣德二年),帝以其词及群臣章遣驸马都尉广平侯袁容持示高燧。高燧大惧,乃请还常山中护卫及群牧所、仪卫司官校。帝命收其所还护卫,而与仪卫司。"[②]赵王本人于"大惧"中,在汉王高煦政变后五年(即宣德六年,1431)逝世,其幕佐"宫僚多得罪"。《高祖梧冈先生墓表》谓唐文凤"成功不居,见几求退,遂对迁洛阳少尹,寻致其政而归",可能是对同样受到牵连的唐文凤的委婉避讳之辞。而杨彦华应该也是在这次失败的政变中受到打压,最终"快快成疾而逝"。

《(成化)中都志》卷八载杨贲《水濂洞避暑记笔》诗云:

> 平生畏暑如畏魔,寻凉步出城南坡。城南白石环坡陀,水濂洞口凉风多。藕花吹香鱼戏荷,阴阴花树交枝柯。人间愁毒相煎磨,此中别有安乐窝。黄冠白发风婆娑,三五迎笑舒情和。茶瓜款留日景过,兴来舞唱青天歌。归来日压西山阿,海东月色登松萝。仙凡咫尺犹关河,人生知分馀无他。前途行人日奔波,黄埃饥渴将奈何。[③]

按《明史·地理志一》,洪武二年于临濠府建中都,置留守司,六年改称中立府,

① 〔清〕张廷玉等《明史》,第 8386 页。

② 〔清〕张廷玉等《明史》卷一一八,第 3621 页。

③ 《(成化)中都志》卷八,《四库全书存目丛书》(史部第 176 册),济南:齐鲁书社,1996 年,第 388 页。

七年称凤阳府。杨彦华籍贯滁州，洪武七年属凤阳府，二十二年直隶南京。这首《水濂洞避暑记笔》诗应是杨彦华罢黜赵府纪善，归乡后所作。“平生畏暑如畏魔”，“人间愁毒相煎磨”云云，似都带有双关隐喻的意味。正是在经历那场政治风波之后，杨彦华真正体会到尘世“奔波”的徒劳，托身“黄冠”，寻找世外桃源式的“安乐窝”，过着“三五迎笑舒情和”，“兴来舞唱青天歌”的生活。《录鬼簿续编》谓杨彦华“自号春风道人”，《(万历)滁阳志》说他“善玄言”(《(康熙)滁州志》卷二二作“善道家言”)，这显然不是出身世代儒者之家、弱冠明《五经》的杨彦华青年时期的所作所为，而只能是历经仕途颠沛，体味官场波谲云诡的风云变幻后的一种选择，也与其《水濂洞避暑记笔》诗中“黄冠白发”，“仙凡咫尺犹关河，人生知分馀无他”的夫子自道相印证。

**(三)**

杨彦华所作散曲今存四套数，系郊游、闺怨题材，特点正如《太和正音谱》所评：“如春风飞花。”应该是青年时期随父在江南寓居时期所作。同时工诗属文，《(万历)滁阳志》、万斯同《明史·艺文志》均记载杨彦华有《春庵集》，未标明卷数，《滁阳志》更记载是其门人裒集刊行，张瑄弘治癸丑为《滁阳志》作序时，称对杨彦华是否“曾仕”不清楚，但明确说其“有《春庵集》行于世”，说明至迟在弘治癸丑(六年，1493)时，《春庵集》尚存。唐文凤为彦华所作《跋杨彦华书虞文靖公苏武慢词后》谓“余僚友杨春庵”，知杨彦华在任赵府纪善时即以“春庵”自号，推测《春庵集》主要是杨彦华任赵府纪善期间所作，其令“举皆右让，亲王亦礼重”的著述，应该就在其中。这些篇什中既有如唐文凤《梧冈诗稿》中《奉赋祯祥诗》(卷二一)、《奉赋蹇驴》《进贺千秋节诗》《秋晓陪驾出猎用钟伴读韵》(以上见卷二三)类的应制奉和之作，也有如《赠武佥事征交趾》这样的僚友间送别酬唱性质的作品。只可惜其《春庵集》已亡佚，今天只能从仅存的《赠武佥事征交趾》《水濂洞避暑记笔》两诗中见其只鳞片爪。此外，杨彦华亦善书，所书虞集十二阕【苏武慢】词，唐文凤称“字体萧散俊逸，有晋唐人气”，张瑄亦谓其“书法遒劲恣媚，可亚赵松雪”。

# 征稿启事

《北京大学中国古文献研究中心集刊》由教育部人文社会科学重点研究基地北京大学中国古文献研究中心主办。本刊从第七辑(2008 年)开始,一直是中文社会科学引文索引(CSSCI)来源集刊。自 2019 年始,为半年刊,每年六月底左右和十二月底左右各出版一辑。举凡古文献学理论研究、传世文献整理与研究、古文字与出土文献研究、海外汉籍与汉学研究等中国古文献研究相关领域的学术论文,均所欢迎。来稿内容必须原创,不存在版权问题。

来稿格式要求如下:

一、文章请用 microsoft word 文档格式。

二、文章一律横排,用通行规范简化字书写和打印。

三、作者姓名置于论文题目下,居中书写。作者工作单位、职称等用“ * ”号注释在文章首页下端。

四、每篇文章皆需 500 字以内“内容提要”以及关键词 3—5 个。

五、文章各章节或内容层次的序号,一般依一、(一)、1、(1)等顺序表示。

六、文章一律使用新式标点符号。凡书籍、报刊、文章篇名等,均用书名号《》;书名与篇名连用时,中间加间隔号,如《论语·学而》;书名或篇名中又含书名或篇名的,后者加单角括号〈 〉,如《〈论语〉新考》。

七、正文每段第一行起空两格;文中独立段落的引文,首行另起空四格,回行空二格排齐,独立段落的引文首尾不必加引号。独立段落的引文字体变为仿宋体。

八、注释一律采用当页脚注,每页单独编号,注释号码用阿拉伯数字①、②、③……等表示。

九、注释格式与顺序为著者(含整理者、点校者)、书名(章节数)、卷数(章节名)、版本(出版社与出版年月)及页码等。如:〔清〕钱大昕撰,吕友仁校点《潜研堂文集》卷三八《惠先生士奇传》,上海:上海古籍出版社,1989 年,第 687 页。

十、为避免重复,再次征引同一文献时可略去出版社与出版年月,只注出著者、书名、卷数、页码。

十一、每篇稿件字数原则上不超过 3 万字。

本集刊上半年辑的截稿日期为前一年的 11 月 30 日,下半年辑的截稿日期为当年 5 月 31 日。

本集刊实行双向匿名审稿制度，编委会根据评审意见，决定是否采用。来稿一经采用，编辑部会尽快通知作者。如超过半年仍未收到任何通知，作者可自行处理。

本集刊每辑正式出版后，编辑部将向论文作者寄赠样刊两册，并薄致稿酬。

欢迎学界同仁积极投稿。

《北京大学中国古文献研究中心集刊》编辑部通信地址：

北京市海淀区颐和园路 5 号北京大学哲学楼三层《北京大学中国古文献研究中心集刊》编辑部

邮编：100871

E-mail：gwxzx@pku. edu. cn